2022

万国 深蓝法考

国家统一法律职业资格考试

讲义版 ❽

理论法学·司法制度

万国专题讲座

叶晓川 ◎ 编著
万国深蓝法考研究中心 ◎ 组编

中国法制出版社
CHINA LEGAL PUBLISHING HOUSE

图书在版编目（CIP）数据

理论法学·司法制度/叶晓川编著；万国深蓝法考研究中心组编.—北京：中国法制出版社，2022.1

2022国家统一法律职业资格考试万国专题讲座：讲义版

ISBN 978-7-5216-2241-6

Ⅰ.①理… Ⅱ.①叶… ②万… Ⅲ.①法的理论—中国—资格考试—自学参考资料②司法制度—中国—资格考试—自学参考资料 Ⅳ.①D92

中国版本图书馆CIP数据核字（2021）第213121号

责任编辑：成知博　　　　　　　　　　　　　　封面设计：李　宁

理论法学·司法制度
LILUNFAXUE · SIFAZHIDU

编著/叶晓川
组编/万国深蓝法考研究中心
经销/新华书店
印刷/保定市中画美凯印刷有限公司
开本/787毫米×1092毫米　16开　　　　　　印张/19.75　字数/456千
版次/2022年1月第1版　　　　　　　　　　　2022年1月第1次印刷

中国法制出版社出版

书号ISBN 978-7-5216-2241-6　　　　　　　　　　定价：52.00元

北京市西城区西便门西里甲16号西便门办公区　　传真：010-63141852
邮政编码：100053
网址：http://www.zgfzs.com　　　　　　　　　　编辑部电话：010-63141814
市场营销部电话：010-63141612　　　　　　　　印务部电话：010-63141606
（如有印装质量问题，请与本社印务部联系。）

如有二维码使用问题，请与万国深蓝法考技术部联系。二维码使用有效期截至2022年12月31日。电话：400-155-1220

总序

精准学习，锚定法考通关之路

丢掉考试中40%的分数仍可能通关，貌似宽松；但实际上，过往的法考（司考）每年通过率不到20%，八成以上考生被拒之门外。高容错率、低通过率，似乎是难题太多；而在历年考题中，高难度、易丢分的题目却又屈指可数。这就是法考（司考）的奇特属性，也是被蒙蔽了接近二十年的不解之谜。这一不解之谜所造成的痛苦达到二十年多之顶峰，也加剧了考生的无所适从（刚出考场就开始在网上吐槽）。

2018年，法考在诸多方面出现了划时代的重大变化——主观题、客观题分开考，主观题开卷考，机考方式改革，内容结构调整等；2019年，考试时间提前，客观题分两批次考试；2020年，考试延期，主观题考试实现全面机考，采用电子法条形式，并出现民法学科与商法学科、民法学科与民事诉讼法学科交叉考查的新形式；2021年，考试再度延期，考生们在延期等待中苦苦坚持、又在坚持中对将会出现的变化迷茫无措。我们不禁疑问，法考还会出现哪些变革？

在迷雾中，我们已经探索了二十多年，从传统的培训，到基于移动互联网的培训。我们现在确信：以往荒唐的备考方式，是真正的、唯一的谜底。

以往备考是这样的：买上摞起来差不多一米高的书，尽早开始，在两个月内将所有学科快速学完一遍，之后无限循环，在考前达到五轮甚至六轮以上的重复。这种备考方式可称为"消耗式学习"，它需要大量时间，透支备考者的体力、精力，但是否能真正掌握知识点，却是"混沌"的。

"消耗式学习"的另一个场景，是在时间超长的名师视频课件中点播，然后像网络追剧般看完每一个视频。视频课件中"名师"带来的微妙心理暗示，给备考者营造出最舒适的备考体验。然而视频即使全部看完，考题正确率却仍旧难以提升。

"消耗式学习"的失败，在于它试图通过机械式重复学习来谋求理解上的深入，只关注知识的"强行灌输"过程，甚少关注消化与否的结果；只关注知识的"输入"，甚少关注知识的"输出"（即在记忆、理解知识的基础上运用知识）；知识"输入"时只考虑到大多数考生的共性问题，甚少涉及每个考生的个性化问题。

彻底揭开不解之谜的谜底，让备考高效的解决之道应当是：在备战法考的全过程中，能始终对考生各知识掌握情况持续测量，之后全面评估考生的掌握程度分布，从而有针对性地安排接下来的学习重点。这样的路径在考生的个体维度独立建立，便意味着每个人都拥有了对自己而言效率最高且独一无二的备考过程。

万国，以此构建"深蓝法考"。

从2017年开始，深蓝法考APP开始帮助每年备考的考生们通过客观题，再通过主观题！实现了他们法考过关的梦想。"精准学习＋个性化定制"的备考方式，让进入深蓝的考生们，无法再回到过去的备考模式中，深蓝把备考的一切装进考生的口袋，它是所向披靡的法考通关工具。深蓝成为那些没有非常充足时间、复习时间碎片化且亟需复习效率的在职备考人员的贴心人。

深蓝法考APP客观题备考学习阶段

进入深蓝法考APP的学习，第一步是对考生的实际学习需求进行测评，定制出个性化的学习计划，在此基础上，进入"基础学习＋考前冲刺"的深蓝全程学习。学习模式包括：初阶的"学＋测"；高阶的"学＋测＋补"。

随着学习内容及学习阶段的不断推进，深蓝及时安排考生完成与学习进度相同学科的测试卷。测试卷的作用是帮助考生查找学习薄弱环节；接下来，深蓝私教安排考生进入一对一的深蓝问诊课堂，通过课后定制的解决方案，帮助考生将学习中的薄弱环节学懂、掌握。深蓝在每个学习节点上，都推出法考多学科不同主题的直播授课。进入考前冲刺，深蓝问诊课是考生高效、精准学习的强大学习工具，确保考生对高频考点的全面掌握。

"基础学习＋考前冲刺"的深蓝全程学习内容，全部都在考生各自的定制计划中以动态调整的形式不断完美实现，这就是考生们在深蓝法考APP的帮助下，顺利通过的重要原因。

深蓝法考APP主观题备考学习阶段

深蓝依据历年主观题考试内容，将攻克主观题所要具备的能力，归纳为通关核心三大能力，这三大能力是：（1）对主观题具体问题的定性与判断的知识能力；（2）答案定位于法条，确定法言法语关键词的能力；（3）知识答案＋法言法语关键词形成表述的能力。

三大能力的学习与训练完美地体现在深蓝"精准学习＋个性化定制"的法考主观题应试学习产品之中：首先，深蓝通过课前测试对考生学习需求进行初步归因和归类；其次，通过深蓝"学练测＋问诊课"，定制出个性化的学习计划；再次，将考生在深蓝题库或学练测中所展示的学习薄弱点，关联到三大能力项下，进行数据整合，以周为单位推出考生主观题三大能力学习数据报告；最后，指导考生进行精准地查漏补缺学习。

同时，深蓝主观题的人工视频批改是目前法考主观题产品中成效显著、口碑极佳的学习通关工具，它的批改效果极大提高了考生对上述三大能力的掌握效率。

深蓝清晰而精准地记录了每一位深蓝考生客观题、主观题学习的全部过程，包括学习上的进步、学习中途的停滞，以及放弃学习之后的倒退等每一个细小环节，生成每一位深蓝考生的学习数据轨迹。这些学习数据迅速提供给深蓝教研团队，帮助他们不断开发新的法考学习产品，造福更多的考生通过考试，实现梦想！

北美冰球手韦恩·格雷茨基的一句话隐喻了远见，令我受益匪浅："我向冰球将要到达的地方滑去，而不是它曾经过的地方。"教育与技术深度结合形成了完美交集，我喜欢这个交集，也确信"深蓝法考"所做的一切已是个正确的开始。

2021年11月

编写说明

《万国专题讲座》是我们万国学校经过二十多年法考（司考）培训之摸索、锤炼，由我们优秀的授课老师和专业的研发中心人员共同创造出来的品牌，它已经成为国内法考培训领域中经典系列之一。

自2016年起，《万国专题讲座》引入互联网技术，打造完成"深蓝法考"学习平台，在传统图书培训环境中加入手机扫码，实现移动互联网式学习。《万国专题讲座》已经升级成为"会讲课""会刷题""会答疑"的全新法考学习通关模式。

《万国专题讲座·讲义版》由一线资深授课老师严格按照法考大纲的要求，全面系统编写而成。对于考生而言，是法考通关最基础的学习内容。本套书具有如下特点：

1. 重要考点课程表

我们与授课老师反复沟通打磨，为广大考生全新呈现了"重要考点课程表"这一版块。

依托于"深蓝法考"APP的大数据学习模型，结合授课老师多年丰富授课经验，提炼历年司考真题及法考模拟题所涉高频考点，重要考点课程表归纳总结了法考学科的重要核心考点。同时，为助力考生全面系统学习，我们与授课老师一道，为重要考点课程表所涉考点配备了相应的视频（音频）课程。考生可通过扫描图书封面的二维码（一书一码），进入"深蓝法考"APP获取相关资源。

在"深蓝法考"APP上，考生可以获得个性化的定制学习：反复学习授课老师讲解的课件视频（音频）内容；就相关内容提出疑问，提交"深蓝"获取解答；在深蓝题库中刷题，检测自己的学习情况；在法条库中查找法条，初步建立起学科体系。

实现高效、精准学习，这就是深蓝法考2022年学习包讲义版相较同类品种的最大差异与优势。

2. 知识体系图

在每一专题里，我们根据学科特点及授课老师的教学模式，以不同形式建立知识体系图。考生在这一知识体系图中可以清晰、直观地了解各个知识点（考点）之间的关系，同时还可以根据授课老师的讲解，在图上标注出重点、难点和自己需要反复学习的知识点，打造一份属于考生自己的法考学习笔记。

3. 命题点拨

命题点拨包括三部分内容：本专题内考试大纲要求掌握的重点知识点（考点）、考试所出现的高频次考查内容以及对考试内容命题趋势的预测。

在此重点提醒考生，一定要仔细审读"命题点拨"的内容。在这一部分中，授课老师针对以上内容予以说明并给出复习建议，认真读懂这部分内容能帮助考生实现事半功倍的复习效果。

4. 知识点详解

此部分为本书主干，是授课老师结合学科特点对各科内容的具体讲解。考生在学习初期，应先通读该部分内容，打好基础；继而根据授课老师针对重点知识点的考查角度、详细内容的讲解阐述，透彻理解掌握相关制度规则。

本部分有如下特点：一是授课老师将教学中考生所提出的疑难问题、易混淆问题进行集中讲解，配置详细的解析，帮助考生明晰哪些是重点考查的知识点，使考生在备考中能够做到明确重点、有的放矢；二是对于易混淆的知识点，我们设置了"注意"版块，从多视角进行解析，帮助考生绕开考点陷阱；三是对于需要重点记忆的内容，多以图表方式呈现，为考生记忆提供便利。

按照上述思路进行体系化学习后，考生可以清楚地将专题中的重点、易混淆、要背诵的知识点（考点）内容集中总结，按照学习计划从容备考。

5. 经典考题

本书所收录的"经典考题"是近年来的司考真题及法考模拟题。遴选试题的标准是考点考查频次必须是2次以上；题目严谨，不能有较大歧义，同时要尽量方便考生查询。其作用是实现同步练习的目的。对于"经典考题"，我们在书中均给出了答案与解析，考生可以仔细阅读。

在此提醒考生，一定要及时刷题，找出学习中的漏洞；同时通过做题，体会重点考点、易混淆点、难点的内容，巩固并掌握知识点。

《万国专题讲座·讲义版》与《万国专题讲座·重点法条记忆版》《万国专题讲座·题库版》《万国专题讲座·精粹背诵版》组成超强的万国学习包提供给广大考生，祝福考生们心想事成，实现法考通关目标！

万国深蓝法考研究中心
2021 年 12 月

目录

重要考点课程表 /1

习近平法治思想

专题一 习近平法治思想的重大意义 /4
 第一节 习近平法治思想的形成和发展 /4
 第二节 习近平法治思想的重大意义 /6

专题二 习近平法治思想的核心要义 /8
 第一节 坚持党对全面依法治国的领导 /8
 第二节 坚持以人民为中心 /10
 第三节 坚持中国特色社会主义法治道路 /10
 第四节 坚持依宪治国、依宪执政 /11
 第五节 坚持在法治轨道上推进国家治理体系和治理能力现代化 /12
 第六节 坚持建设中国特色社会主义法治体系 /13
 第七节 坚持依法治国、依法执政、依法行政共同推进，法治国家、法治政府、法治社会一体建设 /14
 第八节 坚持全面推进科学立法、严格执法、公正司法、全民守法 /15
 第九节 坚持统筹推进国内法治和涉外法治 /17
 第十节 坚持建设德才兼备的高素质法治工作队伍 /18
 第十一节 坚持抓住领导干部这个"关键少数" /20

专题三	习近平法治思想的实践要求	/ 22
	第一节 发挥法治在经济社会发展中的作用	/ 22
	第二节 正确处理全面依法治国重大关系	/ 23

法理学

专题四	法的本体（上）	/ 28
	第一节 法的概念	/ 28
	第二节 法的价值	/ 32
	第三节 法的要素	/ 37
	第四节 法律部门与法律体系	/ 47

专题五	法的本体（下）	/ 50
	第一节 法的渊源	/ 50
	第二节 法的效力	/ 57
	第三节 法律关系	/ 59
	第四节 法律责任	/ 62

专题六	法的运行	/ 66
	第一节 立法	/ 67
	第二节 法的实施	/ 70
	第三节 法适用的一般原理	/ 74
	第四节 法律解释	/ 77
	第五节 法律推理	/ 81
	第六节 法律漏洞的填补	/ 84

专题七	法的演进	/ 87
	第一节 法的起源与历史类型	/ 87
	第二节 法的传统与法律文化	/ 89
	第三节 法系	/ 91
	第四节 法的现代化	/ 92
	第五节 法治理论	/ 93

专题八	法与社会	/ 95
	第一节 法与社会的一般理论	/ 95
	第二节 法与经济	/ 96

第三节　法与政治　　　　　　　　　　　　　　　/ 97
　　第四节　法与道德　　　　　　　　　　　　　　　/ 99
　　第五节　法与宗教　　　　　　　　　　　　　　　/ 101

宪　法

专题九　宪法基本理论　　　　　　　　　　　　　　/ 104
　　第一节　宪法的概念　　　　　　　　　　　　　　/ 105
　　第二节　宪法的历史　　　　　　　　　　　　　　/ 108
　　第三节　宪法的基本原则　　　　　　　　　　　　/ 112
　　第四节　宪法的基本功能　　　　　　　　　　　　/ 114
　　第五节　宪法的渊源和结构　　　　　　　　　　　/ 114
　　第六节　宪法规范　　　　　　　　　　　　　　　/ 117
　　第七节　宪法效力　　　　　　　　　　　　　　　/ 118

专题十　国家的基本制度（上）　　　　　　　　　　/ 121
　　第一节　人民民主专政制度　　　　　　　　　　　/ 121
　　第二节　国家基本经济制度　　　　　　　　　　　/ 122
　　第三节　国家基本文化制度　　　　　　　　　　　/ 125
　　第四节　国家基本社会制度　　　　　　　　　　　/ 127

专题十一　国家的基本制度（下）　　　　　　　　　/ 130
　　第一节　人民代表大会制度　　　　　　　　　　　/ 131
　　第二节　选举制度　　　　　　　　　　　　　　　/ 133
　　第三节　国家结构形式　　　　　　　　　　　　　/ 137
　　第四节　国家标志　　　　　　　　　　　　　　　/ 138
　　第五节　民族区域自治制度　　　　　　　　　　　/ 140
　　第六节　特别行政区制度　　　　　　　　　　　　/ 141
　　第七节　基层群众自治制度　　　　　　　　　　　/ 145

专题十二　公民的基本权利与义务　　　　　　　　　/ 150
　　第一节　公民的基本权利与义务概述　　　　　　　/ 150
　　第二节　我国公民的基本权利　　　　　　　　　　/ 153
　　第三节　我国公民的基本义务　　　　　　　　　　/ 159

专题十三　国家机构　　/ 161
　　第一节　国家机构概述　　/ 162
　　第二节　全国人民代表大会及其常务委员会　　/ 163
　　第三节　中华人民共和国主席　　/ 169
　　第四节　国务院　　/ 171
　　第五节　中央军事委员会　　/ 173
　　第六节　地方各级人民代表大会和地方各级人民政府　　/ 174
　　第七节　监察委员会　　/ 179
　　第八节　人民法院与人民检察院　　/ 181

专题十四　宪法的实施与监督　　/ 184
　　第一节　宪法实施概述　　/ 184
　　第二节　宪法修改　　/ 185
　　第三节　宪法解释　　/ 187
　　第四节　宪法监督　　/ 188
　　第五节　宪法宣誓制度　　/ 189

中国法律史

专题十五　先秦时期的法律思想与制度　　/ 194
　　第一节　西周时期的法律思想与制度　　/ 194
　　第二节　春秋战国时期的法律思想与制度　　/ 196

专题十六　秦汉至魏晋南北朝时期的法律思想与制度　　/ 198
　　第一节　秦汉时期的法律思想与制度　　/ 198
　　第二节　魏晋南北朝时期的法律思想与制度　　/ 202

专题十七　隋唐宋元时期的法律思想与制度　　/ 204
　　第一节　隋唐时期的法律思想与制度　　/ 204
　　第二节　宋元时期的法律思想与制度　　/ 207

专题十八　明清时期的法律思想与制度　　/ 210
　　第一节　明至清中期时期的法律思想与制度　　/ 210
　　第二节　清末的法律思想与制度　　/ 213

专题十九　中华民国时期的法律思想与制度　　/ 218
　　第一节　民国初期的法律思想　　/ 218

第二节　南京临时政府的法律制度　　/219
　　第三节　北京政府的法律制度　　/219
　　第四节　南京国民政府的法律制度　　/220
　　第五节　中国共产党民主政权宪法性文件　　/222

司法制度和法律职业道德

专题二十　中国特色社会主义司法制度　　/226
　　第一节　中国特色社会主义司法制度概述　　/226
　　第二节　审判制度　　/236
　　第三节　检察制度　　/247
　　第四节　律师制度　　/251
　　第五节　公证制度　　/268

专题二十一　法官和检察官职业道德　　/276
　　第一节　法官职业道德　　/276
　　第二节　检察官职业道德　　/281

专题二十二　律师职业道德　　/283
　　第一节　律师职业道德概述　　/283
　　第二节　律师执业行为规范　　/284
　　第三节　律师职业责任　　/288

专题二十三　公证员职业道德　　/290
　　第一节　公证员职业道德概述　　/290
　　第二节　公证职业责任　　/293

专题二十四　其他法律职业人员职业道德　　/297
　　第一节　法律顾问职业道德　　/297
　　第二节　仲裁员职业道德　　/300
　　第三节　行政机关中从事行政处罚决定审核、行政复议、
　　　　　　行政裁决的公务员职业道德　　/302

重要考点课程表

序号	重要考点	序号	重要考点
1	当代中国法的正式渊源	25	我国公民的基本权利
2	强行性规则和任意性规则	26	国家的基本制度
3	确定性规则、委任性规则和准用性规则	27	民族区域自治地方
4	行为模式与法律后果	28	特别行政区
5	法律规则与语言的关系	29	人大代表的选举制度
6	法律规则与法律原则	30	人民代表大会
7	法的效力	31	基层群众性自治组织
8	绝对权利义务与相对权利义务	32	司法和司法制度的概念
9	实证主义的法	33	法律职业道德概述
10	非实证主义的法	34	审判制度与法官职业道德
11	法的实施	35	检察制度与检察官职业道德
12	法适用的一般原理	36	律师制度概论
13	法律推理	37	律师执行业务
14	法律解释的含义与特点	38	法律援助制度
15	正式解释与非正式解释	39	公证制度与公证员职业道德
16	法律解释的方法之体系解释	40	习近平法治思想的重大意义
17	法与道德的联系	41	习近平法治思想的核心要义
18	法的规范作用	42	习近平法治思想中的重大关系
19	法适用的目标	43	西周时期的法制思想
20	宪法的特征与制定	44	西周时期的法律制度
21	宪法的渊源	45	唐律的内容、特点和影响
22	宪法实施的概念	46	宋代的契约和继承制度
23	宪法的修改	47	清末修律
24	宪法宣誓		

习近平法治思想

【考情分析】

本部分考生需要关注习近平总书记相关重要讲话的内容和精神以及习近平法治思想形成的重要时间节点。

专题一　习近平法治思想的重大意义

知识体系图

```
                           ┌── 习近平法治思想的形成和发展
习近平法治思想的重大意义 ──┤
                           └── 习近平法治思想的重大意义
```

第一节　习近平法治思想的形成和发展

一、习近平法治思想形成的时代背景

1. 2020年中央全面依法治国工作会议明确了习近平法治思想在全面依法治国工作中的指导地位。在我国开启全面建设社会主义现代化国家新征程的重要时刻，明确习近平法治思想在全面依法治国工作中的指导地位，是全面贯彻习近平新时代中国特色社会主义思想，加快建设中国特色社会主义法治体系、建设社会主义法治国家的必然要求。

2. 伟大时代孕育伟大理论，伟大思想引领伟大征程。习近平法治思想是顺应实现中华民族伟大复兴时代要求应运而生的重大理论创新成果，是马克思主义法治理论中国化的最新成果，是全面依法治国的根本遵循和行动指南。习近平法治思想是着眼中华民族伟大复兴战略全局和当今世界百年未有之大变局，顺应实现中华民族伟大复兴时代要求应运而生的重大战略思想。

3. 当今世界正经历百年未有之大变局，新冠肺炎疫情全球大流行使这个大变局加速演进，经济全球化遭遇逆流，保护主义、单边主义上升，世界经济低迷，国际贸易和投资大幅萎缩，国际经济、科技、文化、安全、政治等格局都在发生深刻调整。

4. 我国正处在中华民族伟大复兴的关键时期，中华民族迎来了从站起来、富起来到强起来的伟大飞跃。我国经济正处在转变发展方式、优化经济结构、转换增长动力的攻关期，经济已由高速增长阶段转向高质量发展阶段，经济长期向好，市场空间广阔，发展韧性强大，正在形成以国内大循环为主体、国内国际双循环相互促进的新发展格局，改革发展稳定任务日益繁重。面对新形势新任务，着眼于统筹国内国际两个大局，科学认识和正确把握我国发展的重要战略机遇期，必须把全面依法治国摆在更加突出的全局性、战略性的重要地位。

注意：习近平法治思想从历史和现实相贯通、国际和国内相关联、理论和实际相结合上，深刻回答了新时代为什么要实行全面依法治国、怎样实行全面依法治国等一系列重大问题，为深入推进全面依法治国、加快建设社会主义法治国家，运用制度威力应对风险挑战，实现党和国家长治久安，全面建设社会主义现代化国家、实现中华民族伟大复兴的中国梦，提供了科学指南。

二、习近平法治思想形成和发展的逻辑

1.十八届四中全会把全面依法治国纳入"四个全面"战略布局。

2.**历史逻辑**：习近平法治思想凝聚着中国共产党人在法治建设长期探索中形成的**经验积累和智慧结晶**，标志着我们党对共产党执政规律、社会主义建设规律、人类社会发展规律的认识达到了新高度，开辟了中国特色社会主义法治理论和实践的新境界。

3.**理论逻辑**：习近平法治思想坚持马克思主义法治理论的基本原则，贯彻运用马克思主义法治理论的立场、观点和方法，继承我们党关于法治建设的重要理论，传承中华优秀传统法律文化，系统总结新时代中国特色社会主义法治实践经验，是马克思主义法治理论与新时代中国特色社会主义法治实践相结合的产物，是马克思主义法治理论中国化的新发展新飞跃，反映了创新马克思主义法治理论的内在逻辑要求。

4.**实践逻辑**：习近平法治思想是从统筹中华民族伟大复兴战略全局和世界百年未有之大变局、实现党和国家长治久安的战略高度，在推进**伟大斗争、伟大工程、伟大事业、伟大梦想**的实践之中完善形成的，并会随着实践的发展而进一步丰富。

三、习近平法治思想形成和发展的历史进程

1.十八届四中全会专门研究全面依法治国，出台了**关于全面推进依法治国若干重大问题的决定**。

2.十九大提出到2035年基本建成法治国家、法治政府、法治社会。

3.十九届二中全会专题研究**宪法修改**，推动宪法与时俱进完善发展。

4.十九届三中全会决定成立**中央全面依法治国委员会**，加强党对全面依法治国的集中统一领导。

5.十九届四中全会从推进**国家治理体系和治理能力现代化**的角度，对坚持和完善中国特色社会主义法治体系，提高党依法治国、依法执政能力作出部署。

6.十九届五中全会对立足新发展阶段、贯彻新发展理念、**构建新发展格局**的法治建设工作提出新要求。

四、习近平法治思想的鲜明特色

1.**原创性**：习近平总书记不断在理论上**拓展新视野、提出新命题、作出新论断、形成新概括**，为发展马克思主义法治理论作出了重大原创性贡献。

2.**系统性**：习近平总书记强调全面依法治国是一个系统工程，注重用**整体联系、统筹协调、辩证统一**的科学方法谋划和推进法治中国建设，科学指出当前和今后一个时期推进全面依法治国十一个重要方面的要求，构成了**系统完备、逻辑严密、内在统一**的科

学思想体系。

　　3.**时代性**：习近平总书记立足中国特色社会主义进入新时代的历史方位，科学回答了新时代我国**法治建设向哪里走、走什么路、实现什么目标**等根本性问题，在新时代治国理政实践中开启了法治中国新篇章。

　　4.**人民性**：习近平总书记强调法治建设要**为了人民、依靠人民、造福人民、保护人民**，推动把体现人民利益、反映人民愿望、维护人民权益、增进人民福祉落实到全面依法治国各领域全过程，不断增强人民群众获得感、幸福感、安全感。

　　5.**实践性**：习近平总书记明确**提出全面依法治国并将其纳入"四个全面"战略布局**，以破解法治实践难题为着力点，作出一系列重大决策部署，使社会主义法治国家建设发生历史性变革、取得历史性成就。

第二节　习近平法治思想的重大意义

一、习近平法治思想是马克思主义法治理论同中国实际相结合的最新成果

　　1.**马克思主义法治理论**深刻揭示了**法的本质特征、发展规律**，科学阐明了**法的价值和功能、法的基本关系**等根本问题，在人类历史上首次把对法的认识真正建立在科学的世界观和方法论基础上。

　　2.习近平法治思想坚持马克思主义法治理论的基本立场、观点和方法，在法治理论上**实现了一系列重大突破、重大创新、重大发展**，为马克思主义法治理论的不断发展作出了原创性贡献，是马克思主义法治理论中国化的最新成果，是习近平新时代中国特色社会主义思想的重要组成部分，是习近平新时代中国特色社会主义思想的"法治篇"。

二、习近平法治思想是对党领导法治建设丰富实践和宝贵经验的科学总结

　　1.新时代，以习近平同志为核心的党中央对我国社会主义法治建设经验进行提炼和升华，**提出全面依法治国**，进一步明确全面依法治国**在统筹推进"五位一体"总体布局和协调推进"四个全面"战略布局中的重要地位**。

　　2.习近平法治思想以新的高度、新的视野、新的认识赋予中国特色社会主义法治建设事业以新的时代内涵，深刻回答了事关新时代我国社会主义法治建设的一系列重大问题，实现了中国特色社会主义法治理论的历史性飞跃。

三、习近平法治思想是在法治轨道上推进国家治理体系和治理能力现代化的根本遵循

　　1.坚持全面依法治国，是中国特色社会主义国家制度和国家治理体系的显著优势。

　　2.当前，我们已开启全面建设社会主义现代化国家新征程，要坚持以习近平法治思想为指导，更好发挥法治固根本、稳预期、利长远的保障作用，及时把推动改革、促进发展、维护稳定的成果以法律形式固化下来，推动各方面制度更加成熟、日臻完善，为夯实"中国之治"提供稳定的制度保障。

四、习近平法治思想是引领法治中国建设实现高质量发展的思想旗帜

1.习近平法治思想从全面建设社会主义现代化国家的目标要求出发,**立足新发展阶段、贯彻新发展理念、构建新发展格局的实际需要,提出了当前和今后一个时期全面依法治国的目标任务**,为实现新时代法治中国建设高质量发展提供了强有力的思想武器。

2.要毫不动摇地坚持习近平法治思想在全面依法治国工作中的指导地位,把习近平法治思想贯彻落实到全面依法治国全过程和各方面,转化为做好全面依法治国各项工作的**强大动力**,转化为推进法治中国建设的**思路举措**,转化为建设社会主义法治国家的**生动实践**,不断开创法治中国建设新局面。

> **·重点小结·**
>
> 1.习近平法治思想形成和发展的逻辑。
> 2.习近平法治思想的鲜明特色。
> 3.习近平法治思想的重大意义。

专题二 习近平法治思想的核心要义

知识体系图

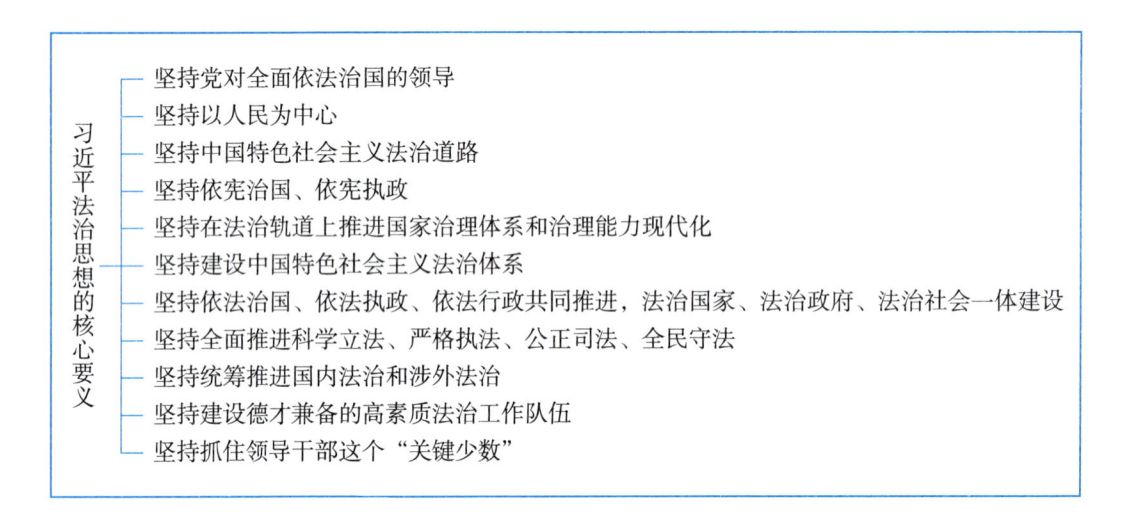

```
                ┌─ 坚持党对全面依法治国的领导
                ├─ 坚持以人民为中心
习               ├─ 坚持中国特色社会主义法治道路
近               ├─ 坚持依宪治国、依宪执政
平               ├─ 坚持在法治轨道上推进国家治理体系和治理能力现代化
法               ├─ 坚持建设中国特色社会主义法治体系
治               ├─ 坚持依法治国、依法执政、依法行政共同推进,法治国家、法治政府、法治社会一体建设
思               ├─ 坚持全面推进科学立法、严格执法、公正司法、全民守法
想               ├─ 坚持统筹推进国内法治和涉外法治
的               ├─ 坚持建设德才兼备的高素质法治工作队伍
核               └─ 坚持抓住领导干部这个"关键少数"
心
要
义
```

第一节 坚持党对全面依法治国的领导

一、党的领导是推进全面依法治国的法治之魂

1.党政军民学、东西南北中,党是领导一切的。中国共产党是中国特色社会主义事业的**坚强领导核心,是最高政治领导力量**,各个领域、各个方面都必须坚定自觉坚持党的领导。

2.坚持党的领导,是**社会主义法治的根本要求**,是党和国家的根本所在、命脉所在,是全国各族人民的利益所系、幸福所系,是全面推进依法治国的题中应有之义。党的领导是我国社会主义**法治之魂**,是我国法治同西方资本主义国家法治**最大的区别**。

二、全面依法治国是要加强和改善党的领导

1.全面依法治国,必须坚持**党总揽全局、协调各方的领导核心地位**不动摇。

2.加强和改善党对全面依法治国的领导,是由**党的领导和社会主义法治的一致性**决定的。全面推进依法治国需要**通过法定程序把党的意志转化为国家意志**,把党的路线方针政策转化为国家的法律法规。党带头厉行法治,**把法治作为治国理政的基本方式**,各级党组织和广大党员带头模范守法,才能在全社会普遍形成尊法守法风尚,为社会主义

法治建设创造浓厚氛围。

三、把党的领导贯彻落实到依法治国全过程和各方面

1.习近平总书记指出:"坚持党的领导,不是一句空的口号,必须具体体现在**党领导立法、保证执法、支持司法、带头守法**上。一方面,要坚持**党总揽全局、协调各方**的领导核心作用,统筹依法治国各领域工作,确保党的主张贯彻到依法治国全过程和各方面。另一方面,要改善党对依法治国的领导,不断提高党领导依法治国的能力和水平。"

2.把党的领导贯彻落实到全面依法治国全过程和各方面,是我国社会主义法治建设的一条基本经验。把**依法治国基本方略同依法执政基本方式统一起来**,把党总揽全局、协调各方同人大、政府、政协、监察机关、审判机关、检察机关依法依章程履行职能、开展工作统一起来,把党领导人民制定和实施宪法法律同党坚持在宪法法律范围内活动统一起来,善于使党的主张通过法定程序成为国家意志,善于使党组织推荐的人选通过法定程序成为国家政权机关的领导人员,善于通过国家政权机关实施党对国家和社会的领导,善于运用民主集中制原则维护中央权威、维护全党全国团结统一。

四、坚持党的领导、人民当家作主、依法治国有机统一

1.坚持党的领导、人民当家作主、依法治国有机统一,是对中国特色社会主义法治**本质特征的科学概括**,是对中国特色社会主义民主法治发展规律的本质把握。

2.坚持党的领导、人民当家作主、依法治国有机统一,**最根本的是坚持党的领导**。**党的领导**是人民当家作主和依法治国的**根本保证**,人民当家作主是社会主义民主政治的**本质特征**,**依法治国**是党领导人民治理国家的**基本方式**,三者统一于我国**社会主义民主政治伟大实践**。

3.**人民代表大会制度**是坚持党的领导、人民当家作主、依法治国有机统一的**根本制度安排**。人民代表大会制度是实现党的领导和执政的制度载体和依托,是人民当家作主的根本途径和实现形式。

五、健全党领导全面依法治国的制度和工作机制

1.要健全党领导全面依法治国的制度和工作机制,推进**党的领导制度化、法治化,通过法治保障党的路线方针政策有效实施**。

2.成立中央全面依法治国委员会,目的就是从机制上加强党对全面依法治国的集中**统一领导,统筹推进全面依法治国工作**,这既是加强党的领导的应有之义,也是法治建设的重要任务。

3.健全党领导全面依法治国的制度和体制机制,完善党制定全面依法治国方针政策的工作机制和程序,加强党对全面依法治国的集中统一领导。充分发挥**各级党委的领导核心作用**,把法治建设真正摆在全局工作的突出位置,与经济社会发展同部署、同推进、同督促、同考核、同奖惩。进一步完善**党委统一领导和各方分工负责、齐抓共管的责任落实机制**,强化全面依法治国方针政策和决策部署的有效贯彻执行。

第二节　坚持以人民为中心

一、以人民为中心是中国特色社会主义法治的本质要求

1.人民群众是我们党的力量源泉，人民立场是中国共产党的根本政治立场。习近平总书记指出："必须牢记我们的共和国是中华人民共和国，始终要把人民放在心中最高的位置，始终全心全意为人民服务，始终为人民利益和幸福而努力工作。"

2.全面依法治国最广泛、最深厚的基础是人民，**推进全面依法治国的根本目的是依法保障人民权益**。

二、坚持人民主体地位

1.坚持人民主体地位，必须**把以人民为中心的发展思想融入到全面依法治国的伟大实践中**。

2.坚持人民主体地位，要求**用法治保障人民当家作主**。

三、牢牢把握社会公平正义这一法治价值追求

1.**公平正义是法治的生命线**，是中国特色社会主义法治的内在要求。坚持全面依法治国，建设社会主义法治国家，**切实保障社会公平正义和人民权利，是社会主义法治的价值追求**。

2.全面依法治国必须紧紧围绕保障和促进社会公平正义，把**公平正义贯穿到立法、执法、司法、守法的全过程和各方面**，紧紧围绕保障和促进社会公平正义来推进法治建设和法治改革，创造更加公平正义的法治环境，努力让人民群众在每一项法律制度、每一个执法决定、每一宗司法案件中都感受到公平正义。

四、推进全面依法治国的根本目的是依法保障人民权益

1.我们党全心全意为人民服务的**根本宗旨**，决定了必须始终把人民作为一切工作的中心。

2.推进全面依法治国，必须切实保障公民的**人身权、财产权、人格权和基本政治权利**，保证公民经济、文化、社会等各方面权利得到落实。必须着力解决人民群众最关切的**公共安全、权益保障、公平正义**问题，努力维护最广大人民的根本利益，保障人民群众对美好生活的向往和追求。

第三节　坚持中国特色社会主义法治道路

一、中国特色社会主义法治道路是建设社会主义法治国家的唯一正确道路

1.道路决定成败。中国特色社会主义法治道路，是社会主义法治建设成就和经验的

集中体现，是建设社会主义法治国家的唯一正确道路。

2.历史和现实充分证明，中国特色社会主义法治道路，是**唯一正确的道路**。

3.中国特色社会主义法治道路，根植于我国社会主义初级阶段的**基本国情**，生发于我国改革开放和社会主义现代化建设的**具体实践**，是被实践证明了的符合我国基本国情、符合人民群众愿望、符合实践发展要求的法治道路，具有显著优越性。我国社会主义法治建设之所以能取得举世瞩目的伟大成就，就在于开辟了一条符合我国国情、遵循法治规律的中国特色社会主义法治道路。

4.在坚持和拓展中国特色社会主义法治道路这个根本问题上，要树立自信、保持定力，必须从我国实际出发，**同推进国家治理体系和治理能力现代化相适应，突出中国特色、实践特色、时代特色**，既不能罔顾国情、超越阶段，也不能因循守旧、墨守成规。要学习借鉴世界上优秀的法治文明成果，但必须**坚持以我为主、为我所用**，认真鉴别、合理吸收，不能搞"**全盘西化**"，不能搞"**全面移植**"，不能照搬照抄。

二、中国特色社会主义法治道路的核心要义

1.坚定不移走中国特色社会主义法治道路，**最根本的是坚持中国共产党的领导**。党的领导是实现全面推进依法治国总目标的最根本保证，必须始终坚持党总揽全局、协调各方的领导核心地位不动摇。

2.**中国特色社会主义制度是中国特色社会主义法治体系的根本制度基础，是全面推进依法治国的根本制度保障**。

3.**中国特色社会主义法治理论是中国特色社会主义法治体系的理论指导和学理支撑**。我们要发展的中国特色社会主义法治理论，本质上是中国特色社会主义理论体系在法治问题上的理论成果。

第四节　坚持依宪治国、依宪执政

一、依宪治国、依宪执政是建设社会主义法治国家的首要任务

宪法是国家的根本大法，是治国安邦的总章程，具有最高的法律地位、法律权威、法律效力。

二、坚持依法治国首先要坚持依宪治国，坚持依法执政首先要坚持依宪执政

1.坚持依法治国首先要坚持依宪治国，坚持依法执政首先要坚持依宪执政，这**是宪法的地位和作用决定的**。

2.坚持依宪治国、依宪执政，要坚持宪法确定的**中国共产党领导地位不动摇**，坚持宪法确定的**人民民主专政的国体**和**人民代表大会制度的政体不动摇**。

三、坚持依宪治国

1.坚持依宪治国，是推进全面依法治国、建设社会主义法治国家的**基础性工作**，科

学回答了宪法如何更好促进全面建设社会主义现代化国家的关键性问题。

2.坚持依宪治国，既强调宪法的根本法地位，又强调在全面依法治国过程中，必须依据宪法精神、宪法原则以及宪法所确定的各项制度推进依法治理。

四、坚持依宪执政

1.坚持依宪执政，体现了中国共产党作为执政党的执政理念，体现了我们党对执政规律和执政方式的科学把握。

2.公民的基本权利和义务是宪法的核心内容，宪法是每个公民享有权利、履行义务的根本保证。坚持依宪执政，必须要坚持以人民为中心。

五、全面贯彻实施宪法

1.全面贯彻实施宪法，切实维护宪法尊严和权威，是维护国家法制统一、尊严、权威的前提，也是维护最广大人民根本利益、确保国家长治久安的重要保障。

2.每年12月4日设立为国家宪法日。将全国人大法律委员会更名为全国人大宪法和法律委员会，增加推动宪法实施、开展宪法解释、推进合宪性审查、加强宪法监督、配合宪法宣传等工作职责，等等。

第五节　坚持在法治轨道上推进国家治理体系和治理能力现代化

一、在法治轨道上推进国家治理体系和治理能力现代化是国家治理领域一场广泛而深刻的革命

1.我国社会主义法治凝聚着我们党治国理政的理论成果和实践经验，是制度之治最基本最稳定最可靠的保障。

2.在法治轨道上推进国家治理体系和治理能力现代化，要提高党依法治国、依法执政能力，推进**党的领导制度化、法治化、规范化**。要用法治保障人民当家作主，**健全社会公平正义法治保障制度，使法律及其实施有效体现人民意志、保障人民权益、激发人民创造力**。要健全完善**中国特色社会主义法治体系**，不断满足国家治理需求和人民日益增长的美好生活需要。要**坚持依法治国、依法执政、依法行政共同推进，坚持法治国家、法治政府、法治社会一体建设**，更加注重系统性、整体性、协同性。要更好**发挥法治对改革发展稳定的引领、规范、保障作用**，以深化依法治国实践检验法治建设成效，推动各方面制度更加成熟、更加定型，逐步实现**国家治理制度化、程序化、规范化、法治化**。

二、法治是国家治理体系和治理能力的重要依托

1.**法治是治国理政的基本方式**。只有全面依法治国才能有效保障国家治理体系的系统性、规范性、协调性，才能最大限度凝聚社会共识。要更加重视法治、厉行法治，更好发挥法治**固根本、稳预期、利长远**的保障作用，坚持依法应对重大挑战、抵御重大风

险、克服重大阻力、解决重大矛盾。

2.坚持和完善中国特色社会主义制度，推进国家治理体系和治理能力现代化，就是要适应时代变革，不断健全我国国家治理的体制机制，不断完善中国特色社会主义法治体系，实现党和国家各项事务治理制度化、规范化、程序化，提高运用制度和法律治理国家的能力，提高党科学执政、民主执政、依法执政水平。

三、在法治轨道上推进国家治理体系现代化

国家治理体系是在党领导下管理国家的制度体系，包括经济、政治、文化、社会、生态文明和党的建设等各领域的体制机制、法律法规安排，是一整套紧密相连、相互协调的制度构成的体系。

四、在法治轨道上推进国家治理能力现代化

国家治理能力是运用国家制度管理社会各方面事务的能力，是改革发展稳定、内政外交国防、治党治国治军等各个方面国家制度执行能力的集中体现。

第六节　坚持建设中国特色社会主义法治体系

一、建设中国特色社会主义法治体系是推进全面依法治国的总抓手

全面推进依法治国涉及立法、执法、司法、普法、守法各个环节、各个方面，必须有一个总揽全局、牵引各方的总抓手，这个总抓手就是建设中国特色社会主义法治体系。

二、建设完备的法律规范体系

1.经过长期努力，中国特色社会主义法律体系已经形成，国家和社会生活各方面总体上实现了有法可依。要不断完善以宪法为核心的中国特色社会主义法律体系，坚持立法先行，坚持立、改、废、释并举，健全完善法律、行政法规、地方性法规，为全面推进依法治国提供遵循。

2.要深入推进科学立法、民主立法、依法立法，提高立法质量和效率，以良法保善治、促发展。

三、建设高效的法治实施体系

1.法治实施体系是执法、司法、守法等宪法法律实施的工作体制机制。高效的法治实施体系，最核心的是健全宪法实施体系。全面贯彻实施宪法，是建设社会主义法治国家的首要任务和基础性工作。

2.深入推进执法体制改革，完善执法程序，推进综合执法，严格执法责任，建立权责统一、权威高效的行政执法体制。深化司法体制改革，完善司法管理体制和司法权力运行机制，规范司法行为，加强对司法活动的监督，切实做到公正司法。坚持把全民普法和守法作为全面依法治国的长期基础性工作，采取有力措施加强法治宣传教育，不断

增强全民法治观念。

四、建设严密的法治监督体系

1.法治监督体系是由<u>党内监督、人大监督、民主监督、行政监督、司法监督、审计监督、社会监督、舆论监督</u>等构成的权力制约和监督体系。

2.要加强党对法治监督工作的集中统一领导,把<u>法治监督作为党和国家监督体系的重要内容</u>,保证行政权、监察权、审判权、检察权得到依法正确行使,保证公民、法人和其他组织合法权益得到切实保障。<u>加强国家机关监督、民主监督、群众监督和舆论监督</u>,形成法治监督合力,发挥整体监督效能。<u>加强执纪执法监督</u>,坚持把纪律规矩挺在前面,推进执纪执法贯通,建立有效衔接机制。

五、建设有力的法治保障体系

1.法治保障体系包括<u>党领导全面依法治国的制度和机制、队伍建设和人才保障</u>等。

2.坚持党的领导,把党的领导贯穿于依法治国各领域全过程,是社会主义法治的<u>根本保证</u>。

3.坚定中国特色社会主义制度自信,坚持走中国特色社会主义法治道路,健全完善中国特色社会主义法治体系,筑牢全面依法治国的<u>制度保障</u>。

4.大力加强法治工作队伍建设,用习近平法治思想武装头脑,切实提高法治工作队伍思想政治素质、业务工作能力、职业道德水准,切实提高运用法治思维和法治方式的能力水平,夯实社会主义法治建设的<u>组织和人才保障</u>。

六、建设完善的党内法规体系

1.党内法规既是管党治党的<u>重要依据</u>,也是建设社会主义法治国家的有力保障。

2.必须完善党内法规制定体制机制,完善党的组织法规制度、党的领导法规制度、党的自身建设法规制度、党的监督保障法规制度。要加大党内法规备案审查和解释力度,<u>注重党内法规同国家法律的衔接和协调</u>。要完善党内法规制度体系,确保内容科学、程序严密、配套完备、运行有效,形成制度整体效应,强化制度执行力,为提高党的领导水平和执政能力提供有力的制度保障。

第七节 坚持依法治国、依法执政、依法行政共同推进,法治国家、法治政府、法治社会一体建设

一、"共同推进、一体建设"是对全面依法治国的工作布局

全面推进依法治国各领域各方面的工作相互联系、相互衔接,必须加强统筹、协同推进。习近平总书记指出:"全面推进依法治国是一项庞大的系统工程,必须统筹兼顾、把握重点、整体谋划,在共同推进上着力,在一体建设上用劲。"

二、坚持依法治国、依法执政、依法行政共同推进

依法治国、依法执政、依法行政是一个有机整体，三者**本质一致、目标一体、成效相关**，必须共同推进、形成合力。

1.依法治国是广大人民群众在党的领导下，依照宪法和法律规定，通过各种途径和形式管理国家事务，管理经济和文化事业，管理社会事务，保证国家各项工作都依法进行。

2.依法执政是党领导人民长期探索治国之道、深化认识执政规律的重大战略抉择，作为执政党的中国共产党是否依法执政，直接影响依法治国基本方略能否得到贯彻，直接关系社会主义法治建设事业的最终成败。

3.依法行政是各级政府在党的领导下，牢固树立权力来自人民、权力源于法律授予的理念，完善依法行政制度体系，推进行政决策科学化、民主化、法治化，根据法律法规规定，严格规范公正文明执法，创新行政方式，提高行政效能，确保在法治轨道上开展工作。

4.依法治国是党领导人民治理国家的基本方略，依法执政是我们党执政的基本方式，依法行政是政府施政的基本准则，三者密不可分，必须共同推进。

三、坚持法治国家、法治政府、法治社会一体建设

1.法治国家、法治政府、法治社会三者相互联系、相互支撑、相辅相成，**法治国家是法治建设的目标，法治政府是建设法治国家的重点，法治社会是构筑法治国家的基础**。习近平总书记强调："推进全面依法治国，法治政府建设是重点任务和主体工程，对法治国家、法治社会建设具有示范带动作用，要率先突破。"

2.**全面依法治国的基础在基层，根基在民众**。法治社会是法治国家、法治政府建设的基础和依托，**法治国家、法治政府建设必须筑牢法治社会根基**。全民守法是全面依法治国的长期性、基础性工程，只有全面增强全民法治观念，让法治成为社会共识和基本准则，才能夯实法治国家、法治政府建设的社会基础。

第八节　坚持全面推进科学立法、严格执法、公正司法、全民守法

一、科学立法、严格执法、公正司法、全民守法是推进全面依法治国的重要环节

1.党的十一届三中全会确立了有法可依、有法必依、执法必严、违法必究的社会主义法制建设的"十六字方针"。

2.党的十八大把法治建设摆在了更加突出的位置，强调全面推进依法治国，明确提出法治是治国理政的基本方式，**要推进科学立法、严格执法、公正司法、全民守法**。"科学立法、严格执法、公正司法、全民守法"成为指引新时代法治中国建设的"新十六字方针"。

二、坚持科学立法

1. **法律是治国之重器，良法是善治之前提**。越是强调法治，越是要提高立法质量。

2. 要完善立法规划，突出立法重点，坚持立改废并举，提高立法科学化、民主化水平，提高法律的针对性、及时性、系统性。

3. 要完善立法工作机制和程序，扩大公众有序参与，充分听取各方面意见，使法律准确反映经济社会发展要求，更好协调利益关系，发挥立法的引领和推动作用。

三、坚持严格执法

1. 执法是行政机关履行政府职能、管理经济社会事务的主要方式。

2. 要加强宪法和法律实施，维护社会主义法制的统一、尊严、权威，形成人们不愿违法、不能违法、不敢违法的法治环境，做到有法必依、执法必严、违法必究。

四、坚持公正司法

1. 公正司法是维护社会公平正义的最后一道防线。各级司法机关要紧紧围绕努力让人民群众在每一个司法案件中都感受到公平正义这个要求和目标改进工作，坚持做到严格司法、规范司法。

2. 要改进司法工作作风，通过热情服务切实解决好老百姓打官司过程中遇到的各种难题，特别是要加大对困难群众维护合法权益的法律援助，加大司法公开力度，以回应人民群众对司法公正公开的关注和期待。

3. 深化司法体制和工作机制改革，加强党对司法工作的领导，确保审判机关、检察机关依法独立公正行使审判权、检察权，全面落实司法责任制。

4. **健全公安机关、检察机关、审判机关、司法行政机关各司其职，侦查权、检察权、审判权、执行权相互配合、相互制约的体制机制**。强化诉讼过程中当事人和其他诉讼参与人的知情权、陈述权、辩护辩论权、申请权、申诉权的制度保障，加强对刑事诉讼、民事诉讼、行政诉讼的法律监督。完善人民监督员制度，依法规范司法人员与当事人、律师、特殊关系人、中介组织的接触、交往行为。

五、坚持全民守法

1. **法律要发生作用，全社会首先要信仰法律**。习近平总书记指出："全民守法，就是任何组织或者个人都必须在宪法和法律范围内活动，任何公民、社会组织和国家机关都要以宪法和法律为行为准则，依照宪法和法律行使权利或权力、履行义务或职责。"

2. 要深入开展法治宣传教育，在全社会弘扬社会主义法治精神，传播法律知识，培养法律意识，在全社会形成宪法至上、守法光荣的良好社会氛围。要突出普法重点内容，落实"谁执法谁普法"的普法责任制，努力在增强普法的针对性和实效性上下功夫，不断提升全体公民法治意识和法治素养。

3. 要坚持法治教育与法治实践相结合，广泛开展依法治理活动，提高社会治理法治化水平。要坚持依法治国和以德治国相结合，把法治建设和道德建设紧密结合起来，把他律和自律紧密结合起来，做到法治和德治相辅相成、相互促进。

第九节　坚持统筹推进国内法治和涉外法治

一、统筹推进国内法治和涉外法治是维护国家主权、安全、发展利益的迫切需要

1.当今世界正面临百年未有之大变局，国际社会经济发展和地缘政治安全发生深刻变化。国家主权、安全、发展利益是国家核心利益，**切实维护国家主权、安全、发展利益是涉外法治工作的首要任务**。当前，随着我国经济实力和综合国力快速增长，对外开放全方位深化，"一带一路"建设深入推进，我国日益走近世界舞台中央，深度融入全球化进程，维护我国国家利益和公民、法人在境外合法权益的任务日益繁重。

2.统筹推进国内法治和涉外法治，协调推进国内治理和国际治理，是全面依法治国的必然要求，是建立以国内大循环为主体、国内国际双循环相互促进的新发展格局的客观需要，是维护国家主权、安全、发展利益的迫切需要。这就要求在全面依法治国进程中，必须**统筹运用国内法和国际法，加快涉外法治工作战略布局，推进国际法治领域合作，加快推进我国法域外适用的法律体系建设，加强国际法研究和运用，提高涉外工作法治化水平**，更好地维护国家主权、安全、发展利益，为全球治理体系改革、推动构建人类命运共同体规则体系提供中国方案。

二、加快涉外法治工作战略布局

1.统筹国内国际两个大局是我们党治国理政的重要理念和基本经验，统筹推进国内法治和涉外法治，加快涉外法治工作战略布局即是这一理念和经验在法治领域的具体体现。

2.要**加快形成系统完备的涉外法律法规体系，积极构建更加完善的涉外经济法律体系**，逐步形成法治化、国际化、便利化的营商环境。要**提升涉外执法司法效能**，引导企业、公民在"走出去"过程中更加自觉遵守当地法律法规和风俗习惯，提高运用法治和规则维护自身合法权益的意识和能力。

3.要**加强反制裁、反干涉和反制"长臂管辖"的理论研究和制度建设**，努力维护公平公正的国际环境。要加大涉外法治人才培养力度，尽快建设一支精通国内法治和涉外法治，既熟悉党和国家方针政策、了解我国国情，又具有全球视野、熟练运用外语、通晓国际规则的高水平法治人才队伍，为我国参与国际治理提供有力人才支撑。

三、加强国际法治合作

1.**法治是人类政治文明的重要成果，是现代社会治理的基本手段，既是国家治理体系和治理能力的重要依托，也是维护世界和平与发展的重要保障**。要旗帜鲜明地坚定维护以联合国为核心的国际体系，坚定维护以联合国宪章宗旨和原则为基础的国际法基本原则和国际关系基本准则，坚定维护以国际法为基础的国际秩序。引导国际社会共同塑

造更加公正合理的国际新秩序,推动构建人类命运共同体。

2.**积极参与执法安全国际合作**,共同打击暴力恐怖势力、民族分裂势力、宗教极端势力和贩毒走私、跨国有组织犯罪。**坚持深化司法领域国际合作**,完善我国司法协助体制,扩大国际司法协助覆盖面。加强反腐败国际合作,加大海外追赃追逃、遣返引渡力度。

四、提高涉外法治工作能力

1.法治是国家核心竞争力的重要内容。**要提高国际法斗争能力,坚持国家主权平等,坚持反对任何形式的霸权主义,坚持推进国际关系民主化法治化**,综合利用立法、执法、司法等法律手段开展斗争,坚决维护国家主权、安全、发展利益。

2.**要主动参与并努力引领国际规则制定**,对不公正不合理、不符合国际格局演变大势的国际规则、国际机制提出中国的改革方案,推动形成公正、合理、透明的国际规则体系,提高我国在全球治理体系变革中的话语权和影响力。

第十节 坚持建设德才兼备的高素质法治工作队伍

一、建设德才兼备的高素质法治工作队伍是推进全面依法治国的一项基础性工作

1.**全面推进依法治国,必须建设一支德才兼备的高素质法治工作队伍**。习近平总书记指出:"研究谋划新时代法治人才培养和法治队伍建设长远规划,创新法治人才培养机制,推动东中西部法治工作队伍均衡布局,提高法治工作队伍思想政治素质、业务工作能力、职业道德水准,着力建设一支**忠于党、忠于国家、忠于人民、忠于法律**的社会主义法治工作队伍,为加快建设社会主义法治国家提供有力人才保障。"

2.要坚持把法治工作队伍建设作为全面依法治国的基础性工作,大力推进法治专门队伍**革命化、正规化、专业化、职业化**,培养造就一大批高素质法治人才及后备力量。

二、加强法治专门队伍建设

1.**全面推进依法治国,首先必须把法治专门队伍建设好**。要坚持把政治标准放在首位,加强科学理论武装,坚持用习近平新时代中国特色社会主义思想特别是习近平法治思想武装头脑,深入开展理想信念教育,深入开展社会主义核心价值观教育,不断打牢高举旗帜、听党指挥、忠诚使命的思想基础,永葆忠于党、忠于国家、忠于人民、忠于法律的政治本色。

2.**要把强化公正廉洁的职业道德作为必修课**,自觉用法律职业伦理约束自己,信仰法治、坚守法治,培育职业良知,坚持严格执法、公正司法,树立惩恶扬善、执法如山的浩然正气,杜绝办"金钱案""权力案""人情案"。

3.**完善法律职业准入、资格管理制度,建立法律职业人员统一职前培训制度和在职

法官、检察官、警官、律师同堂培训制度。完善从符合条件的律师、法学专家中招录立法工作者、法官、检察官、行政复议人员制度。

　　4.加强立法工作队伍建设。建立健全立法、执法、司法部门干部和人才常态化交流机制，加大法治专门队伍与其他部门具备条件的干部和人才交流力度。加强边疆地区、民族地区和基层法治专门队伍建设。健全法官、检察官员额管理制度，规范遴选标准、程序。加强执法司法辅助人员队伍建设。建立健全符合职业特点的法治工作人员管理制度，完善职业保障体系。健全执法司法人员依法履职免责、履行职务受侵害保障救济、不实举报澄清等制度。

三、加强法律服务队伍建设

　　1.法律服务队伍是全面依法治国的重要力量。要加强法律服务队伍建设，把拥护中国共产党领导、拥护社会主义法治作为法律服务人员从业的基本要求，加强对法律服务队伍的教育管理，引导法律服务工作者坚持正确政治方向，依法依规诚信执业，认真履行社会责任，满腔热忱投入社会主义法治国家建设。

　　2.要充分发挥律师在全面依法治国中的重要作用，加强律师队伍思想政治建设，完善律师执业保障机制，增强广大律师走中国特色社会主义法治道路的自觉性和坚定性，建设一支拥护党的领导、拥护社会主义法治的高素质律师队伍。

　　3.要落实党政机关、人民团体、国有企事业单位普遍建立法律顾问制度和公职律师、公司律师制度，健全相关工作规则，理顺管理体制机制，重视发挥法律顾问和公职律师、公司律师作用。

　　4.要加强公证员、基层法律服务工作者、人民调解员队伍建设，推动法律服务志愿者队伍建设，建立激励法律服务人才跨区域流动机制，逐步解决基层和欠发达地区法律服务资源不足和人才匮乏问题。

四、创新法治人才培养机制

　　1.全面推进依法治国是一项长期而重大的历史任务，必须坚持以习近平法治思想为指导，立德树人，德法兼修，培养大批高素质法治人才。高校作为法治人才培养的第一阵地，要充分利用学科齐全、人才密集的优势，加强法治及其相关领域基础性问题的研究，对复杂现实进行深入分析、作出科学总结，提炼规律性认识，为完善中国特色社会主义法治体系、建设社会主义法治国家提供理论支撑。

　　2.大力加强法学学科体系建设，认真总结法学教育和法治人才培养经验和优势，深入研究和解决好为谁教、教什么、教给谁、怎样教的问题，探索建立适应新时代全面依法治国伟大实践需要的法治人才培养机制。要强化法学教育实践环节，处理好法学知识和法治实践教学的关系，将立法执法司法实务工作部门的优质法治实践资源引进高校课堂，加强法学教育、法学研究工作者和法治实务工作者之间的交流。

　　3.坚持以我为主、兼收并蓄、突出特色，积极吸收借鉴世界上的优秀法治文明成果，有甄别、有选择地吸收和转化，不能囫囵吞枣、照搬照抄，努力以中国智慧、中国实践为世界法治文明建设作出贡献。

第十一节　坚持抓住领导干部这个"关键少数"

一、领导干部是全面依法治国的关键

1. 领导干部是全面推进依法治国的重要组织者、推动者、实践者，是全面依法治国的关键。

2. 领导干部对法治建设既可以起到关键推动作用，也可能起到致命破坏作用。必须把领导干部作为全面依法治国实践的重中之重予以高度重视，牢牢抓住领导干部这个"关键少数"。各级领导干部要对法律怀有敬畏之心，带头依法办事，带头遵守法律，不断提高运用法治思维和法治方式深化改革、推动发展、化解矛盾、维护稳定、应对风险的能力。

二、领导干部应做尊法学法守法用法的模范

1. 尊崇法治、敬畏法律，是领导干部必须具备的基本素质。

2. 领导干部必须做尊法的模范，带头尊崇法治、敬畏法律，彻底摒弃人治思想和长官意识，决不搞以言代法、以权压法。领导干部必须做学法的模范，深入学习贯彻习近平法治思想，带头了解法律、掌握法律，充分认识法治在推进国家治理体系和治理能力现代化中的重要地位和重大作用。领导干部必须做守法的模范，牢记法律红线不可逾越、法律底线不可触碰，带头遵纪守法、捍卫法治。领导干部必须做用法的模范，带头厉行法治、依法办事，真正做到在法治之下、而不是法治之外、更不是法治之上想问题、作决策、办事情。

三、领导干部要提高法治思维和依法办事能力

1. 法治思维是基于法治的固有特性和对法治的信念来认识事物、判断是非、解决问题的思维方式。法治方式是运用法治思维处理和解决问题的行为模式。党政主要负责人要履行推进法治建设第一责任人职责，统筹推进科学立法、严格执法、公正司法、全民守法。领导干部要守法律、重程序，带头营造办事依法、遇事找法、解决问题用法、化解矛盾靠法的法治环境，善于用法治思维谋划工作，用法治方式处理问题。要牢记职权法定，牢记权力来自哪里、界线划在哪里，做到法定职责必须为、法无授权不可为。

2. 要坚持以人民为中心，牢记法治的真谛是保障人民权益，权力行使的目的是维护人民权益。要加强对权力运行的制约监督，依法设定权力、规范权力、制约权力、监督权力，把权力关进制度的笼子里。要把法治素养和依法履职情况纳入考核评价干部的重要内容，让尊法学法守法用法成为领导干部自觉行为和必备素质。

重点小结

习近平法治思想的核心要义在于"十一个坚持",其中最重要的是:坚持党对全面依法治国的领导;坚持以人民为中心;坚持中国特色社会主义法治道路;坚持依宪治国、依宪执政;坚持在法治轨道上推进国家治理体系和治理能力现代化;坚持建设中国特色社会主义法治体系;坚持依法治国、依法执政、依法行政共同推进,法治国家、法治政府、法治社会一体建设;坚持全面推进科学立法、严格执法、公正司法、全民守法。

专题三　习近平法治思想的实践要求

知识体系图

习近平法治思想的实践要求
├── 发挥法治在经济社会发展中的作用
└── 正确处理全面依法治国重大关系

第一节　发挥法治在经济社会发展中的作用

一、以法治保障经济发展

1.**厉行法治**是发展社会主义市场经济的内在要求，也是社会主义市场经济良性运行的**根本保障**。习近平总书记在中央全面依法治国委员会第一次会议上指出："贯彻新发展理念，实现经济从高速增长转向高质量发展，必须坚持以法治为引领。"在中央全面依法治国委员会第二次会议上强调："**法治是最好的营商环境。**"

2.要加强党领导经济工作制度化建设，提高党领导经济工作法治化水平，以法治化方式领导和管理经济。要不断完善社会主义市场经济法律制度，加快建立和完善现代产权制度，推进产权保护法治化，加大知识产权保护力度。要积极营造公平有序的经济发展的法治环境，依法平等保护各类市场主体合法权益，营造各种所有制主体依法平等使用资源要素、公开公平公正参与竞争、同等受到法律保护的市场环境。

二、以法治保障政治稳定

1.**保障政治安全、政治稳定是法律的重要功能。**

2.在我国政治生活中，党是居于领导地位的，加强党的集中统一领导，支持人大、政府、政协和监察机关、法院、检察院依法依章程履行职能、开展工作、发挥作用，这两方面是统一的。

三、以法治保障文化繁荣

1.文化是民族血脉和人民的精神家园，是一个国家的灵魂。全国人大常委会决定设立烈士纪念日、中国人民抗日战争胜利纪念日、南京大屠杀死难者国家公祭日，大力弘扬以爱国主义为核心的伟大民族精神。

2.要坚持**用社会主义核心价值观引领文化立法，完善社会主义先进文化的法治保障机制，依法规范和保障社会主义先进文化发展方向，进一步完善中国特色社会主义文化法律制度体系**。要深入推进社会主义文化强国建设，加快公共文化服务体系建设，运用法治方式保障人民文化权益，满足人民群众的基本文化需求。要坚持依法治网、依法办网、依法上网，加快网络法治建设，加强互联网领域立法，完善网络信息服务、网络安全保护、网络社会管理等方面的法律法规，依法规范网络行为，促进互联网健康有序发展。

四、以法治保障社会和谐

1.社会和谐稳定是人民群众的共同心愿，是改革发展的重要前提。

2.**要充分发挥法治作为保障和改善民生制度基石的作用，加强民生法治保障**，破解民生难题，着力保障和改善民生。要更加注重社会建设，推进社会体制改革，扩大公共服务，完善社会管理，促进社会公平正义，满足人民日益增长的美好生活需要。要坚持和完善共建共治共享的社会治理制度，完善党委领导、政府负责、社会协同、公众参与、法治保障的社会治理体制，畅通公众参与重大公共决策的渠道，切实保障公民、法人和其他组织合法权益。

3.**要贯彻落实总体国家安全观，加快国家安全法治建设，提高运用法治手段维护国家安全的能力**。切实做好新冠肺炎疫情依法防控工作，抓紧构建系统完备、科学规范、运行有效的疫情防控和公共卫生法律体系，依法保障人民群众生命健康安全。

五、以法治保障生态良好

1.生态环境是关系党的使命宗旨的重大政治问题，也是关系民生的重大社会问题。

2.生态文明建设必须要纳入法治的轨道，以最严格的制度，最严密的法治，对生态环境予以最严格的保护，对破坏生态环境的行为予以最严厉的制裁，才能遏制住生态环境持续恶化的趋势，保障生态文明建设的持续健康发展。**要加大生态环境保护执法司法力度**，大幅度提高破坏环境违法犯罪的成本，**强化各类环境保护责任主体的法律责任，强化绿色发展法律和政策保障，用严格的法律制度保护生态环境**。要建立健全自然资源产权法律制度，完善国土空间开发保护法律制度，完善生态环境保护管理法律制度，加快构建有效约束开发行为和促进绿色发展、循环发展、低碳发展的生态文明法治体系。

第二节　正确处理全面依法治国重大关系

一、政治和法治

1.正确处理政治和法治的关系，是法治建设的一个根本问题。

2.党和法的关系是政治和法治关系的集中反映。

3.要处理好党的政策和国家法律的关系，两者在本质上是一致的。党的政策是国家法律的先导和指引，是立法的依据和执法司法的重要指导。要善于通过法定程序使党的政策成为国家意志、形成法律，并通过法律保障党的政策有效实施，从而确保党发挥总揽全局、协调各方的领导核心作用。<u>党的全面领导在法治领域，就是党领导立法、保证执法、支持司法、带头守法。</u>

二、改革和法治

1.法治和改革有着内在的必然联系，二者相辅相成、相伴而生，如鸟之两翼、车之两轮。必须在法治下推进改革，在改革中完善法治。**要发挥法治对改革的引领和推动作用，确保重大改革于法有据**，做到在法治的轨道上推进改革，要切实提高运用法治思维和法治方式推进改革的能力和水平，要善于运用法治思维和法治方式想问题、作判断、出措施。

2.要坚持改革决策和立法决策相统一、相衔接，确保改革和法治实现良性互动。立法主动适应改革需要，积极发挥引导、推动、规范、保障改革的作用，做到重大改革于法有据，改革和法治同步推进，增强改革的穿透力。

3.善于<u>通过改革和法治推动贯彻落实新发展理念</u>。

三、依法治国和以德治国

1.<u>法律是成文的道德，道德是内心的法律</u>。法是他律，德是自律，需要二者并用、双管齐下。

2.<u>法安天下，德润人心</u>。中国特色社会主义法治道路的一个**鲜明特点，就是坚持依法治国与以德治国相结合**，既重视发挥法律的规范作用，又重视发挥道德的教化作用，这是历史经验的总结，也是对治国理政规律的深刻把握。

3.<u>要强化道德对法治的支撑作用</u>。坚持依法治国和以德治国相结合，就要重视发挥道德的教化作用，提高全社会文明程度，为全面依法治国创造良好人文环境。要在道德体系中体现法治要求，发挥道德对法治的滋养作用，努力使道德体系同社会主义法律规范相衔接、相协调、相促进。要在道德教育中突出法治内涵，注重培育人们的法律信仰、法治观念、规则意识，引导人们自觉履行法定义务、社会责任、家庭责任，营造全社会都讲法治、守法治的文化环境。

4.<u>要把道德要求贯彻到法治建设中</u>。以**法治承载道德理念**，道德才有可靠制度支撑。法律法规要树立鲜明道德导向，弘扬美德义行，立法、执法、司法都要体现社会主义道德要求，都要把社会主义核心价值观贯穿其中，使社会主义法治成为良法善治。要把实践中广泛认同、较为成熟、可操作性强的道德要求及时上升为法律规范，引导全社会崇德向善。要坚持严格执法，弘扬真善美、打击假恶丑。要坚持公正司法，发挥司法断案惩恶扬善功能。

5.<u>要运用法治手段解决道德领域突出问题</u>。法律是底线的道德，也是道德的保障。要加强相关立法工作，明确对失德行为的惩戒措施。要依法加强对群众反映强烈的失德行为的整治。对突出的诚信缺失问题，既要抓紧建立覆盖全社会的征信系统，又要完善守法诚信褒奖机制和违法失信惩戒机制，使人不敢失信、不能失信。对见利忘义、制假售假的违法行为，要加大执法力度，让败德违法者受到惩治、付出代价。要提高全民法治意识和道德自觉，使全体人民成为社会主义法治的忠实崇尚者、自觉遵守者、坚定捍卫者，争做社会主义道德的示范者、良好风尚的维护者。要发挥领导干部在依法治国和以德治国中的关键作用，以实际行动带动全社会崇德向善、尊法守法。

四、依法治国和依规治党

1.国有国法，党有党规。依法治国、依法执政，**既要求党依据宪法法律治国理政，也要求党依据党内法规管党治党**。依规管党治党是依法治国的重要前提和政治保障。只有把党建设好，国家才能治理好。正确处理依法治国和依规治党的关系，是中国特色社会主义法治建设的鲜明特色。

2.**要坚持依法治国与制度治党、依规治党统筹推进、一体建设**，注重党内法规同国家法律法规的衔接和协调，统筹推进依规治党和依法治国，促进党的制度优势与国家制度优势相互转化，提升我们党治国理政的合力和效能，提高党的执政能力和领导水平，促进国家治理体系和治理能力现代化，推动中国特色社会主义事业不断取得新成就。

3.要**完善党内法规体系**。党内法规是党的中央组织、中央纪律检查委员会以及党中央工作机关和省、自治区、直辖市党委制定的体现党的统一意志、规范党的领导和党的建设活动、依靠党的纪律保证实施的专门规章制度。党内法规体系是以党章为根本，以民主集中制为核心，以准则、条例等中央党内法规为主干，由各领域各层级党内法规制度组成的有机统一整体。要从全面依法治国和全面从严治党相统一的高度，科学认识党内法规及其与国家法律的关系，确保党内法规与国家法律的衔接与协调。

4.**坚持依规治党带动依法治国**。只有坚持依规治党，切实解决党自身存在的突出问题，才能使中国共产党始终成为中国特色社会主义事业的坚强领导核心，才能为全面依法治国确立正确的方向和道路，才能发挥好党领导立法、保证执法、支持司法、带头守法的政治优势。只有坚持依规治党，使各级党组织和全体党员牢固树立法治意识、规则意识、程序意识，弘扬宪法精神和党章精神，才能对科学立法、严格执法、公正司法、全民守法实行科学有效的领导，在全面依法治国中起到引领和保障作用。

· 重点小结 ·

习近平法治思想的实践要求中，最重要的是：正确处理全面依法治国重大关系，包括政治与法治、改革与法治、依法治国与以德治国、依法治国与依规治党之间的关系。

法理学

专题四　法的本体（上）

知识体系图

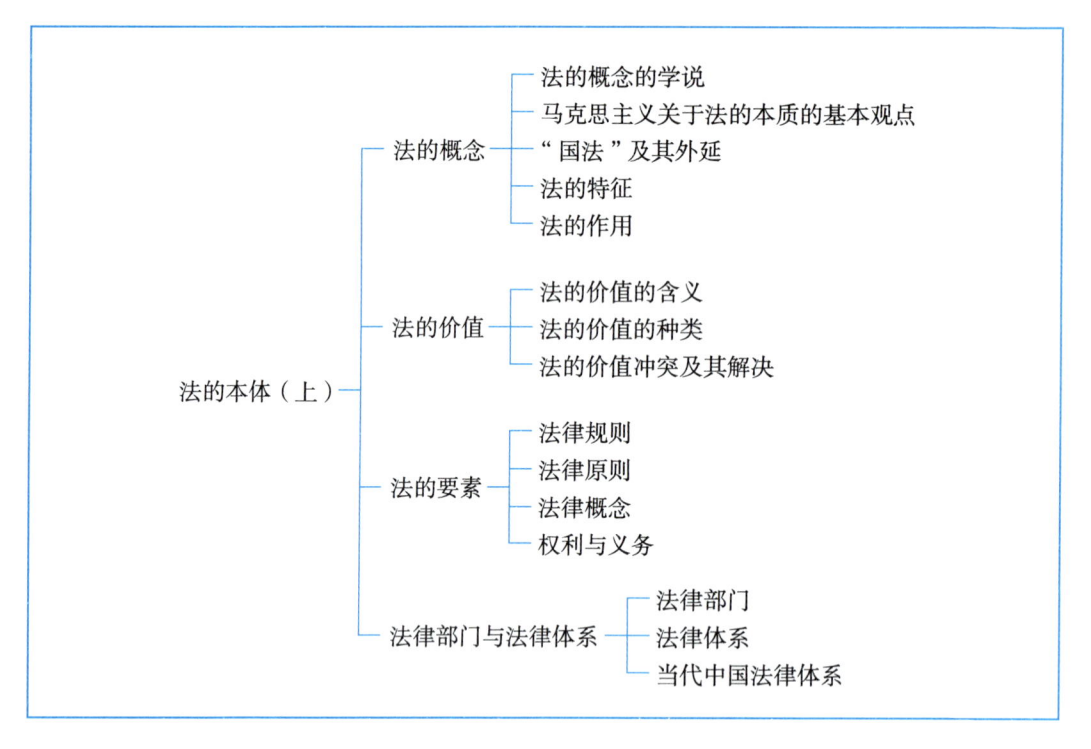

```
法的本体（上）
├─ 法的概念
│   ├─ 法的概念的学说
│   ├─ 马克思主义关于法的本质的基本观点
│   ├─ "国法"及其外延
│   ├─ 法的特征
│   └─ 法的作用
├─ 法的价值
│   ├─ 法的价值的含义
│   ├─ 法的价值的种类
│   └─ 法的价值冲突及其解决
├─ 法的要素
│   ├─ 法律规则
│   ├─ 法律原则
│   ├─ 法律概念
│   └─ 权利与义务
└─ 法律部门与法律体系
    ├─ 法律部门
    ├─ 法律体系
    └─ 当代中国法律体系
```

命题点拨

　　本专题是整个法理学的基础原理，比较抽象、晦涩，但却贯穿整个法理学知识体系的始终。注意结合有关知识综合理解。复习时，注意准确识记。

第一节　法的概念

考情分析

　　本节要求考生掌握的知识点包括：法的概念的学说（重点关注实证主义与非实证主义的辨析）、马克思主义关于法的本质的基本观点（近10年考查5次）、"国法"的内涵与外延、法的特征、法的作用（近10年考查8次）、法的局限性。

一、法的概念的学说

法的概念的中心问题是关于法与道德的问题。

(一)法实证主义者

1.他们主张,在定义法的概念时,没有道德因素被包括在内,即法和道德是分离的。具体来说,实证主义认为,在法与道德之间,在法律命令是什么与正义要求什么之间,在"实际上是怎样的法"与"应该是怎样的法"之间,不存在概念上的必然联系,主张"恶法亦法"。

2.他们以"权威性制定"和"社会实效性"两个要素中一个或者结合两个来定义法的概念。

(二)非实证主义者

1.他们认为,在定义法的概念时,道德因素被包括在内,即法与道德是相互联结的,主张"恶法非法"。

2.他们以"内容正确性"作为法的概念的一个必要的定义要素。即他们或者以"内容正确性"作为法的概念的唯一定义要素,或者以"内容正确性"与"权威性制定""社会实效性"要素同时作为法的概念的定义要素

经典考题:"法学作为科学无力回答正义的标准问题,因而是不是法与是不是正义的法是两个必须分离的问题,道德上的善或正义不是法律存在并有效力的标准,法律规则不会因违反道德而丧失法的性质和效力,即使那些同道德严重对抗的法也依然是法。"关于这段话,下列说法正确的是:(2015年卷一第90题,不定项)①

A.这段话既反映了实证主义法学派的观点,也反映了自然法学派的基本立场

B.根据社会法学派的看法,法的实施可以不考虑法律的社会实效

C.根据分析实证主义法学派的观点,内容正确性并非法的概念的定义要素

D.所有的法学学派均认为,法律与道德、正义等在内容上没有任何联系

---

① 【答案】C。A选项:题干表述属于典型的实证主义立场,核心意思可概括为"恶法亦法"。B选项:社会法学派以社会实效为主,权威性制定为辅,所以应当考虑社会实效。C选项:只有非实证主义学派才会强调内容正确性这个要素。D选项:实证主义和非实证主义争论的核心在于法律和道德是否存在概念上的必然联系,因此无论哪个流派都不会否认法律和道德、正义在内容上可能会有重合之处。【错误原因】本题A选项和B选项很容易能判断为错误选项。D选项出现"所有"两个字,我们此时一定要警觉,往往出现绝对性词语的选项都是错误选项。分析实证法学派,哈特指出,法律和道德之间尽管有许多不同的偶然联系,但在内容上并无必然的概念上的联系。他坚持认为法律与道德应该相分离,因此道德上邪恶的规定有可能成为法律上有效的规则或原则。自然法学派特别重视法律存在的客观基础和价值目标,即人性、理性、正义、自由、平等、秩序,他们对法律的终极价值目标和客观基础的探索,对于认识法的本质和起源有着重要的意义。其最重要的意义在于,在法学研究中表现为一种激进的理想主义情怀,以诸如正义、平等、自由等抽象价值来构建自己的批判武器,在破解传统法律理念,重塑时代法律神圣性的历程中,功勋卓著。

二、马克思主义关于法的本质的基本观点

马克思主义认为，法与国家是紧密相关的，它是国家意志的一般表现形式，而国家意志是掌握国家政权的阶级或统治阶级的意志，而统治阶级的意志是由特定社会的物质生活条件决定的。因此，法的本质具有阶级性与物质制约性。

（一）阶级性

法的阶级性，是指在阶级对立的社会中，法是国家意志的体现，实质上是掌握国家政权阶级即统治阶级意志的体现。

1."法是统治阶级意志的体现"，是指由统治阶级的根本的整体的利益所决定的统治阶级的共同意志的体现。

2."法是统治阶级意志的体现"，并不意味着法的制定与实施不受被统治阶级的制约。

3."法是统治阶级意志的体现"，并不意味着统治阶级的意志就是法。统治阶级的意志也可能表现为政策。

（二）物质制约性

法的物质制约性，是指法是统治阶级的意志的体现，但是统治阶级意志的内容是由特定社会的物质生活条件或物质生产方式决定的。故法的内容的最终决定因素是物质生活条件或物质生产方式。

1.法具有客观性，法不是统治阶级可以为所欲为的或恣意的产物。

2.物质生活条件或物质生产方式不是影响法的唯一要素，其他的社会因素对法也产生影响。

三、"国法"及其外延

国法（即国家现行有效的法）的外延包括成文法、判例法、习惯法以及其他执行国法职能的法（如教会法）。

四、法的特征

（一）法是调整人的行为的一种社会规范

社会规范，是指用来调整人们的相互行为或交互行为的规范。

（二）法是由国家制定或认可的社会规范

1.法与其他社会规范的不同之一在于，它是由国家制定或认可的，具有国家意志性。

2.法具有国家意志性，故法具有统一性与权威性。

3.法具有国家意志性，但国家意志并不总是通过法来表达的。法仅是国家意志的表现方式之一。

（三）法是以国家强制力保证其实施的社会规范

法依靠国家的强制力得以实施，是从最终意义上来讲的：

1.在每一个法的实施活动或过程中，不一定都需要或必需国家暴力介入其中。

2.国家的强制力不是保证法实施的唯一力量。在一定程度上，法的实施，也要靠社会舆论、人们的道德观念和法治观念、思想教育等多种手段来保证。

（四）法是具有普遍性的社会规范

1.法的普遍性，是指法作为一般的行为规范在国家主权管辖范围内具有普遍适用的效力和特性。这意味着法对国家主权管辖范围内的一切成员一律平等适用。

2.法具有普遍性，是从法作为一个整体的属性来讲的。就一个国家的具体法的效力而言，有些法律是在全国范围内生效的，有些则是在部分地区或仅对特定主体生效，而那些经国家认可的习惯法，其适用范围则可能更为有限。

（五）法是具有严格、明确的程序的社会规范

法的创制、执行、适用、监督等都是严格按照一定的明确的程序来进行的。法是强调程序、规定程序和实行程序的规范体系。

（六）法是具有可诉性的社会规范

法是一种必须或应该被特定国家的合格法庭适用的规范，具有可诉性。法的可诉性包括两方面的含义：

1.可争讼性。即任何人均可以将法律作为起诉和辩护的根据。

2.可裁判性（可适用性）。即合格的法庭可以将法作为司法裁判的直接依据。

五、法的作用

（一）规范作用

1.规范作用的含义

法的规范作用是法自身表现出来的、对人们的行为或社会关系的可能影响。法的规范作用取决于法的特征。

2.规范作用的种类

（1）指引作用，是指法对本人行为具有引导作用。法对人的行为的指引通常采用两种方式：①确定的指引，即通过设置法律义务，要求人们作出或抑制一定行为，使社会成员明确自己必须从事或不得从事的行为界限；②不确定的指引，又称选择的指引，是指通过宣告法律权利，给人们一定的选择范围。

（2）评价作用，是指法作为一种行为标准，具有判断、衡量他人行为合法与否的评判作用。在现代社会，法已经成为评价人的行为的基本标准。

（3）预测作用，是指凭借法的存在，可以预先估计到人们相互之间会如何行为。

（4）教育作用，是指通过法的实施使法对一般人的行为产生影响。

（5）强制作用，是指法可以通过制裁违法犯罪行为来强制人们遵守法律。

（二）社会作用

法的社会作用，是指法作为一种社会事物对其他社会事物与社会本身产生的影响。法的社会作用是由法的内容、目的决定的。法的社会作用大致包括两个方向：一是政治职能，即阶级统治的职能；二是社会职能，即执行社会公共事务的职能。

（三）法的作用的有限性

法在社会生活中具有重要作用。但是，法的作用是有限的，原因在于：

1.法的作用的范围不可能是无限的。

2.法律是社会规范之一，必然受到其他社会规范以及社会条件和环境的制约。

3.法律与事实之间的对应难题也不是法律自身所能够完全解决的。
4.法律自身条件的制约，如表达法律的语言具有开放性结构。
在法的实施中，法律必须结合其自身特点发挥作用。

经典考题： 近期，无人驾驶汽车在公共交通道路行驶，公众围绕其是否违法、事故后是否担责、如何加强立法进行规制展开讨论，下列说法中正确的是：（2018年卷一回忆版，单选）①

A.若无人驾驶汽车上路行驶引发民事纠纷被诉至法院，因法无明文规定，法院不得裁判
B.科技发展引发的问题只能通过法律解决
C.现行交通法规对无人驾驶汽车上路行驶尚无规定，这反映了法律的局限性
D.只有当科技发展造成了实际危害后果时，才能动用法律手段干预

·小结·

1.法的概念的两大立场
（1）实证主义：包括分析法学派与社会法学派。实证主义认为法律与道德没有本质或必然联系，恶法亦法。
（2）非实证主义：包括自然法学派与第三条道路。
①自然法学派认为内容正确性（道德）是法概念的唯一要素，恶法非法。
②第三条道路认为法的概念包含内容正确性＋权威制定/内容正确性＋社会实效。
2.马克思论法的本质
（1）法律具有阶级性、物质制约性。
（2）社会物质生活条件是法的最终决定力量。
（3）法与社会的关系：社会是法律的前提和基础，法律对社会具有调整作用。
3.法的特征与法的规范作用
（1）法的特征：规范性、国家意志性、普遍性、国家强制性、程序性、可诉性。
（2）法的规范作用：指引、评价、预测、教育、强制。

第二节　法的价值

考情分析

法的价值近10年考查9次，本节要求考生掌握的知识点包括：法的价值的含义、法的价值的种类、法的价值冲突及其解决。

---

① 【答案】C。司法是正义的最后一道防线，法院不得拒绝裁判，故A项错误。法律只是解决社会问题的一种方式，还可以依靠道德等手段，故B项错误。法律对新事物的规定不够详尽或因无法预料而缺乏规定，这反映了法律的局限性，故C项正确。法律对社会发展和人的行为具有指引作用，法律对科技发展的干预分为事前干预和事后干预两种，故D项错误。

一、法的价值的含义

1.价值,是指事物对于人的意义以及对人的需要的满足的属性,是一个表征主体客体之间关系的概念。

2.法的价值,不是指作为"人造物"的法有"价值",而是指法能够以及应该促进和实现人的价值。法的价值属于法的应然领域的范畴。

3.法能够以及应该促进和实现人的价值是那些人类理性基于对人的实践的认识而所作的人应该珍视的、尊重的判断(观念)。这些判断或观念并不都是法能够以及应该促进和实现的。秩序、自由、人权与正义等是法能够以及应该促进和实现的价值。

二、法的价值的种类

(一)秩序

1.法具有的其他社会规范不具有的特性决定了法能够维持更确定更稳定的社会秩序。

2.秩序或社会秩序是人生存与发展的前提与基础条件。而秩序的维持必然需要法。这样,秩序或社会秩序就成为法的基础价值。

3.秩序自身不是目的。作为法的价值,秩序不可能是法的唯一价值,也不可能是法的最高价值或最根本价值。因此,法促进和实现秩序价值不能以牺牲其他法的价值为代价,必须要考虑到其他法的价值。

(二)自由

1.所谓人的自由,是指人能够依赖自己的理性,根据自己的意志作决定与行为选择。自由是人的本质。因此,自由必然是法的价值之一。

2.人的自由既有内在的运用,也有外在的运用。自由的内在运用仅仅涉及决定与行为的内在动机及目标自身。自由的外在运用不涉及决定与行为的内在动机及目标,而只涉及决定与行为自身,因此,它就不仅涉及决定者或行为人而且涉及其他每一个人的自由。这就决定了一个行为者的自由的外在运用必须与其他每一个人的自由的外在运用是能够相容的。这就是说,自由的外在运用必须按照一定的条件行使,这些条件能够保证一个人的自由的外在运用与其他每一个人的自由的外在运用是相容的。这些条件就是特定国家的法。正如前述,与其他社会规范不同,法是以国家的强制力作为保证其实施的最终力量,是对行为者的一种他律。这就意味着法不仅能够保证一个行动者的自由的外在运用不会侵犯或干涉其他每一个人的自由的外在运用,而且能够保证其他每一个人不干涉或侵犯行为者的自由的外在运用,也能够保证国家不干涉或侵犯行为者的自由的外在运用。因此,法的本身性质决定了它能够保证人的自由的实现。

3.法对人的自由是一种他律,故法必然地会减损作为人的本质的自由。法不仅保证人的自由的实现,而且是对人的自由的限制。既然法是对人的自由的一种限制,那么就需要对法限制自由进行证成。在法学中,证成法限制人的自由的原则有以下三个:

(1)伤害原则。该原则认为,对人们行为自由进行干涉的唯一目标是自我保护。违背文明社会任何成员的意志,对其正当行使强制权力的唯一目的是阻止对别人的伤害。根据这个原则,国家禁止和限制任何成员的行为自由的必要条件是这个行为伤害(危害、冒犯）或者可能伤害（危害、冒犯）其他人的权利和利益。这就是说，只要一个人的行为不对其他人的权利或利益产生危害，即使该行为对自己的身体或精神产生了危害，那么，国家就不应该限制或禁止该行为。

（2）家长主义原则。该原则是指在一些特定领域人们由于信息不对称或匮乏而不能判断自己的利益导致滥用或误用其自主权，而国家相信在这些领域能够作出正确的判断合理地行使职权，来保护个人免受自我伤害，或者为了人们自身的好处而引导他们，而不管他们喜欢与否。在现代社会中，该原则被运用于国家可以干预或介入的领域，如有关安全和健康的法律、刑法以及一般的社会政策等。在这些领域中，个人自主并不能保证自己的选择和对风险的评估是准确的，尤其是对同意的达成或选择的作出的后果缺乏足够省察；或者仅仅追求短期利益；或者陷入诸多判断相互交织的困境而不能正确决定；或者因为难以压抑的内在心理冲动等。

（3）道德主义原则（也称"冒犯原则""公序良俗原则"）。该原则是指如果一个行为与特定社会的人们的道德是背离的，国家可以禁止或限制该行为。这里所谓的道德不是指特定社会中的任何个人或群体的道德，而指构成特定社会的人们所共享的道德。运用该原则的困难在于，我们如何证成道德是共同体或社会的共享道德？这种道德是否已改变？（即维持共同体或社会的存在是否已不需要以禁止或限制该行为来达成）

（三）人权

1.人权的概念

（1）所谓人权，是指每个人作为人应该享有或者享有的权利。

（2）人权概念是一个历史概念，它的具体内容与范围总是随着人类历史的发展而变化的。

2.人权是法的评价标准

（1）人权是人凭自己是人而享有的权利，人之所以为人，既不依赖于国家，更不依赖于国家的法。因此，它在逻辑上是先于国家和法的，在根本上是一种道德权利。

（2）人权在逻辑上先于法律权利，可以作为法的评价标准。人权可以作为判断特定国家的法的善恶的标准。凡是体现人权的精神与内容的法，一般来说是良好的法，是促进与推动社会发展的法。

（3）人们要求和实现自己作为人的权利，永远是推动法的发展与进步的动力。

3.人权也可以作为法律权利，法能够促进与保证人权的实现

为了尽可能地保证人们在事实上享有与实现人权，人权就必须尽可能地被转化为法律权利。这是因为：（1）人权在根本上是道德权利，仅仅作为道德权利的人权不能总是保证被人们在事实上享有；（2）人权被转化为法律权利，就可以以国家的强制力作为保证其实现的力量。

经典考题： 下列关于人权的说法哪一项是错误的？（2018年卷一回忆版，单选）①

---

① 【答案】A。人权是自然权利，法律权利是法律上规定的权利，二者在内容上不同，人权范围大于法律权利范围，故A项错误。人权的存在和发展是社会经济、文化发展的结果，人权思想的产生特别与资本主义经济和人本主义思想有密切关系，故B项正确。人权主体包括个体和集体，公民权主体为个人，故C项正确。为了更好地保护人权，人权应当被尽可能地法律化，用实在法加以保护，故D项正确。

A.人权与法律权利在内容上是一致的
B.人权的存在和发展是社会经济、文化发展的结果
C.人权的主体要比公民权的主体宽泛，不仅包括个体人权，还包括集体人权
D.为了更好地保护人权，人权应当被尽可能地法律化

（四）正义

1.法学中所谓的正义主要涉及的是社会正义。所谓社会正义，是指社会共同生活的正直的、道德上合理的状态和规则。

2.法与正义的关系主要有以下三种：

（1）正义是内在于法律中的某种东西。如果我们说法律是一种规范体系，程序正义和形式正义的某些方面就是内在于法律的，也就是说，作为规范体系的法律体现了程序正义和形式正义。

（2）法与正义之间形成了鲜明对比。这是就法的适用来说的。无论法律规范自身多么"善"，当它被适用于具体的案件时就可能导致不正义。这是因为具体案件是独特的，因此，它不可能被任何法律规范所涵盖（即使这个案件的某些方面符合法律规范），但是有可能被正义的特定感觉所捕获。

（3）正义是检测法律的一种尺度或标准。这是指法应该与正义相一致，这里的"正义"代表了一种实质的道德规准。法应该按照某种方式分配权利和义务，否则它就是不正义的。

3.作为法的价值的正义主要涉及的是分配正义。分配正义涉及的对象是一个共同体或社会如何分配其成员作为共同体的一个分子的基本权利与义务，如何划分由大家的合作所产生的利益与负担。它所遵循的准则有：

（1）平等原则或无差别原则，即每一个人作为社会或共同体的成员享有相同的基本的社会权利与义务，而且每个社会成员所享有的基本的社会权利与义务之间是相一致的。

（2）差别原则，即每个社会成员得到自己应该得到的份额。所谓"应该得到的"是指按照每个社会成员的贡献进行分配。

（3）个人需求的原则。按照贡献进行分配就可能导致下列结果：某些人因其先天的缺陷包括生理和心理的缺陷而无法获得维持其作为人的价值与尊严的物。每个人作为人自身就是目的，因此，即使他因先天的因素作出的贡献很小或没有作出贡献，但是他作为人应该得到维持其存在的物，即满足他作为人的必然的客观的个人需求。

三、法的价值冲突及其解决

1.秩序、自由、人权与正义等价值都是人有尊严地存在和发展所必需的，也是作为人造物的法必然要追求与实现的。但是，这些价值在特定时空条件下被同等地实现是不可能的。因此，法的各种价值在特定时空条件下必然会发生碰撞、抵触，甚至冲突与矛盾。

2.法的价值之间的抵触或冲突在事实层面发生，在抽象层面一般不会发生。因为作为在社会中生活的人必然都需要秩序、自由、人权与正义等价值。但是，在特定条件下，

这些价值不可能在相同程度上被满足。因此，他或她必然要在特定时空条件下对这些价值进行衡量，从而作出选择。

3.作为整体，任何特定国家的法都应该满足或实现人的这些价值需要或追求。但是，一部具体的法律或一个部门法往往只是优先满足或实现一种价值，同时兼顾其他价值。这就是说，有的法主要是满足或实现秩序的价值，而另一个法主要是保证自由或正义的实现。

4.法本身是人在特定时空条件下对法的各种价值进行衡量、平衡的结果。立法过程是立法者在特定时空条件下对法的各种价值进行衡量、平衡、抉择的过程，法只是这个过程的一个结果。

5.司法裁判过程也是司法者在特定具体案件的情境下对该案件所涉及的法的不同价值进行衡量、平衡和抉择的过程，具体的司法决定是价值平衡的一个结果。

（1）在立法者对法的各种价值进行衡量、平衡与抉择之后，为什么司法者在具体案件的裁判过程还要对法的不同价值进行衡量、平衡与抉择呢？原因在于，价值包括法的价值之间的碰撞或冲突是在特定时空下发生的，司法者所针对的时空的条件与立法者不同，而且司法者针对的是具体案件的情境，每个特定案件的具体情境不同。立法者所考虑的情境是一般的相同的情境，而司法者所考虑的情境是特定案件的特殊情境。这些不同的时空或情境下，法的不同价值之间的优先关系就可能发生变化。

（2）司法者针对具体案件事实所作的法的不同价值之间的平衡与抉择，必须是以立法者所作的法的不同价值之间的衡量与抉择的结果为前提与基础的。

6.在法律制度体系之中，司法是一种具有最终性的作法律决定的制度。因此，司法者针对具体案件事实所作的法的不同价值之间的衡量与抉择也具有最终性。那么，司法者应该按照哪些原则对法的不同价值进行衡量与抉择呢？主要有以下两个原则：

（1）个案中的比例原则。这个原则是指：与其他法的价值相比较，哪一个法的价值在具体案件的情境下更具有优先性或分量。具体来说，在具体案件的情境下，如果司法者主张一个法的价值，那么，这就意味着是对与该法的价值相碰撞或冲突的另一个法的价值的损害；如果司法者主张后一个法的价值，那么，这就意味着是对前一个法的价值的损害。在这个相互的损害关系之中，对与其相互碰撞或冲突的法的价值的损害程度最小的那个法的价值就是更具有优先性或分量的价值。

（2）价值位阶原则。这个原则是指：在不考虑具体案件的情境下，法的各个价值之间的优先性关系。在具体的司法裁判中，司法者需要考虑三种法的价值位阶：首先，一个具体的法中的价值位阶；其次，该具体法所属的部门法中的法的价值位阶；最后，特定国家的法体系中的法的价值位阶。

经典考题： 林某与所就职的鹏翔航空公司发生劳动争议，解决争议中曾言语威胁将来乘坐鹏翔公司航班时采取报复措施。林某离职后在选乘鹏翔公司航班时被拒载，遂诉至法院。法院认为，航空公司依《合同法》负有强制缔约义务，依《民用航空法》有保障飞行安全义务。尽管相关国际条约和我国法律对此类拒载无明确规定，但依航空业惯例航空公司有权基于飞行安全事由拒载乘客。关于该案，下列哪些说法是正确的？（2016

年卷一第56题，多选）①

A.反映了法的自由价值和秩序价值之间的冲突
B.若法无明文规定，则法官自由裁量不受任何限制
C.我国缔结或参加的国际条约是正式的法的渊源
D.不违反法律的行业惯例可作为裁判依据

> **· 小结 ·**
>
> 1.限制自由遵循的原则
> （1）伤害原则：伤害原则涉及伤害他人；
> （2）道德主义原则（冒犯原则）：涉及危害公共秩序；
> （3）家长主义原则：涉及行为人自身的行为伤害自己。
> 2.法律价值冲突的解决方式
> （1）价值位阶原则：是指依法做与不做，衡量不同法律的价值；
> （2）个案中的比例原则：是指具体案件做到何种程度。

第三节　法的要素

考情分析

本节要求考生掌握的知识点包括：法律规则（近10年考查12次）、法律原则（近10年考查9次）、法律概念、权利与义务（近10年考查7次）。

法是由法律规范组成的。法律规范是国家制定或认可的关于人们的行为或活动的命令、允许或禁止的一种规范。法律规范包括法律规则和法律原则。法律权利与法律义务是由法律规范规定或指示的。法律规则直接规定了法律权利与法律义务，法律原则可以确认或推定法律权利与法律义务。

---

① 【答案】ACD。自由、正义和秩序作为最基本的价值，经常会发生冲突，甚至导致更强的抵牾。本题存在乘客飞行自由和航空公司航空安全之间的冲突，即自由价值和秩序价值的冲突，故A项正确。一般而言，解决价值冲突、进行价值衡量的基本原则有个案中的比例原则、价值位阶原则，法官在案件判决过程中需要进行自由裁量时，也受到各种约束，以实现政治效果、社会效果和法律效果的统一，故B项错误。国际条约虽然不是由我国立法机关直接制定，但是条约生效后，根据条约必须遵守的国际惯例对缔约国的国家机关团体和公民就具有法律上的约束力，因而国际条约也是当代中国法的正式渊源之一，故C项正确。不违反法律的行业惯例可以作为非正式法律渊源，自然可以作为裁判依据，故D项正确。

一、法律规则

法律规则，是指采取一定的逻辑结构形式具体规定人们的法律权利、法律义务以及相应的法律后果的一种法律规范。

（一）法律规则的逻辑结构

1.法律规则的逻辑结构，是指法律规则诸要素的逻辑联结方式，即从逻辑的角度看法律规则是由哪些部分或者要素来组成的，以及这些部分或者要素之间是如何联结在一起的。

2.任何法律规则都由假定条件、行为模式和法律后果三个部分构成。法律规则由上述三部分构成，是从"逻辑"上讲的，并不意味着法律条文在表述法律规则时，上述三部分都表述出来。

（1）假定条件，是指法律规则中有关适用该规则的条件和情况的部分。

（2）行为模式，是指法律规则中规定人们如何具体行为的部分。行为模式包括可为模式、应为模式和勿为模式。可为模式即权利行为模式；应为模式和勿为模式都属于义务行为模式。行为模式是法律规则的核心部分。

（3）法律后果，是指法律规则中规定人们在作出符合或者不符合行为模式的要求时应当承担的相应的结果部分，是法律规则对人们具有法律意义的行为的态度。法律后果包括合法后果（肯定式的法律后果）和违法后果（否定式的法律后果）。

（二）法律规则与语言

1.一切法律规范都必须以作为"法律语句"的语句形式表达出来，具有语言的依赖性。

2.法律规则是通过特定语句表达的。但是，法律人适用法律解决具体案件时适用的不是语句自身或语句所包含的字和词的本身，而是语句所表达的意义。要将法律规则与表达法律规则的语句予以区分。

3.表达法律规则的特定语句往往是一种规范语句。根据规范语句所运用的助动词不同，规范语句可以被区分为命令句和允许句。命令句是指使用了"必须""应该"或"禁止"等道义助动词的语句；允许句是指使用了"可以"等道义助动词的语句。

4.法律规则也可以用陈述语气或陈述句表达。

经典考题： 据《二刻拍案惊奇》，大儒朱熹作知县时专好锄强扶弱。一日有百姓诉称："有乡绅夺去祖先坟茔作了自家坟地"。朱熹知当地颇重风水，常有乡绅强占百姓风水吉地之事，遂亲往踏勘。但见坟地山环水绕，确是宝地，遂问之，但乡绅矢口否认。朱熹大怒，令掘坟取证，见青石一块，其上多有百姓祖先名字。朱熹遂将坟地断给百姓，并治乡绅强占田土之罪。殊不知青石是那百姓暗中埋下的，朱熹一片好心办了错案。对此，下列说法正确的是：（2017年卷一第90题，不定项）①

---

① 【答案】CD。青石上有百姓祖先名字的生活事实，也可以被解释为其他事实，比如青石是暗中埋下的，故A项"只能"错误。规范语句，使用"应当""可以"等词汇，故B项错误。除了勘查现场外，还应调取其他证据以形成证据链，从而确定案件事实，故C项正确。裁判者对案件事实的认定必然夹杂自身的价值取向，故D项正确。

A.青石上有百姓祖先名字的生活事实只能被建构为乡绅夺去百姓祖先坟茔的案件事实
B."有乡绅夺去祖先坟茔作了自家坟地"是一个规范语句
C.勘查现场是确定案件事实的必要条件，但并非充分条件
D.裁判者自身的价值判断可能干扰其对案件事实的认定

（三）法律规则与法律条文

1.现代国家的规范性法律文件（如法典）大都以条文为基本构成单位。

2.从其表述内容来看，法律条文可以分为规范性条文和非规范性条文。

（1）规范性条文，是指直接表述法律规范（法律规则和法律原则）的条文。

（2）非规范性条文，是指不直接规定法律规范，而规定某些法律技术内容（如专门法律术语的界定、公布机关和时间、法律生效日期等）的条文。这些非规范性条文不可能是独立存在的，它们总是附属于规范性法律文件中的规范性法律条文。

3.应当把法律规则和法律条文区别开来：法律规则是法律条文的内容，法律条文是法律规则的表现形式，并不是所有的法律条文都直接规定法律规则的，也不是每一个条文都完整地表述一个规则或只表述一个法律规则。

4.在立法实践中，法律条文表述法律规则大致有以下几类情形：（1）一个完整的法律规则由数个法律条文来表述；（2）法律规则的内容分别由不同规范性法律文件的法律条文来表述；（3）一个条文表述不同的法律规则或其要素；（4）法律条文仅规定法律规则的某个要素或若干要素。

（四）法律规则的分类

1.根据规则内容的不同，分授权性规则与义务性规则。

（1）授权性规则，是指规定人们可为或不可为一定行为以及要求其他人为或不为一定行为的规则。授权性规则可以分为职权性规则和权利性规则。

①职权性规则，是规定国家机关职权的规则。国家机关的职权，对于国家机关而言，既是其权利（职权），也是其义务（职责），其必须行使和履行。

②权利性规则，是规定自然人、法人或者其他组织权利的规则。此种权利，自然人、法人或者其他组织一般可以行使，也可以不行使。

（2）义务性规则，是指规定人们应为或勿为一定行为的规则。义务性规则可分为命令性规则和禁止性规则。

①命令性规则，是规定人们应为一定行为的规则。

②禁止性规则，是规定人们勿为一定行为的规则。

2.根据规则内容的确定性程度的不同，分为确定性规则、委任性规则、准用性规则。

（1）确定性规则，是指内容已经明确规定人们具体的行为模式，无需再援引或者参照其他规则来确定其内容的法律规则。

（2）委任性规则，是指内容尚未确定，而只规定某种概括性指示，由相应国家机关通过相应途径或程序加以确定的法律规则。例如，《禁毒法》第25条规定："麻醉药品、精神药品和易制毒化学品管理的具体办法，由国务院规定。"此规定的即属委任性规则。

（3）准用性规则，是指内容本身没有规定人们具体的行为模式，而需援引或者参照其他相应规定的法律规则。例如，《民法典》第647条规定："当事人约定易货交易，转

移标的物的所有权的，参照适用买卖合同的有关规定。"此规定的即属准用性规则。

3.根据规则对人们行为规定和限定的范围和程度的不同，分为强行性规则和任意性规则。

（1）强行性规则，是指内容规定具有强制性质，不允许人们随便加以更改的法律规则。职权性规则和义务性规则通常属于强行性规则。

（2）任意性规则，是指规定在一定范围内，允许人们自行选择或者协商确定为与不为、为的方式以及法律关系中的权利义务内容的法律规则。权利性规则，大多为任意性规则，但也存在强行性规则。

经典考题：《民法总则》第187条规定："民事主体因同一行为应当承担民事责任、行政责任和刑事责任的，承担行政责任或者刑事责任不影响承担民事责任；民事主体的财产不足以支付的，优先用于承担民事责任。"关于该条文，下列哪一说法是正确的？（2017年卷一第9题，单选）[①]

A.表达的是委任性规则　　　　　　B.表达的是程序性原则
C.表达的是强行性规则　　　　　　D.表达的是法律责任的竞合

二、法律原则

法律原则，是指为法律规则提供某种基础或者本源的综合性的、指导性的原理或价值准则的一种法律规范。

（一）法律原则的种类

1.根据法律原则产生的基础不同，分为公理性原则和政策性原则。

[①]【答案】C。A选项：该条文明确指出民事主体的财产不足以支付的，优先用于承担民事责任，并没有委托其他机构或者引用其他条文，故为确定性规则。B选项：该条文内容明确，它是规则而不是原则。C选项：该条文没有规定当事人可以协商变更的内容，因而属于强行性规则。D选项：命题人设置了竞合和聚合易混淆的陷阱，该条文规定民事主体因同一行为应当承担民事责任、行政责任和刑事责任的。该条文表明民事责任、刑事责任和行政责任之间并非互相排斥的关系，这个是责任的聚合而不是责任的竞合。本选项出错是因为同学们理解不到位，将两个易混淆的知识点没有弄清楚。【错误原因】本题容易误选D选项，这是因为没有弄清竞合和聚合的区别，法律责任的竞合，是指由于某种法律事实的出现，导致两种或两种以上的法律责任产生，而这些责任之间相互冲突的现象，最后解决是选择其一而不是并存，如果选择并存的话就是责任的聚合。C选项的强行性规则是指不允许任意更改和协商变更内容的法律规则，隐含助动词"应当"，故选C。所谓确定性规则是指法律规则的内容已明确肯定，无需再援引或参照其他法律规则的内容来确定该规则的内容。所谓委任性规则是指没有明确规定行为规则的内容，只是规定了某种概括性的指示，授权或委托某一机关或某一机构加以具体规定的法律规则。例如，我国《执业医师法》第45条规定："在乡村医疗卫生机构中向村民提供预防、保健和一般医疗服务的乡村医生，符合本法规定的，可以依法取得执业医师资格或执业助理医师资格；不具备本法规定的执业医师资格或执业助理医师资格的乡村医生，由国务院另行制定管理办法。"所谓准用性规则是指没有规定人们具体的行为模式，而是规定可以参照或援引其他的法律规则的规定来加以明确的法律规则。例如，我国《民法典》第647条规定："当事人约定易货交易，转移标的物的所有权的，参照适用买卖合同的有关规定。"

（1）公理性原则，是由法律原理（法理）构成的原则，是由法律上的事理推导出来的法律原则，是严格意义上的法律原则，如平等、诚信、罪刑法定、无罪推定等原则。公理性原则在国际范围内具有较大的普适性。

（2）政策性原则，是一个国家或者民族出于一定的政策考量而制定的原则，如计划生育原则。政策性原则具有针对性、民族性和时代性。

2.根据法律原则对人的行为及其条件的覆盖面的宽窄和适用范围大小，分为基本原则和具体原则。

（1）基本原则，是整个法律体系或者某一法律部门所适用的、体现法的基本价值的原则。

（2）具体原则，是在基本原则指导下适用于某一法律部门中的特定情形的原则。

3.根据法律原则涉及的内容和问题的不同，分为实体性原则和程序性原则。

（1）实体性原则是直接涉及实体法问题的原则，如罪刑法定原则。

（2）程序性原则是直接涉及程序法问题的原则，如一事不再理、非法证据排除、无罪推定原则。

（二）法律原则与法律规则的区别

1.在性质上

（1）法律规则是一种"应该做"的规范，它直接要求规范主体"做"或"实施"某行为；法律原则是一种"应该是"的规范，它不直接要求规范主体做或实施某行为，而是要求规范主体的行为符合某种性质或实现某个目标以及行为的结果符合某种性质或达到某种性质的状态。

（2）在逻辑上，"应该做"的规范是以"应该是"的规范为前提或基础的，是法律原则或理念和价值的具体化和详细化，是对在事实情况下的许多法律原则与目标进行平衡或衡量的结果。法律原则处于法律的深层面，而法律规则处于法律的浅层面。

2.在内容上

（1）法律规则是明确具体的，它预先设定了明确、具体的假定条件、行为模式和法律后果；而法律原则比较笼统、模糊，只对行为或者裁判设定一些概括性的要求或者标准，而且没有具体确定实现或者满足这些要求或者标准的方式。

（2）法律规则仅关注行为及条件的共性，而法律原则还关注行为及条件的个别性。

（3）法律规则旨在削弱或防止法律适用上的"自由裁量"，而适用法律原则时具有较大的余地供法官选择和灵活空间。

经典考题：法律格言云："不确定性在法律中受到非难，但极度的确定性反而有损确定性。"对此，下列哪些说法是正确的？（2017年卷一第59题，多选）①

---

① 【答案】ABC。法律中存在准用性规则。故A项正确。法律原则、概括条款的要求比较笼统、模糊，它只对行为或裁判设定一些概括性的要求或标准（即使是有关权利和义务的规定，也是不具体的），但并不直接告诉应当如何去实现或满足这些要求或标准，故在适用时具有较大的余地供法官选择和灵活应用。故C项正确。规定义务的，也可能是不确定的，即比较笼统、模糊；规定权利的，也可能是确定的，即比较具体而明确。故D项错误。

A.在法律中允许有内容本身不确定，而是可以援引其他相关内容规定的规范
B.借助法律推理和法律解释，可提高法律的确定性
C.通过法律原则、概括条款，可增强法律的适应性
D.凡规定义务的，即属于极度确定的；凡规定权利的，即属于不确定的

3.在适用范围上

法律规则只适用于某一类型的行为；而法律原则是某一类行为、某一法律部门甚至是整个法律体系均适用的价值准则，具有宏观的指导性，其适用范围比法律规则宽广。

4.在适用方式上

法律规则以"全有或全无"的方式适用，即对于特定案件，某一法律规则是要么适用的，要么不适用的；而法律原则不以"全有或全无"的方式适用，对于特定案件，具有不同内涵甚至存在冲突的法律原则可以同时适用，只不过被认为强度较强的原则对该案件的裁决具有指导性的作用，比其他原则的适用更有分量。

（三）法律原则的适用条件

法律原则内涵高度抽象，外延宽泛，没有与法律规则同样的具体明确性。因此，当法律原则直接作为裁判案件的标准发挥作用时，会赋予法官较大的自由裁量权，从而不能有效保证法律的确定性和可预测性。为了将法律原则的不确定性限定在一定程度之内，故需要对法律原则的适用设定以下严格条件：

1.顺序限制：穷尽法律规则

（1）理由

法律规则是法律中最具有硬度的部分，可最大程度地实现法律的确定性和可预测性，有助于保持法律的安定性和权威性，避免司法者滥用自由裁量权，保证法治的最起码要求得到实现。

（2）要求

①在有具体的法律规则可供适用时，不得直接适用法律原则。

②即使出现了法律规则的例外情况，如果没有非常充分的理由，法官也不能以一定的原则否定既存的法律规则。

③只有出现无法律规则可以适用的情形，法律原则才可以作为弥补规则漏洞的手段发挥作用。

2.目的限制：实现个案正义

（1）理由

任何国家的法律人首先应当崇尚的是法律的安定性。在法的安定性和合目的性之间，法律首先要保证的是法的安定性。

（2）要求

如果某个法律规则适用于某个具体案件，没有产生极端的不可容忍的不正义的裁判结果，法官就不得轻易舍弃法律规则而直接适用法律原则。

3.说理限制：提出更强理由

说理限制条件要求：

（1）如果通过法律原则改变既存规则或否定既存规则的有效性，那么基于该原则所

提供的理由，其强度必须强到足以排除支持该既存规则的形式原则，尤其是确定性和权威性。

（2）主张通过法律原则改变既存规则或否定既存规则的有效性的一方负有举证（论证）的责任。

经典考题： 甲公司派员工伪装成客户，设法取得乙公司盗版销售其所开发软件的证据并诉至法院。审理中，被告认为原告的"陷阱取证"方式违法。法院认为，虽然非法取得的证据不能采信，但法律未对非法取证行为穷尽式列举，特殊情形仍需依据法律原则具体判断。原告取证目的并无不当，也未损害社会公共利益和他人合法权益，且该取证方式有利于遏制侵权行为，应认定合法。对此，下列哪些说法是正确的？（2017年卷一第58题，多选）①

A.采用穷尽式列举有助于提高法的可预测性
B.法官判断原告取证是否违法时作了利益衡量
C.违法取得的证据不得采信，这说明法官认定的裁判事实可能同客观事实不一致
D.与法律规则相比，法律原则应优先适用

三、法律概念

作为命题的法律规范，无论规则还是原则，都是由法律概念组成的。所谓法律概念，是指任何具有法律意义的概念，既包括法律中特有的概念，如"法人""权利"等，也包括来自日常生活，但具备法律意义的概念，如"故意""过失"等。

（一）法律概念的功能

法律概念作为命题的法律规范的组成部分，其概念会受到法律规范的影响。但是，无论是法律中特有的概念，还是来自日常生活的概念，都具有一定意义的独立性。这种独立性决定了法律概念在法律推理和法律判断中有着重要功能。

首先，法律人将针对不特定主体反复适用的法律规范适用于特定案件事实并获得法律决定或判断的过程中，在许多情况下需要先对法律概念的意义进行确证和具体化。

其次，在这个过程中，法律人特定案件事实符合该法律规范中的法律概念的特征，才能将该法律规范适用于该案件。

最后，法律人运用目的论证获得具体法律决定或判断的过程中，法律概念的语义构

---

① 【答案】ABC。A选项：采用穷尽式列举使法律规则的内容尽可能的具体而确定，实现法的可预测性。B选项：题干中法院认为原告取证目的并无不当，也未损害社会公共利益和他人合法权益，且该取证方式有利于遏制侵权行为，应认定合法，体现法官的利益衡量。C选项：法官的任何认定都有可能与客观事实不一致，因为法官不能完全还原案件的全过程，违法取得的证据不得采信正是保护了程序正义，即使法官认定的裁判事实可能同客观事实不一致，也不能认定法官判错了案。D选项：只有在没有法律规则之下方得适用法律原则，因此，在一般情况下，法律规则具有优先适用性。【错误原因】本题为多选题，A选项和B选项比较好判断，C选项很多人会漏选也容易误解，本选项出错的原因在于他们认为法官认定的裁判事实必然同客观事实一致，这是缺乏实务经验的表现，往往在现实中法官认定的裁判事实大多同客观事实不一致，只要程序符合法律要求，案件的结果就是正义。D选项也很容易排除，因为我们"穷尽规则，才方用原则"。

成了目的论证的界限。

（二）法律概念的分类

1.根据概念的功能，分为描述性概念、评价性概念和论断性概念。

（1）描述性概念，是指描述事实的概念，这些事实可以是自然事实、社会事实（依赖于人们的思维和想法而存在）或制度性事实（某命题不仅取决于发生的行为或事件的存在，而且取决于适用这类行为或事件的规则时，这类命题就属于制度性事实）。含有描述性概念的语句有真假之分，如"酒后驾车"，是否喝酒是有明确的检测标准。

（2）评价性概念，是指包含有对事实或者事物的价值判断的概念。含有评价性概念的语句涉及适用者的主观价值判断，没有真假之分，如"善良""恶意""重伤"等。

评价性概念因带有各方的价值判断，较为模糊，各方难以达成一致。为了能够在法律上准确适用，在实务中，评价性概念往往会被转化为描述性概念，也即将主观评价客观化。如对于如何鉴定重伤，我国《人体损伤程度鉴定标准》认为，"一手拇指离断或者缺失超过指间关节"即属于重伤二次。这里就是将评价性概念转化为了描述性概念。

（3）论断性概念，是指基于对某个事实的确认来认定（论断）另一个事实的存在的概念。如《民法典》第18条第2款规定："十六周岁以上的未成年人，以自己的劳动收入为主要生活来源的，视为完全民事行为能力人。"这就是典型的论断性概念。

2.根据概念的定义要素之间的关系不同，分为分类概念和类型概念。

（1）分类概念，是指定义要素中不存在可区分层级的要素的概念。所谓可区分层级要素，是指该要素内部存在着无数的层级次序，如"红色"包括大红、深红、粉红、浅红等程度不同的层级，且该可分级要素存在着模糊的边界地带。

分类概念的所有定义要素对该概念是必要而且充分的，这些要素可以用"和""并且"等语词联结，也可能用"或"等语词联结，如"窃取，是指破坏他人对某物的持有并且建立自己对该物的新的持有"。分类概念不存在"可区分层级要素"，其在概念上是封闭的，在适用上"非此即彼"。

（2）类型概念，是指定义要素中含有至少一个可区分层级的要素的概念。类型概念具有层级性和边界的不明确性，其在概念上是开放的，具有流动性和极大的弹性，在适用上是"或多或少"的，在多大程度上适用某一类型需要根据具体情境来决定。

分类概念可以被定义，但类型概念不能被定义，只能被描述，如《刑法》第257条"暴力干涉他人婚姻自由的"的规定，并没有给出任何关于"暴力干涉他人婚姻自由"的组成要素。

3.根据概念的定义要素是否清晰，分为确定性概念和不确定性概念。这里的清晰，指概念本身的语义构成的清晰。语义构成的不清晰主要包括歧义、模糊和评价的开放性等。

不确定性法律概念又可以区分为描述性不确定性概念和规范性不确定性概念。

描述性不确定性概念涉及对客观对象的描述，它的不确定性是由判断标准的不明确造成，比如"夜晚"，到底几点才算"夜晚"，明确标准后，不确定性即消失。

而规范性不确定性概念，因为涉及适用者的主观评价，本就缺乏客观标准。

四、权利与义务

（一）权利和义务的含义

权利和义务是一切法律规范、法律部门（部门法），甚至整个法律体系的核心内容。法的运行和操作的整个过程和机制（如立法、执法、司法、守法、法律监督等），无论其具体形态多么复杂，但终究不过是围绕权利和义务这两个核心内容和要素而展开的。

1. 权利的概念

法律权利，是指国家通过法律规定对法律关系主体可以自主决定作出某种行为的许可和保障手段。其特点在于：

（1）权利的本质由法律规范所决定，得到国家的认可和保障。当权利受到侵犯时，国家应当通过制裁侵权行为以保证权利的实现。

（2）权利是权利主体按照自己的愿望来决定是否实施行为，因而权利具有一定程度的自主性。

（3）权利是为了保护一定的利益所采取的法律手段。因此，权利与利益是紧密相连的。而通过权利所保护的利益并不总是本人的利益，也可能是他人的、集体的或国家的利益。

（4）权利总是与义务人的义务相关联的。离开了义务，权利就不能得以保障。

2. 义务的概念

（1）义务，是指义务人必要行为的尺度（或范围），或者是指人们必须履行一定作为或不作为之法律约束，也或者是指人们实施某种行为的必要性。

（2）义务的性质表现在两点：①义务所指出的是人们的"应然"行为或未来行为，而不是人们事实上已经履行的行为；②义务具有强制履行的性质，义务人对于义务的内容不可随意转让或违反。

（3）义务在结构上包括两个部分：①"作为义务"或"积极义务"，即义务人必须根据权利的内容作出一定的行为；②"不作为义务"或"消极义务"，即义务人不得作出一定行为的义务。

经典考题： 许某与妻子林某协议离婚，约定8岁的儿子小虎由许某抚养，林某可随时行使对儿子的探望权，许某有协助的义务。离婚后两年间林某从未探望过儿子，小虎诉至法院，要求判令林某每月探视自己不少于4天。对此，下列说法正确的是：（2017年卷一第89题，不定项）[①]

A. 依情理林某应探望儿子，故从法理上看，法院可判决强制其行使探望权

B. 从理论上讲，权利的行使与义务的履行均具有其界限

C. 林某的探望权是林某必须履行一定作为或不作为的法律约束

D. 许某的协助义务同时包括积极义务和消极义务

[①]【答案】BD。在当代法治国家，情理与法理存在差别。法院作出判决应当依据法律，而不能依据情理。故A项错误。权利的行使与义务的履行都必须根据法律，受到法律的约束，故B项正确。探望权属于权利，不是义务，故C项错误。协助义务的行为方式包括作为和不作为，故D项正确。

（二）权利与义务的分类

1. 基本权利义务与普通权利义务

根据根本法（宪法）与普通法律规定的不同，可以将权利义务分为基本权利义务和普通权利义务。

2. 绝对权利义务与相对权利义务

根据相对应的主体范围可以将权利义务分为绝对权利义务和相对权利义务。

（1）绝对权利和义务，又称"对世权利"和"对世义务"，是相对应不特定的法律主体的权利和义务。绝对权利对应不特定的义务人，绝对义务对应不特定的权利人。

（2）相对权利和义务，又称"对人权利"和"对人义务"，是相对应特定的法律主体的权利和义务。"相对权利"对应特定的义务人，"相对义务"对应特定的权利人。

3. 个人权利义务、集体权利义务和国家权利义务

根据权利义务主体的性质，可以将权利义务分为个人权利义务、集体权利义务和国家权利义务。

经典考题：王甲经法定程序将名字改为与知名作家相同的"王乙"，并在其创作的小说上署名"王乙"以增加销量。作家王乙将王甲诉至法院。法院认为，公民虽享有姓名权，但被告署名的方式误导了读者，侵害了原告的合法权益，违背诚实信用原则。关于该案，下列哪一选项是正确的？（2017年卷一第10题，单选）①

A. 姓名权属于应然权利，而非法定权利
B. 诚实信用原则可以填补规则漏洞
C. 姓名权是相对权
D. 若法院判决王甲承担赔偿责任，则体现了确定法与道德界限的"冒犯原则"

（三）权利和义务的相互联系

权利和义务作为法的核心内容和要素，它们之间的连接方式和结构关系是非常复杂的，可以从以下角度和方面来分析：

1. 从结构上看，两者是紧密联系、不可分割的。权利和义务的存在和发展都必须以另一方的存在和发展为条件。

2. 从数量上看，两者的总量是相等的。

3. 从产生和发展看，两者经历了一个从浑然一体到分裂对立再到相对一致的过程。

4. 从价值上看，权利和义务代表了不同的法律精神，它们在历史上受到重视的程度

---

① 【答案】B。A选项：我国民法等相关法律规定姓名权的内容，姓名权不仅是应然权利，也是法定权利。B选项：法律原则可以弥补规则的不足，故诚实信用原则也可以弥补法律规则的漏洞，在规则出现缺陷时，按照法律原则予以处理。C选项：姓名权是一个人独立享有的权利，针对的不特定的多数人，因此是绝对权而不是相对权。D选项：王甲的行为伤害了作家王乙的行为，属于伤害原则。选错原因是理解不到位造成的知识点与其他知识点混淆。【错误原因】本题为单选题，可以很容易选出B选项，但很难判断D选项的正误，其中伤害原则认为只有伤害别人的行为才是法律检查和干涉的对象，未伤害任何人或仅仅伤害自己的行为不应受到法律的惩罚。冒犯原则是指法律禁止那些虽不伤害别人但却冒犯别人的行为是合理的。我们首先要判断是否符合伤害原则，王甲的行为伤害了作家王乙的行为，属于伤害原则，所以我们就不再考虑其他原则了。

有所不同，因而两者在不同国家的法律体系中的地位是有主、次之分的。一般而言，在等级特权社会（如奴隶社会和封建社会），法律制度往往强调以义务为本位，权利处于次要的地位。而在民主法治社会，法律制度较为重视对个人权利的保护。此时，权利是第一性的，义务是第二性的，义务设定的目的是为了保障权利的实现。

· 小结 ·

1. 法律规则是法律条文的内容，法律条文是法律规则的形式，但二者不是一一对应关系。
2. 法律规则的分类
（1）根据内容不同分为授权性规则与义务性规则。
①授权性规则的关键词为"有权""享有"；
②义务性规则包含命令性规则与禁止性规则，前者的关键词是"必须""应"，后者的关键词是"不得""禁止"。
（2）根据确定性程度不同分为确定性规则，委任性规则与准用性规则。
①确定性规则：内容已定，无需援引或参照或制定；
②委任性规则：内容未定，需由国家机关另行；
③制定准用性规则：没有内容，需要援引或参照。
（3）根据限定行为的程度不同分为强行性规则与任意性规则。
①强行性规则：不允许随便更改；
②任意性规则：允许选择和协商。
3. 法律原则与法律规则的区别
（1）原则不如规则明确；
（2）原则适用范围更广；
（3）原则在适用时具有较大的余地供法官选择；
（4）原则不以"全有或全无"的方式适用；
（5）原则适用的条件是穷尽规则；原则为了实现个案正义。

第四节　法律部门与法律体系

考情分析

　　本节要求考生掌握的知识点包括：法律部门、法律体系、当代中国法律体系。

一、法律部门

（一）法律部门的含义

1. 法律部门，又称部门法，是根据一定标准和原则对一国现行的全部法律规范进行划分所形成的同类法律规范的总称。

2.法律部门与规范性法律文件是两个不同的概念。

（1）有的部门法的名称与该部门基本的规范性法律文件的名称一致，但该部门法的规范并不仅仅表达于该文件中，还被表达在其他文件中；

（2）某些规范性法律文件中并非仅仅包含单一部门法的规范，可能还包含属于其他部门法的规范。

（二）划分法律部门的标准

1.通常按照法所调整的社会关系的性质和种类的不同来划分法律部门，这是划分法律部门的主要标准。法律调整方法是划分法律部门的辅助标准。

2.有的社会关系有多个法律部门来调整，有的法律部门可以调整多种社会关系。

（三）公法、私法与社会法

1.公法与私法的划分，是大陆法系国家的一项基本分类，最早由古罗马法学家乌尔比安提出。

2.迄今为止，大陆法系法学理论中并没有形成普遍可接受的单一的公法与私法的区分标准。现行公认的公法包括宪法和行政法等，私法包括民法和商法等。

3.随着社会的发展，出现了"法律社会化"现象，又形成了社会法，如社会保障法。社会法是介于公法和私法之间的法律。公法、社会法与私法在调整对象、调整方式、法的本位、价值目标等方面存在不同。

经典考题：某区质监局以甲公司未依《食品安全法》取得许可从事食品生产为由，对其处以行政处罚。甲公司认为，依特别法优先于一般法原则，应适用国务院《工业产品生产许可证管理条例》（以下简称《条例》）而非《食品安全法》，遂提起行政诉讼。对此，下列哪些说法是正确的？（2017年卷一第56题，多选）①

A.《条例》不是《食品安全法》的特别法，甲公司说法不成立

B.《食品安全法》中规定食品生产经营许可的法律规范属于公法

C.若《条例》与《食品安全法》抵触，法院有权直接撤销

D.《条例》与《食品安全法》都属于当代中国法的正式渊源中的"法律"

二、法律体系

法律体系，又称部门法体系，是指一国的全部现行法律规范，按照一定的标准和原则，划分为不同的法律部门而形成的内部和谐一致、有机联系的整体。对此，注意以下

---

① 【答案】AB。《条例》由国务院制定，属于正式的法的渊源中的行政法规，其效力低于《食品安全法》，甲公司的说法不成立。故A选项正确。公法是调整国家公权力关系的法律规范的总称，食品生活经营许可属于行政许可的范围，属于公法法律规范。故B选项正确。行政法规与法律相抵触，我国法院无权直接撤销，应上报最高人民法院，由最高人民法院书面提请全国人大常委会进行审查，由全国人大常委会审查后向制定机关提出意见。故C选项错误。中国法的正式渊源中的"法律"，既包括由全国人大制定的基本法律，也包括由全国人大常委会制定的非基本法律。而《条例》由国务院制定，属于行政法规。故D选项错误。

三点：

1.法律体系是由一个国家全部的现行有效的法律规范所构成的整体。它不包括历史上废止的已经不再有效的法律规范，一般也不包括尚待制定和还没有生效的法律规范。它只包括现行的国家法和被本国承认的国际条约和国际惯例。

2.构成法律体系的要素是法律部门而不是规范性文件，法律部门的构成要素是法律规范而不是法律条文。法律体系与规范性文件体系不是同一个概念。

3.法律体系是一种客观存在的社会生活现象，体现了法的统一性和系统性。

经典考题："当法律人在选择法律规范时，他必须以该国的整个法律体系为基础，也就是说，他必须对该国的法律有一个整体的理解和掌握，更为重要的是他要选择一个与他确定的案件事实相切合的法律规范，他不仅要理解和掌握法律的字面含义，还要了解和掌握法律背后的意义。"关于该表述，下列哪一理解是错误的？（2017年卷一第12题，单选）①

A.适用法律必须面对规范与事实问题

B.当法律的字面含义不清晰时，可透过法律体系理解其含义

C.法律体系由一国现行法和历史上曾经有效的法构成

D.法律的字面含义有时与法律背后的意义不一致

三、当代中国法律体系

当代中国的法律体系主要由宪法及宪法相关法、行政法、民商法、经济法、社会法、刑法、诉讼与非诉讼程序法七个法律部门构成。

---

① 【答案】C。A选项：适用法律必须面对规范与事实问题，有句谚语，"法官要在事实与规范之间进行目光的往返流转"就是对这一过程形象的描绘。B选项：由于法律具有抽象性，需要结合上下文或者其他法条加以明确含义，故通过体系，运用体系解释可以理解其含义。C选项：法律体系不包括历史上废止的已经不再有效的法律，一般也不包括尚待制定、还没有生效的法律。本题陷阱在于考生们认为法律体系由一国现行法和历史上曾经有效的法构成，错误之处在于把历史上曾经有效的法也认为是法律体系的组成部分，这是因为背诵不到位造成的知识点细节遗漏。D选项：法律不是按表面的字面意思进行判决，而是要探求其背后的意义，两者并非一致。【错误原因】A选项：法律人适用有效的法律规范解决具体个案纠纷的过程是三段论的推理过程，即大前提、小前提和结论。首先要查明和确认案件事实，作为小前提，在诉讼中对应的就是法庭调查；其次要选择和确定与上述案件事实相符合的法律规范，作为大前提，在诉讼中对应的就是法庭辩论；最后以整个法律体系的目的为标准，从两个前提中推导出法律决定或法律裁决，在诉讼中对应的就是最后的评议和宣判。

专题五　法的本体（下）

知识体系图

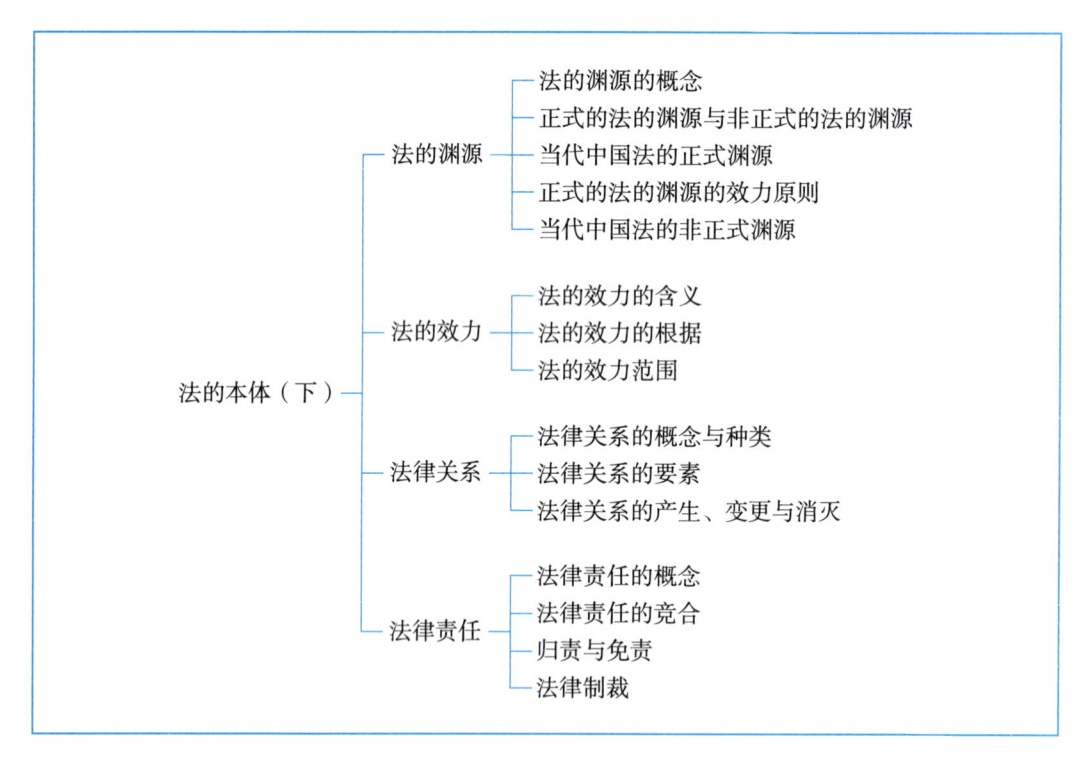

```
法的本体（下）
├── 法的渊源
│   ├── 法的渊源的概念
│   ├── 正式的法的渊源与非正式的法的渊源
│   ├── 当代中国法的正式渊源
│   ├── 正式的法的渊源的效力原则
│   └── 当代中国法的非正式渊源
├── 法的效力
│   ├── 法的效力的含义
│   ├── 法的效力的根据
│   └── 法的效力范围
├── 法律关系
│   ├── 法律关系的概念与种类
│   ├── 法律关系的要素
│   └── 法律关系的产生、变更与消灭
└── 法律责任
    ├── 法律责任的概念
    ├── 法律责任的竞合
    ├── 归责与免责
    └── 法律制裁
```

命题点拨

其他学科也讲法的渊源，但本专题关于法律渊源的阐述是它们的基础。对法律、法规、规章，尤其需要掌握其制定机关及制定条件。对它们的效力等级，也需准确记忆。本专题涉及立法法中有关规定，注意结合该法的相关内容进行把握。有效力的法律规定与"活生生"的法律事实的共同作用导致法律关系的产生、变更或消灭。若法律关系中的权利未实现、义务未履行，则导致法律责任的产生。法律责任未主动承担，则以法律制裁追究之。理解法律关系，注意结合民法上的民事法律关系等知识。

第一节　法的渊源

考情分析

本节近10年考查16次，要求考生掌握的知识点包括：法的渊源的概念、正式的法的渊源与非正式的法的渊源、法的渊源的效力原则、当代中国法的正式渊源、当代中国法的非正式渊源。

一、法的渊源的概念

法的渊源，是指特定法律共同体所承认的具有法的约束力或具有说服力并能够成为法律人的法律决定之大前提的规范或准则来源的那些资料，如制定法、判例、习惯、法理等。

二、正式的法的渊源与非正式的法的渊源

1.根据法的渊源在法律推理中的效力和地位的不同，法的渊源分为正式的渊源和非正式的渊源。

2.正式的法的渊源，是指具有明文规定的法律效力并且直接作为法律人的法律决定的大前提的规范来源的那些资料，主要是制定法。对于正式的法的渊源，法律人必须予以考虑，法律人有义务适用它们。

3.非正式的法的渊源，是指不具有明文规定的法律效力，但具有法律说服力并能够构成法律人的法律决定的大前提的准则来源的那些资料，如正义标准、理性原则、公共政策、道德信念、社会思潮、习惯、乡规民约、社团章程、权威性法学著作，还有外国法等。

三、当代中国法的正式渊源

（一）宪法

宪法具有最高的法律效力。我国现行宪法是1982年12月4日第五届全国人大第五次会议通过的，又于1988年、1993年、1999年、2004年和2018年修正过的《中华人民共和国宪法》。

（二）法律

1.基本法律。全国人大制定和修改刑事、民事、国家机构的和其他的基本法律；在全国人大闭会期间，全国人大常委会可以对全国人大制定的法律（除特别行政区基本法以外）进行部分补充和修改，但是不得同该法律的基本原则相抵触。

2.基本法律以外的其他法律。全国人大常委会制定和修改除应当由全国人大制定的法律以外的其他法律。

3.下列事项只能制定法律：（1）国家主权的事项；（2）各级人民代表大会、人民政府、人民法院和人民检察院的产生、组织和职权；（3）民族区域自治制度、特别行政区制度、基层群众自治制度；（4）犯罪和刑罚；（5）对公民政治权利的剥夺、限制人身自由的强制措施和处罚；（6）税种的设立、税率的确定和税收征收管理等税收基本制度；（7）对非国有财产的征收、征用；（8）民事基本制度；（9）基本经济制度以及财政、海关、金融和外贸的基本制度；（10）诉讼和仲裁制度；（11）必须由全国人大及其常委会制定法律的其他事项，如军人和外交人员的衔级制度和其他专门衔级制度。

（三）行政法规

1.国务院根据宪法、法律或者全国人大及其常委会的授权决定，制定行政法规。

2.行政法规可以就下列事项作出规定：

（1）为执行法律的规定需要制定行政法规的事项；

（2）《宪法》第89条规定的国务院行政管理职权的事项；

（3）全国人大及其常委会的授权决定规定的"先制定行政法规，待条件成熟时制定法律"的法律相对保留事项。法律保留事项尚未制定法律的，全国人大及其常委会有权作出决定，授权国务院可以根据实际需要，对其中的部分事项先制定行政法规，但是有关犯罪和刑罚、对公民政治权利的剥夺和限制人身自由的强制措施和处罚、司法制度等事项除外。

3.行政法规的名称一般称"条例"，也可以称"规定""办法"等。国务院根据全国人大及其常委会的授权决定制定的行政法规，称"暂行条例"或者"暂行规定"。

4.行政法规由总理签署国务院令公布。有关国防建设的行政法规，可以由国务院总理、中央军事委员会主席共同签署国务院、中央军事委员会令公布。

（四）地方性法规

1.省级地方性法规。省、自治区、直辖市的人大及其常委会根据本行政区域的具体情况和实际需要，在不同宪法、法律、行政法规相抵触的前提下，可以制定地方性法规。

2.设区的市级地方性法规。

（1）设区的市、自治州以及广东省东莞市和中山市、甘肃省嘉峪关市的人大及其常委会根据本行政区域的具体情况和实际需要，在不同宪法、法律、行政法规和本省、自治区的地方性法规相抵触的前提下，可以制定地方性法规。

（2）设区的市级人大及其常委会可以对城乡建设与管理、环境保护、历史文化保护等方面的事项制定地方性法规；法律另有规定的，从其规定。省、自治区的人民政府所在地的市，经济特区所在地的市和国务院已经批准的较大的市已经制定的地方性法规，涉及上述事项范围以外的，继续有效。

【实战贴士】

①《立法法》第72条第2款中"城乡建设与管理、环境保护、历史文化保护等方面的事项"，"等"的含义是"等内"，而不是"等外"。

②上述三个方面的权限范围，实际上是很宽的，具有很大的容纳度和实践空间。

③确有必要超出三个方面范围的，可以由省、自治区人大常委会为某个地方制定一项地方性法规。

④2018年《宪法修正案》中新增的有关设区的市地方立法权的规定，与《立法法》有关规定的精神是一致的。2018年修正后的《宪法》第100条第2款规定的"依照法律规定"制定地方性法规，是指《立法法》的有关规定。

（3）设区的市级地方性法规须报省、自治区的人大常委会批准后施行。省、自治区的人大常委会对报请批准的地方性法规，应当对其合法性进行审查，同宪法、法律、行政法规和本省、自治区的地方性法规不抵触的，应当在4个月内予以批准。

3.地方性法规可以就下列事项作出规定：

（1）为执行法律、行政法规的规定，需要根据本行政区域的实际情况作具体规定的事项；

（2）属于地方性事务需要制定地方性法规的事项；

（3）除法律保留事项和只能由中央统一规定的其他事项外，国家尚未制定法律、行政法规且需要先制定地方性法规的事项。但在国家制定的法律或者行政法规生效后，该先制定的地方性法规同法律或者行政法规相抵触的规定无效，制定机关应当及时予以修改或者废止。

（五）自治条例和单行条例

1.自治条例是一种综合性法规，内容比较广泛；单行条例是有关某一方面事务的规范性文件。

2.民族自治地方的人民代表大会有权依照当地民族的政治、经济和文化的特点，制定自治条例和单行条例。

3.自治区的自治条例和单行条例，报全国人大常委会批准后生效。自治州、自治县的自治条例和单行条例，报省、自治区、直辖市的人大常委会批准后生效。

4.自治条例和单行条例可以依照当地民族的特点，对法律和行政法规的规定作出变通规定，但不得违背法律或者行政法规的基本原则，不得对宪法和民族区域自治法的规定以及其他有关法律、行政法规专门就民族自治地方所作的规定作出变通规定。

5.自治条例和单行条例仅在本自治地方施行。

（六）规章

1.部门规章。国务院各部、委员会、中国人民银行、审计署和具有行政管理职能的直属机构、直属事业单位，根据法律和国务院的行政法规、决定、命令，在本部门的权限范围内，可以制定部门规章。

2.地方政府规章。省、自治区、直辖市，设区的市、自治州以及广东省东莞市和中山市、甘肃省嘉峪关市的人民政府，根据法律、行政法规和本省、自治区、直辖市的地方性法规，可以制定地方政府规章。设区的市级人民政府制定地方政府规章，限于城乡建设与管理、环境保护、历史文化保护等方面的事项；已经制定的地方政府规章，涉及上述事项范围以外的，继续有效。

【实战贴士】有规章制定权的行政机关发布的规范性文件未必是规章，只有其首长签署命令予以公布的才是。

（七）国际条约、国际惯例

1.国际条约是指国际法主体之间缔结的双边、多边协议和其他具有条约、协定性质的文件。我国缔结、加入、接受的国际条约对我国有约束力，因而这些国际条约也是当代中国法渊源之一。

2.国际惯例，是指以国际法院等各种国际裁决机构的判例所体现或确认的国际法规则和国际交往中形成的共同遵守的不成文的习惯。国际惯例是国际条约的补充。

（八）其他的法的正式渊源

1.中央军事委员会制定的军事法规和军内有关方面制定的军事规章。

2."一国两制"条件下特别行政区的各种法律。

3.经济特区所在地的省、市的人大及其常委会根据全国人大的授权决定，制定的并在经济特区范围内实施的经济特区法规。目前，海南省以及深圳、珠海、汕头、厦门市的人大及其常委会均已获得制定经济特区法规的授权。经济特区法规的生效不需要经批准。

四、正式的法的渊源的效力原则

（一）正式的法的渊源的效力等级

正式的法的渊源的效力等级或位阶与其制定机关和制定程序密切相关。一般而言，制定机关在国家机关体系中的地位越高，其制定的规范性法律文件的效力也越高；制定程序越严格，经过该程序制定的规范性法律文件的效力也越高。据此，《立法法》明确规定：

1.宪法具有最高的法律效力，一切法律、行政法规、地方性法规、自治条例和单行条例、规章都不得同宪法相抵触。

2.法律的效力高于行政法规、地方性法规、规章。

3.行政法规的效力高于地方性法规、规章。

4.地方性法规的效力高于本级和下级地方政府规章。

5.省、自治区的人民政府制定的规章的效力高于本行政区域内的设区的市级人民政府制定的规章。

6.部门规章之间、部门规章与地方政府规章之间具有同等效力，在各自的权限范围内施行。

（二）同一位阶法冲突的解决

1.同一机关制定的法律、行政法规、地方性法规、自治条例和单行条例、规章，特别规定与一般规定不一致的，适用特别规定；新的规定与旧的规定不一致的，适用新的规定。

2.法律之间对同一事项的新的一般规定与旧的特别规定不一致，不能确定如何适用时，由全国人大常委会裁决；行政法规之间对同一事项的新的一般规定与旧的特别规定不一致，不能确定如何适用时，由国务院裁决；同一机关制定的地方性法规、规章，新的一般规定与旧的特别规定不一致时，由制定机关裁决。

经典考题： 特别法优先原则是解决同位阶的法的渊源冲突时所依凭的一项原则。关于该原则，下列哪些选项是正确的？（2016年卷一第58题，多选）①

A.同一机关制定的特别规定相对于同时施行或在前施行的一般规定优先适用

---

① 【答案】ABCD。A选项：特别法优于一般法。B选项："穷尽规则，方用原则"。C选项：特别规定优于一般规定。D选项：具体规定优于一般规定。【错误原因】本题考查法律渊源的效力原则。同一位阶的法的渊源之间的冲突原则主要包括：（1）全国性法律优先原则；（2）特别法优先原则；（3）后法优先或新法优先原则；（4）实体法优先原则；（5）国际法优先原则；（6）省、自治区的人民政府制定的规章的效力高于本行政区域内的设区的市的人民政府制定的规章。此外，法律之间对同一事项的新的一般规定与旧的特别规定不一致，不能确定如何适用时，由全国人民代表大会常务委员会裁决。行政法规之间对同一事项的新的一般规定与旧的特别规定不一致，不能确定如何适用时，由国务院裁决。

B.同一法律内部的规则规定相对于原则规定优先适用

C.同一法律内部的分则规定相对于总则规定优先适用

D.同一法律内部的具体规定相对于一般规定优先适用

（三）同等位阶法冲突的解决

1.地方性法规与部门规章之间对同一事项的规定不一致，不能确定如何适用时，由国务院提出意见，国务院认为应当适用地方性法规的，应当决定在该地方适用地方性法规的规定；认为应当适用部门规章的，应当提请全国人大常委会裁决。

2.部门规章之间、部门规章与地方政府规章之间对同一事项的规定不一致，不能确定如何适用时，由国务院裁决。

3.省、自治区的人大常委会发现设区的市级地方性法规同本省、自治区的人民政府的规章相抵触的，应当作出处理决定。

（四）交叉位阶法冲突的解决

1.自治条例和单行条例依法对法律、行政法规、地方性法规作变通规定的，在本自治地方适用自治条例和单行条例的规定。

2.经济特区法规根据授权对法律、行政法规、地方性法规作变通规定的，在本经济特区适用经济特区法规的规定。

3.根据授权制定的法规（包括经济特区法规和授权性行政法规）与法律规定不一致，不能确定如何适用时，由全国人大常委会裁决。

五、当代中国法的非正式渊源

法的正式渊源不可能为法律实践中的每个法律问题都提供一个明确答案，即总会有一些法律问题不可能从正式的法的渊源中寻找到确定的大前提。这包括下列情况：（1）正式的法的渊源完全不能为法律决定提供大前提；（2）适用某种正式的法的渊源会与公平正义的基本要求、强制性要求和占支配地位的要求发生冲突；（3）一项正式的法的渊源可能会产生出两种解释的模棱两可性和不确定性。当这些情况发生时，法律人为了给法律问题提供一个合理的法律决定，就需要诉诸法的非正式渊源。

在当代中国，法的非正式渊源主要包括：

（一）习惯

1.能够作为法的非正式渊源的习惯只能是社会习惯，特别是那些与重要的社会事务相关的习惯。

2.习惯之所以能够成为法的非正式渊源是因为它是特定共同体的人们在长久的生产生活实践中自然而然形成的，是该共同体的人们事实上的共同情感和要求的体现，也是他们共同理性体现。

3.习惯虽然可作为法的非正式渊源，但其不得违背公序良俗。

（二）判例（或指导性案例）

1.判例在英美法系属于法的正式渊源。在当今的大陆法系，判例的重要性——至少它的事实重要性——已被大家所承认。

2.在当代中国，法律界对判例在司法审判中的作用已形成了共识：实行案例指导制度。《中共中央关于全面推进依法治国若干重大问题的决定》要求："加强和规范司法解释和案例指导，统一法律适用标准。"《人民法院组织法》第18条第2款规定："最高人民法院可以发布指导性案例。"《人民检察院组织法》第23条第2款规定："最高人民检察院可以发布指导性案例。"

3.根据以下规定，判例或指导性案例，是当代中国的一种非正式的法的渊源：

（1）《最高人民法院关于案例指导工作的规定》第7条规定："最高人民法院发布的指导性案例，各级人民法院审判类似案例时应当参照。"《〈最高人民法院关于案例指导工作的规定〉实施细则》第9条规定："各级人民法院正在审理的案件，在基本案情和法律适用方面，与最高人民法院发布的指导性案例相类似的，应当参照相关指导性案例的裁判要点作出裁判。"

（2）《最高人民检察院关于案例指导工作的规定》第15条第1款规定："各级人民检察院应当参照指导性案例办理类似案件，可以引述相关指导性案例进行释法说理，但不得代替法律或者司法解释作为案件处理决定的直接依据。"

经典考题：某法院在审理一起合同纠纷案时，参照最高法院发布的第15号指导性案例所确定的"法人人格混同"标准作出了判决。对此，下列哪一说法是正确的？（2017年卷一第11题，单选）①

A.在我国，指导性案例是正式的法的渊源
B.判决是规范性法律文件
C.法官在该案中运用了类比推理
D.在我国，最高法院和各级法院均可发布指导性案例

（三）政策

1.作为法的非正式渊源，政策一般不包括那些被整合到法律中的政策（即法定政策或政策），因为这些政策已成为法律的一部分，属于法的正式渊源。

2.在我国，作为法的非正式渊源的政策，是指那些未被整合到法律中的政策，既包括国家政策，也包括中国共产党的政策中与国家或政府有关的政策。

· 小结 ·

1.法律渊源
（1）我国法的正式渊源：宪法、法律、行政法规、地方性法规、行政规章、民族自治法规、经济特区法规、特别行政区法规、国际条约与国际惯例。
国际条约为我国缔结或参加的国际条约，国际惯例为国际机构的判例确认的习惯法。

---

① 【答案】C。在我国，指导性案例仅供在审判类似案件时参照，不具有应当适用的效力，故A项错误。判决是针对特定当事人作出，故不具有规范性，故B项错误。题干中的"参照"，是类似情况类似处理的类推的适用，故C项正确。在我国，最高法院可发布指导性案例，并非各级法院均可发布，故D项错误。

> （2）我国法的非正式渊源：习惯、判例、政策。
> 2.解决正式法的渊源的效力冲突
> （1）首先考虑上位法优先，其次考虑特别法优先、新法优先、变通规定优先；
> （2）同一机关针对同一事项，新的一般规定与旧的特别规定不一致，由制定机关裁决；
> （3）地方法规与部门规章不一致的由国务院出意见：认为应当适用地方性法规，就适用；认为应当适用部门规章，应当提请全国人常[①]裁决；
> （4）部门规章之间、部门规章与地方规章之间，由国务院裁决；
> （5）授权制定的法规和法律规定不一致，由全国人常裁决。

第二节　法的效力

考情分析

　　本节要求考生掌握的知识点包括：法的效力的含义、法的效力的根据、法的效力范围。

一、法的效力的含义

　　1.法的效力，即法的约束力，是指人们应当按照法律规定的行为模式来行为，必须予以服从的一种法律之力。
　　2.广义的法的效力，是指所有法律文件的效力。无论是规范性法律文件还是非规范性法律文件，均具有法律效力。
　　3.狭义的法的效力，仅指规范性法律文件的效力。这里所讲的法的效力，是狭义的法的效力。
　　4.规范性法律文件具有普遍约束力；非规范性法律文件是适用法律的结果而不是法本身，因此不具有普遍约束力。

二、法的效力的根据

　　关于法的效力的根据或理由，不同法学家会有不同的主张：
　　1.德国法学家阿列克西将法律有效性的根据区分为社会学的、伦理的和法律的根据等。
　　2.德国法学家魏德士将法的效力区分为应然效力、实然效力和道德效力等。
　　3.我们认为法的效力来自于法律、道德和社会。

[①] 人常指人大常委会

三、法的效力范围

法的效力范围，是指法的生效范围或适用范围，包括法对人的效力范围、空间效力范围和时间效力范围。

（一）法对人的效力

法对人的效力，是指法对谁有效力，适用于哪些人。世界各国的法律实践中采用过属人主义、属地主义、保护主义和以属地主义为主，与属人主义、保护主义相结合。相结合是近代以来多数国家所采用的原则。我国也是如此。

（二）法的空间效力

1.法的空间效力，是指法在哪些地域有效力，适用于哪些地区。

2.一般来说，一国法律适用于该国主权所及的全部领域，包括领土、领水及其底土和领空，也包括延伸意义的领土，如驻外使领馆、该国的境外飞行器和停泊在外的船舶。

3.一国法律除域内效力外，其中的某些法律还具有域外效力。

（三）法的时间效力

法的时间效力，是指法何时生效、何时失效以及法对其生效以前的事件和行为有无溯及力。

1.法的生效时间。法应当明确规定其生效时间，可以是自公布之日起生效，也可以自明确规定的施行日期起生效，还可以自明确规定的条件成就时生效。

2.法的失效时间。法的失效，即法被废止。它一般分为明示的废止和默示的废止两类。

（1）明示的废止，即以专门决定废止（如《全国人民代表大会常务委员会关于废止〈中华人民共和国农业税条例〉的决定》），或者在其他规范性法律文件中明确规定废止（如《治安管理处罚法》第119条规定："本法自2006年3月1日起施行。1986年9月5日公布、1994年5月12日修订公布的《中华人民共和国治安管理处罚条例》同时废止。"）。

（2）默示的废止，即在适用法律过程中出现新法与旧法冲突时，适用新法而使旧法事实上被废止。

3.法的溯及力，也称法溯及既往的效力，是指法对其生效以前的事件和行为具有约束力。关于法的溯及力问题，现代法治社会实行的是法不溯及既往的原则。但该原则有例外，比如各国在刑法领域普遍采"从旧兼从轻"原则，某些有关民事权利的法律也有溯及力。这些溯及既往的例外，属于"有利追溯"，具有正当性或合理性基础。我国《立法法》第93条规定："法律、行政法规、地方性法规、自治条例和单行条例、规章不溯及既往，但为了更好地保护公民、法人和其他组织的权利和利益而作的特别规定除外。"

经典考题：赵某因涉嫌走私国家禁止出口的文物被立案侦查，在此期间逃往A国并一直滞留于该国。对此，下列哪一说法是正确的？（2015年卷一第13题，单选）[①]

[①]【答案】A。赵某的走私行为发生在我国领域内，根据属地主义原则，应当适用中国法律，故B项错。本案不涉及法的溯及力，故C项错。时效免责，即法律责任经过了一定的期限后而免除。《刑法》第88条第1款规定："在人民检察院、公安机关、国家安全机关立案侦查或者在人民法院受理案件以后，逃避侦查或者审判的，不受追诉期限的限制。"赵某已被立案侦查，故不受追诉期限的限制，即不适用时效免责，故D项错。

A.该案涉及法对人的效力和空间效力问题
B.根据我国法律的相关原则,赵某不在中国,故不能适用中国法律
C.该案的处理与法的溯及力相关
D.如果赵某长期滞留在A国,应当适用时效免责

> **·小结·**
>
> 我国法的对人效力以属地主义为主,与属人主义、保护主义相结合。时间效力以不溯及既往为原则,为了更好地保障公民、法人和其他组织的权利和利益,有可能会溯及既往。

第三节 法律关系

考情分析

本节近10年考查10次,要求考生掌握的知识点包括:法律关系的概念与种类,法律关系的要素,法律关系的产生、变更与消灭。

一、法律关系的概念与种类

法律关系是在法律规范调整社会关系的过程中所形成的人与人之间的权利和义务关系。

(一)法律关系的性质和特征

1.法律关系是根据法律规范建立的一种社会关系,具有合法性。

(1)法律规范是法律关系产生的前提。

(2)法律关系不同于法律规范调整或保护的社会关系本身。

(3)法律关系是法律规范的实现形式,是法律规范的内容(行为模式及其后果)在现实社会生活中得到具体的贯彻。法律关系是人与人之间的合法(符合法律规范的)关系。这是它与其他社会关系的根本区别。

2.法律关系是体现意志性的特种社会关系。法律关系是根据法律规范有目的、有意识地建立的,故法律关系像法律规范一样必然体现国家的意志。另外,有些法律关系的产生,不仅要通过法律规范所体现的国家意志,而且要通过法律关系参加者的个人意思表示一致(如多数民事法律关系);也有很多法律关系的产生,并不需要这种意思表示。

3.法律关系是特定法律关系主体之间的权利和义务关系。法律关系是以法律上的权利、义务为纽带而形成的社会关系。法律权利和义务的内容是法律关系区别于其他社会关系的重要标志。

（二）法律关系的种类

1.调整性法律关系与保护性法律关系

	产生依据	执行职能	实现的规范内容	是否需要制裁
调整性法律关系	合法行为	调整职能	行为模式	无需
保护性法律关系	违法行为	保护职能	否定性法律后果	需要

2.纵向的法律关系与横向的法律关系

	法律主体在关系中地位	法律主体间权利义务的强制性程度
纵向法律关系	地位不平等，存在管理关系、服从或监督关系	具有强制性，不能随意转让，也不能任意放弃
横向法律关系	地位平等	具有一定程度的任意性

3.单向（单务）法律关系、双向（双边）法律关系与多向（多边）法律关系

（1）单向（单务）法律关系，是指权利人仅享有权利，义务人仅履行义务，两者之间不存在相反的联系。单向法律关系是法律关系体系中最基本的构成要素。其实，一切法律关系均可分解为单向的权利义务关系。

（2）双向（双边）法律关系，是指在特定的双方法律主体之间，存在着两个密不可分的单向权利义务关系，其中一方主体的权利对应另一方的义务，反之亦然。

（3）多向（多边）法律关系，又称"复合法律关系"或"复杂法律关系"，是三个或三个以上相关法律关系的复合体，其中既包括单向法律关系，也包括双向法律关系。

4.第一性法律关系与第二性法律关系

（1）第一性法律关系（主法律关系），是指人们之间依法建立的不依赖其他法律关系而独立存在的或在众多法律关系中居于支配地位的法律关系。

（2）第二性法律关系（从法律关系），是指基于其他法律关系产生而产生或者在众多法律关系中居于从属地位的法律关系。

经典考题： 张某到某市公交公司办理公交卡退卡手续时，被告知：根据本公司公布施行的《某市公交卡使用须知》，退卡时应将卡内200元余额用完，否则不能退卡，张某遂提起诉讼。法院认为，公交公司依据《某市公交卡使用须知》拒绝张某要求，侵犯了张某自主选择服务方式的权利，该条款应属无效，遂判决公交公司退还卡中余额。关于此案，下列哪一说法是正确的？（2015年卷一第12题，单选）[①]

A.张某、公交公司之间的服务合同法律关系属于纵向法律关系

[①]【答案】C。张某与公交公司的地位平等。故A项错。在实体和诉讼法律关系中，实体法律关系是主法律关系，诉讼法律关系是从法律关系。故B项错。公交公司是法人。法人的民事权利能力和民事行为能力，从法人成立时产生，到法人终止时消灭。故C项对。地方政府规章只能由省、自治区、直辖市和设区的市、自治州、不设区的地级市的人民政府制定。某市公交公司公布施行的《某市公交卡使用须知》显然不是地方规章。故D项错。

B.该案中的诉讼法律关系是主法律关系
C.公交公司的权利能力和行为能力是同时产生和同时消灭的
D.《某市公交卡使用须知》属于地方规章

二、法律关系的要素

（一）法律关系主体

1.法律关系主体是法律关系的参加者，即在法律关系中一定权利的享有者和一定义务的承担者。能够参加法律关系的主体包括自然人、法人、非法人组织以及国家。

2.权利能力，是指能够参加一定的法律关系，依法享有一定权利和承担一定义务的法律资格。它是法律关系主体实际取得权利、承担义务的前提条件。

3.行为能力，是指法律关系主体能够通过自己的行为实际取得权利和履行义务的能力。

（二）法律关系内容

1.法律关系内容就是法律关系主体之间的法律权利和法律义务。它是法律规范的指示内容（行为模式、法律权利与法律义务的一般规定）在实际的社会生活中的具体落实，是法律规范在社会关系中实现的一种状态。

2.法律关系主体的权利和义务与作为法律规范内容的权利和义务（法律上规定的权利和义务）虽然都具有法律属性，但它们所属的领域、针对的法律主体以及它们的法的效力还是存在一定的差别的。

	作为法律规范内容的权利和义务	法律关系主体的权利和义务
所属的领域	应有的，可能性领域	实有的，现实性领域
针对的主体	针对的主体是不特定的	针对的主体是特定的
法的效力	一般的、普遍的效力	不具有普遍的效力，仅对特定人有效

（三）法律关系客体

1.法律关系客体，是指法律关系主体之间权利和义务所指向的对象。

2.法律关系客体的种类有：物、人身、精神产品和行为结果。

三、法律关系的产生、变更与消灭

（一）法律关系产生、变更与消灭的条件

1.法律关系的产生、变更和消灭，需要具备一定的条件，其中最主要的条件有二：一是法律规范；二是法律事实。法律规范是法律关系产生、变更和消灭的法律依据；法律事实是法律规范与法律关系联系的中介。

2.法律事实，是指法律规范所规定的、能够引起法律关系产生、变更和消灭的客观情况或现象。对此，注意以下两点：

（1）法律事实是一种客观存在的外在现象，而不是人们的一种心理现象或心理活动。

（2）法律事实是由法律规定的、具有法律意义的事实，能够引起法律关系的产生、变更或消灭。与人类生活无直接关系的纯粹的客观现象不是法律事实。

（二）法律事实的种类

依是否以当事人的意志为转移作标准，可以将法律事实分为法律事件和法律行为。

1.法律事件。法律事件是法律规范规定的、不以当事人的意志为转移而引起法律关系产生、变更或消灭的客观事实。法律事件又分成社会事件和自然事件两种。

2.法律行为。法律行为，是指法律规范规定的，在当事人的意志控制下实施的、并能引起法律关系产生、变更或消灭的行为。法律行为可以分为善意行为、合法行为与恶意行为、违法行为。善意行为、合法行为能够引起法律关系的产生、变更和消灭；同样，恶意行为、违法行为也能够引起法律关系的产生、变更和消灭。

【实战贴士】此处所称的"法律行为"，包括以意思表示为构成要素的法律行为（如合同），也包括不以意思表示为构成要素的事实行为（如无因管理）。

（三）法律事实的复杂情形

1.同一个法律事实可以引起多种法律关系的产生、变更和消灭。

2.两个或两个以上的法律事实引起同一个法律关系的产生、变更或消灭。该引起同一法律关系产生、变更或消灭的两个或两个以上的法律事实所构成的一个相关整体，称为"事实构成"。

· 小结 ·

1. 根据法律关系产生的依据和执行的职能、实行规范的内容不同分为调整性法律关系、保护性法律关系。
2. 根据法律主体的地位不同分为纵向（隶属）法律关系、横向（平权）法律关系。
3. 根据法律主体多少以及权利义务是否一致分为单向法律关系、双向法律关系、多向法律关系。
4. 根据法律关系作用和地位不同分为第一性（主）法律关系、第二性（从）法律关系。
5. 根据所依据法律规范性质不同分为实体法律关系、程序法律关系。

第四节　法律责任

考情分析

本节近10年考查7次，要求考生掌握的知识点包括：法律责任的概念、法律责任的竞合、归责与免责、法律制裁。

一、法律责任的概念

（一）法律责任的含义和特点

1.法律责任，是指行为人因违法行为、违约行为或仅因法律规定而应该承担的一种不利法律后果。

2.根据引起法律责任的原因，法律责任可以被区分为过错责任和无过错责任；根据引起法律责任的行为所违反的法律性质不同，法律责任可以被区分为民事责任、刑事责任、行政责任与违宪责任等。

3.与其他社会责任相比，法律责任具有两个特征：

（1）法律责任是由法律规定的，具有法定性。

（2）法律责任的追究在最终上是由国家强制力保证的，具有国家强制性。但是，这并不意味着法律责任的履行都是国家强制力实施的结果。有些法律责任是责任人主动履行的，国家强制力只是备而不用的。

4.在法学中，主要有三种关于法律责任本质的理论：

（1）道义责任论。法律责任的本质是违法者的道义责难。

（2）社会责任论。法律责任的本质是对合法的社会利益系统的维护。

（3）规范责任论。法律是一个规范系统，法律责任的本质是对行为的否定性规范评价。

（二）法律责任与权力、权利、义务的关系

1.法律责任与权力是相互联系的：

（1）法律责任的认定、归结与实现都是有权的国家机关依照法定职权与程序实施的，即法律责任离不开权力。

（2）法律责任约束和限定了权力的行使，规定了权力行使的范围和非法行使权力的后果。

2.法律权利、法律义务与法律责任之间存在密切的关联：

（1）在逻辑上，法律权利与法律义务是先于法律责任的。法律责任是侵犯法律权利或不履行法律义务而导致的不利后果。

（2）法律责任是法律权利在事实上得以享有、法律义务在事实上得以履行的保证。若法律权利受侵害，法律责任就成为救济法律权利的保证；若法律义务未履行，法律责任就成为强制履行法律义务或施加新的法律义务的保证。

二、法律责任的竞合

1.法律责任的竞合，是指同一人的同一行为导致两种以上的法律责任的产生且这些法律责任之间是冲突的。所谓冲突，是指行为人不可能同时承担和履行这些法律责任。由此产生哪一法律责任应当优先承担和履行的问题。

2.法律责任竞合既可能是同一部门法之中的不同法律责任的竞合，如民法中的违约责任与侵权责任的竞合；也可能是不同部门法的不同法律责任的竞合，如民事责任与行政责任的竞合，或者民事责任与刑事责任的竞合，行政责任与刑事责任的竞合，甚至是刑事责任、民事责任与行政责任的竞合。

3.法律责任竞合应当依法解决。

三、归责与免责

（一）法律责任的归责原则

法律责任的归结，即归责，是指特定国家机关根据法定职权与程序对行为人应该承担的法律责任进行判断与认定。在我国，归责应遵循下列原则：

1. 责任法定原则

（1）法律责任作为否定性法律后果必须由法律规范予以明确的规定。

（2）特定国家机关既要按照实体法，又要按照程序法确定行为人是否承担责任、承担什么责任以及承担多大责任。

（3）禁止任何国家机关擅断责任和法外责罚。

2. 公正原则

（1）坚持法律平等，任何人的任何违法行为都应该被依法追究法律责任，不允许有凌驾或超越法律之上的特殊人。

（2）法律责任的性质或种类应该与违法行为的性质或种类相一致，即法律责任的定性要公正。

（3）法律责任的轻重或多少要公平，即法律责任的定量要公正。定量公正体现在它不仅要与违法行为所造成的损害后果的轻重相一致，而且要与行为人的主观过错程度相一致，也要与违法行为作为损害后果的原因的大小相一致。

3. 效益原则

（1）效益原则，是指应当对法律责任的认定与追究进行成本收益分析，追求法律责任的效益最大化。

（2）衡量效益最大化的一个标准是保证法律具有威慑力，保证法律能够有效地抑制违法行为的发生。故法律责任的设定和追究并不是越大越好，也不是越小越好，而是要适度。

4. 责任自负原则

责任自负原则，是指谁违法谁负责，反对株连或变相株连，既要求保证违法人的法律责任得到追究，又要保证无责任的人不被法律追究。

（二）法律责任的免除条件

1. 法律责任的免除，即免责，是指由于出现了法律上规定的条件或法律上允许的条件，责任人所应承担的法律责任被部分免除或被全部免除。

2. 法律责任免除的条件，可以被区分为法定免除条件（法律上规定的免除条件）与意定免除条件（法律上允许的免除条件），也可以被区分为私法上的免除条件与公法上的免除条件。

3. 根据我国的法律规定与法律实践，法律责任免除的条件主要有：时效、不诉、自愿协议、不可抗力、正当防卫、紧急避险、自首、立功、人道主义等。

经典考题： 赵某在行驶中的地铁车厢内站立，因只顾看手机而未抓扶手，在地铁紧急制动时摔倒受伤，遂诉至法院要求赔偿。法院认为，《侵权责任法》规定，被侵权人对损害的发生有过失的，可以减轻经营者的责任。地铁公司在车厢内循环播放"站稳扶好"

来提醒乘客，而赵某因看手机未抓扶手，故存在重大过失，应承担主要责任。综合各种因素，判决地铁公司按40%的比例承担赔偿责任。对此，下列哪些说法是正确的？（2017年卷一第57题，多选）①

　　A.该案中赵某是否违反注意义务，是衡量法律责任轻重的重要标准
　　B.该案的民事诉讼法律关系属第二性的法律关系
　　C.若经法院调解后赵某放弃索赔，则构成协议免责
　　D.法官对责任分摊比例的自由裁量不受任何限制

四、法律制裁

　　1.法律制裁，是指特定国家机关依照法定职权与程序对应该承担法律责任的主体依其法律责任而实施的强制性惩罚措施。对此，注意以下两点：
　　（1）法律制裁与法律责任紧密相关。法律责任先于法律制裁。
　　（2）法律责任不一定必然导致法律制裁，因为责任人可以主动承担与履行法律责任。
　　2.法律制裁可区分为民事制裁、刑事制裁、行政制裁和违宪制裁。

> **· 小结 ·**
>
> 1.法律责任
> （1）法律责任是指由于违法行为、违约行为或者由于法律规定而承受的不利的法律后果。
> （2）法律责任的承担原则包括责任法定、责任公正、责任效益、责任自负。
> （3）法律责任的免除情形包括时效免责，不诉免责，协议免责，自首、立功免责，履行不能免责，其他免责事由如正当防卫、紧急避险。
> （4）法律责任与法律制裁的区别：法律制裁是由有权的国家机关根据法律责任所施加的惩罚措施，法律制裁包括刑事制裁、民事制裁、行政制裁及宪法制裁。
> 2.法律责任竞合产生的条件：同一主体、同一行为、两种以上法律责任、法律责任之间相冲突。

---

① 【答案】ABC。《民法典》第1240条规定，被侵权人对损害的发生有重大过失的，可以减轻经营者的责任。故A项正确。该案的民事诉讼法律关系是基于赵某与地铁公司之间的实体法律关系而产生的。故B项正确。协议免责，是指受害人与加害人在法律允许的范围内协商同意的免责。故C项正确。法官行使自由裁量权必须遵循合法、合理、公正、审慎等原则。故D项"不受任何限制"的说法错误。

专题六　法的运行

知识体系图

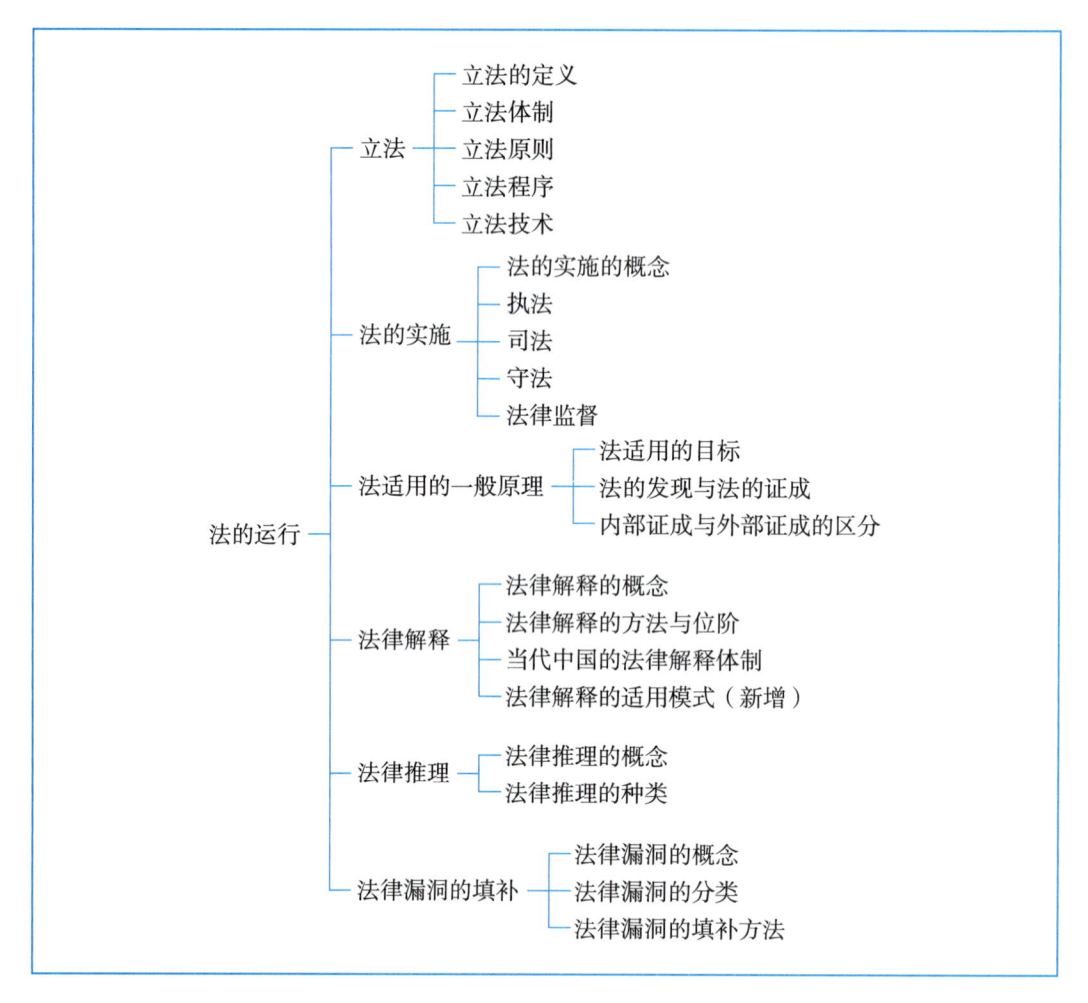

```
法的运行
├── 立法
│   ├── 立法的定义
│   ├── 立法体制
│   ├── 立法原则
│   ├── 立法程序
│   └── 立法技术
├── 法的实施
│   ├── 法的实施的概念
│   ├── 执法
│   ├── 司法
│   ├── 守法
│   └── 法律监督
├── 法适用的一般原理
│   ├── 法适用的目标
│   ├── 法的发现与法的证成
│   └── 内部证成与外部证成的区分
├── 法律解释
│   ├── 法律解释的概念
│   ├── 法律解释的方法与位阶
│   ├── 当代中国的法律解释体制
│   └── 法律解释的适用模式（新增）
├── 法律推理
│   ├── 法律推理的概念
│   └── 法律推理的种类
└── 法律漏洞的填补
    ├── 法律漏洞的概念
    ├── 法律漏洞的分类
    └── 法律漏洞的填补方法
```

命题点拨

　　本专题是研究法的宏观运行。注意理解并区分相关概念。掌握有关原则时，注意结合行政法、诉讼法等学科中有关知识。本专题也涉及立法法中关于全国人大及其常委会立法程序的规定，注意结合该法的相关部分把握。

知识点及实例

第一节 立 法

考情分析

本节要求考生掌握的知识点包括：立法和立法体制、立法原则和立法程序、立法技术。

一、立法的定义

1.广义的立法，泛指一切有权的国家机关制定、认可、修改和废止不同效力等级的法的活动；狭义的立法，是国家立法权意义上的概念，仅指享有国家立法权的全国人大及其常委会的立法活动。

2.立法是由特定主体依据法定职权、程序进行，具有专业性和技术性的活动。立法是制定、认可、修改和废止法的活动。

二、立法体制

1.立法体制包括立法权限的划分、立法机关的设置和立法权的行使等各方面的制度，其核心内容是立法权限的划分。

2.一国采用何种立法体制，在很大程度上取决于该国的国情，要受到该国经济、政治、文化和历史传统等因素的影响。

3.中国现行的立法体制是中央统一领导和一定程度分权的、多级并存和多类结合的立法体制。

三、立法原则

（一）科学立法原则

立法应当尊重社会的客观实际状况，根据客观需要，反映客观规律的要求，要以理性的态度对待立法工作。科学立法原则要求健全立法起草、论证、协调和审议机制，健全向下级人大征询立法意见机制，建立基层立法联系点制度，推进立法精细化，完善立法项目征集和论证制度，健全立法机关主导、社会各方有序参与立法的途径和方式。

（二）民主立法原则

立法应当体现广大人民的意志和要求，确认和保障人民的利益；应当通过法律规定，保障人民通过各种途径参与立法活动，表达自己的意见；立法过程和立法程序应坚持立法公开，立法过程中要坚持群众路线。

（三）依法立法原则

依法立法原则要求一切立法活动都必须以宪法为依据，遵循宪法的基本原则，符合宪法的精神；立法活动都要有法律根据，立法主体、立法权限、立法内容、立法程序都应符合法律的规定，立法机关必须严格按照法律规范的要求行使职权，履行职责；立法应当从国家整体利益出发，维护社会主义法制的统一和尊严。

四、立法程序

全国人大及其常委会的立法程序主要有以下四个步骤：

（一）法律议案的提出

1.全国人大主席团、全国人大常委会、全国人大各专门委员会、国务院、中央军事委员会、国家监察委员会、最高人民法院、最高人民检察院以及全国人大一个代表团或者30名以上的代表联名，可以向全国人大提出法律案。全国人大常委会决定提请全国人大会议审议的法律案，应当在会议举行的1个月前将法律草案发给代表。

2.全国人大常委会委员长会议、全国人大各专门委员会、国务院、中央军事委员会、国家监察委员会、最高人民法院、最高人民检察院以及全国人大常委会成员10人以上联名，可以向全国人大常委会提出法律案。列入常委会会议议程的法律案，除特殊情况外，应当在会议举行的7日前将法律草案发给常委会组成人员。

（二）法律案的审议

1.全国人大审议法律案

大会全体会议听取提案人的说明后，各代表团和宪法和法律委员会、有关的专门委员会审议法律案。宪法和法律委员会根据各代表团和有关的专门委员会的审议意见，对法律案进行统一审议，向主席团提出审议结果报告和法律草案、有关法律问题的决定草案修改稿，对重要的不同意见应当在事议结果报告中予以说明，经主席团市议通过后，印发会议。修改稿经各代表团审议，由宪法和法律委员会根据各代表团的审议意见进行修改，提出表决稿。

2.全国人大常委会审议法律案

（1）列入常委会会议议程的法律案，一般应当经三次常委会会议审议后再交付表决：常委会会议第一次审议法律案，在全体会议上听取提案人的说明，由分组会议进行初步审议；常委会会议第二次审议法律案，在全体会议上听取宪法和法律委员会关于法律草案修改情况和主要问题的汇报，由分组会议进一步审议；常委会会议第三次审议法律案，在全体会议上听取宪法和法律委员会关于法律草案审议结果的报告，由分组会议对法律草案修改稿进行审议。列入常委会会议议程的法律案，各方面意见比较一致的，可以经两次常委会会议审议后交付表决；调整事项较为单一或者部分修改的法律案，各方面的意见比较一致的，也可以经一次常委会会议审议即交付表决。

（2）常委会审议法律案时，根据需要，可以召开联组会议或者全体会议，对法律草案中的主要问题进行讨论。

（3）宪法和法律委员会根据常委会成员、有关的专门委员会的审议意见和各方面提出的意见，对法律案进行统一审议，提出修改情况的汇报或者审议结果报告和法律草案修改稿。宪法和法律委员会审议法律案时，应当邀请有关的专门委员会的成员列席会议，发表意见。

（4）法律草案修改稿经常委会会议审议，由宪法和法律委员会根据常委会成员的审议意见进行修改，提出法律草案表决稿。

（三）法律案的表决和通过

1. 全国人大表决和通过

法律草案表决稿由主席团提请全国人大全体会议表决，由全体代表的过半数通过。

2. 全国人大常委会表决和通过

（1）法律草案表决稿由委员长会议提请常委会全体会议表决，由常委会全体成员的过半数通过。

（2）法律草案表决稿交付常委会会议表决前，委员长会议根据常委会会议审议的情况，可以决定将个别意见分歧较大的重要条款提请常委会会议单独表决。单独表决的条款经常委会会议表决后，委员长会议根据单独表决的情况，可以决定将法律草案表决稿交付表决，也可以决定暂不付表决，交宪法和法律委员会和有关的专门委员会进一步审议。

（3）对多部法律中涉及同类事项的个别条款进行修改，一并提出法律案的，经委员长会议决定，可以合并表决，也可以分别表决。

（四）法律的公布

全国人大及其常委会通过的法律由国家主席签署主席令予以公布。签署公布法律的主席令载明该法律的制定机关、通过和施行日期。法律签署公布后，及时在全国人大常委会公报和中国人大网以及在全国范围内发行的报纸上刊载。在全国人大常委会公报上刊登的法律文本为标准文本。

五、立法技术

1. 立法技术，是指在立法过程中所形成的一切知识、经验、规则、方法和技巧的总和。
2. 立法技术直接影响到立法质量。
3. 根据立法的进程，立法技术分为立法预测技术、立法规划技术和立法表达技术。立法表达技术的主要内容包括：（1）法的名称的表达要规范和统一；（2）法律规范的表达要完整、概括和明确；（3）法的体例安排要规范和统一；（4）立法语言要做到准确、严谨和简明。

• 小结 •

1. 提出法律案

（1）向全国人大提：1个代表团或全国人大代表30人以上、全国人大各专门委员会、最高法、最高检、国务院、中央军委、国家监察委员会、全国人大主席团、全国人大常委会。

（2）向全国人大常委会提：全国人大各专门委员会、最高法、最高检、国务院、中央军委、国家监察委员会、全国人大常委会10人以上、委员长会议。

2. 审议法律案

（1）全国人大审议法律案

① 各专门委员会审议，可以邀请提案人列席；

②宪法和法律委员会统一审议法律案，应邀请其他专门委员会列席；
③撤回议案：提案列入会议议程的，提案人说明→主席团同意→向大会报告。
（2）全国人大常委会审议法律案
①草案公布：应当将法律草案向社会公布，但委员长会议决定不公布的除外。
②三读程序：一般经常委会会议三次审议后交付表决；各方面意见比较一致的，可以经两次常委会会议审议后交付表决；如果调整事项较为单一或部分修改，各方面的意见比较一致的，可经一次常委会会议审议即交付表决。
③终止审议：较大意见分歧搁置审议满2年，或暂不交付表决满2年没有再次列入常委会会议，由委员长会议向常委会报告，终止审议。
3.表决和通过需由全国人大全体代表或全国人大常委会全体成员过半数通过。
4.法律由国家主席签署主席令予以公布。

第二节　法的实施

考情分析

本节要求考生掌握的知识点包括：执法、司法、守法、法律监督，需要重点掌握执法和司法的区别。

一、法的实施的概念

（一）法的实施

1.法的实施，是指法在社会现实生活中具体运用的过程。通过法的实施，法律文本才转换为现实的行为规范，从应然状态进入实然状态。

2.法律实施包括执法、司法、守法和法律监督。

3.法的实施是实现法的作用和目的的重要途径和保障，也是建立法治国家的必要条件。

（二）法的实现

法的实现，是指法的要求在社会生活中被转化为现实。法的实现是将法的实施的过程性与法的实效的结果性结合的一个概念。

二、执法

（一）执法的含义

狭义的执法，专指国家行政机关及其公职人员依法行使管理职权、履行职责、实施法律的活动。

（二）执法的特点

1.执法活动具有国家权威性和国家强制性。

2.执法主体具有特定性。

3.执法内容具有广泛性。

4.执法具有主动性和单方面性。

5.执法权的行使具有优益性。

（三）执法的基本原则

1.合法性原则。

2.合理性原则。

3.效率原则。

三、司法

（一）司法的含义

司法，又称法的适用，通常是指国家司法机关根据法定职权和法定程序，具体应用法律处理案件的专门活动。

（二）司法的特点

1.司法具有专属性。在我国，司法主要由审判机关及其法官、检察机关及其检察官按照法定职权实施。

2.司法具有国家强制性。司法机关依法所作的决定，当事人必须执行，不得违抗。

3.司法具有严格的程序性和合法性。

4.司法必须有表明法的适用结果的法律文书，如判决书、裁定书和决定书等。

（三）司法与执法的区别

	司　法	执　法
主　体	司法机关及其公职人员	行政机关及其公职人员
内　容	裁决法律争议及处理案件	对社会进行全面管理
程序性要求	严格的程序性规定	程序性规定不那么严格和细致
主动性	受理案件后进行	积极主动实施

（四）当代中国司法的基本要求和原则

在当代中国，司法的基本要求可以归纳为：正确、合法、及时、合理。司法的过程和结果要尽可能正确无误；司法机关在其活动中必须做到依法司法；司法机关必须在法定期限内完成司法活动；司法行为必须做到合理公正。

司法的原则是指在司法过程中必须遵循的准则。司法原则具体包括：

1.司法公正原则

司法公正是社会公正的一个重要组成部分，它对社会公正具有重要引领作用。司法公正既包括实质公正，也包括形式公正，其中尤以程序公正为重点。司法公正的重要意义在于：

（1）公正司法是法的精神的内在要求，是法治对司法的根本要求。

（2）公正对司法的重要意义也是由司法活动的性质决定的。人们之所以请求司法机关裁决纠纷并信任其决断，就是因为其公正和不偏不倚。

（3）司法机关公正司法，是其自身存在的合法性基础。如果司法机关不能保持其公正性，司法机关也就失去了自身存在的社会基础。公正是司法的生命。

2. 司法平等原则

司法平等原则是宪法中规定的"公民在法律面前一律平等"原则在司法过程中的具体体现。在司法领域，"公民在法律面前一律平等"的基本含义是：

（1）在我国，法律对于全体公民，不分民族、种族、性别、职业、社会出身、宗教信仰、财产状况等，都是统一适用的，所有公民依法享有同等的权利并承担同等的义务。

（2）任何权利受到侵犯的公民一律平等地受到法律保护，不能歧视任何公民。

（3）在诉讼中，要保证诉讼当事人享有平等的诉讼权利，不能偏袒任何一方当事人；要切实保障诉讼参加人依法享有的诉讼权利。

（4）对任何公民的违法犯罪行为，都必须同样地追究法律责任，依法给予相应的法律制裁，不允许有不受法律约束或凌驾于法律之上的特殊公民，任何超出法律之外的特殊待遇都是违法的。绝不能看人办案，因人而异，不能由于责任人的家庭出身或过去的功绩等而对其的裁判偏离甚至违背法律的要求。

3. 司法合法原则

司法合法原则要求在司法过程中要严格依法司法，既要依实体法，也要依程序法。在我国，司法合法原则具体体现为"以事实为根据，以法律为准绳"。这项原则的基本含义是：

（1）以事实为根据，是指司法机关审理一切案件，都只能以案件有关的客观事实作为根据，而不能以主观臆想作依据，应当认真查清事实真相，使法律适用能够做到"有的放矢"。

（2）以法律为准绳，是指要严格依照法律规定办事，切实做到有法必依、执法必严、违法必究。司法机关在工作中，要符合法律所规定的规格或要件，遵照法律所规定的权限划分并严格按照司法程序办理案件；同时，在法律适用中坚持法制统一性的要求，根据我国的法律渊源体系适用法律。

4. 司法机关依法独立行使职权原则

（1）这项原则的基本含义是：

①司法权的专属性，即国家的司法权只能由国家各级审判机关和检察机关统一行使，其他任何机关、团体和个人都无权行使此项权力；

②行使职权的独立性，即人民法院、人民检察院依照法律独立行使自己的职权，不受行政机关、社会团体和个人的干涉；

③行使职权的合法性，即司法机关审理案件必须严格依照法律规定，正确适用法律，不得滥用职权和枉法裁判。

（2）要贯彻司法机关依法独立行使职权的原则，需要解决好以下三个问题：

①要正确处理司法机关与党组织的关系。各级党政机关和领导干部要支持法院、检察院依法独立公正行使职权，任何党政机关和领导干部都不得让司法机关做违反法定职责、有碍司法公正的事情。任何司法机关都不得执行党政机关和领导干部违法干预司法

活动的要求。建立领导干部干预司法活动、插手具体案件处理的记录、通报和责任追究制度。对于干预司法机关办案的，给予党纪政纪处分；造成冤假错案或者其他严重后果的，依法追究刑事责任。

②在全社会进行有关树立和维护司法机关权威，尊重和服从司法机关决定的法治教育。

③积极推进司法改革，建立健全司法人员履行法定职责保护机制，非因法定事由，非经法定程序，不得将法官、检察官调离、辞退或者作出免职、降级等处分，从制度上保证司法机关依法独立行使审判权和检察权。

5.司法责任原则

（1）该原则是指司法机关和司法人员在行使司法权过程中由于侵犯公民、法人和其他社会组织的合法权益，造成严重后果而承担相应责任。

（2）司法责任原则是权力与责任相统一的法治原则在司法领域的体现。司法机关和司法人员享有事关公民切身利益的司法权力，为了防止司法权被滥用，必须强化司法机关和司法人员的责任。一方面必须对司法机关和司法人员行使国家司法权给予法律保障；另一方面要对司法机关及其司法人员的违法犯罪行为给予严惩。

（3）只有将司法权力和司法责任结合起来，才能更好地增强司法机关和司法人员的责任感，防止司法过程中的违法行为，并通过对违法行为的法律制裁，来更好地维护社会主义司法的威信和社会主义法治的权威和尊严。

四、守法

（一）守法的含义

守法，是指自然人、社会组织和国家机关以法律为自己的行为准则，依照法律行使权利、履行义务的活动。

（二）守法的构成

1.守法的主体。全民守法是法治的必要组成部分。

2.守法的范围。它包括宪法、法律、行政法规、地方性法规、规章等。

3.守法的内容。它包括行使法律权利和履行法律义务。

五、法律监督

（一）法律监督的概念

1.狭义的法律监督，是指由特定国家机关依照法定权限和法定程序，对各种法律活动的合法性所进行的检查、监察、督促和指导以及由此形成的法律制度。

2.广义的法律监督，是指由所有国家机关、各政党、各社会组织、媒体舆论和公民对各种法律活动的合法性所进行的监督。

（二）法律监督的构成

一般来说，法律监督由主体、对象、内容、依据和方式五个要素构成。

（三）法律监督体系

1.国家法律监督体系。国家机关的监督，包括国家权力机关、行政机关、监察机关和司法机关的监督。

2.社会法律监督体系。 社会监督，即非国家机关的监督，包括中国共产党的监督、人民政协的监督、各民主党派的监督、人民团体和社会组织的监督、公民的监督、媒体舆论的监督等。

经典考题： 王某向市环保局提出信息公开申请，但未在法定期限内获得答复，遂诉至法院，法院判决环保局败诉。关于该案，下列哪些说法是正确的？（2016年卷一第60题，多选）①

A. 王某申请信息公开属于守法行为
B. 判决环保局败诉体现了法的强制作用
C. 王某起诉环保局的行为属于社会监督
D. 王某的诉权属于绝对权利

· 小结 ·

司法与执法的区别

	司　法	执　法
主　体	司法机关及其公职人员	行政机关及其公职人员
内　容	裁决法律争议及处理案件	对社会进行全面管理
程序性要求	严格的程序性规定	程序性规定不那么严格和细致
主动性	受理案件后进行	积极主动实施

第三节　法适用的一般原理

考情分析

本节要求考生掌握的知识点包括：法适用的目标、法的发现与法的证成、内部证成与外部证成的区分。

---

① 【答案】ABC。行使法律权利和履行法律义务都属于守法行为。王某申请信息公开是行使知情权，故A项正确。法的强制作用是指法可以通过制裁违法犯罪行为来强制行为人遵守法律。故B项正确。社会监督，即非国家机关的监督，指由各政党、各社会组织和公民依照宪法和有关法律，对各种法律活动的合法性所进行的监督。王某起诉环保局，是公民对行政机关的监督，故应属于社会监督。故C项正确。绝对权，即对世权，绝对权对应不特定的义务人。诉权是指当事人基于纠纷的发生，请求法院行使审判权，解决纠纷或保护合法权益的权利。诉权针对的义务人是具有管辖权的法院。故D项错误。

一、法适用的目标

1.目标概述

法律人适用法律的最直接目标是获得一个合理的法律决定。在法治社会，所谓合理的法律决定，是指法律决定具有可预测性（确定性）和可接受性（正当性）。法律决定的可预测性是形式法治的要求，可接受性是实质法治的要求。

2.可预测性

（1）法律决定的可预测性意味着作出法律决定的人在作出决定的过程中应该尽可能地避免武断和恣意。

（2）法律人为保障其法律决定的可预测性，必须将法律决定建立在既存的一般性的法律规范的基础上，而且必须按照一定的方法适用法律规范，如推理规则和解释方法。

3.可接受性

（1）法律决定的可接受性，是指按照实质价值或者某些道德考量，法律决定是正当的或者正确的。这些所谓的实质价值或者道德是有一定范围的或者受到限制的，主要是指特定法治国家的宪法规定的一些该国家的公民所承认的、法律和公共权力应该保障与促进的实质价值，例如人权、自由、平等。

（2）法律人保障其法律决定的正当性不同非法律人的地方在于：通过运用特定法律人共同体所普遍承认的法学方法，如类比推理或客观目的解释，保证其法律决定与实质价值或道德的一致性。

4.紧张关系

（1）法律决定的可预测性与可接受性之间存在一定的紧张关系，这种紧张关系在实质上，是形式法治与实质法治之间的紧张关系的一种体现。

（2）从作为整体的法治来说，法律人应该努力在可预测性与可接受性之间寻找最佳的协调。在现代法治社会，人们总是要求法律决定具有高度的可预测性，同时具有高度的正当性。

（3）对于特定国家和特定时期的法律人来说，首先理当崇尚的是法律的可预测性，因此法律决定的可预测性具有初始的优先性。

二、法的发现与法的证成

1.概念

（1）法的发现

法的发现是指特定法律人的心理因素与社会因素引发或引诱他针对特定案件作出某个具体的决定或判断的实际过程。所谓心理因素与社会因素主要指法律人的直觉、偏见、情感、利益立场、社会阶层、价值偏好等。

（2）法的证成

法的证成是指法律人将其实际上所做的决定或判断进行合理化的证明和证成以保证该决定或判断是理性的、正当的或正确的。

2.二者关系

（1）虽然法的发现与法的证成是两种不同性质的过程，但是，它们并不是两个先后各自独立发生的过程，而是同一个过程的不同层面。

（2）在法律人将现行有效的法律规范适用于特定案件事实获得法律决定或判断的过程中，法的发现与法的证成这两个层面是相对分离的。

（3）在法律人的日常法律工作中，其针对待决案件，往往是先有法律结论或判断，然后寻找作为结论的理由的法律规范。这样的现象或事实导致了某些法学家或法学流派，如现实主义法学，强调法的发现而贬低法的证成，认为法的发现是法律人作法律决定或判断的"真实过程"，法的证成只是法律人伪装其法律决定或判断是理性证成的外衣，只是起到"事后的包装功能"。这样的观点就意味着法的发现具有优先性。

（4）但是，我们认为，如果从法律人的法律决定或判断应该而且必须具有合理性即可预测性与正当性的角度看，相比法的发现而言，法的证成具有优先性。这是因为法的证成能够保证法律人的法律适用目标的实现。具体理由如下：第一，法的发现过程中影响法律人作法律决定或判断的心理与社会因素是无法进行规范地控制、检验与评价的。第二，法的发现过程中影响法律人作法律决定或判断的心理与社会因素对法律人作法律决定或判断来说并不具有普遍必然性。

三、内部证成与外部证成的区分

1.法律证成涵义

所谓"证成"，是指给一个决定提供充足理由的活动或者过程。在"法律证成"中，无论是依据一定的法律解释方法所获得的法律规范即大前提，还是根据法律所确定的案件事实即小前提，都是用来向法律决定提供支持性理由的。在这个意义上，法律适用过程是一个"法律证成"的过程。

2.法律证成分类

"法律证成"可以分为"内部证成"和"外部证成"。法律决定必须按照一定的推理规则从相关前提中逻辑地推导出来，属于"内部证成"；对法律决定所依赖的前提的证成，属于"外部证成"。

3."内部证成"和"外部证成"的关系

（1）"外部证成"保证"内部证成"的前提正当

"内部证成"关涉的只是从前提到结论之间推论是否是有效的，而推论的有效性或者真值依赖于是否符合推理规则或者规律。也就是说，"内部证成"保证了结论从前提中逻辑地推导出来，它对前提是否正当、合理没有任何的保障。"外部证成"关涉的是对"内部证成"中所使用的前提本身的合理性，即对前提的证立。

（2）"外部证成"必然涉及"内部证成"

也就是说，对法律决定所依赖的前提的证成本身也是一个推理过程，即有一个"内部证成"的问题。而不管"内部证成"还是"外部证成"，都可以采用演绎推理、归纳推理、类比推理或者设证推理等推理。

> **·小结·**
>
> 1.法律适用的目标包括可预测性和可接受性
> （1）可预测性又称合法性，强调严格遵守法律规定，对应的是形式法治的要求。
> （2）可接受性又称正当性、合理性，强调在遵守法律的前提下，综合考虑道德、习惯等，对应的是实质法治的要求。
> 2.法律证成：内部证成和外部证成
> （1）内部证成是指按照一定的推理规则从前提中推出结论，只保证在逻辑上能成立，不保证前提是否成立。
> （2）外部证成对法律决定所依赖的前提进行证明，它关心的是内部证成中所使用的大前提、小前提本身是否成立。

第四节　法律解释

考情分析

本节近10年考查16次，需要重点掌握的知识点有正式解释与非正式解释、当代中国的法律解释体系（结合立法法考查）、法律解释的适用模式。

一、法律解释的概念

（一）法律解释的含义

法律解释，是指一定的人、组织以及国家机关在法律实施或适用过程中对表达法律的语言文字的意义进行揭示、说明和选择的活动。

（二）法律解释的特点

1.法律解释的对象是特定的，即那些能够作为法律决定大前提来源的文本或资料。
2.法律解释与具体案件密切相关。
3.法律解释具有实践性和目的性。

二、法律解释的方法与位阶

（一）法律解释的方法

1.文义解释，也称语法解释、文法解释、文理解释，是指解释者按照表达法律的语言文字的日常意义和技术意义来揭示和说明某个法律文本或资料的含义。文义解释的首要功能是确保法律的确定性。按照解释尺度的不同，文义解释可以分为：

（1）限缩解释，也称限制解释、缩小解释，是指对条文的含义作出小于条文字面含义的解释。例如，将《刑法》第111条规定的"为境外窃取、刺探、收买、非法提供国家秘密、情报罪"中的"情报"限定为"关系国家安全和利益、尚未公开或者依照有关规定不应公开的事项"，即属限缩解释。

（2）扩张解释，也称扩充解释、扩大解释，是指对条文的含义作出大于条文字面含义的解释。例如，将《刑法》第341条规定的"非法出售国家重点保护的珍贵、濒危野生动物及其制品"中的"出售"，解释为"包括出卖和以营利为目的的加工利用行为"，即属扩张解释。

（3）字面解释，是指严格按照条文的字面含义进行的解释，不缩小也不扩大其字面含义。

2.立法者的目的解释，也称主观目的解释，是指根据参与立法的人的意图或立法资料揭示和说明某个法律文本或资料的意义。文义解释和主观目的解释实质上使法律适用者在作法律决定时严格地受制于制定法；相对于其他的法律解释，这两种解释方法使法律适用的确定性和可预测性得到最大可能的保证。

3.历史解释，是指依据正在讨论的法律问题的历史事实对某个法律规定进行解释。

4.比较解释，是指根据外国的立法例和判例学说对某个法律规定进行解释。历史解释和比较解释容许法律适用者在做法律决定时可以参酌历史的法律经验和其他国家或社会的法律经验。

5.体系解释，也称逻辑解释、系统解释，是指将被解释的法律条文放在整部法律中乃至整个法律体系中，联系此法条与其他法条的相互关系来解释法律。体系解释有助于特定国家的法秩序避免矛盾，从而保障法律适用的一致性。

6.客观目的解释，是指根据"理性的目的"或"在有效的法秩序的框架中客观上所指示的"目的，即法的客观目的，对某个法律规定进行解释。客观目的解释可以使法律决定与特定社会的伦理与道德要求相一致，从而使法律决定具有最大可能的正当性。

经典考题：依《刑法》第180条第4款之规定，证券从业人员利用未公开信息从事相关交易活动，情节严重的，依照第1款的规定处罚；该条第1款规定了"情节严重"和"情节特别严重"两个量刑档次。在审理史某利用未公开信息交易一案时，法院认为，尽管第4款中只有"情节严重"的表述，但仍应将其理解为包含"情节严重"和"情节特别严重"两个量刑档次，并认为史某的行为属"情节特别严重"。其理由是《刑法》其他条款中仅有"情节严重"的规定时，相关司法解释仍规定按照"情节严重"、"情节特别严重"两档量刑。对此，下列哪些说法是正确的？（2017年卷一第60题，多选）①

A.第4款中表达的是准用性规则
B.法院运用了体系解释方法
C.第4款的规定可以避免法条重复表述
D.法院的解释将焦点集中在语言上，并未考虑解释的结果是否公正

（二）法律解释方法的位阶

在通常情况下，文义解释是最先使用的一个基本方法；若不能取得满意的解释，解释者还得依次使用体系解释、主观目的解释、历史解释、比较解释、客观目的解释的方法。上述位阶是初步性的，是可以被推翻的。但是，法律人在推翻上述位阶所确定的各

---

① 【答案】ABC。法院采用的解释方法不是文义解释，而是体系解释。文义解释的特点是将解释的焦点集中在语言上，而不顾及根据语言解释出的结果是否公正、合理。但体系解释关注到单一条文在整部法律中与其他条文的关系，故潜在地考虑解释结果的正当性，故D项错误。

种方法之间的优先性关系时，必须要充分地予以论证。即只有存在更强的理由的情况下，法律人才可推翻上述优先性关系。

三、当代中国的法律解释体制

（一）正式解释与非正式解释的区分

根据法律解释主体和解释结果效力的不同，法律解释可以分为正式解释与非正式解释。

1. 正式解释，也称法定解释或有权解释，是指有法律解释权的国家机关、官员对法律作出的有普遍约束力的解释。根据解释机关的不同，正式解释可以分为立法解释、司法解释与行政解释。

2. 非正式解释，是指没有法律解释权（即未经法律明确授权）的机关、团体、组织或个人对法律作出的不具有法律约束力的解释。非正式解释通常被区分为学理解释和任意解释。

（1）学理解释，即学者或其他个人及组织对法律规定所作出的学术性和常识性理解。

（2）任意解释，即司法活动中的当事人、代理人或公民个人在日常生活中对法律所做的理解与解释。

（二）当代中国的法律解释体制

对全国人大及其常委会制定的法律，包括以下解释：

1. 立法解释

（1）法律解释权属于全国人大常委会。法律的规定需要进一步明确具体含义，或者法律制定后出现新的情况，需要明确适用法律依据的，由全国人大常委会解释。

（2）国务院、中央军事委员会、最高人民法院、最高人民检察院和全国人大各专门委员会以及省、自治区、直辖市人大常委会可以向全国人大常委会提出法律解释要求。

（3）全国人大常委会工作机构研究拟订法律解释草案，由委员长会议决定列入常委会会议议程。法律解释草案经全国人大常委会会议审议，由宪法和法律委员会根据常委会成员的审议意见进行审议、修改，提出法律解释草案表决稿。法律解释草案表决稿由全国人大常委会全体成员的过半数通过，由常委会发布公告予以公布。

（4）全国人大常委会的法律解释同法律具有同等效力。

另外，根据《立法法》第64条规定，全国人大常委会工作机构可以对有关具体问题的法律询问进行研究予以答复，并报全国人大常委会备案。

经典考题：《全国人民代表大会常务委员会关于〈中华人民共和国刑法〉第一百五十八条、第一百五十九条的解释》中规定："刑法第一百五十八条、第一百五十九条的规定，只适用于依法实行注册资本实缴登记制的公司。"关于该解释，下列哪一说法是正确的？（2016年卷一第13题，单选）①

---

① 【答案】C。全国人大常委会的法律解释同法律具有同等效力，故A项错误。法律解释权属于全国人大常委会。据此，全国人大常委会对包括刑法在内的所有法律均有解释权，故B项错误。该解释对《刑法》第158条、第159条的适用范围作了严格限制，故C项正确。全国人大常委会对法律的解释属于正式解释，不是学理解释，故D项错误。

A. 效力低于《刑法》
B. 全国人大常委会只能就《刑法》作法律解释
C. 对法律条文进行了限制解释
D. 是学理解释

2. 司法解释

（1）凡属于法院审判工作中具体应用法律的问题，由最高人民法院进行解释；凡属于检察院检察工作中具体应用法律的问题，由最高人民检察院进行解释。最高人民法院、最高人民检察院以外的审判机关和检察机关，不得作出具体应用法律的解释。

（2）最高人民法院和最高人民检察院的解释如果有原则性的分歧，报请全国人大常委会解释或决定。遇有应由全国人大常委会解释的情况的，应当向全国人大常委会提出法律解释的要求或者提出制定、修改有关法律的议案。

（3）最高人民法院、最高人民检察院的解释，应当主要针对具体的法律条文，并符合立法的目的、原则和原意。

（4）最高人民法院、最高人民检察院的解释，应当自公布之日起30日内报全国人大常委会备案。

3. 行政解释

不属于审判和检察工作中的其他法律如何具体应用的问题，由国务院及主管部门进行解释。例如，公安部为确保《治安管理处罚法》的正确有效贯彻实施，特先后发布了《公安机关执行〈中华人民共和国治安管理处罚法〉有关问题的解释》《公安机关执行〈中华人民共和国治安管理处罚法〉有关问题的解释（二）》。

经典考题： 古有一辩士持白马非马之说。一日进城，门卫说："马过城门须纳税。"辩士称白马非马，不纳税。门卫不为所动，最终辩士纳了税。对此，下列说法正确的是：（2018年卷一回忆版）①

A. 双方讨论的是法律问题而不是事实问题
B. 门卫执法的强制性来源于国家权力
C. "马过城门须纳税"可以直接适用不需要解释
D. 双方的分歧是白马是不是马

四、法律解释方法的适用模式

法律解释方法有三种适用模式，即单一模式、累积模式与冲突模式。

1. 单一模式是指法律人针对特定案件事实对特定法律文本或法的渊源进行解释时忽略了其他法律解释方法而只适用一种法律解释方法。从法律证成的角度看，单一模式是

---

① 【答案】ABD。"马过城门须纳税"，只要是这一法律规定中的"马"就需要纳税，双方讨论的是白马是否属于这一法律规定中的马，是法律问题，故A项正确。门卫代表国家公权力，其执法具有强制性，这种强制性来源于国家权力，故B项正确。法律解释是法律适用中必不可少的一个环节，抽象的法律规定适用于具体个案时离不开对抽象规定的解释，故C项错误。双方的分歧在于白马属不属于本法律规定中的"马"，故D项正确。

法律人将一个主要的法律解释方法作为证成法律解释结果的唯一理由或首要理由。一般来说这个模式中的那个主要的法律解释方法就是语义学法律解释方法，也就是说，该方法能够产生证成法律解释结果的唯一决定性理由。

2.累积模式是指法律人针对特定案件事实同时适用两种以上的法律解释方法对特定法律文本或法的渊源进行解释，而且在最终意义上得到了相同的解释结果。从法律证成的角度来看，法律人运用几种不同的法律解释方法证成对某个法律文本或法的渊源的解释结果，而且所有的这些法律解释方法在最终的分析意义上都支持对该法律文本或法的渊源的相同解释结果。

3.冲突模式是指法律人针对特定案件事实同时适用两种以上的法律解释方法对特定法律文本或法的渊源进行解释而得到至少两个相互对立、冲突的解释结果，而且这些解释结果证成了不同的法律决定。由此可见，冲突模式的适用中存在两个层面的操作：一方面，法律人运用不同的相互独立的法律解释方法证成各自的相互对立的法律解释结果；另一方面，法律人必须运用其他论据证成哪一法律解释结果具有优先性。因此，冲突模式运用的关键和根本之处不在于法官或法律适用者运用不同的相互独立的法律解释方法证成不同的法律解释结果，而在于证成哪一个法律解释结果具有优先性，即解决冲突问题。这就必然涉及法律解释方法的位阶问题。

· 小结 ·

1.法律解释分类
（1）正式解释：立法解释、司法解释、行政解释、地方性法规解释；
（2）非正式解释：又称学理或任意解释。
2.法律解释方法
（1）文义解释：按照日常语言使用方式解释法律（直接下定义）；
（2）体系解释：参照上下文；
（3）主观目的解释：参照立法者意图或立法会议记录；
（4）历史解释：参照历史事实；
（5）比较解释：参照外国判例或规定；
（6）客观目的解释：参照法律本身意图或伦理、习惯。
3.法律解释适用模式：单一适用模式、累积适用模式、冲突适用模式。

第五节　法律推理

考情分析

本节近10年考查7次，要求考生判断出在客观题案例中所使用的推理方法。

一、法律推理的概念

法律推理，是指法律人在从一定的前提推导出法律决定的过程中所必须遵循的推论规则。

二、法律推理的种类

（一）演绎推理

1. 演绎推理是一般到个别的推论。演绎推理是一种必然性推理，即只要前提为真（正确），则结论一定为真（正确）。

2. 演绎推理在法律上适用的基本形式为：某一法律规则作为大前提，案件事实符合该法律规则所规定的"假定条件"（适用范围）作为小前提，从而得出：该案件必须根据该法律规则指示的处理方式处理。

3. 演绎推理时可能需要"涵摄"。涵摄，是指确定具体的个案事实与法律规范之间的关系的思维过程。涵摄时，需要在两者之间加上数量不等的命题或步骤将两者连接起来；至于要加上多少中间性的步骤或命题，视一般性法律规定或其包含的抽象概念以及个案事实而定。

4. 演绎推理是最基本的法律推理形式，与从成文法出发的推理联系密切。它不仅仅是一种推理技术，也具有重要的法治意义：演绎推理体现了受现行法律拘束的要求，能够保证法律上的平等对待，是确保法的安定性的必要条件。

（二）归纳推理

1. 归纳推理是个别到一般的推论。一般意义上的归纳推理是指不完全归纳，是或然性推理。

2. 在司法裁判活动中，归纳推理与案例推理之间联系密切，即从数量不特定的先例中归纳出一般法律原则适用于待决案件。所举的案例越具有足够的代表性，案例的数量越大，归纳推论所得结论的正确性就越高。

3. 与一般归纳推理相比，法律中归纳推理的风险更大，因为其前提或结论的前件与后件之间并非因果关系，而是归属关系，具有价值判断的色彩。

（三）类比推理

1. 类比推理，是个别到个别的推论。它又叫相似性论证，即根据两个或两类不同事物的相似性，或者说在某些属性上是相同的，从而推导出它们在另一个或者另一些属性上也是相同的。类比推理是一种或然性推理。

2. 法律领域的类比推理是根据两个案例在事实特征方面的相似性，推导出将其中一个案例的法律后果也适用于另一个案例的推论。它同样与案例推理联系密切。

3. 与一般类比推理相比，法律中类比推理的风险更大，因为案例的事实特征与法律后果之间是否相关，并非因果判断，而是价值判断。

（四）反向推理

1. 反向推理，又叫"反面推论"，是指从法律规范赋予某种事实情形以某个法律后果推出，这一后果不适用于法律规范未规定的其他事实情形。这种推理的思考方式在于，明确地说出某事（应当）是什么就意味着另一件不同的事（应当）不是什么。换言之，反向推理将一个法律规范解释为，它只适用于它明确规定的情形。罗马法谚"明示其一即否定其余""例外证实了非例外情形中的规则"，就体现了这种推理。

2.反向推理与类比推理的不同在于：类比推理扩张了某个规范的法律后果，因而属于"积极推理"；反向推理恰恰限制了某个规范的法律后果，因而属于"消极推理"。

3.反向推理是或然的，也非逻辑形式上有效的推论。扩张适用某个法律规范的后果还是仅将其限制于法律明文的情形，并不仅仅看文义，而也要考虑规范背后的目的和价值。

4.通常有两类情形会较多运用反向推理：一是高度重视法律安定性或确定性价值的法律规范，如针对特定国家机关的职权性规范和针对公民的义务性规范以及刑法条款等；二是例外条款。例外条款由于其本身的性质要作严格推理，不能任意扩大，否则就将危及与例外相对的规则。

（五）当然推理

1.当然推理，是指由某个更广泛的法律规范的效力推导出某个不那么广泛的法律规范的效力。换言之，是指"如果较强的规范有效，那么较弱的规范就必然更加有效"。"较强"是指法律规范具有不那么严格的前提或具有更广泛的法律后果，"较弱"是指法律规范具有更严格的前提和不那么广泛的法律后果。

2.当然推理包括两种形式：举轻以明重、举重以明轻。

3.当然推理与类比推理有一定的近似性，两者都是基于两种情形的相似性将其中一种情形的法律后果适用于另一种情形。但类比推理中的相似性是根据案件事实上的共同点以及相关性来确定的，而当然推理中的相似性则是根据两类案件事实之性质轻重程度来判断的。

4.当然推理并非逻辑上有效的推论，而依赖于实质判断。例如，不能从刑法将某种行为规定为犯罪，推导出在性质上比它更严重的行为也是犯罪。

（六）设证推理

1.设证推理，又叫"推定"，是指从某个结论或事实出发，依据某个假定的法则推导出某个前提或曾发生的事实的推论。设证推理包括经验推定和规范推定两种。

2.设证推理是一种效力很弱、很不确定的推理，因为它所提出的假设是开放的、可修正的。经验法则会错，法律规范也可能选得不对。但它也要求推理者尽可能地去增强其可信度：

（1）推理者必须形成一些假定背景以及相关的感性事实，即具有待解释现象所属于领域的知识或关于法律的体系性观念；

（2）推理者必须尽可能将待解释现象所有可能的原因寻找出来；

（3）推论者必须尽可能地使推理结论与待解释现象之间形成单一的因果关系或最恰当的规范关系。

> · 小结 ·
>
> 1.演绎推理:一般到个别。
> 2.归纳推理:个别到一般。
> 3.类比推理:比照两个事物间异同点。
> 4.反向推理:明确其一即否定其余。
> 5.当然推理:"举轻以明重""举重以明轻"。
> 6.设证推理:先假设若干可能成立的结论再逐个排除或确证。

第六节 法律漏洞的填补

考情分析

本节要求考生掌握的知识点包括:法律漏洞的概念、法律漏洞的分类、法律漏洞的填补方法。

一、法律漏洞的概念

1.法律漏洞,是指违反立法计划(规范目的)的不圆满性。换言之,即关于某个法律问题,法律依其规范目的应有所规定,却未设规定。

2.法律漏洞不同于法外空间。漏洞是不合目的之缺失。合乎目的之缺失被称为"法外空间",即原本就不应由法律来调整的领域,如友谊和爱情。当然,"法内空间"和"法外空间"之间的界限并非总是清楚的、确定的,它们之间的界限有时是存在争议的。

3.是否存在法律漏洞并不是简单的事实判断,毋宁说是需要评价性的认定。关键即在于确定立法计划或规范目的,而这需要使用历史解释和目的论解释的方法来求得。

二、法律漏洞的分类

(一)全部漏洞和部分漏洞

1.根据法律对于某个事项是否完全没有规定,法律漏洞可分为全部漏洞和部分漏洞。

2.如果被判断为有被调整之需要的问题根本就未被法律调整,那就出现了全部漏洞(也可称为"立法空白");如果被判断为有被调整之需要的问题虽已为法律所调整但并不完全,则为部分漏洞。

3.对于某个事项,究竟是出现了部分漏洞还是全部漏洞,需要从法律体系出发作整体性判断。某个法律事实是否有法律上的依据来加以调整,并不能由单个法条或规范出发作出判断,而通常是由一群法条或规范所交织起来的体系出发作出判断。

4.假如从体系出发对某个应该调整的事项缺乏任何调整则为全部漏洞,如果体系的不同部分已对此事项规定了部分调整要素,只是不完整,则为部分漏洞。

（二）明显漏洞和隐藏漏洞

根据漏洞的表现形态，可以将法律漏洞分为明显漏洞和隐藏漏洞。

1.明显漏洞，是指关于某个法律问题，法律依其规范目的或立法计划，应积极地加以调整却未设规定。

2.隐藏漏洞，是指关于某个法律问题，法律虽已有规定，但依其规范目的或立法计划，应对该规定设有例外却未设例外。

（三）自始漏洞和嗣后漏洞

1.根据漏洞产生的时间，可以将法律漏洞分为自始漏洞和嗣后漏洞

（1）自始漏洞，是指法律漏洞在法律制定时即已存在。以立法者在立法时对法律规定的欠缺是否已有认知为标准，又可将自始漏洞分为明知漏洞和不明知漏洞。

①明知漏洞，是指立法者在制定法律时，已意识到法律的规定存在不完善或缺漏，但却有意不作规定，而将这一问题保留给其他机关或部门来决定。这么做或是出于立法时的政治、经济和社会情势，或是出于立法技术之考量。由于这种有意的沉默属于法政策上的考量，因此也可被称为"法政策漏洞"。

②不明知漏洞，是指立法者在制定法律时或是因疏忽或因认知能力的限制没有意识到法律规定存在欠缺，或是对应予调整的事项误认为已予调整而致形成法律漏洞。

（2）嗣后漏洞，是指在法律制定和实施后，因社会客观形势的变化发展而产生了新问题，但这些新问题在法律制定时并未被立法者所预见以致没有被纳入法律的调控范围，由此而构成法律漏洞。

三、法律漏洞的填补方法

无论是部分漏洞还是全部漏洞、自始漏洞还是嗣后漏洞，都可以要么是明显漏洞，要么是隐藏漏洞。填补明显漏洞和隐藏漏洞的方法分别是目的论扩张和目的论限缩。

（一）目的论扩张

1.目的论扩张，是指法律规范的文义未能涵盖某类案件，但依据其规范目的应该将相同的法律后果赋予它，因而扩张该规范的适用范围，以将它包含进来。例如，《刑法》第49条规定，审判的时候怀孕的妇女，不适用死刑。怀孕妇女因涉嫌犯罪在羁押期间自然流产后，又因同一事实被起诉、交付审判的，应当视为"审判的时候怀孕的妇女"，依法不适用死刑，即属目的论扩张。

（1）目的论扩张面对的是法律之"潜在包含"的情形，即法律文义所指的范围窄于规范目的所指的范围，或者说立法者"词不达意"的情形。

（2）它的意旨在于将原本不为规范文义所涵盖的案件类型包含进该规范的适用范围之内，或者说逾越语义，将该规范的法律后果扩张适用于规范明文规定的案件类型之外。

2.法官在进行目的论扩张时，必须做到两个方面：

（1）提出理性论据来证立待扩张适用之法律规范的规范目的或者说立法计划为何。

（2）必须证明逾越文义的某类案件与规范文义已包含的案件类型可以为同一个规范目的所涵盖，或者赋予逾越文义之案件以相同法律后果为此一规范目的所必须。

3.目的论扩张有别于法律解释中的扩张解释：

（1）目的论扩张是将原本未被规范文义所涵盖的案件类型择取其合乎规范目的之部分包括在内，使所包含的案件类型逾越文义，故而属于漏洞填补的方法。

（2）扩张解释是因为文义失之过狭，不足以表示出立法意旨，所以扩张语词之意义，以期正确适用，属于法律解释中文义解释的一种情形。

（二）目的论限缩

1.目的论限缩，是指虽然法律规范的文义涵盖了某类案件，但依据其规范目的不应该赋予它与文义所涵盖的其他情形相同的法律后果，因而限缩该规范的适用范围，以将它排除出去。例如，《刑法》第158条"虚报注册资本罪"、第159条"虚假出资、抽逃出资罪"的规定，只适用于依法实行注册资本实缴登记制的公司，即属目的论限缩。

（1）目的论限缩面对的是法律之"过度包含"的情形，也即是法律文义所指的范围宽于规范目的所指的范围，或者说立法者"言过其实"的情形。

（2）目的论限缩的基本法理在于非相类似之事件，应作不同之处理，可将不符合规范目的之部分排除在外，使剩余的法律意义更为准确。

（3）它的意旨在于将原为法律文义所涵盖的案件类型剔除其不合规范目的之部分，使之不在该法律适用范围之内。

2.法官在进行目的论限缩时，要完成两方面的任务：

（1）提出理性论据来证立待限缩适用之法律规范的规范目的或者说立法计划为何。

（2）必须证明规范文义已包含的某类案件类型与其余案件类型不为同一规范目的所涵盖，或者法律规范的目的与其文义所包含的某类案件并不兼容。

3.目的论限缩有别于法律解释中的限缩解释：

（1）目的论限缩是将不符合规范目的的案件类型积极地剔除出规范的适用范围之外，而限缩解释是因为文义过于宽泛，消极地将文义局限于其核心部分，以期正确适用。

（2）目的论限缩是在添加限制性的规范，而限缩解释则在采取较窄的文义限缩规范的适用范围。

（3）在实务上，如文义可切割，直接分类而不损及其核心意义时，多采限缩解释，若不能将文义予以切割分类，则一般采取目的论限缩。

·小结·

法律漏洞的填补方法：目的论扩张和目的论限缩。

1. 目的论扩张是指结合立法目的，扩大法条的适用范围（区别扩大解释，扩大解释受制于词语的核心意思，目的论扩张可以摆脱词语核心意思的限制）。
2. 目的论限缩是指结合立法目的，缩小法条的涵盖范围。

专题七　法的演进

知识体系图

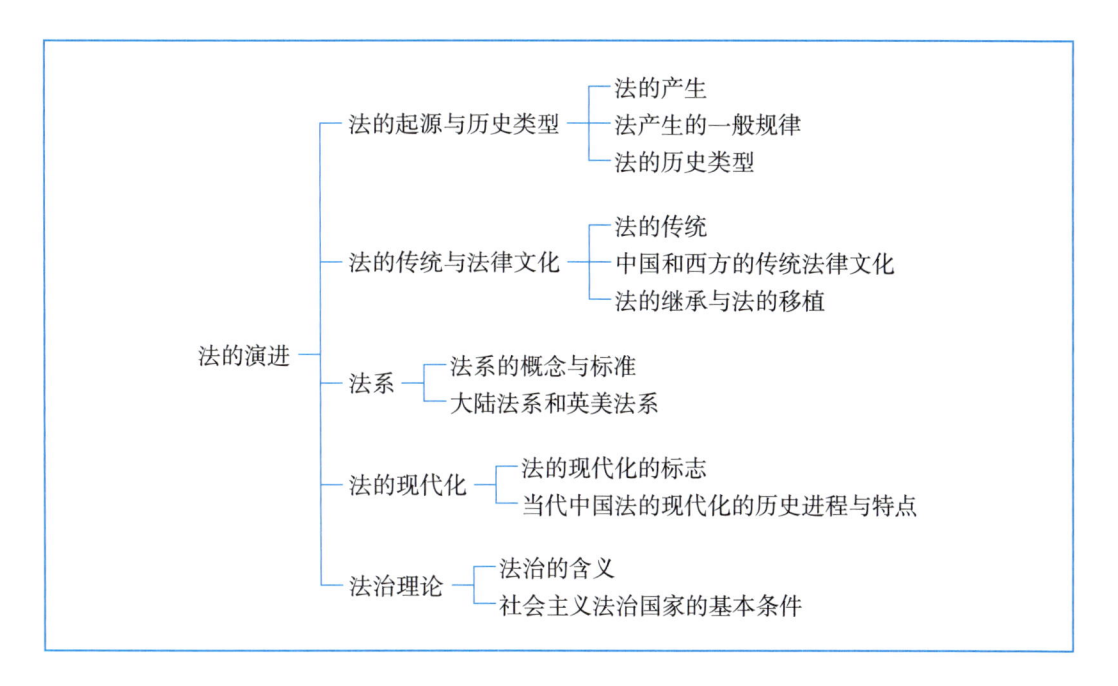

```
              ┌─ 法的起源与历史类型 ─┬─ 法的产生
              │                    ├─ 法产生的一般规律
              │                    └─ 法的历史类型
              │
              ├─ 法的传统与法律文化 ─┬─ 法的传统
              │                    ├─ 中国和西方的传统法律文化
              │                    └─ 法的继承与法的移植
法的演进 ─────┤
              ├─ 法系 ─┬─ 法系的概念与标准
              │        └─ 大陆法系和英美法系
              │
              ├─ 法的现代化 ─┬─ 法的现代化的标志
              │              └─ 当代中国法的现代化的历史进程与特点
              │
              └─ 法治理论 ─┬─ 法治的含义
                           └─ 社会主义法治国家的基本条件
```

命题点拨

　　本专题知识，难度不大，偶尔会考。复习本专题"法的传统"知识时，注意结合中国法律史中有关知识来理解。本专题第五节"法治理论"从纯理论的角度阐释法治理论，与"习近平法治思想"从实践角度阐释法治理论，是相得益彰，注意结合把握。

第一节　法的起源与历史类型

考情分析

　　本节要求考生掌握的知识点包括：法的产生、法产生的一般规律、法的历史类型。

一、法的产生

　　1.法是人类历史发展到奴隶社会阶段才出现的社会现象。法是随着生产力的提高、社会经济的发展、私有制和阶级的产生、国家的出现而产生的，经历了一个长期的渐进的过程。法产生的主要标志包括国家的产生、权利和义务观念的形成以及法律诉讼和司法审判的出现。

2.法与原始社会规范相比，两者之间在产生方式、反映的利益和意志、实施的机制、适用的范围等方面不同。

二、法产生的一般规律

1.从调整机制上看，法的产生经历了从个别调整到规范性调整、一般规范性调整到法的调整的发展过程。

2.从形式上看，法的产生经历了从习惯到习惯法、再由习惯法到制定法的发展过程。

3.从内容上看，法的产生经历了法与宗教规范、道德规范的浑然一体到不断分化、相对独立的发展过程。

经典考题： 有学者这样解释法的产生：最初的纠纷解决方式可能是双方找到一位共同信赖的长者，向他讲述事情的原委并由他作出裁决；但是当纠纷多到需要占用一百位长者的全部时间时，一种制度化的纠纷解决机制就成为必要了，这就是最初的法律。对此，下列哪一说法是正确的？（2017年卷一第13题，单选）[①]

A.反映了社会调整从个别调整到规范性调整的规律
B.说明法律始终是社会调整的首要工具
C.看到了经济因素和政治因素在法产生过程中的作用
D.强调了法律与其他社会规范的区别

三、法的历史类型

（一）法发展的不同理论

对法产生之后，法如何发展变化的，不同的思想家或法学家有不同的归纳和看法：

1.英国法学家梅因认为，法的发展是一个从身份到契约的运动。

2.德国思想家韦伯认为，法的发展表现为从不合理的法走向合理的法、从实质理性的法走向形式理性的法。

3.马克思主义法学认为，法的发展表现为从一个历史类型向另一个历史类型依次更替的过程。

（二）法的历史类型理论

1.法的历史类型是按照法所体现的国家意志的性质以及法赖以建立的经济基础对人类历史上的法所作的类别划分。根据这一标准，凡是建立在相同经济基础、反映相同阶级意志的法就属于同一个历史类型。据此，人类历史上的法可以划分为奴隶制法、封建制法、资本主义法和社会主义法四大历史类型。

[①]【答案】A。并不始终是社会调整的首要工具，比如在原始社会，习惯是首要工具；在古代中国，道德是首要工具。故B项错误。该学者的解释并没有揭示经济政治因素在法产生中的作用。法律与其他社会规范的区别在于法律由国家制定、认可并由国家强制力保证实施，该学者的解释并没有揭示这一点。该学者解释仅仅是反映了个案处理到普遍处理的转变。故A项正确。

2.从奴隶制法到封建制法，再从资本主义法到社会主义法，这是人类法律发展的一般规律和总体趋势，但具体到特定国家和民族，其法的发展并不一定都会完整经历这四个历史阶段。

3.法的历史类型的依次更替的根本原因在于社会基本矛盾的运动。

4.法的历史类型的更替是新法对旧法的否定，但并不意味着新法与旧法之间不存在历史联系性和批判继承关系。

5.法作为一种社会现象，有其产生与发展的历史进程，但最终会随着生产力的高度发展而消亡。

第二节　法的传统与法律文化

考情分析

本节要求考生掌握的知识点包括：法的传统、中国和西方的传统法律文化、法的继承与法的移植。

一、法的传统

1.一般来说，法的传统，是指特定国家和民族世代相传、辗转相承的有关法的制度和观念的总和。

2.法的传统可以通过法律制度体现和传承。一个民族会在自己的生活中形成具有代表性的法律制度，这种制度不断延续及传播，成为一个民族法律传统中重要的内容。

3.法的传统可以以法律观念或法律意识的方式体现和传承。法律意识相对比较稳定，具有一定的连续性，法律意识使一个国家的法律传统得以代代延续。

关于法律意识，还须注意以下两点：

（1）法律意识是人们关于法律现象的思想、观念、知识和心理的总称，它体现了人们对现实法律现象的认识，反过来也指引和约束着人们的行为。

（2）法律意识在结构上可以分为法律心理和法律思想两个层次。

4.民族法律传统的多样性，成为各国法律文本、制度、技术、价值取向存在差异的重要原因之一。因而，传统之于法，不仅具有经验意义上的历史价值，也可能构成现实法律制度的组成部分。

二、中国和西方的传统法律文化

1.中华法系的特征表现为：

（1）礼法结合、德主刑辅；

（2）等级有序、家族本位；

（3）以刑为主、民刑不分；

（4）重视调解、无讼是求。

2.西方传统法律文化的特征表现为：
（1）法律受宗教的影响较大；
（2）强调个体的地位和价值；
（3）私法文化相对发达；
（4）以正义为法律的价值取向。

三、法的继承与法的移植

（一）法的继承

1.法的继承，是指不同历史时代的法律制度之间的延续和继受，一般表现为旧法对新法的影响和新法对旧法的承继和继受。

2.在人类历史上，法的继承是一种客观和普遍现象。法的阶级性并不排斥法的继承性，在推动法律发展的过程中，当代法完全可以吸取和借鉴古代法制中的有益成分和优秀传统。

3.社会生活条件的历史延续性和法的相对独立性决定了法律发展过程的延续性和继承性。法作为人类文明成果决定了法的继承性的必要性。

（二）法的移植

1.法的移植，是指在鉴别、认同、调适、整合的基础上，引进、吸收、采纳、摄取、同化外国法，使之成为本国法律体系的有机组成部分。

2.法的继承体现时间上的先后关系，法的移植反映一国对同时代其他国家法律制度的吸收和借鉴。法的移植的范围除了外国的法律外，还包括国际法和国际惯例。

3.在法律史上，法的移植是一种普遍现象，有其必然性和必要性。

4.一般来说，法的移植有不同类型，比如相同或基本相同发展水平国家相互吸收、落后或发展中国家采纳先进或发达国家的法律、区域性法律统一运动和世界性法律统一运动或法律全球化。

5.法的移植是一项十分复杂的工作，在移植他国法律时，应选择优秀的、适合本国国情和需要的法律进行移植，还要注意国外法与本国法之间的同构性和兼容性，注意法律体系的系统性，同时法的移植要有适当的超前性。

经典考题： 关于法的移植与法的继承，下列说法正确的是：（金题）[①]

A.法的移植的对象是外国的法律，国际法律和惯例不属于移植对象

B.与法律继承不同，法律移植的主要原因是社会发展和法的发展的不平衡性

C.当前我国对美国诉讼法的吸收不属于法律移植

D.法律继承的对象，必须局限于本民族的古代的法律

[①]【答案】B。法的移植的范围除了外国的法律外，还包括国际法律和惯例，故A项错误。社会发展和法的发展的不平衡性决定了法的移植的必然性，比较落后的国家为促进社会的发展，有必要移植先进国家的某些法律，故B项正确。我国对美国诉讼法的借鉴吸收属于法律移植，故C项错误。法的继承是不同历史类型的法律制度之间的延续和继受，一般表现为旧法对新法的影响和新法对旧法的承接和继受。法律继承不限于本民族古代法的范围，故D项错误。

> **·小结·**
>
> 法律发展的方式：法的继承和法的移植。
> 1.法的继承是指新法对旧法的承接和继受，体现时间关系。
> 2.法的移植是指一个国家对同时代其他国家法律的吸收和借鉴，体现空间关系。

第三节 法　系

考情分析

本节重点掌握法系的概念与标准、法的演进、大陆法系和英美法系。

一、法系的概念与标准

1.法系，是指根据法的历史传统和外部特征的不同，对世界各国、各民族的法所作的宏观分类。

2.法系划分的标准，主要包括法的历史渊源、主导性的法学思想方法、法的表现形式及其解释方法、特定的法律制度等。

3.人类历史上存在中华法系、印度法系、伊斯兰法系、民法法系和普通法系等。有些法系已经消失，有的法系不断衰落，当今世界上最有影响的是民法法系和普通法系。

二、大陆法系和英美法系

（一）大陆法系和英美法系的概念

1.大陆法系，也称民法法系、罗马—德意志法系、法典法系，是指以古罗马法，特别是以19世纪初《法国民法典》为传统产生和发展起来的法律的总称。

2.英美法系，也称普通法法系、英国法系、判例法系，是指以英格兰中世纪所形成的普通法为基础和传统产生和发展起来的法律的总称。

（二）大陆法系和英美法系的范围

1.属于大陆法系的除了欧洲大陆国家外，还有曾是法国、德国、葡萄牙、荷兰等国殖民地的国家及受其影响的国家。

2.英美法系的范围，除了英国（苏格兰外）以外，主要是曾为英国殖民地、附属国的国家和地区。

（三）大陆法系和英美法系的区别

	大陆法系	英美法系
法的渊源	制定法是正式渊源，法院判例是非正式渊源	制定法、判例法都是正式渊源
法律思维	演绎型思维	归纳式思维，注重类比推理
法的分类	公法与私法	普通法与衡平法
诉讼程序	纠问制诉讼	对抗制诉讼
法典编纂	倾向于系统的法典编纂	不倾向系统的法典编纂

（四）大陆法系和英美法系的融合

随着法律全球化的发展，大陆法系和英美法系出现了一定程度的融合，大陆法系开始重视判例的总结及其作用，而英美法系也越来越重视判例法的体系化。

第四节 法的现代化

考情分析

本节要求考生掌握的知识点包括：法的现代化的标志、当代中国法的现代化的历史进程与特点。

一、法的现代化的标志

（一）法的现代化的内涵

1.法的现代化，是指法的传统性因素不断减少，现代性因素不断增长的过程，是社会生活现代化的产物。现代化的法为现代社会生活提供了制度保障。

2.法的现代化有着丰富的内涵：

（1）法与道德相互分离，法成为实证化的法律，道德成为理性的道德。

（2）法成为形式法，法的合法性越来越依赖于确立和证成它的形式程序，即现代化的法的合法性来自于法本身，而不是法律之外的伦理或神学因素。

（3）法体现和保护现代基本价值准则（如尊重人的主体地位、保障人的权利与自由、维护人人平等、推动政治民主化）。

（4）法具有形式合理性，即具有可理解性、精确性、一致性、普遍性、公开性、法一般是成文的以及不具有溯及既往的效力。

（二）法的现代化的类型

1.根据推动法的现代化的动力来源不同，法的现代化过程大致可以分为内发型法的现代化和外源型法的现代化。

2.内发型法的现代化，是指由特定社会自身力量产生的法的内部创新，表现为一个自发的、自下而上的、缓慢的、渐进变更的过程。

3.外源型法的现代化，是指在外部环境影响下，社会受外力冲击，引起思想、政治、经济领域的变革，最终导致法律领域的变革与转型。它具有被动性、依附性、反复性。

二、当代中国法的现代化的历史进程与特点

（一）中国法的现代化的历史进程

以收回领事裁判权为契机的清末修律，标志着中国走上了法律转型之路，开启了中国法的现代化之门。从起因看，中国法的现代化属于外源型的法的现代化，西方法律是中国法的现代化的主要参照。

（二）中国法的现代化的特点

1.由被动选择到主动选择。

2.由模仿民法法系到建立中国特色社会主义法律制度。

3.启动模式是立法主导型。

4.法律制度变革在前，法律观念变更在后。

经典考题： 关于法的现代化，下列哪一说法是正确的？（2017年卷一第14题，单选）[①]

A.内发型法的现代化具有依附性，带有明显的工具色彩

B.外源型法的现代化是在西方文明的特定历史背景中孕育、发展起来的

C.外源型法的现代化具有被动性，外来因素是最初的推动力

D.中国法的现代化的启动形式是司法主导型

（三）推动我国法的现代化转型

1.要将政府推动与社会参与相结合，在政府主导法治建设的顶层设计和长远规划的同时，开放社会各界参与法律发展的机会和途径，通过自上而下和自下而上的双向运动，为法的现代化提供更强大的动力源，促进法律的良性构建和有效实施。

2.要把立足本国国情与借鉴国外经验相结合，使法治的本土化与国际化相统一，法治的民族性与普遍性相统一。在实现法律现代化的过程中，应围绕法治建设重大问题，汲取中华法律文化精华，借鉴国外法治有益经验，走出一条符合中国国情的法的现代化之路。

3.要把制度改革与观念更新相结合，不断完善法律制度，构建科学、合理的现代法律体系。与此同时，通过开展法治教育，进行法治启蒙，培育全体社会成员的现代民主法治意识。

第五节　法治理论

考情分析

本节要求考生掌握的知识点包括：法治的含义、社会主义法治国家的基本条件，注意结合习近平法治思想进行掌握。

一、法治的含义

1.法治意味着法律在社会生活中具有最高权威。

[①]【答案】C。外源型法的现代化一般是在外部环境的强有力的作用下，在迫切需要社会政治、经济变革的背景中展开的。外源型法的现代化具有依附性。这种情况下展开的法的现代化进程，带有明显的工具色彩，一般被要求服务于政治、经济变革。法律改革的"合法性"依据，并不在于法律本身，而在于它的服务对象的合理性。故A项错误。内发型法的现代化是在西方文明的特定社会历史背景中孕育、发展起来的。故B项错误。外源型法的现代化具有被动性。一般表现为在外部因素的压力下（或由于外来干涉，或由于殖民统治，或由于经济上的依附关系），本民族的有识之士希望通过变法以图民族强盛。故C项正确。中国法的现代化的启动形式是立法主导型。故D项错误。

2.法治意味着良法之治。良法必须以民众的福祉为目的，必须与社会公认的价值保持一致，这些价值包括自由、平等、正义、和谐等；良法必须具有确定、清晰、规范、统一的外在形式，能够向个人提供确定的行为指引，能够有效约束政府行为和司法审判。

3.法治意味着人权应得到尊重和保障。

4.法治意味着国家权力必须依法行使。

【实战贴士】法治不同于"人治"，也不同于"法制"。

二、社会主义法治国家的基本条件

（一）社会主义法治国家的社会结构条件

1.生活世界结构的分化或理性化，即人从各种自然共同体与人为共同体的依附中独立出来，成为自主和个体化的独立平等的人。

2.社会主义市场经济体制的形成。

3.社会主义民主制度的确立。

4.社会主义文化领域的功能专门化。

（二）社会主义法治国家的制度条件

1.完备良善的法律体系。

2.相对平衡和相互制约的权力运行机制。

3.独立、公正、权威的司法体制。

4.健全的法律职业制度。

（三）社会主义法治国家的思想条件

1.树立法律至上观念。法律在社会生活、国家管理及社会规范体系中具有最高权威，在每个人心中确立法律的崇高地位，每个人都应该服从制度和规则。

2.树立权利本位观念。一方面，在国家权力和公民权利的关系中，公民权利是决定性和根本的，国家权力来源于公民权利。人民赋予国家权力的目的和初衷，就是要通过国家权力的规范运行来保障公民权利和自由。另一方面，在法律权利与法律义务之间，权利是决定性的，是起主导作用的。权利是目的，义务是手段。法律义务的设定，必须出于维护相应的法律权利或公众利益的目的，并通过严格的法律程序。

3.树立人人平等观念。平等是宪法的基本原则之一，体现了现代法的基本属性，也是实现法治的社会基础。平等意味着相同情况相同对待，不同情况差别对待。为了树立人人平等观念，要坚决抵制特权思想，坚决反对对特殊人群的偏见和歧视。

4.树立权力制约观念。在法治社会，任何公权力都必须受到必要合理的制约，权力制约主要靠法律制度，即将权力关进制度的笼子里。

专题八　法与社会

知识体系图

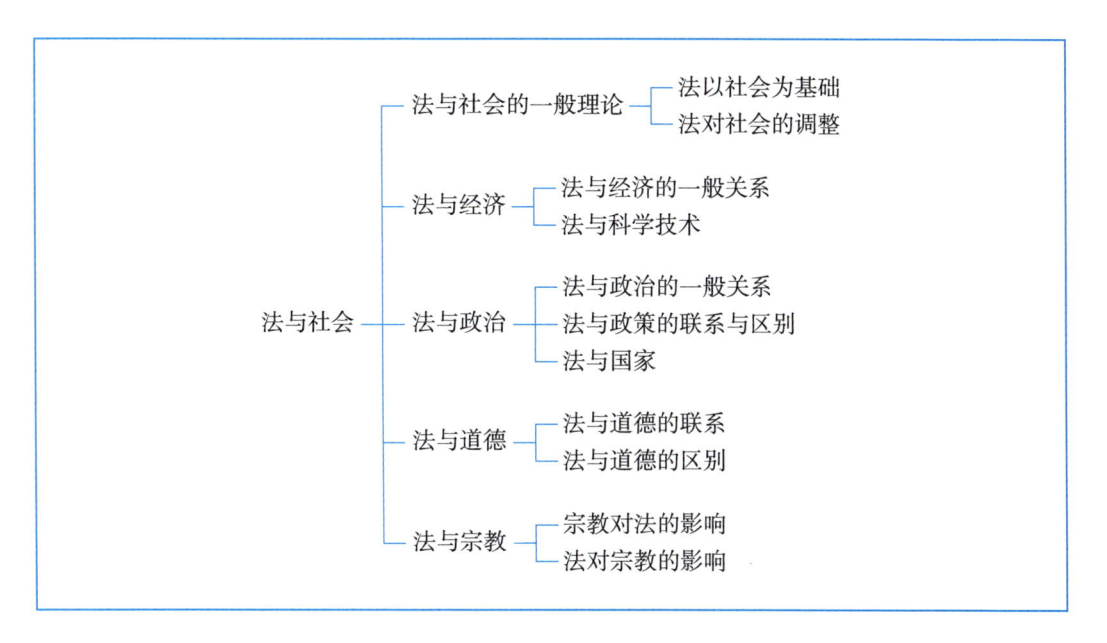

```
                  ┌─ 法与社会的一般理论 ─┬─ 法以社会为基础
                  │                    └─ 法对社会的调整
                  │
                  ├─ 法与经济 ─┬─ 法与经济的一般关系
                  │           └─ 法与科学技术
                  │
                  │           ┌─ 法与政治的一般关系
          法与社会├─ 法与政治 ─┼─ 法与政策的联系与区别
                  │           └─ 法与国家
                  │
                  ├─ 法与道德 ─┬─ 法与道德的联系
                  │           └─ 法与道德的区别
                  │
                  └─ 法与宗教 ─┬─ 宗教对法的影响
                              └─ 法对宗教的影响
```

命题点拨

　　本专题的知识难度不大，但常考。复习时，请注意结合法的特征理解法与政策、法与道德的区别。其中，"法与道德"部分近10年考查7次，需要重点掌握法与道德的区别和联系。

第一节　法与社会的一般理论

一、法以社会为基础

　　1.法是社会的产物。社会的性质决定法的性质；社会的发展阶段及其特征决定法的发展阶段及其特征。

　　2.社会是法的基础。法的发展重心不在立法、法学或判决，而在社会本身；制定、认可法律的国家以社会为基础，国家权力以社会力量为基础，国家法以社会法为基础，"纸上的法"（即国家执行的法）以"活法"（即支配着社会生活本身的社会内在秩序）

为基础。

总之，社会决定法律的性质与功能，法律变迁与社会发展的进程基本一致。

二、法对社会的调整

1.社会需要通过法来调和社会冲突，分配社会资源，维持社会秩序。自16世纪以来，法律已日益成为对社会进行调整的首要工具。所有其他的社会调整手段必须从属于法律调整手段或者与之相配合，并在法律确定的范围内行使。

2.法具有促进社会变迁和变化的作用。法具有独立于社会的自主性，它可以作为一种工具和手段，在导致人们的行为模式、态度、观念等普遍改变的方面起作用。法律通过改变个人的行为模式而改变群体的以及群体与个人之间、群体之间的行为规则，最终改变整个社会的基本准则。

3.社会需要通过法来纠正自身存在的各类问题，由此实现法的价值，发挥法的功能。

4.社会需要使法律与其他的资源分配系统相互配合来一起调整。在现代社会，法律具有社会整合作用。

总之，法律是一种社会工程，是社会控制的工具之一，其任务在于调整各种相互冲突的社会利益。它虽然由社会决定，但也反作用于社会。

经典考题：卡尔·马克思说："法官是法律世界的国王，法官除了法律没有别的上司。"对于这句话，下列哪一理解是正确的？（2015年卷一第14题，单选）[①]

A.法官的法律世界与其他社会领域（政治、经济、文化等）没有关系

B.法官的裁判权不受制约

C.法官是法律世界的国王，但必须是法律的奴仆

D.在法律世界中（包括在立法领域），法官永远是其他一切法律主体（或机构）的上司

第二节 法与经济

一、法与经济的一般关系

经济基础对法具有决定作用，法对经济基础具有反作用。

[①]【答案】C。社会是由各种相互联系、相互作用的因素所构成的复合体，包括经济、政治、文化等社会领域以及法律、道德、宗教等社会规范。社会生活的各个方面相互之间乃是有着密切联系的统一体，法律作为社会中的一种制度形态、一种规范体系，是与其他社会现象不可分割的，故A项错误。法官审理案件必须严格依照法律，正确适用法律，不得滥用职权、枉法裁判。因此法官的裁判权受到法律的制约，故B项错误。"法官除了法律没有别的上司"表明：法官必须服从法律，是法律的奴仆，故C项正确。法官必须服从法律，即必须依据立法者的法律裁判案件，故法官不可能是立法者的"上司"，故D项错误。

二、法与科学技术

（一）科技进步对法的影响

1.科技对立法的影响

（1）科技的发展扩大了法律调整的社会关系的范围。科技发展对一些传统法律领域提出了新问题，使传统法律部门面临着种种挑战，要求各个法律部门的发展不断深化；随着科技的发展，人类的社会生活发生了深刻的变化，出现了大量新的社会关系，新的立法领域不断产生，科技法日趋成为一个独立的法律部门。

（2）科技的发展在一定程度上提高了立法的质量和水平。新的科技手段（如网络听证）被运用于立法，增强了立法的民主性、透明性，使立法具备了以前所不可比拟的信息基础。

（3）新技术（如器官移植、克隆技术、冷冻胚胎）的出现也导致了伦理困难和法律评价上的困难，都需要新的法律规范来重新确定人们之间的权利和义务关系。

2.科技对司法的影响

司法过程中事实认定和法律适用的环节越来越深刻地受到了现代科技的影响。电子证据的出现挑战了既有的证据法则和事实认定的基础，人工智能和大数据技术的发展改变了法官的思维方式，一定程度上减轻了法官的工作负担，提供了同案同判的可能性。

（二）法对科技进步的作用

1.可以运用法律管理科技活动，推动科技的进步。法律可以确认科技发展在一个国家社会生活中的战略地位，可以对国际科技的竞争起到促进和保障作用。

2.可以通过法律促进科技成果的商品化。借助立法规范科技成果的知识产权，并确立公平有序的竞争规则，促进科技成果源源不断地转化为现实生产力。

3.法律要对科技可能导致的问题进行必要的限制，以防止产生不利的社会后果。既要有相应的立法预先对科技活动进行规制，也要对科技活动产生的损害给予法律救济。

第三节 法与政治

一、法与政治的一般关系

1.政治具有主导作用，对法有直接的影响、制约作用。

2.法具有确认和调整政治关系并直接影响政治发展的作用。在社会主义国家中，法可以确认和保障人民的民主权利和自由，确认和保障人民当家作主的制度，规范民主政治的运行。

二、法与政策的联系与区别

（一）法与政策的联系

1.党的政策对法有指导作用。党的政策是立法的指导思想。

2.法对党的政策有制约作用。党须在宪法和法律范围内活动。

（二）法与政策的区别

1. 意志属性不同

法由特定国家机关依法定职权和程序制定或认可，体现国家意志，在全社会具有普遍约束力；党的政策是党的领导机关依党章规定的权限和程序制定，体现全党的意志，仅约束党的组织和成员。但党的政策本身也需在法律范围内确定。

2. 规范形式不同

法表现为规范性法律文件或者国家认可的其他渊源形式，内容一般具有确定性，权利义务的规定具体、明确；党的政策一般表现为决议、宣言、决定、声明、通知等，内容相对规定得比较笼统，更多具有纲领性、原则性和方向性。

3. 实施方式不同

法依靠国家强制力即法律制裁保证实施；党的政策依靠宣传动员和党的组织工作等方式实施，违反政策会受到批评教育或党纪制裁。

4. 调整范围不尽相同

法只调整具有交涉性和可诉性的社会关系；党的政策调整的社会关系和领域比法律为广，对党的组织和成员的要求也比法的要求要高。但两者有时也相互分离，法有其相对独立的调整空间（如犯罪活动）。

5. 稳定性、程序化程度不同

法具有较高的稳定性，任何变动都须遵循严格、固定的程序；党的政策可应形势变化作出较为迅速的反应和调整，具有较大灵活性。

三、法与国家

（一）法与国家权力相互依存、相互支撑

1. 法表述和确认国家权力，是国家权力结构化和制度化的主要方式之一，以赋予国家权力合法性的形式强化和维护国家权力。

2. 国家权力是法的必要支持和背后力量。国家义务的实现需要权力，个体权利的保护需要权力，社会的整合需要权力，制度的创设和实施也需要权力。

（二）法与国家权力存在紧张或冲突关系

1. 法对权力合法性的确认是以制度、规范和程序的方式进行的，同时也是对权力的约束和限制。而国家权力总是具有扩张性，总是具有使权力凌驾于法之上的倾向。

2. 近现代法治的实质和精义在于控权，即对权力在形式和实质上合法性的强调。法律的制约是一种权限、程序和责任的制约。

> **·小结·**
>
> 1. 法与政策的联系
> （1）党的政策对法有指导作用。党的政策是立法的指导思想。
> （2）法对党的政策有制约作用。党须在宪法和法律范围内活动。

2.法与政策的区别
（1）意志属性不同；
（2）规范形式不同；
（3）实施方式不同；
（4）调整范围不尽相同；
（5）稳定性、程序化程度不同。

第四节 法与道德

一、法与道德的联系

（一）法与道德在概念上的联系

法与道德在概念（或本质、效力）是否存在必然联系，不同学者有不同的观点：

1.肯定说，以自然法学为代表，主张"恶法非法"。

2.否定说，以法律实证主义为代表，主张"恶法亦法"。

经典考题： 在小说《悲惨世界》中，心地善良的冉阿让因偷一块面包被判刑，他认为法律不公并屡次越狱，最终被加刑至19年。他出狱后逃离指定居住地，虽隐姓埋名却仍遭警探沙威穷追不舍。沙威冷酷无情，笃信法律就是法律，对冉阿让舍己救人、扶危济困的善举视而不见，直到被冉阿让冒死相救，才因法律信仰崩溃而投河自尽。对此，下列说法正确的是：（2017年卷一第88题，不定项）①

A.如果认为不公正的法律不是法律，则可能得出冉阿让并未犯罪的结论

B.沙威"笃信法律就是法律"表达了非实证主义的法律观

C.冉阿让强调法律的正义价值，沙威强调法律的秩序价值

D.法律的权威源自人们的拥护和信仰，缺乏道德支撑的法律无法得到人们自觉的遵守

（二）法与道德在内容上的联系

1.几乎所有学者都认为，法与道德在内容上相互渗透。

2.一般来说，近代以前的法在内容上与道德重合程度极高，有时甚至浑然一体。古代法学家大多倾向于尽可能将道德义务转化为法律义务，使法确认和体现尽可能多的道德内容。

---

① 【答案】ACD。若"恶法非法"，在违反该恶法不是违法，故A项正确。"笃信法律就是法律"表达了实证主义的法律观，故B项错误。冉阿让认为法律不公，故强调法律的正义价值；沙威笃信法律就是法律，故强调法律的秩序价值，故C项正确。法律的权威源自人民的内心拥护和真诚信仰，故D项正确。

3.近现代法在确认和体现道德时大多注意二者重合的限度，倾向于只将最低限度的道德要求转化为法律义务，明确法与道德的调整界限，因而将法律视为最低限度的道德。

（三）法与道德在功能上的联系
1.学者们都认为，法与道德在功能上相辅相成，共同调整社会关系。
2.法律调整与道德调整各具优势，且形成互补。
3.一般来说，古代法学家更多强调道德在社会调控中的首要或主要地位，对法的强调也更多在其惩治功能上；近现代后，法学家们一般都倾向于强调法律在社会中的首要作用。

（四）社会主义法与道德的联系
1.社会主义社会为法与道德的有机结合提供了广泛的社会基础。
2.社会主义法追求良法之治，法律中已包含了道德的标准，它对社会主义道德具有积极的促进和保障作用。
3.社会主义道德代表了最大多数人、人类历史上最先进的道德，它为社会主义法的制定提供价值导引并促进法的实施。

二、法与道德的区别

（一）产生方式不同
法在形式上由国家机关按照法定程序主动制定或认可，是立法者自觉建构的产物；道德是在社会生产活动中自然演进生成的，是自发和非建构的产物。

（二）表现形式不同
法一般以国家机关创制的规范性文件的形式来表现；道德通常存在于人们的内心和社会舆论中，或以语言形式被记载下来。

（三）调整范围不同
1.道德的调整范围要比法的调整范围广。一般而言，法律调整的社会关系道德要调整，而法律不调整的社会关系道德也要调整，如友谊关系、爱情关系。
2.道德对人的行为的调整要比法律的调整更有深度。法一般只关注和规范外在行为，而不问动机。道德虽然也调整外在行为，但首先和主要关注内在动机，它可以单独评价人的动机而不问行为后果。

（四）内容结构不同
1.法在规范形态上以规则为主；道德在规范形态上以原则为主。
2.法的可操作性较强，但较为僵硬；道德的灵活度大，但易生歧义。

（五）实施方式不同
法依靠国家强制力保证实施；道德在本质上是良心和信念的自由，主要依靠人们的内心信念和社会舆论等方式加以强制实施。

经典考题：甲乙有两个苹果，一大一小。两人没有约定苹果怎么分配，甲就拿了大的，这时乙很生气，说甲自私。这时甲就反问乙："如果让你先拿，你拿哪个？"乙说拿小的，甲说："那我拿大的苹果正好符合你的心意，你又何必怪我呢。"根据该故事，结

合对法治和德治观念的理解，下列说法正确的是：（金题）[1]

A.同样的结果可能因为程序不同而被赋予不同意义

B.外部约束有助于消除分歧，但是解决道德领域的难题只能依靠内在约束

C.仅靠道德无法确保人在相同的情况下作出相同选择

D.依照事先约定的规则行事有助于避免产生矛盾和纠纷

> **· 小结 ·**
>
> 1. 法与道德的联系
> （1）在发生学上，都由原始习惯脱胎而来，且在发生发展中有相互演化；
> （2）在形式归属上都属社会规范；
> （3）在内容上相互重叠渗透；
> （4）在功能上都是社会调控手段，以维护和实现一定社会秩序和正义为使命；
> （5）在发展水平上，都是文明进步的标志。
> 2. 法与道德的区别
> （1）生成方式上的建构性与非建构性；
> （2）行为标准上的确定性和模糊性；
> （3）存在形态上的一元性和多元性；
> （4）调整机制的外在侧重和内在关注。
> 3. 法与道德联系的争论：三个理论争点，即法与道德在本质、内容和功能上的联系问题。

第五节 法与宗教

一、宗教对法的影响

（一）宗教对法的积极影响

1. 宗教可以推动立法。部分宗教教义被法律吸收，成为立法的基本精神。
2. 宗教影响司法程序。教会曾行使过司法权；宗教宣誓有助于简化审判程序；宗教

---

[1]【答案】ACD。程序除了满足实体需求外，还有其自身的价值，剥夺当事人的程序权利，可能不会影响实体结果，但程序参与权的丧失意味着实体结果不具有公正性。故A项正确。外部约束有助于消除分歧，但是对于解决道德领域难题只能依靠内在约束的说法过于绝对，故B项错误。道德的实施有赖于人的内在约束，仅靠道德无法确保人在相同的情况下作出相同选择，故C项正确。规则对人的行为具有指导性和预测性，依照事先约定的规则行事有助于避免产生矛盾和纠纷，故D项正确。

宣扬的公正观念、诚实观念、容忍、爱心等对司法活动也有影响，宗教容忍观有利于减少诉讼。

3.宗教信仰有助于提高守法的自觉性。

（二）宗教对法的消极影响

由于宗教信仰产生的激情，会导致过分的狂热，某些宗教甚至妨碍司法公正的实现。

二、法对宗教的影响

1.法对宗教的影响在不同的社会很不相同。在政教合一的国家里，法与宗教的关系是法律的宗教化（即法律依靠宗教神学的辩护和支持，从而获得一种宗教性或神圣性，以作为法律合法性的终极根据，法律借助宗教得以实现）与宗教的法律化（即宗教规范被赋予法律效力成为法律规范）；在近现代政教分离的国家里，法与宗教分离，法对各种宗教之争持中立态度。

2.法在观念、体系，甚至在概念、术语等方面，客观上都对宗教产生了重大影响。权利观念被引进宗教法规，与宗教义务构成一个有机整体。宗教法典不断地系统化、规范化。

3.现代法律对宗教的影响，主要表现为法对本国宗教政策的规定。1776年美国弗吉尼亚的《权利宣言》第一次规定了宗教信仰自由。如今宗教信仰自由已经成为世界各国宗教政策的主流，绝大多数国家把宗教信仰作为公民的一项基本人权来看待，以法律保障宗教信仰的自由。我国也是如此。

憲　法

专题九　宪法基本理论

知识体系图

```
                          ┌─ 宪法的词源
              ┌─ 宪法的概念 ─┼─ 宪法的特征
              │            ├─ 宪法与法律的关系
              │            └─ 宪法的分类
              │
              ├─ 宪法的历史 ─┬─ 近代意义宪法的产生
              │            └─ 我国的1982年《宪法》
              │
              │              ┌─ 人民主权原则
              ├─ 宪法的基本原则 ┼─ 基本人权原则
              │              ├─ 法治原则
              │              └─ 权力制约原则
宪法基本理论 ─┤
              ├─ 宪法的基本功能 ┬─ 宪法的一般功能
              │              └─ 宪法在社会主义法治国家建设中的作用
              │
              ├─ 宪法的渊源和结构 ┬─ 宪法的渊源
              │                └─ 宪法典的结构
              │
              │            ┌─ 宪法规范的概念
              ├─ 宪法规范 ─┼─ 宪法规范的主要特点
              │            └─ 宪法规范的分类
              │
              │          ┌─ 宪法效力的概念
              └─ 宪法效力 ┼─ 宪法效力的表现
                         └─ 宪法与条约关系
```

命题点拨

　　本专题阐述的是宪法的基本理论。考查重点是宪法的基本特征、宪法的分类、宪法的渊源，以及宪法的修正案。宪法概述10年考查14次，宪法制定与修改10年考查8次，宪法的实施与保障10年考查6次。

第一节 宪法的概念

一、宪法的词源

尽管古代的中国和西方都曾有"宪法"这一词语，但它们的含义却与近现代的"宪法"迥然不同。在中国，将"宪法"一词作为国家根本法始于19世纪80年代。

在古代西方，"宪法"一词也是在多重意义上使用，这些都与近现代宪法的含义不同。宪法词义发生质的变化，始于17、18世纪欧洲文艺复兴时期。近代资产阶级革命成功，近现代意义的宪法才最终形成。

二、宪法的特征

与其他一般法律相比，宪法具有自身的基本特征。主要表现在：

（一）宪法是国家的根本法

宪法作为国家的根本法是宪法在法律上的特征，也是宪法与普通法律最重要的区别之一。宪法的根本法地位取决于三个方面的因素：

1.在内容上，宪法规定国家最根本、最重要的问题，如国家的性质、政权组织形式和结构形式、基本国策、公民的基本权利和义务、国家机构的组织及其职权等。

2.在法律效力上，宪法的法律效力最高。所谓法律效力是指法律所具有的约束力和强制力。在成文宪法的国家中，宪法的法律效力高于一般法律，在国家法律体系中处于最高的法律地位。我国《宪法》序言规定："本宪法以法律的形式确认了中国各族人民奋斗的成果，规定了国家的根本制度和根本任务，是国家的根本法，具有最高的法律效力。"宪法的最高法律效力表现在两个方面：

（1）宪法是制定普通法律的依据。我国《宪法》规定，一切法律、行政法规和地方性法规都不得同宪法相抵触。

（2）宪法是一切国家机关、社会团体和全体公民的最高行为准则。对此，我国《宪法》规定，全国各族人民、一切国家机关和武装力量、各政党和各社会团体、各企业事业组织，都必须以宪法为根本的活动准则。

3.在制定和修改的程序上，宪法比其他法律更加严格。宪法是规定国家最根本、最重要问题，具有最高法律效力的根本法，具有极大的权威和尊严，而严格的宪法制定和修改程序，则是保障宪法权威和尊严的基本要求。

（1）制定和修改宪法的机关，往往是特别成立的，而非普通立法机关。如1787年的美国《宪法》由55名代表组成的制宪会议制定等。

（2）通过或批准宪法或者其修正案的程序，往往严于普通法律，一般要求由制宪机关或者国家立法机关成员的2/3以上或3/4以上的多数表决通过，才能颁布施行，而普通法律只要立法机关成员的过半数通过即可。我国《宪法》规定，宪法的修改，由全国人大常委会或1/5以上的全国人民代表大会代表提议，并由全国人民代表大会以全体代表的2/3以上的多数通过。

（二）宪法是公民权利的保障书

宪法最主要、最核心的价值在于，它是公民权利的保障书。1789年的法国《人权宣言》宣布，"凡权利无保障和分权未确立的社会就没有宪法"。列宁也曾指出，宪法就是一张写着人民权利的纸。

（三）宪法是民主事实法律化的基本形式

"民主"是指大多数人的统治。宪法与民主紧密相连，民主主体的普遍化，或者说民主事实的普遍化，是宪法得以产生的前提。而且基于宪法在整个国家法律体系中的根本法地位，以及宪法确认的基本内容主要是国家权力的正确行使和人权的有效保障，可以说，宪法是民主事实法律化的基本形式。

三、宪法与法律的关系

我国《宪法》序言规定："本宪法以法律的形式确认了中国各族人民奋斗的成果，规定了国家的根本制度和根本任务，是国家的根本法，具有最高的法律效力。"这句话中提到的"法律"，其含义主要是"法律的形式"或者"法律的效力"。而在一般情况下，"法律"一词专指全国人大及其常委会制定的规范性法律文件。

（一）宪法和一般法律的共性

既然宪法是国家的根本大法，具有最高的法律效力，那么，毫无疑问，它也是一部法律。既然宪法是法律，那么宪法也具有一般法律的特点。

1. 宪法有其特定的调整范围

宪法虽然是治国安邦的总章程，但并不是包罗万象的百科全书，宪法也有其自身的调整范围。宪法的调整范围主要包括国家机构和公民基本权利两方面。

2. 宪法规范具有法律规范的形式和效力

宪法不是束之高阁的宣言书，而是实实在在的法律规范，违反宪法规范，必须要承担相应的法律后果。

3. 宪法的制定与修改程序由法律规定

我国《宪法》规定了宪法的修改程序，宪法的修改同一般法律不一样，有其特定的修改程序，不得随意为之。

（二）宪法与一般法律的差异

1. 宪法的调整对象是一国社会生活中最重要的部分

国家机构以及公民的基本权利，是社会生活中关系全局的内容。这也说明了宪法的根本法地位。

2. 宪法规范具有最高的法律效力

在一国法律体系效力位阶中，宪法规范的效力位阶是最高的——任何法律规范不得与宪法规范相抵触，否则无效。

3. 宪法的制定与修改程序比一般法律更为严格。

四、宪法的分类

（一）传统的宪法分类

1.成文宪法与不成文宪法

这是英国学者J.蒲莱士于1884年首次提出的宪法分类。这种宪法分类所依据的标准为宪法是否具有统一的法典形式。

成文宪法是指具有统一法典形式的宪法，有时也叫文书宪法或制定宪法，其最显著的特征在于法律文件上既明确表述为宪法，又大多冠以国名。如《中华人民共和国宪法》《日本国宪法》《法兰西第五共和国宪法》等。1787年的《美国宪法》是世界历史上第一部成文宪法，1791年《法国宪法》则是欧洲大陆的第一部成文宪法。当今世界绝大多数国家的宪法都是成文宪法。

不成文宪法则是不具有统一法典的形式，而且散见于多种法律文书、宪法判例和宪法惯例的宪法。不成文宪法最显著的特征在于，虽然各种法律文件并未冠以宪法之名，却发挥着宪法的作用。英国是典型的不成文宪法国家。英国宪法的主体即由各个不同历史时期颁布的宪法性文件构成，包括1628年的《权利请愿书》、1679年的《人身保护法》、1689年的《权利法案》等。

2.刚性宪法与柔性宪法

刚性宪法与柔性宪法也是英国学者J.蒲莱士最早提出来的。以宪法有无严格的制定、修改机关和程序为标准，将宪法分为刚性宪法和柔性宪法。

刚性宪法是指制定、修改的机关和程序不同于一般法律的宪法。

柔性宪法是指制定、修改的机关和程序与一般法律相同的宪法。在柔性宪法国家中，由于宪法和法律由同一机关根据同样的程序制定或者修改，因而它们的法律效力并无差异。不成文宪法往往是柔性宪法，英国即是其典型。

3.钦定宪法、民定宪法和协定宪法

这是以制定宪法的机关为标准对宪法所作的分类。钦定宪法是由君主或以君主的名义制定和颁布的宪法。1814年法国国王路易十八颁布的《宪法》、1889年日本明治天皇颁布的《宪法》和1908年中国清政府颁布的《钦定宪法大纲》等都属于钦定宪法。民定宪法是指由民意机关或者由全民公决制定的宪法。它奉行人民主权原则，因而在形式上强调以民意为依归，以民主政体为价值追求。当今世界大多数国家的宪法都属于民定宪法。协定宪法则指由君主与国民或者国民的代表机关协商制定的宪法。它往往是阶级妥协的结果，如1215年英国《自由大宪章》、1830年《法国宪法》。

（二）马克思主义学者的宪法分类

马克思主义宪法学者以国家的类型和宪法的阶级本质为标准，把宪法分为资本主义类型的宪法和社会主义类型的宪法。

【实战贴士】

1.成文宪法与不成文宪法、刚性宪法与柔性宪法这两种分类都是英国学者J.蒲莱士首次提出的。

2.1787年《美国宪法》是世界历史上第一部成文宪法，1791年《法国宪法》则是欧洲大陆第一部成文宪法。当今世界绝大多数国家的宪法是成文宪法。

3.实行成文宪法的国家往往也是刚性宪法的国家，实行不成文宪法的国家一般也是柔性宪法的国家。

经典考题：成文宪法和不成文宪法是英国宪法学家提出的一种宪法分类。关于成文宪法和不成文宪法的理解，下列哪一选项是正确的？（2017年卷一第21题，单选）①

A.不成文宪法的特点是其内容不见于制定法
B.宪法典的名称中必然含有"宪法"字样
C.美国作为典型的成文宪法国家，不存在宪法惯例
D.在程序上，英国不成文宪法的内容可像普通法律一样被修改或者废除

五、宪法的制定

（一）制宪权与修宪权

1.宪法制定，又可称为制宪，是指制宪主体按照一定的程序创制宪法的活动。

2.人民作为制宪主体是现代宪法发展的基本特点（最早系统地提出制宪权概念并建立理论体系的是法国大革命时期的著名学者西耶斯）。

3.修宪权是依据制宪权而产生的权力形态，修宪权受制宪权的约束。

（二）宪法制定的程序

1.设立制宪机关（如制宪会议、国民议会、立宪会议等）。

2.提出宪法草案。

3.通过宪法草案（大多数国家对宪法草案的通过程序作出严格规定，通常要求宪法通过机关成员的2/3以上或3/4以上的多数赞成才有效。有的国家规定要通过全体投票、全民公决的方才批准）。

4.公布宪法（国家元首或代表机关公布，公布是生效的前提）。

第二节　宪法的历史

一、近代意义宪法的产生

按照马克思主义法学基本原理，法律是随着私有制、阶级和国家的产生而产生的。但奴隶制国家和封建制国家的自然经济结构，以及在此基础上建立起来的君主专制制度，却决定了在奴隶社会和封建社会不可能产生作为国家根本法的宪法。近代意义的宪法是资产

---

① 【答案】D。不成文宪法是指不以成文法典的形式公之于众的宪法，因此A项错误。宪法典的名称中一般含有"宪法"字样，而非必然含有"宪法"字样，比如1949年联邦德国制定的宪法名为《德意志联邦共和国基本法》，因此B项错误。美国作为典型的成文宪法国家，也存在宪法惯例，比如在美国宪法修正案第22条出台前，美国总统的任期不得超过两届，这就是美国宪法惯例之一，因此C项错误。根据英国宪法学家J.蒲莱士的观点，英国宪法属于不成文宪法，也属于柔性宪法，制定和修改程序同普通法律一样，因此D项正确。

阶级革命的产物。近代意义宪法的产生须具备经济、政治和思想文化这三个方面的条件：

1.近代宪法的产生是资本主义商品经济普遍化发展的必然结果。

2.资产阶级革命的胜利以及资产阶级国家政权的建立和以普选制、议会制为核心的民主制度的形成，为近代宪法的产生提供了政治条件。

3.资产阶级启蒙思想家提出的民主、自由、平等、人权和法治等理论，为近代宪法的产生奠定了思想基础。

二、我国的1982年《宪法》

在中国共产党领导下，1949年中国人民建立了自己的国家政权。为了巩固人民革命的胜利成果，确立国家最根本、最重要的问题，1949年9月召开了具有广泛代表性的中国人民政治协商会议，制定了起临时宪法作用的《中国人民政治协商会议共同纲领》。1954年，第一届全国人民代表大会第一次全体会议通过了我国第一部社会主义类型的宪法，即1954年《宪法》。1975年颁布的第二部《宪法》是一部内容很不完善并有许多错误的宪法。1978年颁布的第三部《宪法》，虽经1979年和1980年两次局部修改，但从总体上说仍然不能适应新时期的需要。因此，1982年12月4日第五届全国人民代表大会第五次会议通过了新中国的第四部《宪法》，即1982年《宪法》。

（一）基本特点

1.总结历史经验，以四项基本原则为指导思想；

2.进一步完善国家机构体系，扩大全国人大常委会的职权，恢复设立国家主席等；

3.扩大公民权利和自由范围，恢复"公民在法律面前人人平等"原则，明确了国家机关领导职务的任期；

4.确认经济体制改革的成果，如发展多种经济形式，扩大企业的自主权等；

5.维护国家统一和民族团结，完善民族区域自治制度，根据"一国两制"的原则规定特别行政区制度。

（二）1982年《宪法》的指导思想

坚持四项基本原则是我国现行宪法的指导思想。坚持社会主义道路，坚持党的领导，坚持人民民主专政，坚持马列主义、毛泽东思想，是中国人民在长期革命和建设中取得胜利的经验总结，是团结全国各族人民不断前进的共同政治基础。1982年《宪法》在总结历史经验、分析现实状况的基础上，将四项基本原则作为一个整体写入《宪法》，成为《宪法》总的指导思想。

（三）1982年《宪法》的五次修改

1982年《宪法》颁布实施后，对于促进我国的政治和经济体制改革、健全社会主义民主法制、保障公民权利等方面起到了一定的作用。但由于1982年《宪法》是在改革开放初期制定的，随着社会形势的发展，1982年《宪法》中的有些规定已无法适应社会的需要。所以，必须对其进行修改。

1.1988年七届全国人大一次会议对《宪法》进行了第一次修正

（1）规定"国家允许私营经济在法律规定的范围存在和发展。私营经济是社会主义公有制经济的补充。国家保护私营经济的合法的权利和利益，对私营经济进行引导、监督和管理"。

（2）删去不得出租土地的有关规定，增加规定土地的使用权可以依照法律的规定转让。

2. 1993年八届全国人大一次会议对《宪法》进行了第二次修正

（1）明确把"我国正处于社会主义初级阶段""建设有中国特色社会主义""坚持改革开放"写进宪法，使党的基本路线在宪法中得到集中、完整的表述；

（2）增加了"中国共产党领导的多党合作和政治协商制度将长期存在和发展"；

（3）把家庭联产承包责任制作为农村集体经济组织的基本形式确定下来；

（4）将社会主义市场经济确定为国家的基本经济体制，并对相关内容作了修改；

（5）把县级人民代表大会的任期由3年改为5年。

3. 1999年九届全国人大二次会议对《宪法》进行了第三次修正

（1）明确把"我国将长期处于社会主义初级阶段""沿着建设有中国特色社会主义的道路""邓小平理论""发展社会主义市场经济"写进《宪法》；

（2）增加规定"中华人民共和国实行依法治国，建设社会主义法治国家"；

（3）规定"国家在社会主义初级阶段，坚持公有制为主体、多种所有制经济共同发展的基本经济制度，坚持按劳分配为主、多种分配方式并存的分配制度"；

（4）规定农村集体经济组织实行家庭承包经营为基础、统分结合的双层经营体制；

（5）规定非公有制经济是社会主义市场经济的重要组成部分，将国家对个体经济和私营经济的基本政策合并修改为"国家保护个体经济、私营经济的合法的权利和利益。国家对个体经济、私营经济实行引导、监督和管理"；

（6）将镇压"反革命的活动"修改为镇压"危害国家安全的犯罪活动"。

4. 2004年十届全国人大二次会议对《宪法》进行了第四次修改

（1）在《宪法》序言的第七自然段中增加了"三个代表"重要思想；

（2）在《宪法》序言关于爱国统一战线的组成中增加"社会主义事业的建设者"；

（3）将国家的土地征用制度修改为"国家为了公共利益的需要，可以依照法律规定对土地实行征收或者征用并给予补偿"；

（4）将国家对非公有制经济的规定修改为"国家保护个体经济、私营经济等非公有制经济的合法的权利和利益。国家鼓励、支持和引导非公有制经济的发展，并对非公有制经济依法实行监督和管理"；

（5）将国家对公民私人财产的规定修改为"公民的合法的私有财产不受侵犯""国家依照法律规定保护公民的私有财产权和继承权""国家为了公共利益的需要，可以依照法律规定对公民的私有财产实行征收或者征用并给予补偿"；

（6）增加规定"国家建立健全同经济发展水平相适应的社会保障制度"；

（7）增加规定"国家尊重和保障人权"；

（8）将全国人大代表的产生方式修改为"全国人民代表大会由省、自治区、直辖市、特别行政区和军队的代表组成。各少数民族都应当有适当名额的代表"；

（9）将全国人大常委会、国务院对戒严的决定权改为对紧急状态的决定权，相应地，国家主席对戒严的宣布权也改为对紧急状态的宣布权；

（10）在第81条国家主席职权中，增加"进行国事活动"的规定；

（11）将乡镇人民代表大会的任期由3年改为5年；

（12）增加关于国歌的规定，将《义勇军进行曲》作为国歌。

5.2018年十三届全国人大一次会议对《宪法》进行了第五次修改

（1）"在马克思列宁主义、毛泽东思想、邓小平理论和'三个代表'重要思想指引下"修改为"在马克思列宁主义、毛泽东思想、邓小平理论、'三个代表'重要思想、科学发展观、习近平新时代中国特色社会主义思想指引下"；"健全社会主义法制"修改为"健全社会主义法治"；在"自力更生，艰苦奋斗"前增写"贯彻新发展理念"；"推动物质文明、政治文明和精神文明协调发展，把我国建设成为富强、民主、文明的社会主义国家"修改为"推动物质文明、政治文明、精神文明、社会文明、生态文明协调发展，把我国建设成为富强民主文明和谐美丽的社会主义现代化强国，实现中华民族伟大复兴"。

（2）"革命和建设"修改为"革命、建设、改革"；"包括全体社会主义劳动者、社会主义事业的建设者、拥护社会主义的爱国者和拥护祖国统一的爱国者的广泛的爱国统一战线"修改为"包括全体社会主义劳动者、社会主义事业的建设者、拥护社会主义的爱国者、拥护祖国统一和致力于中华民族伟大复兴的爱国者的广泛的爱国统一战线"。

（3）"平等、团结、互助的社会主义民族关系"修改为："平等团结互助和谐的社会主义民族关系"。

（4）"中国坚持独立自主的对外政策，坚持互相尊重主权和领土完整、互不侵犯、互不干涉内政、平等互利、和平共处的五项原则"后增加"坚持和平发展道路，坚持互利共赢开放战略"；"发展同各国的外交关系和经济、文化的交流"修改为"发展同各国的外交关系和经济、文化交流，推动构建人类命运共同体"。

（5）《宪法》第1条第2款后增加一句，内容为："中国共产党领导是中国特色社会主义最本质的特征。"

（6）新增监察委员会。"国家行政机关、审判机关、检察机关都由人民代表大会产生，对它负责，受它监督。"修改为："国家行政机关、监察机关、审判机关、检察机关都由人民代表大会产生，对它负责，受它监督。""全国人民代表大会行使下列职权"中增加一项，"选举国家监察委员会主任"；"全国人民代表大会有权罢免下列人员"中增加一项，"国家监察委员会主任"；"全国人民代表大会常务委员会的组成人员不得担任国家行政机关、审判机关和检察机关的职务。"修改为："全国人民代表大会常务委员会的组成人员不得担任国家行政机关、监察机关、审判机关和检察机关的职务。""全国人民代表大会常务委员会行使下列职权"中增加一项，"根据国家监察委员会主任的提请，任免国家监察委员会副主任、委员"；"县级以上的地方各级人民代表大会选举并且有权罢免本级人民法院院长和本级人民检察院检察长。"修改为："县级以上的地方各级人民代表大会选举并且有权罢免本级监察委员会主任、本级人民法院院长和本级人民检察院检察长。""县级以上的地方各级人民代表大会常务委员会的组成人员不得担任国家行政机关、审判机关和检察机关的职务。"修改为："县级以上的地方各级人民代表大会常务委员会的组成人员不得担任国家行政机关、监察机关、审判机关和检察机关的职务。""监督本级人民政府、人民法院和人民检察院的工作"修改为"监督本级人民政府、监察委员会、人民法院和人民检察院的工作"。另在第三章增加第七节监察委员会。

（7）"国家提倡爱祖国、爱人民、爱劳动、爱科学、爱社会主义的公德"修改为"国家倡导社会主义核心价值观，提倡爱祖国、爱人民、爱劳动、爱科学、爱社会主义的公德"。

（8）《宪法》第27条增加1款，作为第3款："国家工作人员就职时应当依照法律规定公开进行宪法宣誓。"

（9）"中华人民共和国主席、副主席每届任期同全国人民代表大会每届任期相同，连续任职不得超过两届。"修改为："中华人民共和国主席、副主席每届任期同全国人民代表大会每届任期相同。"

（10）"国务院行使下列职权"中第6项"领导和管理经济工作和城乡建设"修改为"领导和管理经济工作和城乡建设、生态文明建设"；第8项"领导和管理民政、公安、司法行政和监察等工作"修改为"领导和管理民政、公安、司法行政等工作"。地方政府的职权也同样取消对监察工作的领导权。

（11）《宪法》第100条增加1款，"设区的市的人民代表大会和它们的常务委员会，在不同宪法、法律、行政法规和本省、自治区的地方性法规相抵触的前提下，可以依照法律规定制定地方性法规，报本省、自治区人民代表大会常务委员会批准后施行。"

（12）"法律委员会"改为"宪法和法律委员会。"

第三节　宪法的基本原则

宪法基本原则是指人们在制定和实施宪法过程中必须遵循的最基本的准则，是贯穿立宪和行宪的基本精神。

一、人民主权原则

主权是指国家的最高权力。人民主权是指国家中绝大多数人拥有国家的最高权力。从1776年美国《独立宣言》宣布人的天赋权利不可转让、1789年法国《人权宣言》宣布整个主权的本原主要是寄托于国民以来，西方国家在形式上一般都承认人民主权，并将其作为资产阶级民主的一项首要原则，而且在宪法中明确规定主权在民。

各社会主义国家的宪法都规定"一切权力属于人民"的原则，这是无产阶级在创建自己的政权过程中，批判性地继承资产阶级民主思想的基础上，对人民主权原则的创造性运用和发展，"一切权力属于人民"实质上也就是主权在民。

经典考题：我国宪法规定了"一切权力属于人民"的原则。关于这一规定的理解，下列选项正确的是：（2016年卷一第91题，不定项）[①]

[①]【答案】ACD。"一切权力属于人民"的原则即人民主权原则，它意味着国家的一切权力来自并且属于人民，A项正确。我国宪法规定，人民行使国家权力的机关是全国人民代表大会与地方各级人民代表大会，其中县级以下人大代表是直接选举产生的，而县级以上人大代表事由下一级人大间接选举产生的，所以"一切权力属于人民"既体现在直接选举、也体现在间接选举中，B项错误。人民主权原则是我国人大制度的前提，C项正确。我国宪法规定，人民依照法律规定，通过各种途径和形式，管理国家事务，管理经济与文化事业，管理社会事务。"一切权力属于人民"贯穿于我国国家和社会生活的各领域。D项正确。

A. 国家的一切权力来自并且属于人民
B. "一切权力属于人民"仅体现在直接选举制度之中
C. 我国的人民代表大会制度以"一切权力属于人民"为前提
D. "一切权力属于人民"贯穿于我国国家和社会生活的各领域

二、基本人权原则

人权是指作为一个人所应该享有的权利，在本质上属于应有权利、道德权利。人权是人类社会发展到一定阶段的产物，是在法律之后产生的，是在17、18世纪首先由西方资产阶级启蒙思想家提出的。在资产阶级革命过程中以及革命胜利后，人权口号逐渐被政治宣言和宪法确认为基本原则。

社会主义国家宪法也确认了基本人权原则。2004年3月14日我国第十届全国人民代表大会第二次会议通过的《中华人民共和国宪法修正案》第24条明确规定："国家尊重和保障人权。"社会主义国家政权的本质特征就是人民当家作主，而公民基本权利和自由则是人民当家作主最直接的表现。

三、法治原则

法治是相对于人治而言的政府治理形式，是指按照民主原则把国家事务法律化、制度化，并依法进行管理的一种方式，是17、18世纪资产阶级启蒙思想家所倡导的重要的民主原则。资产阶级革命胜利后，各国都在其宪法规定和政治实践中贯彻了法治原则的精神。

社会主义国家的宪法不仅宣布宪法是国家根本法，具有最高的法律效力，是一切国家机关和全体公民最高的行为准则，而且还规定国家的立法权属于最高的人民代表机关。在社会主义国家中，宪法和法律具有广泛深厚的民主基础，所有机关、组织和个人都必须严格依法办事。

四、权力制约原则

权力制约原则是指国家权力的各部分之间相互监督、彼此牵制，以防止国家权力的滥用，并最终实现对公民权利的保障。在资本主义国家的宪法中，权力制约原则主要表现为分权制衡原则；在社会主义国家的宪法中，权力制约原则主要表现为监督原则。

分权制衡原则是指把国家权力分为几部分，分别由几个国家机关独立行使，使国家机关在行使权力过程中，保持一种互相牵制和互相平衡的关系。这一原则是17、18世纪欧美资产阶级革命时期，资产阶级根据近代分权思想确立的。1787年美国《宪法》就按照典型的分权制衡原则，确立了国家的政权体制。法国《人权宣言》称"凡权利无保障和分权未确立的社会，就没有宪法"。受美、法等国的影响，各资本主义国家的宪法均以不同形式确认了分权制衡原则。

社会主义国家的监督原则是由巴黎公社首创的。后来的社会主义国家将其奉为一条重要的民主原则，并在各国宪法中作出了明确规定。

第四节　宪法的基本功能

一、宪法的一般功能

宪法的功能，是指宪法对国家机关、社会组织和公民个人的行为，以及社会现实生活的能动影响，是国家意志实现的具体表现。宪法的主要功能可以概括为确认功能、保障功能、限制功能、协调功能四大方面。

二、宪法在社会主义法治国家建设中的作用

宪法在社会主义法治国家建设中的作用可分为立法、执法、司法和守法四个方面。

第五节　宪法的渊源和结构

一、宪法的渊源

宪法的渊源亦即宪法的表现形式，具体包括：成文宪法典、宪法性法律、宪法惯例、宪法判例、国际条约和国际习惯等。但不同国家的历史时期究竟采取哪些宪法渊源形式，则取决于其本国的历史传统和现实政治状况。

（一）成文宪法典

宪法典是绝大多数国家采用的形式，是指一国最根本、最重要的问题由一种有逻辑、有系统的法律文书加以明确规定而形成的宪法。成文宪法典一般由特定制宪机关采用特定制宪程序制定，在一国法律体系中具有最高的法律效力。其优点在于宪法的形式完整、内容明确具体，因而便于实施，同时由于一般规定了严格的修改程序，因而有利于保证宪法的相对稳定。

（二）宪法性法律

宪法性法律是指一国宪法的基本内容不是统一规定在一部法律文书之中，而是由多部法律文书表现出来的宪法。

1.在不成文宪法国家中，有关宪法规定的内容不是采用宪法典的形式，而由多部单行法律文书予以规定的法律。宪法性法律制定和修改的机关、程序，通常与普通法律的制定和修改的机关与程序相同。

2.在成文宪法国家中，由国家立法机关为实施宪法而制定的有关规定宪法内容的法律。因此在成文宪法国家，既存在根本法意义上的宪法，即宪法典，又存在部门法意义上的宪法，即普通法律中有关规定宪法内容的法律，如组织法、选举法、代表法、立法法、代议机关议事规则等。

（三）宪法惯例

宪法惯例是指在国家实际政治生活中存在，并为国家机关、政党及公众所普遍遵循，且与宪法具有同等效力的习惯或传统。宪法惯例的特征主要有：

1.没有具体的法律形式，它的内容并不明确规定在宪法典或宪法性法律中。

2.内容涉及国家的根本制度、公民的基本权利和义务等最根本、最重要的问题。

3.主要依靠公众舆论而不是国家强制力来保证其实施。

宪法惯例多见于不成文宪法国家，但成文宪法国家也存在。其作用和意义在于能适应国家形势的发展变化，弥补宪法的不足，从而充实并丰富一国宪法的内容，便于宪法功能的充分发挥。

（四）宪法判例

宪法判例是指由司法机关在审判实践中逐渐形成并具有宪法效力的判例。在普通法系国家，根据"先例约束原则"，最高法院及上级法院的判决由于是下级法院审理同类案件的依据而成为判例；而且，法院在法律没有明确规定的情形下可以创造规则。因此，在不成文宪法国家，法院在宪法性法律没有明确规定的前提下，就有关宪法问题作出的判决自然也是宪法的表现形式之一。在成文宪法国家，尽管法院的判决必须符合宪法的规定，因而不能创造宪法规范，但有些国家的法院有宪法解释权，因而法院在具体案件中基于对宪法的解释而作出的判决，对下级法院也有约束力。此外，如果最高法院在具体案件的判决中认为某项法律或行政命令违宪而拒绝适用，那么下级法院在以后审理类似案件时，也不得适用该法律或行政命令。

（五）国际条约

国际条约是国际法主体之间就权利义务关系缔结的一种书面协议，它能否成为宪法的渊源，取决于一个国家的参与和认可。有些国家的宪法对国际条约在国内法中的地位和效力问题有专门规定。

经典考题：宪法的渊源即宪法的表现形式。关于宪法渊源，下列哪一表述是错误的？（2015年卷一第21题，单选）[①]

A.一国宪法究竟采取哪些表现形式，取决于历史传统和现实状况等多种因素

B.宪法惯例实质上是一种宪法和法律条文无明确规定、但被普遍遵循的政治行为规范

C.宪法性法律是指国家立法机关为实施宪法典而制定的调整宪法关系的法律

D.有些成文宪法国家的法院基于对宪法的解释而形成的判例也构成该国的宪法渊源

二、宪法典的结构

宪法结构是指宪法内容的组织和排列形式。由于不成文宪法往往由不同历史时期的

[①]【答案】C。一国宪法究竟采取哪些表现形式，取决于历史传统和现实状况等多种因素。A项正确。宪法惯例是宪法条文无明确规定，但在实际政治生活中已经存在，并为国家机关、政党及公众所普遍遵循，且与宪法具有同等效力的习惯或传统。B项正确。宪法性法律是由多部法律文书表现出来的宪法。在不成文宪法国家中，国家最根本、最重要的问题多部单行法律文书予以规定的法律。在成文宪法国家中，由国家立法机关为实施宪法而制定的有关规定宪法内容的法律。C项表述不正确。宪法判例是宪法条文无明文规定，而由司法机关在审判实践中逐渐形成并具有实质性宪法效力的判例，在成文宪法国家主要表现为"释法性判例"，这意味着成文宪法国家的宪法判例同样构成宪法渊源。D项正确。

宪法性法律、宪法判例和宪法惯例组成，无所谓严格的结构问题，因而宪法结构主要是就成文宪法典而言。宪法典的结构包括序言、正文、附则三部分。而我国现行宪法的结构包括序言、正文两部分。

（一）序言

统计表明，世界上大多数国家的宪法都有序言，只是在规定上存在区别。宪法序言的产生决定于立宪者所处的客观历史条件和宪法的规范性特点。各国宪法序言的长度差别很大，取决于立宪者的实际需要和所处的历史条件。宪法序言的内容大致包括国家的斗争历史，制宪的宗旨、目的和指导思想，国家的基本任务和奋斗目标，等等。

（二）正文

正文是宪法的主要内容，也是宪法的重心，具体包括社会制度和国家制度的基本原则、公民的基本权利和义务、国家机构、国家标志、宪法修改和监督制度等。然而在具体内容、顺序安排、表述方式等诸方面，不同国家的宪法具备不同的特点。

我国前三部宪法是将国家机构置于公民的基本权利和义务之前，现行宪法将公民的基本权利和义务一章提到国家机构之前。这表明，公民权利的保护居于宪法的核心地位，体现了对人权的充分尊重。

（三）附则

宪法的附则是指宪法对于特定事项需要特殊规定而作出的附加条款，有的称为暂行条款，有的称为过渡条款、最后条款、特别条款、临时条款，也有直接称附则或附录的。

由于附则是宪法的一部分，因而其法律效力与一般条文相同。而且其法律效力还有两大特点：

1.特定性。即只对特定的条文或事项适用，有一定的范围，超出范围则无效。

2.临时性。只对特定的时间或情况适用，一旦时间届满或者情况发生变化，其法律效力自然应该终止。

我国现行《宪法》没有规定附则。

经典考题： 综观世界各国成文宪法，结构上一般包括序言、正文和附则三大部分。对此，下列哪一表述是正确的？（2016年卷一第21题，单选）①

A.世界各国宪法序言的长短大致相当

B.我国宪法附则的效力具有特定性和临时性两大特点

C.国家和社会生活诸方面的基本原则一般规定在序言之中

D.新中国前三部宪法的正文中均将国家机构置于公民的基本权利和义务之前

---

① 【答案】D。世界各国宪法序言的长短不一，如美国宪法只有短短56个词，而我国宪法有十三段1000多字，A项错误。我国宪法没有规定附则，B项错误。国家和社会生活诸方面的基本原则一般规定在宪法正文中，C项错误。我国1954年、1975年、1978年宪法均将国家机构置于公民基本权利义务之前，只有1982年现行宪法倒了过来，反映了真正以人民为本位，国家机关服务于人民的想法，D项正确。

第六节 宪法规范

一、宪法规范的概念

宪法规范是指由民主制国家制定或认可的、宪法主体参与国家和社会生活最基本社会关系的行为规范。

二、宪法规范的主要特点

1. 根本性。
2. 最高权威性。
3. 原则性。
4. 纲领性。
5. 相对稳定性。

三、宪法规范的分类

（一）确认性规范

确认性规范是对已经存在的事实的认定，其主要意义在于根据一定的原则和程序，确立具体的宪法制度和权力关系，以肯定性规范的存在为其主要特征。

（二）禁止性规范

禁止性规范是指对特定主体或行为的一种限制，也称其为强行性规范。

（三）权利性规范和义务性规范

权利性规范和义务性规范主要是在调整公民基本权利与义务的过程中形成的，同时为行使权利与履行义务提供了依据。

（四）程序性规范

程序性规范是指具体规定宪法制度运行过程的步骤、阶段的规范，主要涉及国家机关活动程序方面的内容。

经典考题： 我国《宪法》第三十八条明确规定："中华人民共和国公民的人格尊严不受侵犯。"关于该条文所表现的宪法规范，下列哪些选项是正确的？（2015年卷一第61题，多选）[1]

---

[1]【答案】BD。组织性规范是确认性规范的一种，后者是对已经存在的事实的认定，其主要意义在于根据一定原则和程序，确立具体宪法制度和权力关系。典型如国家结构的规范。《宪法》第38条属于禁止性规范，因为它表达的是禁止国家以及第三人侵害中华人民共和国公民的人格尊严，A项错误。宪法规范只规定有关问题的基本原则，主要通过具体法律规范来作用于具体的人和事，国家的其他法律和法律性文件是以宪法为基础并且不能与宪法相抵触（见宪法的实施这一知识点）。民法中有关姓名权的规定就是对宪法上人格尊严的具体化。B项正确。我国宪法虽然具有效力上的直接性，但却不具有可诉性，也即是无法直接作为审理案件的依据，C项错误。宪法上的这一原则性规定与普通法律中对其进行具体化的规范一起构成了一个有关人格尊严的规范体系（或者说人格尊严制度），D项正确。

A. 在性质上属于组织性规范
B. 通过民法中有关姓名权的规定得到了间接实施
C. 法院在涉及公民名誉权的案件中可以直接据此作出判决
D. 与法律中的有关规定相结合构成一个有关人格尊严的规范体系

第七节 宪法效力

一、宪法效力的概念

宪法效力是指宪法规范对相关社会关系所产生的拘束作用。

二、宪法效力的表现

（一）宪法效力的特点

宪法效力具有最高性与直接性。在整个法律体系中宪法效力是最高的，不仅成为立法的基础，同时对立法行为与依据宪法进行的各种行为产生直接的约束力。我国《宪法》序言明确规定："本宪法以法律的形式确认了中国各族人民奋斗的成果，规定了国家的根本制度和根本任务，是国家的根本法，具有最高的法律效力。"

（二）宪法对人的适用

宪法首先适用于自然人。中华人民共和国宪法适用于所有中国公民，不管公民生活在国内还是国外。

根据各国的法律规定，国籍的取得主要有两种方式：一种是因出生而取得，叫做原始国籍；另一种是加入国籍，叫做继有国籍。对因出生而取得国籍问题，各国通常采用三种原则：

（1）血统主义原则，即确定一个人的国籍以他出生时父母的国籍为准，不问其出生地国；

（2）出生地主义原则，即以出生地作为一个人取得国籍的依据，而不问其父母是本国人还是外国人；

（3）混合主义原则，即以血统主义为主、以出生地主义为辅，或者以出生地主义为主、以血统主义为辅，或者不分主次将两种原则结合起来确定国籍。我国采取出生地主义和血统主义相结合的原则。

由于宪法效力适用于所有中国公民，侨居在国外的华侨也受中国宪法的保护，《宪法》第50条规定："中华人民共和国保护华侨的正当的权利和利益，保护归侨和侨眷的合法的权利和利益。"如华侨居住国对中国公民的权利不能给予同等保护，我国也采取同等的措施。

【实战贴士】《国籍法》第3条规定："中华人民共和国不承认中国公民具有双重国籍。"

第4条规定："父母双方或一方为中国公民，本人出生在中国，具有中国国籍。"

第5条规定："父母双方或一方为中国公民，本人出生在外国，具有中国国籍；但父母双方或一方为中国公民并定居在外国，本人出生时即具有外国国籍的，不具有中国国籍。"

第6条规定:"父母无国籍或国籍不明,定居在中国,本人出生在中国,具有中国国籍。"

第7条规定:"外国人或无国籍人,愿意遵守中国宪法和法律,并具有下列条件之一的,可以经申请批准加入中国国籍:中国人的近亲属;定居在中国的;有其它正当理由。"

第9条规定:"定居外国的中国公民,自愿加入或取得外国国籍的,即自动丧失中国国籍。"

第12条规定:"国家工作人员和现役军人,不得退出中国国籍。"

第15条规定:"受理国籍申请的机关,在国内为当地市、县公安局,在国外为中国外交代表机关和领事机关。"

第16条规定:"加入、退出和恢复中国国籍的申请,由中华人民共和国公安部审批。经批准的,由公安部发给证书。"

(三)宪法对领土的效力

领土包括一个国家的陆地、河流、湖泊、内海、领海以及它们的底床、底土和上空(领空),是主权国管辖的国家全部疆域。领土是国家的构成要素之一,是国家行使主权的空间,也是国家行使主权的对象。

《宪法》在序言中对台湾的地位规定为:"台湾是中华人民共和国的神圣领土的一部分。完成统一祖国的大业是包括台湾同胞在内的全中国人民的神圣职责。"这一表述意味着我国宪法明确了台湾是中国领土的一部分,宪法效力涉及包括台湾在内的所有中国领土。

任何一个主权国家的宪法的空间效力都及于国土的所有领域,这是主权的唯一性和不可分割性所决定的,也是由宪法的根本法地位所决定的。

宪法是一个整体,具有一种主权意义上的不可分割性。由于宪法本身的综合性和价值多元性,宪法在不同领域的适用上当然是有所差异的。例如,在不同的经济形态之间、在普通行政区和民族自治地方之间当然有所区别,但这种区别绝不是说宪法在某些区域有效力而有些区域没有效力。宪法是一个整体,任何组成部分上的特殊性并不意味着对这个整体的否定,宪法作为整体的效力是及于中华人民共和国的所有领域的。

三、宪法与条约关系

宪法效力在国内法律体系中的地位是比较明确的,在成文宪法国家中宪法效力的最高性是普遍得到承认的。在宪法与条约的关系上,各国的规定不尽相同,如有的国家规定"条约高于宪法",认为宪法是一个国家的国内法,与作为国际法的条约有不同的性质。如俄罗斯1993年《宪法》中明确规定:"如果俄罗斯联邦国际条约确立了不同于法律的规则,则适用国际条约的规则。"有的国家宪法规定宪法的效力高于条约。另外,美国《宪法》第6条规定:"本宪法及依本宪法所制定之合众国法律,以及合众国已经缔结及将要缔结的一切条约,皆为全国之最高法律。"

我国现行《宪法》文本没有对宪法与条约关系作出具体规定,但从《宪法》序言中可以看出其基本的原则,即我国以和平共处五项原则为基础,发展同各国的外交关系和经济、文化的交流。

【实战贴士】外国人和法人在一定的条件下可以成为基本权利主体,在享有基本权利的范围内，宪法效力适用于外国人和法人的活动。

经典考题： 我国《立法法》明确规定："宪法具有最高的法律效力，一切法律、行政法规、地方性法规、自治条例和单行条例、规章都不得同宪法相抵触。"关于这一规定的理解，下列哪一选项是正确的？（2016年卷一第22题，单选）①

A.该条文中两处"法律"均指全国人大及其常委会制定的法律
B.宪法只能通过法律和行政法规等下位法才能发挥它的约束力
C.宪法的最高法律效力只是针对最高立法机关的立法活动而言的
D.维护宪法的最高法律效力需要完善相应的宪法审查或者监督制度

· 小结 ·

1. 制宪主体：根据人民主权原则的要求，人民有权制定宪法（最早由西耶斯在《第三等级是什么？》中系统阐述）。
2. 修宪主体：全国人民代表大会。
3. 释宪主体：全国人大常委会（1978年《宪法》首次明确规定）。
4. 监督宪法实施的主体：全国人大及其常委会（1982年《宪法》增加全国人大常委会有权监督宪法实施）。
5. 宪法和宪法修正案，由全国人大公布。

---

① 【答案】D。"法律效力"中的"法律"指的是"规范性法律文件"（法理学的知识点），而第二处"法律"指的是全国人大或全国人大常委会制定的规范性法律文件的总称，两者并不相同，A项错误。宪法的效力具有直接性，不仅成为立法的基础，同时对立法行为与依据宪法进行的各种行为产生直接的约束力，B项错误。在整个法律体系中宪法效力是最高的，这意味着它不仅针对全国人大的立法而言，也针对其他有权立法主体的立法活动而言，C项错误。宪法审查或者监督制度是维护宪法最高效力的重要途径，D项正确。本题可采用排除法。

专题十　国家的基本制度（上）

知识体系图

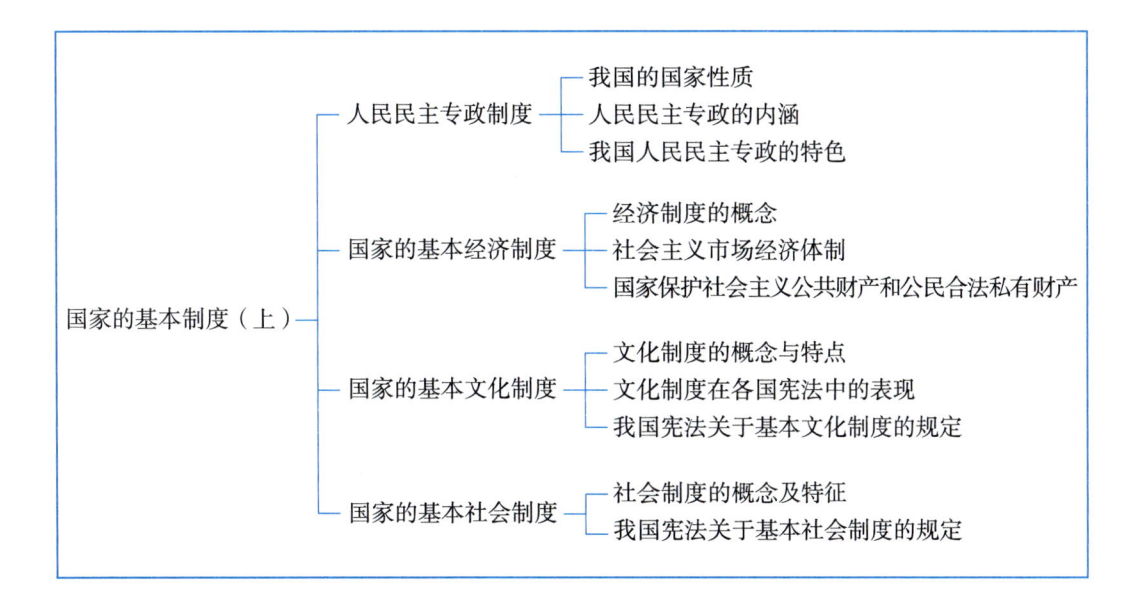

```
                    ┌─ 人民民主专政制度 ──┬─ 我国的国家性质
                    │                   ├─ 人民民主专政的内涵
                    │                   └─ 我国人民民主专政的特色
                    │
                    ├─ 国家的基本经济制度 ─┬─ 经济制度的概念
                    │                   ├─ 社会主义市场经济体制
国家的基本制度（上）─┤                   └─ 国家保护社会主义公共财产和公民合法私有财产
                    │
                    ├─ 国家的基本文化制度 ─┬─ 文化制度的概念与特点
                    │                   ├─ 文化制度在各国宪法中的表现
                    │                   └─ 我国宪法关于基本文化制度的规定
                    │
                    └─ 国家的基本社会制度 ─┬─ 社会制度的概念及特征
                                        └─ 我国宪法关于基本社会制度的规定
```

命题点拨

本专题命题的重点是我国的基本经济制度，尤其是自然资源的归属问题。本专题内容10年考查14次。

第一节　人民民主专政制度

一、我国的国家性质

根据《宪法》第1条的规定可知，我国的国家性质是社会主义。中国共产党的领导是中国特色社会主义最本质的特征。

二、人民民主专政的内涵

1.工人阶级掌握国家政权、成为领导力量是人民民主专政的根本标志；
2.人民民主专政的国家政权以工农联盟为阶级基础；
3.人民民主专政是对人民实行民主与对敌人实行专政的统一。

三、我国人民民主专政的特色

（一）中国共产党领导的多党合作和政治协商制

1. 多党合作不是多党制，中国共产党是执政党，民主党派不是在野党，而是参政党。
2. 坚持中国共产党的领导、坚持四项基本原则是多党合作的政治基础。
3. "长期共存、互相监督、肝胆相照、荣辱与共"是多党合作的基本方针。
4. 中国共产党对民主党派的领导是政治领导，即政治原则、政治方向和重大方针政策的领导。

（二）爱国统一战线

新时期的爱国统一战线是由中国共产党领导的，有各民主党派和各人民团体参加的，包括全体社会主义劳动者、社会主义事业的建设者、拥护社会主义的爱国者、拥护祖国统一的爱国者和致力于中华民族伟大复兴的爱国者的广泛的政治联盟。

【实战贴士】《宪法》序言规定："中国人民政治协商会议是有广泛代表性的统一战线组织。"因此，政协不是国家机关，但也不同于一般的人民团体，它是我国政治体制中具有重要地位和影响的政治性组织，是我国政治生活中发扬社会主义民主和实现各党派之间互相监督的重要形式。

经典考题：我国宪法序言规定："中国共产党领导的多党合作和政治协商制度将长期存在和发展。"关于中国人民政治协商会议，下列选项正确的是：（2017年卷一第91题，不定项）[①]

A. 由党派团体和界别代表组成，政协委员由选举产生
B. 全国政协委员列席全国人大的各种会议
C. 是中国共产党领导的多党合作和政治协商制度的重要机构
D. 中国人民政治协商会议全国委员会和各地方委员会是国家权力机关

第二节　国家基本经济制度

一、经济制度的概念

经济制度是指一国通过宪法和法律调整以生产资料所有制形式为核心的各种基本经济关系的规则、原则和政策的总称；它包括生产资料的所有制形式，各种经济成分的相互关系及其宪法地位，国家发展经济的基本方针、基本原则等内容。

自德国1919年《魏玛宪法》以来，经济制度便成为现代宪法的重要内容之一。当然，

[①]【答案】C。中国人民政治协商会议是中国人民爱国统一战线的组织，是中国共产党领导的多党合作和政治协商制度的重要机构，但不是国家机关。政协由党派团体和界别代表组成，但政协委员是通过推荐的方式产生，不是选举产生，因此A、D项错误，C项正确。政协委员参政议政，民主监督。全国政协委员列席全国人民代表大会，并非列席全国人大的各种会议，因此B项错误。

不同国家的宪法以及同一国家不同历史时期的宪法，对经济制度的规定具有较大差异性。一般说来，资本主义宪法通常只规定对作为私有制基础的私有财产权的保护，而社会主义宪法则较为全面、系统地规定了社会主义经济制度。

二、社会主义市场经济体制

经济体制即国家的经济管理体制。1993年全国人民代表大会通过了对《宪法》第15条的修正案，明确规定"国家实行社会主义市场经济"。1999年全国人民代表大会再次通过对《宪法》序言的修正案，将"发展社会主义市场经济"作为一项重要的国家任务写进《宪法》。

（一）中国特色社会主义市场经济体制

社会主义市场经济体制是市场在国家宏观调控下对资源配置起基础性，甚至决定性作用的一种经济体制。它是社会主义基本制度与市场经济的结合，既具有与其他市场经济体制的共性，又具有与其他市场经济体制不同的特性。

（二）社会主义公有制是我国经济制度的基础

《宪法》第6条第1款规定，"中华人民共和国的社会主义经济制度的基础是生产资料的社会主义公有制，即全民所有制和劳动群众集体所有制"。生产资料的社会主义公有制决定了我国社会主义经济制度的本质特征，是保障工人阶级实现对国家的领导和加强工农联盟的基础。

1. 全民所有制经济

全民所有制经济即国有经济，是指由代表人民利益的国家占有生产资料的一种所有制形式。我国的全民所有制经济是通过没收官僚资本、改造民族资本以及国家投资兴建各种企业等途径建立起来的。同时，由于土地等自然资源是国有经济赖以发展的物质基础，所以我国《宪法》第9条第1款规定："矿藏、水流、森林、山岭、草原、荒地、滩涂等自然资源，都属于国家所有，即全民所有；由法律规定属于集体所有的森林和山岭、草原、荒地、滩涂除外。"第10条第1款规定："城市的土地属于国家所有。"在我国，国有企业和国有自然资源是国家财产的主要部分。此外，国家机关、事业单位、部队等全民单位的财产也是国有财产的重要组成部分。

2. 集体所有制经济

集体所有制经济是指生产资料归集体经济组织内的劳动者共同所有的一种所有制形式。它的特点在于，生产资料是集体经济组织的公共财产，劳动者之间存在着互助合作关系，但劳动者同生产资料的结合仅限于集体经济组织范围之内。我国的集体所有制经济最初是在土地改革基础之上，通过对个体农业和个体手工业进行社会主义改造而建立起来的。当前城镇的集体所有制经济主要表现为各种形式的合作经济。《宪法》第8条第2款规定："城镇中的手工业、工业、建筑业、运输业、商业、服务业等行业的各种形式的合作经济，都是社会主义劳动群众集体所有制经济。"农村集体所有制经济是现阶段我国农村的主要经济形式。《宪法》第8条第1款规定："农村集体经济组织实行家庭承包经营为基础、统分结合的双层经营体制。农村中的生产、供销、信用、消费等各种形式的合作经济，是社会主义劳动群众集体所有制经济。参加农村集体经济组织的劳动者，有权在法律规定的范围内经营自留地、自留山、家庭副业和饲养自留畜。"此外，现行宪法还规定，法律规定属于集体所有的森林、山岭、草原、荒山和滩涂属于集体所有；农村和城市郊区的土地，除法律规定属于国家所有的以外，属于集体所有；宅基地和自留地、自留山，也属于集体所有。《宪法》第8条第3款规定："国家保护城乡集体经济组织的合法的权利和利益，鼓励、指导和帮助集体经济的发展。"

（三）非公有制经济是社会主义市场经济的重要组成部分

由于我国尚处于社会主义初级阶段，经济文化和生产力发展水平还比较低，所以在坚持以社会主义公有制经济为主体的前提下，还必须充分发挥非公有制经济的积极作用。因此，《宪法》第11条第1款规定："在法律规定范围内的个体经济、私营经济等非公有制经济，是社会主义市场经济的重要组成部分。"这样，在我国形成了以公有制为主体、多种所有制经济共同发展的基本经济制度。

三、国家保护社会主义公共财产和公民合法私有财产

（一）社会主义公共财产的宪法保障

社会主义公共财产是公有制经济的物化形式，是国民经济存在和发展的前提和基础，是提高我国各族人民物质和文化生活水平的物质源泉和实现公民各项权利和自由的物质保障。因此，《宪法》第12条规定："社会主义的公共财产神圣不可侵犯。国家保护社会主义的公共财产。禁止任何组织或者个人用任何手段侵占或者破坏国家的和集体的财产。"第9条第2款还规定，"国家保障自然资源的合理利用"，"禁止任何组织或者个人用任何手段侵占或者破坏自然资源"。这些规定都是国家保护社会主义公共财产的重要内容，也是公民、法人和其他社会组织的基本义务。

（二）私有财产权的宪法保障

《宪法》第13条规定："公民的合法的私有财产不受侵犯。国家依照法律规定保护公民的私有财产权和继承权。国家为了公共利益的需要，可以依照法律规定对公民的私有财产实行征收或者征用并给予补偿。"这些规定表明，我国宪法不仅将私有财产权明文确定为公民的基本权利，而且，将私有财产权的平等保障上升为一项重要的宪法原则。2013年《中共中央关于全面深化改革若干重大问题的决定》进一步强调："公有制经济财产权不可侵犯，非公有制经济财产权同样不可侵犯。"

经典考题： 社会主义公有制是我国经济制度的基础。根据现行《宪法》的规定，关于基本经济制度的表述，下列哪一选项是正确的？（2016年卷一第23题，单选）[①]

A.国家财产主要由国有企业组成

[①]【答案】B。在我国，国有企业和国有自然资源是国家财产的主要部分，A项错误。《宪法》第10条的规定，城市的土地属于国家所有，B项正确。同条规定，农村和城市郊区的土地原则上属于集体所有，但由法律规定属于国家所有的，属于国家所有。C项以偏概全，错误。全民所有制经济是国有经济，它在我国国民经济中占据优势地位，具有主导作用，控制着国家的经济命脉，决定着国民经济的社会主义性质。国有经济不等同于国营经济，因为国家可以不直接经营，而只需控股。D项错误。

B.城市的土地属于国家所有
C.农村和城市郊区的土地都属于集体所有
D.国营经济是社会主义全民所有制经济，是国民经济中的主导力量

第三节　国家基本文化制度

一、文化制度的概念与特点

（一）文化制度的概念

文化制度是指一国通过宪法和法律调整以社会意识形态为核心的各种基本关系的规则、原则和政策的综合。

就其内容而言，文化制度大致包括三个层次：

1.最广泛意义上的文化，是指人类在社会历史发展过程中所创造的物质财富和精神财富。

2.特指人类在一定历史阶段所创造的精神财富，其本质即我们通常所说的精神文明。

3.最狭义的文化则限指文学艺术、新闻出版、广播电视等特定的社会事业。

（二）文化制度的特点

1.文化制度具有政治性。

2.文化制度具有历史性。

3.文化制度具有民族性。

二、文化制度在各国宪法中的表现

近代意义的宪法产生以来，文化制度便成为宪法不可缺少的重要内容。但是，不同国家的宪法以及同一国家不同历史时期的宪法，对文化制度的规定具有很大的差异。

1919年德国《魏玛宪法》不仅详尽地规定公民的文化权利，而且还明确地规定了国家的基本文化政策。这部宪法第一次比较全面系统地规定了文化制度，后为许多资本主义国家宪法所效仿。

三、我国宪法关于基本文化制度的规定

现行《宪法》对文化制度的原则、内容等作了比较全面和系统的规定。

（一）国家发展教育事业

《宪法》第19条规定："国家发展社会主义的教育事业，提高全国人民的科学文化水平。国家举办各种学校，普及初等义务教育，发展中等教育、职业教育和高等教育，并且发展学前教育。国家发展各种教育设施，扫除文盲，对工人、农民、国家工作人员和其他劳动者进行政治、文化、科学、技术、业务的教育，鼓励自学成才。国家鼓励集体经济组织、国家企业事业组织和其他社会力量依照法律规定举办各种教育事业。国家推广全国通用的普通话。"据此，国家先后制定了《教育法》《义务教育法》《高等教育法》《教师法》等，从而系统地规定了教育领域的基本规则，有力地保障了社会主义教育事业

的发展。

（二）国家发展科学事业

发展科学事业是我国文化建设的重要组成部分，《宪法》第20条规定："国家发展自然科学和社会科学事业，普及科学和技术知识，奖励科学研究成果和技术发明创造。"据此，国家颁布了《专利法》《著作权法》等一系列单行法律、法规，以保护科学技术成果、加速科学技术发展、促进社会主义经济建设。

（三）国家发展文学艺术及其他文化事业

发展文学艺术及其他文化事业，是培养公民健康情趣，提高民族精神素质的重要途径，也是我国社会主义文化建设的重要内容。《宪法》第22条规定："国家发展为人民服务、为社会主义服务的文学艺术事业、新闻广播电视事业、出版发行事业、图书馆博物馆文化馆和其他文化事业，开展群众性的文化活动。国家保护名胜古迹、珍贵文物和其他重要历史文化遗产。"

（四）国家开展公民道德教育

公民道德教育是国家文化建设的基础，并对整个国家文化制度的发展方向具有决定性意义。我国宪法中关于公民道德教育的规定主要包括如下几个方面：

1.普及理想、道德、文化、纪律和法制教育，培养"四有"公民

《宪法》第24条第1款规定："国家通过普及理想教育、道德教育、文化教育、纪律和法制教育，通过在城乡不同范围的群众中制定和执行各种守则、公约，加强社会主义精神文明建设。"宪法这一规定的目的在于培养有理想、有道德、有文化、有纪律的社会主义公民。

2.倡导社会主义核心价值观，提倡"五爱"教育，树立和发扬社会公德

《宪法》第24条第2款规定，"国家倡导社会主义核心价值观，提倡爱祖国、爱人民、爱劳动、爱科学、爱社会主义的公德"。

经典考题： 关于国家文化制度，下列哪些表述是正确的？（2015年卷一第62题，多选）①

A.我国宪法所规定的文化制度包含了爱国统一战线的内容
B.国家鼓励自学成才，鼓励社会力量依照法律规定举办各种教育事业
C.是否较为系统地规定文化制度，是社会主义宪法区别于资本主义宪法的重要标志之一
D.公民道德教育的目的在于培养有理想、有道德、有文化、有纪律的社会主义公民

---

① 【答案】BD。本题旨在考查对文化制度的准确把握。常见错误在于：一是将属于人民民主专政制度的爱国统一战线误以为是属于国家基本文化制度的内容，而误选A项；二是没有认识到，文化制度以社会意识形态为核心，是从早期资本主义宪法到"二战"后社会主义宪法中都有的内容，不能以"是否较为系统地规定文化制定"作为区分社会主义宪法和资本主义宪法的重要标志，而误选C项。

第四节 国家基本社会制度

一、社会制度的概念和特征

（一）概念

1.社会制度是指一国通过宪法和法律调整以基本社会生活保障及社会秩序维护为核心的各种基本关系的规则、原则和政策的综合。

2.可以从三个层面来理解社会制度。

（1）最广泛意义上的社会制度是从整体国家制度层面理解的制度体系，是包括基本政治制度、基本经济制度、基本文化制度、基本生态制度等在内的整体制度体系的总称。

（2）中义上的社会制度是国家制度中的基本组成部分，是相对于政治制度、经济制度、文化制度、生态制度而言的，为保障社会成员基本的生活权利，以及为营造公平、安全、有序的生活环境而建构的制度体系。

（3）狭义上的社会制度被限定为社会保障制度，即国家通过宪法、法律为保障社会成员基本生存与生活需求而建立的制度体系。它是社会保险、社会救助、社会补贴、社会福利、社会优抚和安置制度的总称。

（二）特征

1.社会制度以维护平等为基础。

2.社会制度以保障公平为核心。

（1）社会制度以其相应的价值体系与规则体系引领与营造公平的社会环境之形成。

①社会制度通过相应的价值体系引领和促进社会公平、正义观的培育和形成；

②社会制度以其相应的规则系统建构更有力地促进社会机会公平和过程公平的达成。

（2）社会制度以其弱势群体扶助制度体系的建构促进社会实质公平的形成。

（3）社会制度通过收入再分配调节机制，在一定程度上缩小差别，促进相对分配公平的实现。

3.社会制度以捍卫和谐稳定的法治秩序为关键。

二、我国宪法关于基本社会制度的规定

（一）社会保障制度

1.社会保障制度是基本社会制度的核心内容，甚至说狭义上的社会制度就是指社会保障制度。

2.宪法对社会保障制度的规定。

（1）规定了社会保障制度的基本原则和目标。《宪法》第14条第4款："国家建立健全同经济发展水平相适应的社会保障制度。"

（2）规定了对社会弱势和特殊群体的社会保障制度。《宪法》第45条规定："中华人民共和国公民在年老、疾病或者丧失劳动能力的情况下，有从国家和社会获得物质帮助

的权利。国家发展为公民享受这些权利所需要的社会保险、社会救济和医疗卫生事业。国家和社会保障残废军人的生活，抚恤烈士家属，优待军人家属。国家和社会帮助安排盲、聋、哑和其他有残疾的公民的劳动、生活和教育。"

《宪法》第48条规定："中华人民共和国妇女在政治的、经济的、文化的、社会的和家庭的生活等各方面享有同男子平等的权利。国家保护妇女的权利和利益，实行男女同工同酬，培养和选拔妇女干部。"

《宪法》第49条第1款规定："婚姻、家庭、母亲和儿童受国家的保护。"

（二）医疗卫生事业

《宪法》第21条第1款规定："国家发展医疗卫生事业，发展现代医药和我国传统医药，鼓励和支持农村集体经济组织、国家企业事业组织和街道组织举办各种医疗卫生设施，开展群众性的卫生活动，保护人民健康。"

（三）劳动保障制度

《宪法》第42条规定，"国家通过各种途径，创造劳动就业条件，加强劳动保护，改善劳动条件，并在发展生产的基础上，提高劳动报酬和福利待遇"；"国家提倡社会主义劳动竞赛，奖励劳动模范和先进工作者。国家提倡公民从事义务劳动"；"国家对就业前的公民进行必要的劳动就业训练"。

（四）人才培养制度

《宪法》第23条规定："国家培养为社会主义服务的各种专业人才，扩大知识分子的队伍，创造条件，充分发挥他们在社会主义现代化建设中的作用。"

（五）计划生育制度

《宪法》第25条规定："国家推行计划生育，使人口的增长同经济和社会发展计划相适应。"

（六）社会秩序及安全维护制度

1.《宪法》第28条规定："国家维护社会秩序，镇压叛国和其他危害国家安全的犯罪活动，制裁危害社会治安、破坏社会主义经济和其他犯罪的活动，惩办和改造犯罪分子。"

2.《宪法》第29条规定："中华人民共和国的武装力量属于人民。它的任务是巩固国防，抵抗侵略，保卫祖国，保卫人民的和平劳动，参加国家建设事业，努力为人民服务。国家加强武装力量的革命化、现代化、正规化的建设，增强国防力量。"

经典考题： 国家的基本社会制度是国家制度体系中的重要内容。根据我国宪法规定，关于国家基本社会制度，下列哪一表述是正确的？（2015年卷一第22题，单选）[①]

A.国家基本社会制度包括发展社会科学事业的内容

[①]【答案】B。本题旨在考查对基本社会制度的概念和特征，以及我国宪法关于基本社会制度的规定的准确把握。A项中的科学事业属于基本文化制度的内容。C项中所说的对弱势群体和特殊群体的保障，是宪法基于某些合理差别事由而从实质公平角度给予某类群体以保护，是对平等原则的维护而非突破。D项根据我国《宪法》第14条第4款的规定应当描述为：社会保障制度的建立健全同我国经济发展水平相适应。

B.社会人才培养制度是我国的基本社会制度之一
C.关于社会弱势群体和特殊群体的社会保障的规定是对平等原则的突破
D.社会保障制度的建立健全同我国政治、经济、文化和生态建设水平相适应

· 小结 ·

要把握国家基本制度的核心内容,不能混淆。

专题十一　国家的基本制度（下）

知识体系图

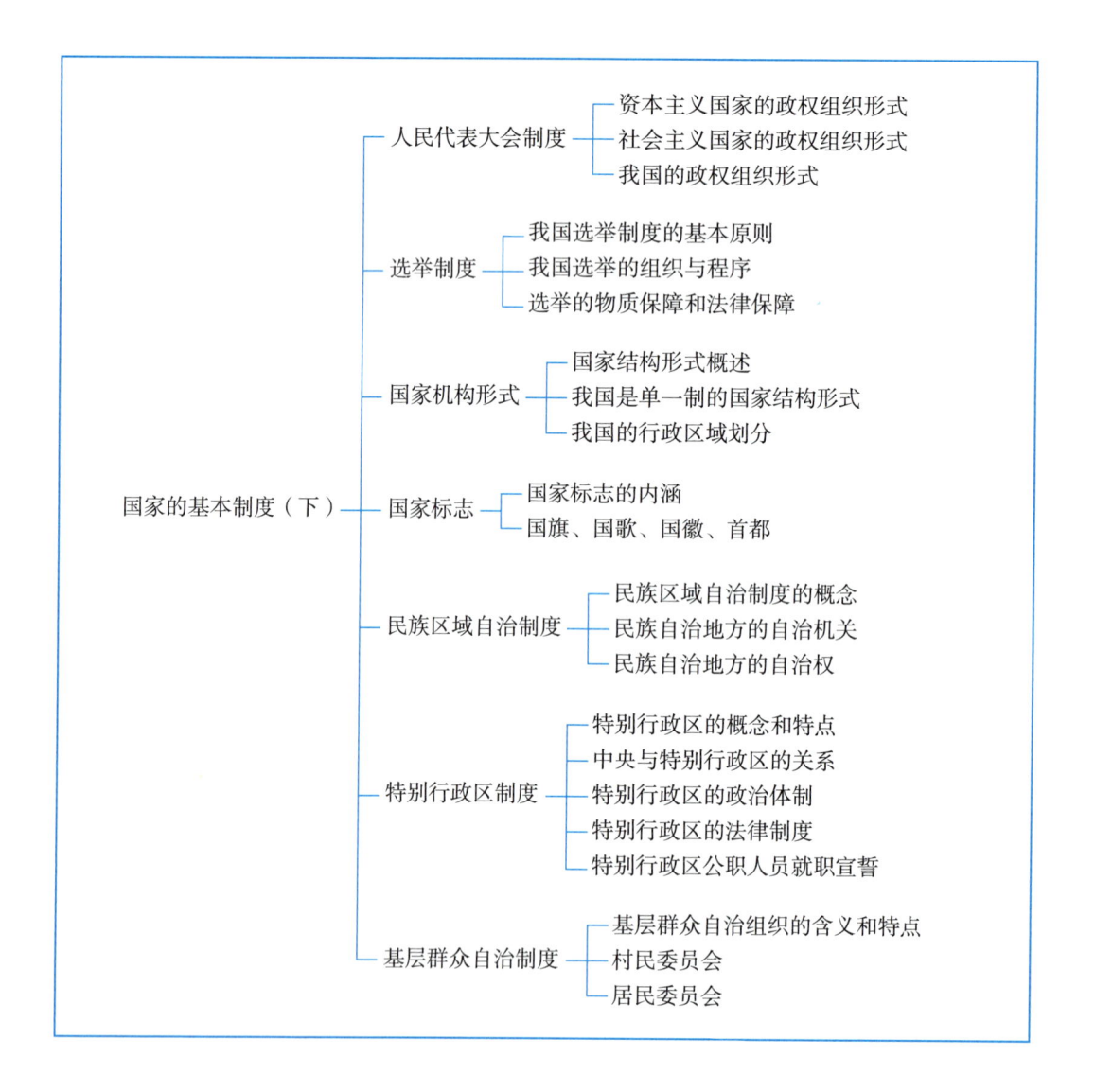

```
                        ┌─ 人民代表大会制度 ─┬─ 资本主义国家的政权组织形式
                        │                  ├─ 社会主义国家的政权组织形式
                        │                  └─ 我国的政权组织形式
                        │
                        ├─ 选举制度 ────────┬─ 我国选举制度的基本原则
                        │                  ├─ 我国选举的组织与程序
                        │                  └─ 选举的物质保障和法律保障
                        │
                        ├─ 国家机构形式 ────┬─ 国家结构形式概述
                        │                  ├─ 我国是单一制的国家结构形式
                        │                  └─ 我国的行政区域划分
国家的基本制度（下）─────┤
                        ├─ 国家标志 ────────┬─ 国家标志的内涵
                        │                  └─ 国旗、国歌、国徽、首都
                        │
                        ├─ 民族区域自治制度 ┬─ 民族区域自治制度的概念
                        │                  ├─ 民族自治地方的自治机关
                        │                  └─ 民族自治地方的自治权
                        │
                        │                  ┌─ 特别行政区的概念和特点
                        │                  ├─ 中央与特别行政区的关系
                        ├─ 特别行政区制度 ──┼─ 特别行政区的政治体制
                        │                  ├─ 特别行政区的法律制度
                        │                  └─ 特别行政区公职人员就职宣誓
                        │
                        └─ 基层群众自治制度 ┬─ 基层群众自治组织的含义和特点
                                           ├─ 村民委员会
                                           └─ 居民委员会
```

命题点拨

本专题命题的重点是我国的选举法、行政区域划分、民族区域自治制度、特别行政

区的政治体制、村委会组织法。选举制度10年考查8次,民族区域自治制度10年考查6次,特别行政区制度10年考查7次,基层群众自治制度10年考查9次。需要注意《中华人民共和国全国人民代表大会和地方各级人民代表大会选举法》的相关修改内容以及《中华人民共和国香港特别行政区维护国家安全法》的相关内容(详见重点小结)。

第一节　人民代表大会制度

一、资本主义国家的政权组织形式

在资本主义国家,其政权组织形式主要分为二元君主立宪制、议会君主立宪制、总统制、议会共和制、委员会制和半总统半议会制等。

(一)二元君主立宪制

二元君主立宪制是一种以君主为核心、由君主在国家机关体系中发挥主导作用的政权组织形式。其主要特征是:虽然君主的权力受到宪法和议会的限制,但这种限制的力量非常弱小,君主仍然掌握着极大的权力。例如,议会中的部分议员由君主任命,议会制定的法律须经君主同意才能生效,内阁只是君主的咨询机构并对君主负责等。在现代国家中,只有约旦、沙特阿拉伯等极少数国家实行这类政权组织形式。

(二)议会君主立宪制

议会君主立宪制的主要特征是:君主的权力受到宪法和议会的严格限制。君主行使的只是一些形式上的或者礼仪性的职权,君主对议会、内阁、法院都没有实际控制能力。现代国家中,英国、西班牙、荷兰、比利时和日本等国家建立的就是这类政权组织形式。

(三)总统制

总统制的主要特征是:国家设有总统,总统既是国家元首,又是政府首脑;总统由选民选举产生,不对议会负责,议会不能通过不信任案迫使总统辞职,总统也无权解散议会。现代国家中,美国是典型的总统制国家。

(四)议会共和制

议会共和制的主要特征在于:议员由选民选举产生,政府由获得议会下院多数席位的政党或构成多数席位的几个政党联合组成;议会与政府相互渗透,政府成员一般由议员兼任,议会可通过不信任案迫使政府辞职,政府也可以解散议会。现代国家中,意大利是典型的议会共和制国家。

(五)委员会制

委员会制的主要特征是:最高国家行政机关为委员会,委员会成员由众议院选举产生,总统(行政首长)由委员会成员轮流担任,任期1年,不得连任;众议院不能对委员会提出不信任案,委员会也无权解散议会。现代国家中,瑞士是典型的委员会制国家。

(六)半总统半议会制

半总统半议会制的主要特征是:总统是国家元首,拥有任免总理、主持内阁会议、颁布法律、统帅武装部队等大权；总理是政府首脑，对议会就政府的施政纲领或政府的总政策承担责任，议会可通过不信任案或不同意政府的施政纲领和总政策，迫使总理向总统提出政府辞职。1958年后的法国是典型的半总统半议会制国家。

二、社会主义国家的政权组织形式

社会主义国家的政权组织形式都是人民代表制。这种单一化的政权组织形式是由社会主义国家的一切权力属于人民决定的。

人民代表制的主要特征是：由选民选举代表组成行使国家权力的人民代表机关，各级国家行政机关和其他国家机关由同级人民代表机关选举产生，对它负责，受它监督；人民代表机关在整个国家机关体系中居于主导地位。

然而，各社会主义国家的历史传统、现实状况、民族因素等方面的差异，却决定了人民代表制在具体运用过程中并不相同。比如在名称上，有的称苏维埃，有的称议会，有的称人民代表会议，有的称人民代表大会；在组织结构上，有的采一院制，有的采两院制；在常设机构的职权上，有的没有立法权，有的可以行使部分立法权；在国家元首制度上，有的采个人元首制，有的采集体元首制等。这些差异都只是形式上的、局部的差异，其根本宗旨都在于切实保证广大劳动人民真正享有当家作主、管理国家的权利。

三、我国的政权组织形式

我国的政权组织形式是人民代表大会制度。人民代表大会制度是指拥有国家权力的人民根据民主集中制原则，通过民主选举组成全国人民代表大会和地方各级人民代表大会，并以人民代表大会为基础，建立全部国家机构，对人民负责，受人民监督，以实现人民当家作主的政治制度。

（一）人民代表大会制度的基本内容

我国《宪法》明确规定，"国家的一切权力属于人民。人民行使国家权力的机关是全国人民代表大会和地方各级人民代表大会"；"国家行政机关、监察机关、审判机关、检察机关都由人民代表大会产生，对它负责，受它监督"。人民代表大会制度的基本内容包含如下几个方面：

1. 人民主权原则。人民代表大会制度以主权在民为逻辑起点，因而人民主权构成了人民代表大会制度的最核心的基本原则。

2. 人民代表大会是人民掌握和行使国家权力的组织形式。

3. 人大代表由人民选举，受人民监督。

4. 各级人大是国家权力机关，其他国家机关都由人大选举产生，对其负责，受其监督。

（二）人民代表大会制度的性质

1. 人民代表大会制度是我国的根本政治制度

（1）从人民代表大会的组成来说，各级人民代表大会都由人民代表组成，而人民代表又是由人民通过民主选举方式选举产生的。

（2）从人民代表大会的职权来说，人民代表大会代表人民行使国家权力。

（3）从人民代表大会的责任来说，它向人民负责，受人民的监督。

2.人民代表大会制度是我国实现社会主义民主的基本形式

经典考题： 人民代表大会制度是我国的根本政治制度。关于人民代表大会制度，下列表述正确的是：（2017年卷一第92题，不定项）①

A.国家的一切权力属于人民，这是人民代表大会制度的核心内容和根本准则

B.各级人大都由民主选举产生，对人民负责，受人民监督

C."一府两院"都由人大产生，对它负责，受它监督

D.人民代表大会制度是实现社会主义民主的唯一形式

第二节　选举制度

一、我国选举制度的基本原则

（一）选举权的普遍性原则

选举权的普遍性是就享有选举权的主体范围而言的，是指一国公民中能够享有选举权的广泛程度。根据我国《宪法》和《选举法》的规定，凡年满18周岁的中华人民共和国公民，除依法被剥夺政治权利的人以外，不分民族、种族、性别、职业、家庭出身、宗教信仰、教育程度、财产状况和居住期限，都享有选举权和被选举权。由此可见，在我国享有选举权的基本条件有三个：

1.具有中国国籍，是中华人民共和国公民；

2.年满18周岁；

3.依法享有政治权利。

（二）选举权的平等性原则

选举权的平等性是指每个选民在每次选举中只能在一个地方享有一个投票权，不承认也不允许任何选民因民族、种族、职业、财产状况、家庭出身、居住期限的不同而在选举中享有特权，更不允许非法限制或者歧视任何选民对选举权的行使。这是"公民在法律面前一律平等"原则在选举制度中的具体体现。平等性原则主要表现在：

1.除法律规定当选人应具有的条件外，选民平等享有选举权和被选举权；

2.在一次选举中选民平等地拥有相同的投票权；

3.每一代表所代表的选民人数相同；

4.一切代表在代表机关具有平等的法律地位；

5.对在选举中处于弱者地位的选民进行特殊的保护性规定，也是选举权平等性的表现。

---

① 【答案】ABC。人民代表大会制度是我国的根本政治制度。社会主义民主的本质是人民当家作主。国家的一切权力属于人民，这是我国国家制度的核心内容和根本准则。因此A项正确。人民代表大会制度是体现我国"一切权力属于人民"这一社会主义民主实质的根本政治制度，是人民行使国家权力的根本途径和形式。因此B、C项正确。人民代表大会制度是实现社会主义民主的根本政治制度，但并非唯一形式。因此D项错误。

（三）直接选举和间接选举并用的原则

《选举法》第3条规定："全国人民代表大会的代表，省、自治区、直辖市、设区的市、自治州的人民代表大会的代表，由下一级人民代表大会选举。不设区的市、市辖区、县、自治县、乡、民族乡、镇的人民代表大会的代表，由选民直接选举。"由此可见，我国在选举中采取的是直接选举和间接选举并用的原则。

（四）秘密投票原则

《选举法》第40条第1款规定："全国和地方各级人民代表大会代表的选举，一律采用无记名投票的方法。选举时应当设有秘密写票处。"秘密投票亦称无记名投票，指选民不署自己的姓名，亲自书写选票并投入密封票箱的一种投票方法。秘密投票为民主选举提供了自由表示意愿的重要保障，使选民在不受外力的影响下，能完全按照自己的意愿挑选他所信任的人进入国家机关。

二、我国选举的组织与程序

（一）选举的组织

我国主持选举工作的组织有两种：间接选举时，由该级的人大常委会主持本级人大代表的选举工作；直接选举时，设选举委员会主持本级人大代表的选举。

《选举法》对选举委员会的组成与职责作了明确规定。不设区的市、市辖区、县、自治县的选举委员会的组成人员由本级人民代表大会常务委员会任命。乡、民族乡、镇的选举委员会的组成人员由不设区的市、市辖区、县、自治县的人民代表大会常务委员会任命。选举委员会的组成人员为代表候选人的，应当辞去选举委员会的职务。选举委员会的职责有：划分选举本级人民代表大会代表的选区，分配各选区应选代表的名额；进行选民登记，审查选民资格，公布选民名单；受理对于选民名单不同意见的申诉，并作出决定；确定选举日期；了解核实并组织介绍代表候选人的情况；根据较多数选民的意见，确定和公布正式代表候选人名单；主持投票选举；确定选举结果是否有效，公布当选代表名单；法律规定的其他职责。

（二）划分选区和选民登记

选区是指以一定数量的人口为基础进行直接选举，产生人大代表的区域，也是人大代表联系选民开展活动的基本单位。在我国直接选举的地方，人大代表的名额分配到各个选区，由选民按选区直接投票选举。在划分选区过程中，遵循便于选民行使权利、便于代表联系选民和接受选民监督的原则，可以按居住状况划分，也可以按生产单位、事业单位、工作单位划分。选区的大小按每一选区选1~3名代表划分。每一行政区域内各选区每一代表所代表的人口数应当大体相等。

选民登记是对选民资格的法律认可。凡年满18周岁没有被剥夺政治权利的我国公民都应列入选民名单。经登记确认的选民资格长期有效。

（三）候选人制度

全国和地方各级人大代表的候选人，按照选区或者选举单位提名产生；选民或者代表10人以上联名可以推荐代表候选人，各政党、各人民团体可以联合或者单独推荐代表代表候选人。除了推荐者应向选举委员会或大会主席团介绍代表候选人的情况外，接受推荐的代表候选人还应如实提供个人身份、简历等情况，提供不实的，选举委员会或大会主席团应当向选民或代表通报。

各级人民代表大会代表的选举，均实行差额选举。直接选举的，代表候选人的人数应多于应选代表名额的1/3至1倍；间接选举的，代表候选人的人数应多于应选代表名额的1/5至1/2。选举委员会或者人大主席团，应向选民或者代表介绍代表候选人的情况。推荐代表候选人的政党、人民团体、选民和代表，也可以在选民小组或者代表小组会议上介绍所推荐的代表候选人的情况。选举委员会根据选民的要求，应当组织代表候选人与选民见面，由代表候选人介绍本人的情况，回答选民的问题。但在选举日须停止代表候选人的介绍。

（四）投票选举

投票是选民或代表行使选举权的最后环节。直接选举时，由选举委员会主持投票选举工作。应当设立投票站进行选举；在选民比较集中的地区，可以召开选举大会进行选举；因行动不便或者居住分散且交通不便的选民，可以在流动票箱投票。选民如果在选举期间外出，经选举委员会同意，可以书面委托其他选民代为投票。每一选民接受的委托不得超过3人，并应当按照委托人的意愿代为投票。县以上地方各级人民代表大会在选举上一级人民代表大会代表时，由该级人民代表大会主席团主持。每次选举所投的票数，多于投票人数的无效，等于或少于投票人数的有效；每一选票所选的人数，多于规定应选代表人数的作废，等于或者少于规定应选代表人数的有效。同时，在实行直接选举的地方，选区全体选民的过半数参加投票选举有效，代表候选人获得参加投票的选民过半数的选票即当选。在实行间接选举的地方，代表候选人必须获得全体代表过半数的选票时，始得当选。代表候选人的近亲属不得担任监票人、计票人；公民不得同时担任两个以上无隶属关系的行政区域的人大代表。

（五）对代表的罢免和补选

罢免直接选举所产生的代表，对于县级人大代表，原选区选民50人以上联名，对于乡级人大代表，原选区30人以上联名可以向县级人大常委会书面提出罢免案，须经原选区过半数的选民通过；罢免间接选举产生的代表，人代会期间，主席团或1/10以上代表联名可以提出罢免案，在人代会闭会期间，人大常委会主任会议或常委会委员1/5以上联名可以提出罢免案，须经原选举单位过半数的代表通过，在代表大会闭会期间，须经各该级人大常委会组成人员的过半数通过。被提出罢免的代表有权在人大主席团会议和大会全体会议上，或人大常委会主任会议和常委会全体会议上，提出申辩意见，或者书面提出申辩意见。罢免决议须报上一级人大常委会备案、公告。

全国人民代表大会代表，省、自治区、直辖市、设区的市、自治州的人民代表大会代表，可以向选举他的人民代表大会的常务委员会书面提出辞职。常务委员会接受辞职，须经常务委员会组成人员的过半数通过。接受辞职的决议，须报送上一级人民代表大会常务委员会备案、公告。县级的人民代表大会代表可以向本级人民代表大会常务委员会书面提出辞职，乡级的人民代表大会代表可以向本级人民代表大会书面提出辞职。县级的人民代表大会常务委员会接受辞职，须经常务委员会组成人员的过半数通过。乡级的人民代表大会接受辞职，须经人民代表大会过半数的代表通过。接受辞职的，应当予以公告。

人大代表因故在任期内出缺，由原选区或原选举单位补选。补选，可以差额选举，也可以等额选举。

经典考题：某省人大选举实施办法中规定："本行政区域各选区每一代表所代表的人口数应当大体相等。各选区每一代表所代表的人口数与本行政区域内每一代表所代表的平均人口数之间相差的幅度一般不超过百分之三十。"关于这一规定，下列哪些说法是正确的？（2017年卷一第62题，多选）①

　　A.是选举权的平等原则在选区划分中的具体体现
　　B."大体相等"允许每一代表所代表的人口数之间存在差别
　　C."百分之三十"的规定是对前述"大体相等"的进一步限定
　　D.不保证各地区、各民族、各方面都有适当数量的代表

三、选举的物质保障和法律保障

在物质上，《选举法》第8条规定："全国人民代表大会和地方各级人民代表大会的选举经费，列入财政预算，由国库开支。"

在法律上，一方面，《选举法》和其他有关选举的法律文件规定了我国选举的原则、组织、程序和方法，使我国选举制度得以法律化、条文化，因而不仅对选举权的剥夺、选民资格争议的申诉及破坏选举行为的诉讼与制裁等一系列重要问题作出了规定，而且还规定各省、自治区、直辖市的人大常委会可以根据《选举法》的规定，结合本地区的实际，制定有关选举的实施细则。另一方面，《选举法》第58条规定，为保障选民和代表自由行使选举权和被选举权，对有下列行为之一，破坏选举，违反治安管理规定的，依法给予治安管理处罚；构成犯罪的，依法追究刑事责任：（1）以金钱或者其他财物贿赂选民或者代表，妨害选民和代表自由行使选举权和被选举权的；（2）以暴力、威胁、欺骗或者其他非法手段妨害选民和代表自由行使选举权和被选举权的；（3）伪造选举文件、虚报选举票数或者有其他违法行为的；（4）对于控告、检举选举中违法行为的人，或者对于提出要求罢免代表的人进行压制、报复的。国家工作人员有前述所列行为的，还应当由监察机关给予政务处分或者由所在机关、单位给予处分。以前述所列违法行为当选的，其当选无效。另外，主持选举的机构发现有破坏选举的行为或者收到对破坏选举行为的举报，应当及时依法调查处理；需要追究法律责任的，及时移送有关机关予以处理。

---

① 【答案】ABC。《选举法》第15条第1款规定："地方各级人民代表大会代表名额，由本级人民代表大会常务委员会或者本级选举委员会根据本行政区域所辖的下一级各行政区域或者各选区的人口数，按照每一代表所代表的城乡人口数相同的原则，以及保证各地区、各民族、各方面都有适当数量代表的要求进行分配。在县、自治县的人民代表大会中，人口特少的乡、民族乡、镇，至少应有代表一人。"因此D项错误。A、B、C项正确。

第三节 国家结构形式

一、国家结构形式概述

国家结构形式是指特定国家的统治阶级根据一定原则采取的调整国家整体与部分、中央与地方相互关系的形式。政体或者说政权组织形式是从横向角度表现国家政权体系，国家结构形式则是从纵向角度表现国家政权体系。

现代国家的国家结构形式主要有单一制和联邦制两大类。

单一制是指国家由若干普通行政单位或者自治单位组成，这些组成单位都是国家不可分割的一部分的国家结构形式。单一制的特征主要有：国家只有一部宪法；只有一个中央国家机关体系（包括立法机关、行政机关和司法机关）；地方政府的权力由中央政府授予；每个公民只有一个统一的国籍；国家整体是代表国家进行国际交往的唯一主体。

联邦制是指国家由两个或者两个以上的成员单位（如邦、州、共和国等）组成的国家结构形式。联邦成员单位原本拥有独立主权，只是为了某个共同目的，而与其他成员单位组成联盟国家或者加入到联盟国家之中。联邦制的特征主要有：除联邦宪法外，各成员国还有自己的宪法；除设有联邦立法机关、行政机关和司法系统外，各成员国还有自己的立法机关、行政机关和司法系统；联邦与各成员单位的权力界限由宪法规定；公民既有联邦的国籍，又有成员国的国籍；联邦是对外交往的国际法主体，有的联邦国家却允许成员单位同外国签订某方面的协定。

二、我国是单一制的国家结构形式

1.我国《宪法》序言规定："中华人民共和国是全国各族人民共同缔造的统一的多民族国家。"它表明，单一制是我国的国家结构形式。

2.我国单一制国家结构形式的主要特点。

（1）通过建立民族区域自治制度解决单一制下的民族问题。

（2）通过建立特别行政区制度解决历史遗留问题。

三、我国的行政区域划分

1.省、自治区、直辖市的设立、撤销、更名，特别行政区的设立，由全国人大审议决定。

2.省、自治区、直辖市行政区域界线的变更，自治州、县、自治县、市、市辖区的设立、撤销、更名或者隶属关系的变更，自治州、自治县的行政区域界线的变更，县、市、市辖区的行政区域界线的重大变更，由国务院审批。

3.县、市、市辖区部分行政区域界线的变更，国务院授权省、自治区、直辖市人民政府审批，批准变更时，同时报送国务院备案。

4.乡、民族乡、镇的设立、撤销、更名或者变更行政区域的界线，由省、自治区、直辖市人民政府审批。

经典考题： 根据《宪法》和法律法规的规定，关于我国行政区划变更的法律程序，下列哪一选项是正确的？（2015年卷一第23题，单选）[①]

A. 甲县欲更名，须报该县所属的省级政府审批
B. 乙省行政区域界线的变更，应由全国人大审议决定
C. 丙镇与邻近的一个镇合并，须报两镇所属的县级政府审批
D. 丁市部分行政区域界线的变更，由国务院授权丁市所属的省级政府审批

第四节 国家标志

一、国家标志的内涵

宪法是国家根本法，是国家各种制度和法律法规的总依据。可以说，没有宪法就不足以构成现代国家。同样，没有国家这个政治基础，宪法存在和发挥规范作用的基础也就不具备了。

国家标志又称国家象征，一般是指由宪法和法律规定的，代表国家的主权、独立和尊严的象征和标志，主要包括国旗、国歌、国徽和首都等。作为国际交往中的国家识别标志，世界各国几乎都有自己的国家象征。它代表了一个国家的主权、独立和尊严，反映了一个国家的历史传统、民族精神。

二、国旗、国歌、国徽、首都

（一）国旗

我国国旗是五星红旗。

下列场所或者机构所在地，应当每日升挂国旗：（1）北京天安门广场、新华门；（2）中国共产党中央委员会，全国人民代表大会常务委员会，国务院，中央军事委员会，中国共产党中央纪律检查委员会、国家监察委员会，最高人民法院，最高人民检察院；中国人民政治协商会议全国委员会；（3）外交部；（4）出境入境的机场、港口、火车站和其他边境口岸，边防海防哨所。

[①]【答案】D。根据《宪法》第62条第（13）项规定，"批准省、自治区和直辖市的建置"属于全国人大的职权之一；根据《宪法》第89条第（15）项的规定，"批准省、自治区、直辖市的区域划分，批准自治州、县、自治县、市的建置和区域划分"，属于国务院的职权之一；根据《宪法》第107条第3款的规定，由"省、直辖市的人民政府决定乡、民族乡、镇的建置和区域划分"。由此可见，首先，省级以下政府无权审批我国的行政区划问题，故C选项错误；其次，应由全国人大审议决定的事项，只有省级政府的"建置"问题，其他相对较为"低层次"的问题由国务院或省级政府审批，故B选项错误；再次，根据《宪法》第89条第（15）项和《行政区划管理条例》第7条第2项的规定，县的更名须由国务院审批，故A选项错误；另外，根据《行政区划管理条例》第8条的规定，关于行政区域划分，还有一种授权审批的情况，那就是县、市、市辖区"部分"行政区域界线的变更，由国务院授权省级人民政府审批，故D选项正确。

下列机构所在地应当在工作日升挂国旗：（1）中国共产党中央各部门和地方各级委员会；（2）国务院各部门；（3）地方各级人民代表大会常务委员会；（4）地方各级人民政府；（5）中国共产党地方各级纪律检查委员会、地方各级监察委员会；（6）地方各级人民法院和专门人民法院；（7）地方各级人民检察院和专门人民检察院；（8）中国人民政治协商会议地方各级委员会；（9）各民主党派、各人民团体；（10）中央人民政府驻香港特别行政区有关机构、中央人民政府驻澳门特别行政区有关机构。

学校除寒假、暑假和休息日外，应当每日升挂国旗。有条件的幼儿园参照学校的规定升挂国旗。图书馆、博物馆、文化馆、美术馆、科技馆、纪念馆、展览馆、体育馆、青少年宫等公共文化体育设施应当在开放日升挂、悬挂国旗。

国庆节、国际劳动节、元旦、春节和国家宪法日等重要节日、纪念日，各级国家机关、各人民团体以及大型广场、公园等公共活动场所应当升挂国旗；企业事业组织，村民委员会、居民委员会，居民院（楼、小区）有条件的应当升挂国旗。民族自治地方在民族自治地方成立纪念日和主要传统民族节日应当升挂国旗。举行宪法宣誓仪式时，应当在宣誓场所悬挂国旗。

举行重大庆祝、纪念活动，大型文化、体育活动，大型展览会，可以升挂国旗。

（二）国歌

我国国歌是《义勇军进行曲》。在下列场合应当奏唱国歌：（1）全国人大会议和地方各级人大会议的开幕、闭幕，中国人民政治协商会议全国委员会会议和地方各级委员会会议的开幕、闭幕；（2）各政党、各人民团体的各级代表大会等；（3）宪法宣誓仪式；（4）升国旗仪式；（5）各级机关举行或者组织的重大庆典、表彰、纪念仪式等；（6）国家公祭仪式；（7）重大外交活动；（8）重大体育赛事；（9）其他应当奏唱国歌的场合。

（三）国徽

我国国徽，中间是五星照耀下的天安门，周围是谷穗和齿轮。

下列机构应当悬挂国徽：（1）各级人民代表大会常务委员会；（2）各级人民政府；（3）中央军事委员会；（4）各级监察委员会；（5）各级人民法院和专门人民法院；（6）各级人民检察院和专门人民检察院；（7）外交部；（8）国家驻外使馆、领馆和其他外交代表机构；（9）中央人民政府驻香港特别行政区有关机构、中央人民政府驻澳门特别行政区有关机构。国徽应当悬挂在机关正门上方正中处。

下列场所应当悬挂国徽：（1）北京天安门城楼、人民大会堂；（2）县级以上各级人民代表大会及其常务委员会会议厅，乡、民族乡、镇的人民代表大会会场；（3）各级人民法院和专门人民法院的审判庭；（4）宪法宣誓场所；（5）出境入境口岸的适当场所。

国徽及其图案不得用于：（1）商标、授予专利权的外观设计、商业广告；（2）日常用品、日常生活的陈设布置；（3）私人庆吊活动；（4）国务院办公厅规定不得使用国徽及其图案的其他场合。

（四）首都

我国首都是北京。

第五节 民族区域自治制度

一、民族区域自治制度的概念

民族区域自治制度是指在国家的统一领导下，以少数民族聚居区为基础，建立相应的自治地方，设立自治机关，行使自治权，使实行区域自治的民族的人民自主地管理本民族地方性事务的制度。民族区域自治制度包括以下主要内容：

1.各民族自治地方都是中华人民共和国不可分离的部分，各民族自治地方的自治机关都是中央统一领导下的地方政权机关。

2.民族区域自治必须以少数民族聚居区为基础，是民族自治与区域自治的结合。

3.在民族自治地方设立自治机关，民族自治机关除行使宪法规定的地方国家政权机关的职权外，还可以依法行使广泛的自治权。

二、民族自治地方的自治机关

民族自治地方是指实行民族区域自治的行政区域。民族自治地方包括自治区、自治州和自治县。民族乡不是民族自治地方。民族自治地方的自治机关是自治区、自治州和自治县的人民代表大会和人民政府，自治地方的人民法院和人民检察院不是自治机关。

自治区、自治州、自治县的人民代表大会常务委员会中应当有实行区域自治的民族的公民担任主任或副主任。自治区主席、自治州州长、自治县县长由实行区域自治的民族的公民担任。人民政府的其他组成人员以及自治机关所属工作部门的工作人员，也要尽量配备实行区域自治的民族和其他少数民族的人员。

三、民族自治地方的自治权

民族自治地方的自治权是指民族自治地方的自治机关根据《宪法》、《民族区域自治法》和其他法律的规定，根据实际情况自主地管理本地方、本民族内部事务的权利，主要有以下几方面。

1.制定自治条例和单行条例。自治条例是指民族自治地方的人民代表大会根据宪法和法律的规定，并结合当地民族政治、经济和文化特点制定的有关管理自治地方事务的综合性法规。单行条例是指民族自治地方的人民代表大会及其常务委员会在自治权范围内，依法根据当地民族的特点，针对某一方具体问题而制定的法规。

自治区制定的自治条例和单行条例须报全国人大常委会批准后才能生效；自治州、自治县制定的自治条例和单行条例，须报省或者自治区的人大常委会批准后生效，并报全国人大常委会备案。

自治条例和单行条例可以对法律和行政法规作出变通规定，但不得违背法律或行政法规的基本原则，不得对宪法和民族区域自治法的规定以及其他有关法律、行政法规专门就民族自治地方所作的规定作出变通规定。

2.根据当地民族的实际情况，贯彻执行国家的法律和政策。如果上级国家机关的决议、命令不适合本民族自治地方的实际情况,经上级国家机关批准,自治机关可以变通或者停止执行。

3.自主地管理地方财政。民族自治地方的财政是一级地方财政,自治机关有权管理本自治地方的财政。凡依照国家财政体制属于民族自治地方的财政收入,都应当由自治机关自主地安排使用。自治州、自治县决定减税或者免税,须报省或者自治区人民政府批准。

4.自主地管理地方性经济建设。

5.自主地管理教育、科学、文化、卫生、体育事业。

6.经国务院批准,组织维护社会治安的公安部队。

7.使用本民族的语言文字。

经典考题: 根据我国民族区域自治制度,关于民族自治县,下列哪一选项是错误的?(2017年卷一第23题,单选)[1]

A.自治机关保障本地方各民族都有保持或改革自己风俗习惯的自由
B.经国务院批准,可开辟对外贸易口岸
C.县人大常委会中应有实行区域自治的民族的公民担任主任或者副主任
D.县人大可自行变通或者停止执行上级国家机关的决议、决定、命令和指示

第六节 特别行政区制度

一、特别行政区的概念和特点

《宪法》第31条规定:"国家在必要时得设立特别行政区。在特别行政区内实行的制度按照具体情况由全国人民代表大会以法律规定。"特别行政区是指在我国版图内,根据我国宪法和法律规定设立的,具有特殊的法律地位,实行特别的政治、经济制度的行政区域。特别行政区是相对于一般行政区而言的,尽管特别行政区与一般行政区一样,都是中华人民共和国不可分割的一部分,都是中华人民共和国的地方行政区域单位,但特别行政区有其自身的特殊性。主要表现在:

(一)特别行政区享有高度的自治权

1.行政管理权。除国防、外交以及其他根据基本法应当由中央人民政府处理的行政事务外,特别行政区有权依照基本法的规定,自行处理有关经济、财政、金融、贸易、工商业、土地、教育、文化等方面的行政事务。

---

[1]【答案】D。《民族区域自治法》第10条规定:"民族自治地方的自治机关保障本地方各民族都有使用和发展自己的语言文字的自由,都有保持或者改革自己的风俗习惯的自由。"因此A项正确。第31条第1款规定:"民族自治地方依照国家规定,可以开展对外经济贸易活动,经国务院批准,可以开辟对外贸易口岸。"因此B项正确。第16条第3款规定:"民族自治地方的人民代表大会常务委员会中应当有实行区域自治的民族的公民担任主任或者副主任。"因此C项正确。第20条规定:"上级国家机关的决议、决定、命令和指示,如有不适合民族自治地方实际情况的,自治机关可以报经该上级国家机关批准,变通执行或者停止执行;该上级国家机关应当在收到报告之日起六十日内给予答复。"因此D项错误。

2. 立法权。特别行政区享有立法权。特别行政区立法会制定的法律须报全国人大常委会备案，但备案并不影响法律的生效。

3. 独立行使司法权和终审权。特别行政区法院独立进行审判，不受任何干涉；特别行政区的终审法院为最高审级，该终审法院的判决为最终判决。

4. 自行处理有关对外事务的权力。中央人民政府可授权特别行政区依照基本法自行处理有关对外事务。

（二）特别行政区保持原有资本主义制度和生活方式50年不变

香港基本法和澳门基本法都规定，在特别行政区不实行社会主义制度和政策，保持原有的资本主义制度和生活方式50年不变。这一规定充分体现了"一国两制"的基本方针。

（三）特别行政区的行政机关和立法机关由该区永久性居民依照基本法的有关规定组成

永久性居民是指在特别行政区享有居留权和有资格依照特别行政区法律取得载明其居留权和永久性居民身份证的居民。

（四）特别行政区原有的法律基本不变

特别行政区的原有法律除同基本法相抵触或经特别行政区立法机关作出修改者外，原有法律予以保留。

二、中央与特别行政区的关系

特别行政区是中华人民共和国享有高度自治权的地方行政区域，直辖于中央人民政府。因此，中央与特别行政区的关系是一个主权国家内中央与地方的关系，它的核心在于中央与特别行政区的权力的划分和行使。中央对特别行政区行使的权力主要有：中央人民政府负责管理与特别行政区有关的外交事务；中央人民政府负责管理特别行政区的防务；中央人民政府任命特别行政区行政长官和行政机关的主要官员；全国人大常委会有权决定特别行政区进入紧急状态；全国人大常委会享有对特别行政区基本法的解释权；全国人大对特别行政区基本法享有修改权。

三、特别行政区的政治体制

特别行政区的政治体制主要包括特别行政区的行政长官、行政机关、立法机关和司法机关等。

（一）特别行政区行政长官

特别行政区行政长官是特别行政区的首长，代表特别行政区，对中央人民政府和特别行政区负责。特别行政区行政长官由年满40周岁，在香港通常居住连续满20年并在外国无居留权的香港特别行政区永久性居民中的中国公民，以及在澳门通常居住连续满20年的澳门特别行政区永久性居民中的中国公民担任。行政长官在当地通过选举或协商产生，由中央人民政府任命。

（二）特别行政区行政机关

特别行政区行政机关即特别行政区的政府。特别行政区行政长官为特别行政区政府首长。特别行政区政府下设政务司、财政司、律政司和各局、厅、处、署等。特别行区政府依基本法规定行使职权，并对立法会负责；执行立法会通过并已生效的法律；定期向立法会作施政报告；答复立法会议员的质询。

（三）特别行政区立法机关

特别行政区立法会是特别行政区的立法机关，行使立法权。其职权包括：根据基本法的规定依法制定、修改和废除法律；审核、通过政府的财政预算；根据政府提案决定税收和公共开支；听取行政长官的施政报告并进行辩论；对政府工作提出质询。

（四）特别行政区司法机关

香港特别行政区的司法机关是香港特别行政区的各级法院，包括终审法院、高等法院、区域法院、裁判署法庭和其他专门法庭。终审法院法官和高等法院首席法官的任免还须行政长官征得立法会同意，并报全国人大常委会备案。在香港，主管刑事检察工作的部门是律政司。澳门特别行政区的司法机关是澳门特别行政区法院和检察院，包括初级法院、中级法院和终审法院，在普通法院之外设行政法院，管辖行政诉讼和税务诉讼的案件。终审法院法官的任免须报全国人大常委会备案。检察院独立行使法律赋予的检察职能。

四、特别行政区的法律制度

香港、澳门特别行政区的法律制度不仅自成体系，而且在总体上不属于社会主义性质。特别行政区法律制度的构成要素主要有：

（一）特别行政区基本法

特别行政区基本法是根据我国宪法，由全国人大制定的一部基本法律，是社会主义性质的法律。基本法既是我国社会主义法律体系的组成部分，同时又是特别行政区法律体系的组成部分。在我国社会主义法律体系中，其地位仅低于宪法，但在特别行政区法律体系中，基本法又处于最高的法律地位。

（二）予以保留的原有法律

香港原有法律，即普通法、衡平法、条例、附属立法和习惯法，除同《香港特别行政区基本法》相抵触或经香港特别行政区的立法机关作出修改者以外，予以保留。《澳门特别行政区基本法》也作了类似规定。但原有法律予以保留必须具备一定条件，即不与基本法相抵触，或者经特别行政区的立法机关作出修改。凡属殖民统治性质或者带有殖民主义色彩、有损我国主权的法律，都应废止或者修改。

（三）特别行政区立法机关制定的法律

特别行政区享有立法权，除有关国防、外交和其他根据基本法的有关规定不属于特别行政区自治范围的法律之外，立法会可以制定任何它有权制定的法律，只要制定的法律符合基本法，符合法定程序，就可以在特别行政区生效适用。

（四）适用于特别行政区的全国性法律

全国性法律是全国人大及其常委会制定的法律。由于特别行政区将保持其原有的法律制度，因而全国性法律一般不在特别行政区实施。但特别行政区作为中华人民共和国不可分离的一部分，有些体现国家主权和统一的全国性法律又有必要在那里实施。

根据《香港特别行政区基本法》附件三的规定，具体包括《关于中华人民共和国国都、纪年、国歌、国旗的决议》《关于中华人民共和国国庆日的决议》《中华人民共和国政府关于领海的声明》《中华人民共和国国籍法》《中华人民共和国外交特权与豁免条例》《中华人民共和国国旗法》《中华人民共和国领事特权与豁免条例》《中华人民共和国国徽法》《中华人民共和国领海及毗连区法》《中华人民共和国香港特别行政区驻军法》《中华人民共和国专属经济区和大陆架法》《中华人民共和国外国中央银行财产司法强制措施豁免法》《中华人民共和国国歌法》《中华人民共和国香港特别行政区维护国家安全法》。

五、特别行政区公职人员就职宣誓

特别行政区公职人员就职宣誓是公职人员就职的法定条件和必经程序，未进行合法有效宣誓或者拒绝宣誓，不得就任相应公职，不得行使相应职权和享受相应待遇。

《香港特别行政区基本法》第104条规定："香港特别行政区行政长官、主要官员、行政会议成员、立法会议员、各级法院法官和其他司法人员在就职时必须依法宣誓拥护中华人民共和国香港特别行政区基本法，效忠中华人民共和国香港特别行政区。"

宣誓必须符合法定的形式和内容要求，宣誓人必须真诚、庄重地进行宣誓，必须准确、完整、庄重地宣读包括"拥护中华人民共和国香港特别行政区基本法，效忠中华人民共和国香港特别行政区"内容的法定誓言。宣誓人拒绝宣誓，即丧失就任相应公职的资格；宣誓人故意宣读与法定誓言不一致的誓言或者以任何不真诚、不庄重的方式宣誓，也属于拒绝宣誓，所作宣誓无效，宣誓人即丧失就任相应公职的资格。宣誓必须在法律规定的监誓人面前进行，监誓人负有确保宣誓合法进行的责任，对符合法律规定的宣誓，应确定为有效宣誓；对不符合法律规定的宣誓，应确定为无效宣誓，并不得重新安排宣誓。

《澳门特别行政区基本法》第101条规定："澳门特别行政区行政长官、主要官员、行政会委员、立法会议员、法官和检察官，必须拥护中华人民共和国澳门特别行政区基本法，尽忠职守，廉洁奉公，效忠中华人民共和国澳门特别行政区，并依法宣誓。"第102条规定："澳门特别行政区行政长官、主要官员、立法会主席、终审法院院长、检察长在就职时，除按本法第一百零一条的规定宣誓外，还必须宣誓效忠中华人民共和国。"

【实战贴士】

1.立法会制定的法律须由行政长官签署、公布方有法律效力，并须报全国人大常委会备案，备案不影响该法律的生效。

2.如果全国人大常委会认为特别行政区制定的法律不符合基本法关于中央管理的事务及中央和特别行政区的关系的条款时，在征询基本法委员会的意见后，可将法律发回。法律一经发回，立即失效。

3.立法会议员一般由永久性居民担任。香港基本法规定，非中国籍的和在外国有居留权的永久性居民在立法会的比例不得超过20%。澳门基本法无此规定。

（1）行政长官如有严重违法或渎职行为而不辞职，可以进行弹劾。香港特别行政区立法会全体议员的1/4以上，澳门特别行政区立法会全体议员的1/3以上可以提出弹劾联合动议。

（2）动议经立法会通过以后，立法会应组成调查委员会进行调查。

（3）如调查以后认定有足够的证据证明行政长官有严重违法和渎职行为，立法会以全体议员2/3多数通过，可以提出弹劾案。

（4）报请中央人民政府决定。

经典考题： 根据《宪法》和《香港特别行政区基本法》规定，下列哪一选项是正确的？（2017年卷一第24题，单选）①

A. 行政长官就法院在审理案件中涉及的国防、外交等国家行为的事实问题发出的证明文件，对法院无约束力

B. 行政长官对立法会以不少于全体议员2/3多数再次通过的原法案，必须在1个月内签署公布

C. 香港特别行政区可与全国其他地区的司法机关通过协商依法进行司法方面的联系和相互提供协助

D. 行政长官仅从行政机关的主要官员和社会人士中委任行政会议的成员

第七节 基层群众自治制度

一、基层群众自治制度的含义和特点

《宪法》第111条规定，"城市和农村按居民居住地区设立的居民委员会或者村民委员会是基层群众性自治组织"。根据《宪法》和《村民委员会组织法》《城市居民委员会组织法》的规定，以及现行《宪法》实施以来我国城乡基层社会组织建设的实际情况，基层群众性自治组织是指依照有关法律规定，以城乡居民（村民）一定的居住地为纽带和范围设立，并由居民（村民）选举产生的成员组成的，实行自我管理、自我教育、自我服务的社会组织。

二、村民委员会

（一）村民委员会的设置

村民委员会根据村民居住状况、人口多少，按照便于群众自治的原则设立。村民委

---

① 【答案】C。根据《香港特别行政区基本法》第19条第2款规定："香港特别行政区法院对国防、外交等国家行为无管辖权。香港特别行政区法院在审理案件中遇有涉及国防、外交等国家行为的事实问题，应取得行政长官就该等问题发出的证明文件，上述文件对法院有约束力。行政长官在发出证明文件前，须取得中央人民政府的证明书。"因此A项错误。第49条规定："香港特别行政区行政长官如认为立法会通过的法案不符合香港特别行政区的整体利益，可在三个月内将法案发回立法会重议，立法会如以不少于全体议员三分之二多数再次通过原案，行政长官必须在一个月内签署公布或按本法第五十条的规定处理。"第50条第1款规定："香港特别行政区行政长官如拒绝签署立法会再次通过的法案或立法会拒绝通过政府提出的财政预算案或其他重要法案，经协商仍不能取得一致意见，行政长官可解散立法会。"因此B项错误。第95条规定："香港特别行政区可与全国其他地区的司法机关通过协商依法进行司法方面的联系和相互提供协助。"因此C项正确。第55条第1款规定："香港特别行政区行政会议的成员由行政长官从行政机关的主要官员、立法会议员和社会人士中委任，其任免由行政长官决定。行政会议成员的任期应不超过委任他的行政长官的任期。"因此D项错误。

员会的设立、撤销、范围调整，由乡、民族乡、镇的人民政府提出，经村民会议讨论同意后，报县级人民政府批准。

（二）村民委员会的任务

1.宣传宪法、法律、法规和国家的政策，教育和推动村民履行法律规定的义务，爱护公共财产，维护村民合法的权利和利益，发展文化教育，普及科技知识，促进村与村之间的团结、互助，开展多种形式的社会主义精神文明建设活动。

2.办理本村公共事务和公益事业，调解民间纠纷，协助维护社会治安，向人民政府反映村民的意见、要求和提出建议。

3.协助乡、民族乡、镇的人民政府开展工作，协助有关部门对被剥夺政治权利的村民进行教育、帮助和监督。

4.支持和组织村民依法发展各种形式的合作经济和其他经济，承担本村生产的服务和协调工作，促进农村生产建设和社会主义市场经济的发展。

5.尊重集体经济组织依法独立进行经济活动的自主权，维护以家庭承包经营为基础、统分结合的双层经营体制，保障集体经济组织和村民、承包经营户、联营或者合伙的合法的财产权和其他合法的权利和利益。

6.依照法律的规定，管理本村属于村民集体所有的土地和其他财产，教育村民合理利用自然资源，保护和改善生态环境。

7.多民族村民居住的村，村民委员会应当教育和引导村民加强团结、互相尊重、互相帮助。

（三）村民委员会的组织

村民委员会由主任、副主任和委员共3~7人组成，其中，妇女应当有适当名额，多民族村民居住的村应当有人数较少的少数民族的成员。村民委员会成员由年满18周岁未被剥夺政治权利的村民直接选举产生。每届任期5年，成员可以连选连任。

选举村民委员会，有登记参加选举的村民过半数投票，选举有效；候选人获得参加投票的村民过半数的选票，始得当选。本村1/5以上有选举权的村民或者1/3以上的村民代表联名，可以要求罢免村民委员会成员，罢免须有登记参加选举的村民过半数投票，并须经投票的村民过半数通过。村民委员会应当接受村民会议或者村民代表会议对其履行职责情况的民主评议，民主评议每年至少进行一次，由村务监督机构主持。村民委员会成员连续两次被评议不称职的，其职务终止。村民委员会成员实行任期和离任经济责任审计。

村民委员会根据需要设人民调解、治安保卫、公共卫生与计划生育等委员会。人口少的村的村民委员会可以不设下属的委员会，由村民委员会成员分工负责人民调解、治安保卫、公共卫生与计划生育等工作。村民委员会还可以分设村民小组，小组长由村民小组会议推选。村民委员会实行村务公开制度。

村民会议由本村18周岁以上的村民组成。召开村民会议，应当有本村18周岁以上村民的过半数，或者本村2/3以上的户的代表参加，村民会议所作决定应当经到会人员的过半数通过。法律对召开村民会议及作出决定另有规定的，依照其规定。召开村民会议，根据需要可以邀请驻本村的企业、事业单位和群众组织派代表列席。

人数较多或者居住分散的村，可以设立村民代表会议，讨论决定村民会议授权的事项。村民代表会议由村民委员会成员和村民代表组成，村民代表应当占村民代表会议组成人员的4/5以上，妇女村民代表应当占村民代表会议组成人员的1/3以上。村民代表由村民按每5户至15户推选1人，或者由各村民小组推选若干人。村民代表的任期与村民委员会的任期相同。村民代表可以连选连任。村民代表应当向其推选户或者村民小组负责，接受村民监督。

村民委员会向村民会议、村民代表会议负责并报告工作。村民会议审议村民委员会的年度工作报告，评议村民委员会成员的工作；有权撤销或者变更村民委员会不适当的决定；有权撤销或者变更村民代表会议不适当的决定。村民会议可以授权村民代表会议审议村民委员会的年度工作报告，评议村民委员会成员的工作，撤销或者变更村民委员会不适当的决定。村民自治章程、村规民约由村民会议制定和修改，并报乡、民族乡、镇的人民政府备案。

三、居民委员会

（一）居民委员会的性质

根据现行《宪法》和《城市居民委员会组织法》的规定，居民委员会是居民自我管理、自我教育、自我服务的基层群众性自治组织。居民委员会与不设区的市、市辖区的人民政府或者它的派出机关的关系是：（1）不设区的市、市辖区的人民政府或者它的派出机关对居民委员会的工作给予指导、支持和帮助；（2）居民委员会协助不设区的市、市辖区人民政府或者它的派出机关开展工作；（3）市、市辖区人民政府的有关部门需要居民委员会或者它的下属委员会协助进行工作，应经市、市辖区人民政府或者它的派出机关同意并统一安排；（4）市、市辖区人民政府的有关部门，可以对居民委员会有关的下属委员会进行业务指导。

（二）居民委员会的任务

1. 宣传宪法、法律、法规和国家的政策，维护居民的合法权益，教育居民履行法律规定的义务，爱护公共财产，开展多种形式的社会主义精神文明建设活动；
2. 办理本居住地区居民的公共事务和公益事业；
3. 调解民间纠纷；
4. 协助维护社会治安；
5. 协助人民政府或者它的派出机关做好与居民利益有关的公共卫生、计划生育、优抚救济、青少年教育等工作；
6. 向人民政府或者它的派出机关反映居民的意见、要求和提出建议。

（三）居民委员会的设置和组织

居民委员会根据居民居住状况，按照便于居民自治的原则，一般在100~700户的范围内设立。居民委员会的设立、撤销、规模调整，由不设区的市、市辖区的人民政府决定。居民委员会由主任、副主任和委员共5~9人组成。居民委员会主任、副主任和委员，由本居住地区全体有选举权的居民或者由每户派代表选举产生；根据居民意见，也可以由每个居民小组选举代表2至3人选举产生。居民委员会每届任期5年，其成员可以连选连任。

经典考题：杨某与户籍在甲村的村民王某登记结婚后，与甲村村委会签订了"不享受本村村民待遇"的"入户协议"。此后，杨某将户籍迁入甲村，但与王某长期在外务工。甲村村委会任期届满进行换届选举，杨某和王某要求参加选举。对此，下列说法正确的是：（2017年卷一第93题，不定项）①

A. 王某因未在甲村居住，故不得被列入参加选举的村民名单
B. 杨某因与甲村村委会签订了"入户协议"，故不享有村委会选举的被选举权
C. 杨某经甲村村民会议或村民代表会议同意之后方可参加选举
D. 选举前应当对杨某进行登记，将其列入参加选举的村民名单

• 小结 •

一、《中华人民共和国全国人民代表大会和地方各级人民代表大会选举法》修改：

1. 增加一条，作为第二条："全国人民代表大会和地方各级人民代表大会代表的选举工作，坚持中国共产党的领导，坚持充分发扬民主，坚持严格依法办事。"

2. 将第十一条改为第十二条，第一款第三项修改为："（三）不设区的市、市辖区、县、自治县的代表名额基数为一百四十名，每五千人可以增加一名代表；人口超过一百五十五万的，代表总名额不得超过四百五十名；人口不足五万的，代表总名额可以少于一百四十名"。

第一款第四项修改为："（四）乡、民族乡、镇的代表名额基数为四十五名，每一千五百人可以增加一名代表；但是，代表总名额不得超过一百六十名；人口不足二千的，代表总名额可以少于四十五名。"

3. 将第十三条改为第十四条，增加一款，作为第二款："依照前款规定重新确定代表名额的，省、自治区、直辖市的人民代表大会常务委员会应当在三十日内将重新确定代表名额的情况报全国人民代表大会常务委员会备案。"

4. 将第五十七条改为第五十八条，第二款修改为："国家工作人员有前款所列行为的，还应当由监察机关给予政务处分或者由所在机关、单位给予处分。"
不设区的市、市辖区、县、自治县、乡、民族乡、镇的人民代表大会的代表名额根据本决定重新确定。

二、《中华人民共和国香港特别行政区维护国家安全法》重点内容

1. 中央人民政府对香港特别行政区有关的国家安全事务负有根本责任。香港特别行政区负有维护国家安全的宪制责任；香港特别行政区设立维护国家安全委员

---

① 【答案】D。《村委会组织法》第13条第1款规定："年满十八周岁的村民，不分民族、种族、性别、职业、家庭出身、宗教信仰、教育程度、财产状况、居住期限，都有选举权和被选举权；但是，依照法律被剥夺政治权利的人除外。"因此B项错误。"村民委员会选举前，应当对下列人员进行登记，列入参加选举的村民名单：（二）户籍在本村，不在本村居住，本人表示参加选举的村民。"因此A、C项错误，D项正确。

会，负责香港特别行政区维护国家安全事务，承担维护国家安全的主要责任，并接受中央人民政府的监督和问责。

2. 香港特别行政区维护国家安全委员会由行政长官担任主席，成员包括政务司长、财政司长、律政司长、保安局局长、警务处处长、本法第十六条规定的警务处维护国家安全部门的负责人、入境事务处处长、海关关长和行政长官办公室主任；香港特别行政区维护国家安全委员会下设秘书处，由秘书长领导。秘书长由行政长官提名，报中央人民政府任命。

3. 驻香港特别行政区维护国家安全公署的职责：（一）分析研判香港特别行政区维护国家安全形势，就维护国家安全重大战略和重要政策提出意见和建议；（二）监督、指导、协调、支持香港特别行政区履行维护国家安全的职责；（三）收集分析国家安全情报信息；（四）依法办理危害国家安全犯罪案件。

4. 有以下情形之一的，经香港特别行政区政府或者驻香港特别行政区维护国家安全公署提出，并报中央人民政府批准，由驻香港特别行政区维护国家安全公署对本法规定的危害国家安全犯罪案件行使管辖权：（一）案件涉及外国或者境外势力介入的复杂情况，香港特别行政区管辖确有困难的；（二）出现香港特别行政区政府无法有效执行本法的严重情况的；（三）出现国家安全面临重大现实威胁的情况的。

5. 根据本法第五十五条规定管辖有关危害国家安全犯罪案件时，由驻香港特别行政区维护国家安全公署负责立案侦查，最高人民检察院指定有关检察机关行使检察权，最高人民法院指定有关法院行使审判权。

专题十二　公民的基本权利与义务

知识体系图

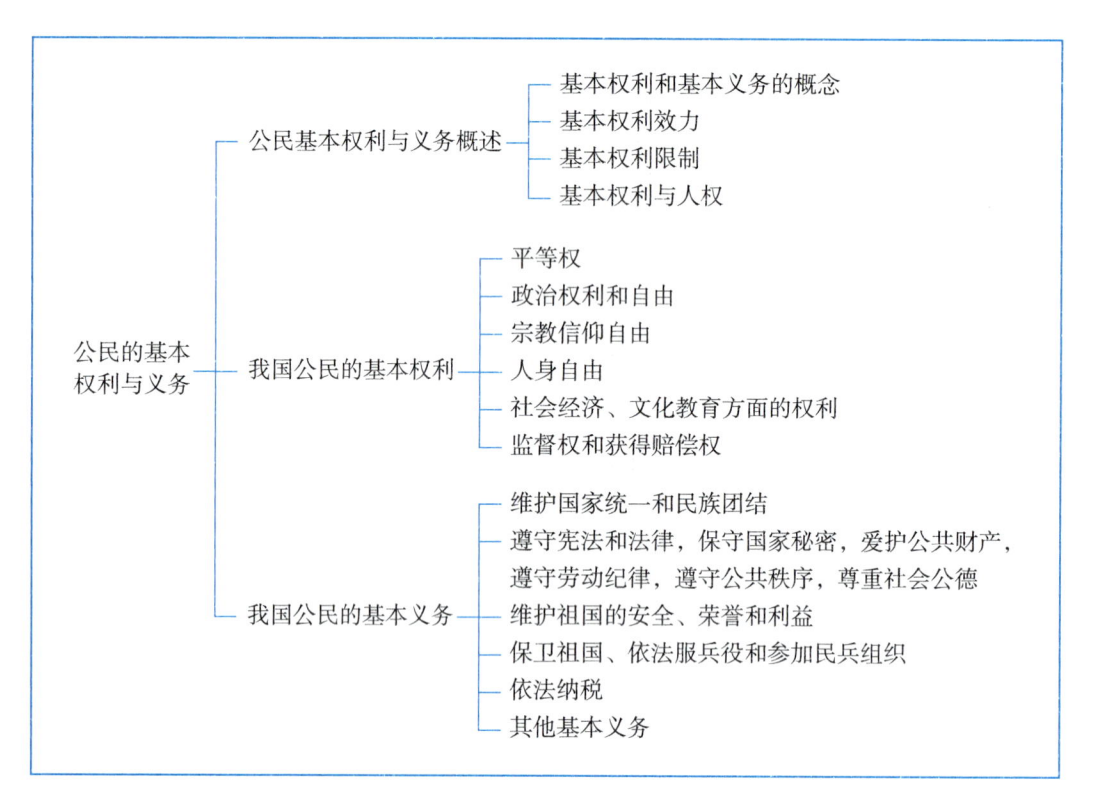

```
                              ┌─ 基本权利和基本义务的概念
                   公民基本权利  ├─ 基本权利效力
                   与义务概述   ├─ 基本权利限制
                              └─ 基本权利与人权

                              ┌─ 平等权
                              ├─ 政治权利和自由
公民的基本                      ├─ 宗教信仰自由
权利与义务  ─ 我国公民的基本权利 ├─ 人身自由
                              ├─ 社会经济、文化教育方面的权利
                              └─ 监督权和获得赔偿权

                              ┌─ 维护国家统一和民族团结
                              ├─ 遵守宪法和法律，保守国家秘密，爱护公共财产，
                              │  遵守劳动纪律，遵守公共秩序，尊重社会公德
                   我国公民的   ├─ 维护祖国的安全、荣誉和利益
                   基本义务    ├─ 保卫祖国、依法服兵役和参加民兵组织
                              ├─ 依法纳税
                              └─ 其他基本义务
```

命题点拨

本专题主要考查公民的基本权利，公民基本权利10年考查11次。

第一节　公民的基本权利与义务概述

一、公民基本权利与义务概念

公民的基本权利也称宪法权利或者基本人权，是指由宪法规定的公民享有的主要的、必不可少的权利。基本权利具有其自身的法律特性：

1. 基本权利决定着公民在国家中的法律地位；
2. 基本权利是公民在社会生活中最主要、最基本而又不可缺少的权利；

3.基本权利具有母体性,它能派生出公民的一般权利;

4.基本权利具有稳定性和排他性,它与人的公民资格不可分,与人的法律平等地位不可分,因而是所谓"不证自明"的权利。

公民的基本义务也称宪法义务,是指由宪法规定的公民必须遵守的和应尽的根本责任。公民的基本义务是公民对国家具有首要意义的义务,它与基本权利一起共同反映并决定着公民在国家中的政治与法律地位,构成普通法律规定的公民权利义务的基础和原则。

二、基本权利效力

基本权利的性质决定了其效力不同于普通法律,其效力直接针对国家。基本权利是约束国家,以防止和制止国家侵犯个人权利。并且,在基本权利效力问题上,一些国家的理论和实践还出现了一定程度的扩展趋势,基本权利开始对私人具有一定的拘束力。

(一)对立法机关的效力

基本权利对立法机关的效力具体体现为限制立法机关的制定法。基本权利是立法者的界限,立法机关制定的法律不得与基本权利的内容相抵触。该意义上的效力构成基本权利对国家最有力的约束。

(二)对行政机关的效力

基本权利最重要的效力之一表现为对行政机关行为的约束。行政机关的行为既包括抽象的行政法规、规章、命令,也包括具体行政行为。表现为行政机关在其行政行为中不得侵犯公民基本权利,否则公民就有诉请国家立法机关或者司法机关救济的权利,即公民通过行使诉愿权请求救济。实践中则由行政法院或由普通法院来承担这一救济和矫正行政行为侵权的职责。

(三)对司法机关的效力

基本权利对司法机关的效力有两种表现方式:(1)法院在适用普通法律审理案件过程中,对法律的解释不得违反基本权利条款,不得与基本权利条款有抵触。这可以通过宪法法院(德、韩等国)或者最高法院(美、日等国)裁决普通法院或者下级法院的案件来实现。(2)基本权利对法院有直接的拘束力。许多国家规定,基本权利条款直接对司法机关具有拘束力,这些权利包括:同一犯罪不受两次审判的权利、迅速而公开审判的权利、不得自证其罪的权利等。

三、基本权利限制

(一)限制基本权利的概念与依据

限制基本权利是指确定基本权利的范围,使之不得超过一定的限度,超过限度则构成权利的滥用。基本权利的受限制性具体表现为对基本权利主体和基本权利具体活动形式的限制。具体地说限制基本权利主要包括:

1.剥夺一部分主体的基本权利。一般作为刑罚的附加刑采用。如选举权是公民的政治权利之一,是进行政治活动的基础。我国《刑法》规定,对于被判处死刑、无期徒刑的犯罪分子,应当剥夺政治权利终身。

2.停止行使某种基本权利。出于某种原因，对基本权利主体的活动加以暂时性的限制，等条件恢复时再准予行使基本权利。

3.出于社会公益，对基本权利特殊主体的活动进行限制，如对公务员的政治活动、军人的政治权利进行限制等。

（二）限制基本权利的目的

由于各国宪法的性质不同，在限制基本权利的目的上也表现出不同的特点。从各国宪法的规定看，限制基本权利主要有三个方面的目的，即维护社会秩序、保障国家安全和维护公共利益。

（三）限制基本权利的基本形式

1.基本权利内在的限制

基本权利内在限制主要指基本权利内部已确定限制的范围，不是从外部设定的条件。

2.宪法和法律的限制

现代各国宪法一方面规定了保障基本权利的内容，另一方面又规定了限制基本权利的界限。这种界限也叫基本权利的宪法界限。在宪法原则的指导下，对基本权利的具体活动可通过法律进行适当的限制。这是经常被运用的形式。

（四）紧急状态下公民基本权利的限制

所谓紧急状态，就是指在一定范围和时间内由于突发重大事件而严重威胁和破坏公共秩序、公共安全、公共卫生、国家统一等公共利益和国家利益，需要紧急予以专门应对的社会生活状态。在紧急状态下，为了保障公民的基本权利和社会公共利益、迅速恢复经济与社会的正常状态，有必要赋予国家机关一定的紧急权力。如何既要保障基本权利价值，又要保证国家权力能够有效运作，如何在基本权利的保障与限制之间寻求合理平衡是现代宪法学需要研究的重要课题。

四、基本权利与人权

人权是基本权利的来源，基本权利是人权宪法化的具体表现。人权与基本权利的区别主要在于：人权是一种自然权，而基本权利是实定法上的权利；人权具有道德和价值上的效力，而基本权利是法律和制度上保障的权利，其效力与领域受到限制；人权表现为价值体系，而基本权利具有具体权利性；人权源于自然法，而基本权利源于人权等。人权与基本权利的区别决定了宪法文本中的人权需要法定化，并转化为具有具体权利内容的基本权利形态。人权一旦转化为宪法文本中的基本权利后，公民与国家机关都应受基本权利的约束。自然法意义上的人权并不是或者不能成为判断宪法和法律的尺度。人权所体现的基本价值是宪法制定与修改过程中的最高目标，表明人类生存与发展的要求、理念与期待。

经典考题： 基本权利的效力是指基本权利规范所产生的拘束力。关于基本权利效力，下列选项正确的是：（2017年卷一第94题，不定项）[①]

---

① 【答案】ABD。基本权利规范对公权力产生直接的拘束力，因此A、B项正确，C项错误。一些国家的宪法一定程度上承认基本权利规范对私人产生拘束力，因此D项正确。

A.基本权利规范对立法机关产生直接的拘束力
B.基本权利规范对行政机关的活动和公务员的行为产生拘束力
C.基本权利规范只有通过司法机关的司法活动才产生拘束力
D.一些国家的宪法一定程度上承认基本权利规范对私人产生拘束力

第二节 我国公民的基本权利

一、平等权

(一)平等权的概念

平等权是指公民依法平等地享有权利,不受任何差别对待,要求国家给予同等保护的权利。平等权是我国宪法赋予公民的一项基本权利,是公民其他一切权利实现的基础,也是我国社会主义法治的一个基本原则。

(二)平等权的基本内容

1.法律面前一律平等

我国现行《宪法》规定:"中华人民共和国公民在法律面前一律平等。"这一规定的含义有三:

(1)任何公民不分民族、种族、性别、职业、家庭出身、宗教信仰、教育程度、财产状况、居住期限,都一律平等地享有宪法和法律规定的权利,也都平等地履行宪法和法律规定的义务;

(2)任何人的合法权利都一律平等地受到保护,对违法犯罪行为一律依法予以追究,绝不允许任何违法犯罪分子逍遥法外;

(3)在法律面前,不允许任何公民享有法律以外的特权,任何人不得强制任何公民承担法律以外的义务,不得使公民受到法律以外的处罚。

2.禁止差别对待

平等权是宪法规定的公民基本权利,同时也是法治国家必须遵循的宪法原则。

3.平等权与合理差别

宪法禁止的差别是不合理的差别,即宪法意义上的差别存在合理的差别与不合理的差别。平等权的相对性要求禁止不合理的差别,而合理的差别具有合宪性。如宪法对全国人大代表的言论免责权作了特殊规定,这一权利是人大代表基于其取得的代表资格而享有的,不具有代表资格的公民不能享有。在这里,平等权的价值表现在人民代表在言论免责权行使方面的平等,公民之间权利方面的某些特殊规定是一种合理的差别,不能认为是一种特权。如果不承认现实生活中存在的合理的差别,仅仅以平等理念处理各种宪法问题,有可能导致平均主义,混淆平等与自由的界限。基于性别、年龄及个人生活环境的差异,在法律或公共政策中有可能出现一些差别,对此应作具体分析,区分合理的差别与不合理的差别。

经典考题: 中华人民共和国公民在法律面前一律平等。关于平等权,下列哪一表述

是错误的?(2015年卷一第25题,单选)①

A.我国宪法中存在一个关于平等权规定的完整规范系统
B.犯罪嫌疑人的合法权利应该一律平等地受到法律保护
C.在选举权领域,性别和年龄属于宪法所列举的禁止差别理由
D.妇女享有同男子平等的权利,但对其特殊情况可予以特殊保护

二、政治权利和自由

政治权利和自由是公民作为国家政治主体而依法享有的参加国家政治生活的权利和自由。公民享有参与国家政治生活方面的权利,是国家权力属于人民的直接表现,也是人民代表大会制度的基础。

(一)选举权和被选举权

中华人民共和国年满18周岁的公民,不分民族、种族、性别、职业、家庭出身、宗教信仰、教育程度、财产状况、居住期限,都有选举权和被选举权;但是依照法律被剥夺政治权利的人除外。选举权是指选民依法选举代议机关代表和特定国家机关公职人员的权利;被选举权则指选民依法被选举为代议机关代表和特定国家机关公职人员的权利。它是人民行使国家权力的基本形式,因而体现了人民管理国家的主人翁地位。

(二)六项政治自由

政治自由是指公民表达自己政治意愿的自由,包括言论、出版、集会、结社、游行、示威自由。公民的政治自由是近代民主政治的基础,是公民表达个人见解和意愿,参与正常社会活动和国家管理的一项基本权利。

1.言论自由

言论自由是指公民有权通过各种语言形式,针对政治和社会中的各种问题表达其思想和见解的自由。言论自由在公民的各项政治自由中居于首要地位。我国《宪法》规定的言论自由具有特定的范围与表现形式。

(1)公民作为基本权利主体,都有以言论方式表达思想和见解的权利,因而其享有的主体十分广泛;

(2)言论自由的表现形式多样,既包括口头形式,又包括书面形式,必要时还可根据法律规定利用电视广播等传播媒介;

---

① 【答案】C。我国《宪法》第33、34条规定了平等权的一般原则,第44~50条分别规定了对特殊群体的保护,构成了完整的规范体系。A项正确。公民的正当权利和合法利益都平等地受到法律的保护,这里的"公民"包括犯罪嫌疑人(此时还没有被剥夺政治权利),B项正确。《宪法》第34条规定,中华人民共和国年满18周岁的公民,不分民族、种族、性别、职业、家庭出身、宗教信仰、教育程度、财产状况、居住期限,都有选举权和被选举权。俗称"九个部分,一律平等"。这其中并没有将年龄列举出作为禁止差别的理由(除了18周岁这个资格条件)。C项错误。《宪法》第48条第1款规定,中华人民共和国妇女在政治的、经济的、文化的、社会的和家庭的生活等各方面享有同男子平等的权利。但第49条第4款规定,禁止破坏婚姻自由,禁止虐待老人、妇女和儿童。这属于对妇女的特殊保护。D项正确。

（3）言论自由作为一项法律权利，在法定范围内，其享受者不应由于某种言论而带来不利后果，其合法权益受法律保护；

（4）公民的言论自由必须在法律范围内行使。

2.出版自由

出版自由是指公民可以通过公开出版物的形式，自由地表达自己对国家事务、经济和文化事业、社会事务的见解和看法。出版自由一般包括两个方面的内容：

（1）著作自由，即公民有权自由地在出版物上发表作品；

（2）出版单位的设立与管理必须遵循国家宪法和法律的规定。出版是言论的自然延伸，是固定化的言论；出版自由也就是言论自由的自然延伸。

世界各国对出版物的管理主要有预防制和追惩制。前者也称事前审查制，即在著作出版前审查其内容是否合法的制度；后者是在出版物出版后，根据其社会效果决定是否予以禁止和处罚的制度。我国实行预防制和追惩制相结合的制度，但事前审查主要由出版单位承担。

3.结社自由

结社自由是指有着共同意愿或利益的公民，为了一定宗旨而依法定程序组成具有持续性的社会团体的自由。

公民结社按目的不同分为营利性结社和非营利性结社。前者如成立公司、集团等，这由民法、商法等来调整其权利义务关系。后者又分为政治性结社和非政治性结社两类。前者如组织政党、政治团体等，后者如组织宗教、慈善、文化艺术团体等。

《宪法》中规定的结社自由主要指组织政治性团体的自由。2016年国务院修订通过的《社会团体登记管理条例》规定，社会团体的成立实行核准登记制度。我国社会团体的登记管理机关是民政部和县级以上的地方各级民政部门，登记管理机关对社会团体的活动进行监督；社会团体必须遵守国家宪法、法律、法规和国家的有关政策。

4.集会、游行、示威自由

集会、游行、示威自由是言论自由的延伸和具体化，是公民表达其意愿的不同表现形式。集会自由是指公民为着共同目的，临时聚集于露天公共场所，发表意见、表达意愿的自由；游行自由是指公民在公共道路、露天公共场所列队行进，表达共同愿望的自由；示威自由是指公民在露天公共场所或者公共道路上以集会、游行、静坐等方式，表达要求、抗议或者支持、声援等共同意愿的自由。

1989年全国人大常委会通过并公布了《集会游行示威法》。该法对集会、游行、示威的概念和标准，主管机关和具体管理程序及措施，申请和获得许可的程序，违法行为及应承担的法律责任等，都作出了明确的规定。

三、宗教信仰自由

我国公民有宗教信仰自由。宗教信仰自由是指公民依据内心的信念，自愿地信仰宗教的自由。其涵义可概括为：是否信仰宗教、信仰何种宗教、何时信仰宗教均是公民的自由。

我国宪法之所以要如此规定是因为：

1.宗教是一种历史现象，有其产生、发展和消亡的过程，在它存在的条件尚未消失的时候，它还会继续存在。

2.宗教信仰属于思想范畴问题，对待公民的思想认识问题，只能采取说服教育的方法去解决，绝不能强迫命令、粗暴压制。

3.宗教的存在具有长期性、国际性、民族性和群众性的特点，正确处理好宗教问题，对于民族团结、国家统一和国际交往都具有重要意义。

任何国家机关、社会团体和个人不得强制公民信仰宗教或者不信仰宗教，不得歧视信仰宗教的公民和不信仰宗教的公民；国家保护正常的宗教活动，但任何人不得利用宗教进行破坏社会秩序、损害公民身体健康、妨碍国家教育制度的活动；宗教团体和宗教事务不受外国势力支配。

四、人身自由

人身自由包括狭义和广义两个方面。狭义的人身自由主要指公民的身体不受非法侵犯，广义的人身自由则还包括与狭义人身自由相关联的人格尊严、住宅不受侵犯、通信自由和通信秘密等与公民个人生活有关的权利和自由。人身自由是公民具体参加各种社会活动和实际享受其他权利的前提，也是保持和发展公民个性的必要条件。

（一）生命权

生命权是享有生命的权利，体现着人类的尊严与价值。生命权是最重要的权利，是基本权利价值体系的基础和出发点。从一般意义上讲，生命权的基本内容包括：

1.享受生命的权利，即每个自然人平等地享有生命价值；

2.防御权，即生命权的本质是对一切侵害生命价值的行为的防御；

3.生命保护请求权，即当生命权受到侵害时，受害者有权向国家提出保护的请求，以得到必要的救济；

4.生命权的不可处分性。由于生命权是人的尊严的基础和一切权利的出发点，故生命权具有专属性，只属于特定的个人，但个人主观的生命权同时具有社会共同体价值秩序的性质，表现为一种法律义务。

（二）人身自由

我国公民的人身自由不受侵犯。这里的人身自由是指狭义的人身自由，是指公民的肉体和精神不受非法侵犯，即不受非法限制、搜查、拘留和逮捕。人身自由是公民所应享有的最起码的权利。

人身自由与其他自由一样并不是绝对的，在必要时，国家可以依法采取搜查、拘留、逮捕等措施，限制甚至剥夺特定公民的人身自由。禁止非法拘禁或以其他方法非法剥夺或者限制公民的人身自由，禁止非法搜查公民的身体。任何公民，非经人民检察院批准或者决定或者人民法院决定，并由公安机关执行，不受逮捕。

（三）人格尊严不受侵犯

我国公民的人格尊严不受侵犯，禁止用任何方法对公民进行侮辱、诽谤和诬告陷害。人格尊严是指公民作为平等的人的资格和权利应该受到国家的承认和尊重，包括与公民人身存在密切联系的名誉、姓名、肖像等不容侵犯的权利。人格尊严的法律表现是公民的人格权，具体包括：姓名权、肖像权、名誉权、荣誉权和隐私权。

(四) 住宅不受侵犯

我国公民的住宅不受侵犯，禁止非法搜查或者非法侵入公民的住宅。住宅不受侵犯是指任何机关、团体的工作人员或者其他个人，未经法律许可或未经户主等居住者的同意，不得随意进入、搜查或查封公民的住宅。住宅是公民日常生活、工作学习的场所，因此保护了公民的住宅不受侵犯，也就保护了公民的居住安全和生活安定，也就进一步保护了公民的人身自由。住宅不受侵犯还包括任何机关、团体或个人都不可侵占、损毁公民的住宅。公安机关、检察机关为了收集犯罪证据、查获犯罪嫌疑人，需要对有关人员的身体、物品、住宅及其他地方进行搜查时，必须严格依照法律规定的程序进行。

(五) 通信自由和通信秘密

我国公民的通信自由和通信秘密受法律的保护，除因国家安全或者追查刑事犯罪的需要，由公安机关或者检察机关依照法律规定的程序对通信进行检查外，任何组织或者个人不得以任何理由侵犯公民的通信自由和通信秘密。

通信自由是指公民与其他主体之间传递消息和信息不受国家非法限制的自由。通信秘密是指公民的通信，包括电报、电传、电话和邮件等信息传递形式，他人不得隐匿、毁弃、拆阅或者窃听。

经典考题： 我国《宪法》第三十八条明确规定："中华人民共和国公民的人格尊严不受侵犯。"关于该条文所表现的宪法规范，下列哪些选项是正确的？（2015年卷一第61题，多选）①

A. 在性质上属于组织性规范
B. 通过《民法典》中有关姓名权的规定得到了间接实施
C. 法院在涉及公民名誉权的案件中可以直接据此作出判决
D. 与法律中的有关规定相结合构成一个有关人格尊严的规范体系

五、社会经济、文化教育方面的权利

社会经济权利是指公民根据宪法规定享有的具有物质经济利益的权利，是公民实现基本权利的物质上的保障。文化教育权利则是公民根据宪法规定，在教育和文化领域享有的权利和自由。

---

① 根据新法改编。【答案】BD。本题旨在考查对宪法规范的特点、分类的理解。题干中关于公民人格尊严的规定，从一种角度而言，它表现的是权利性规范，即人格尊严，从另一个角度而言，它表现的又是禁止性规范，即禁止任何组织或其他人时公民人格尊严的侵犯；但不管怎样，它在性质上不属于"组织性规范"。组织性规范主要涉及国家机构部分，故A项错误。宪法规范具有原则性，主要通过具体法律规范予以间接实施《刑法》《民法典》和《治安管理处罚法》等法律，对《宪法》中人格尊严条款作出了具体规定，使这一基本权利有了法律的实际保障，所以，宪法中的有关人格尊严的规范与法律中的相关规定结合在一起，共同构成了一个有关人格尊严的规范体系，故D项正确。《民法典》中对姓名权的规定，就实施《宪法》中的人格尊严条款，性质上属于"间接实施"，故B项正确。但是，按照我国目前的宪法实施状况和法院的实践，我国法院不直接适用《宪法》，即不能直接根据该条文作出判决，故C项错误。

（一）财产权

财产权是指公民对其合法财产享有的不受非法侵犯的所有权。公民的合法的私有财产不受侵犯；国家依照法律规定保护公民的私有财产权；国家为了公共利益的需要，可以依照法律规定对公民的私有财产实行征收或者征用，并给予补偿。

（二）劳动权、休息权和获得物质帮助权

我国公民有劳动的权利和义务。公民的劳动权是指有劳动能力的公民有从事劳动并取得相应报酬的权利。为了实现公民的劳动权，国家通过各种途径，创造劳动就业条件，加强劳动保护，改善劳动条件，并在发展生产的基础上，提高劳动报酬和福利待遇。同时，劳动者有休息的权利。

公民在年老、疾病或者丧失劳动能力的情况下，有从国家和社会获得物质帮助的权利。

（三）受教育的权利和进行科学研究、文学艺术创作和其他文化活动的自由

公民有受教育的权利和义务，有进行科学研究、文学艺术创作和其他文化活动的自由。受教育既是一项权利，又是一项义务。教育权在属性上属于积极权利，即国家应当为实现公民的教育权而提供平等机会、物质保障和政策支持。国家对于从事教育、科学、技术、文学、艺术和其他文化事业的公民的有益于人民的创造性工作，给以鼓励和帮助。

经典考题： 某县政府以较低补偿标准进行征地拆迁。张某因不同意该补偿标准，拒不拆迁自己的房屋。为此，县政府责令张某的儿子所在中学不为其办理新学期注册手续，并通知财政局解除张某的女婿李某（财政局工勤人员）与该局的劳动合同。张某最终被迫签署了拆迁协议：关于当事人被侵犯的权利，下列选项正确的是：（2015年卷一第92题，不定项）①

A．张某的住宅不受侵犯权　　　　B．张某的财产权
C．李某的劳动权　　　　　　　　D．张某儿子的受教育权

六、监督权和获得赔偿权

（一）监督权

监督权是指宪法赋予公民监督国家机关及其工作人员的活动的权利，是公民作为国家管理活动的相对方对抗国家机关及其工作人员违法失职行为的权利。其内容主要包括：批评、建议权，控告、检举、申诉权。

（二）获得赔偿权

由于国家机关和国家工作人员侵犯公民权利而受到损失的人，有依照法律规定取得

---

① 【答案】BCD。本题旨在考查对公民权利的准确理解。判断张某的财产权、李某的劳动权和张某儿子的受教育权被侵犯并不难，本题难点在于区分财产权和住宅不受侵犯权。《宪法》第39条规定："中华人民共和国公民的住宅不受侵犯。禁止非法搜查或者非法侵入公民的住宅。"《刑法》第245条第1款规定："非法搜查他人身体、住宅，或者非法侵入他人住宅的，处三年以下有期徒刑或者拘役。"根据这两个条文的规定，以及目前我国宪法学的通说，住宅权是人身自由权的延伸，对住宅权的侵犯表现为"随意进入""搜查"和"查封"，而从题干材料可知，县政府没有这类行为，故不构成对张某住宅的侵犯，A项错误。

赔偿的权利。《行政诉讼法》确立了行政赔偿的原则和制度，《国家赔偿法》使公民的这一宪法权利得到了切实的保障。

【实战贴士】

1.生命权首先是人的权利，而不仅仅是公民的权利。生命权的主体只能是自然人，包括本国人、外国人和无国籍人。我国《宪法》并未明文规定生命权，因为该权利不言自明。

2.劳动和受教育，既是公民的权利，也是公民的义务。

3.除财产权和继承权外，公民的社会经济、文化教育权利都属于公民的积极受益权，即公民可以积极主动地向国家提出请求，国家也应积极予以保障的权利，这是20世纪以来宪法权利的新发展。

第三节 我国公民的基本义务

1.维护国家统一和民族团结。

2.遵守宪法和法律，保守国家秘密，爱护公共财产，遵守劳动纪律，遵守公共秩序，尊重社会公德。

3.维护祖国的安全、荣誉和利益。

4.保卫祖国、依法服兵役和参加民兵组织。

5.依法纳税。

6.除上述的基本义务之外，我国《宪法》还规定了劳动的义务、受教育的义务、夫妻双方计划生育的义务、父母抚养教育未成年子女的义务、成年子女赡养扶助父母的义务。

· 小结 ·

1.平等权：（1）位列基本权利之首的是平等原则（平等权利），也是宪法的基本权利。（2）平等不排除合理差别，且政府对合理差别负有举证责任。

2.政治权利：选举权被选举权+言论、出版、集会、结社、游行、示威。（1）选举包括三种：选出人大代表+人大代表选出国家机关领导人+村委会选举，同时也有相应的三种罢免。（2）言论自由与出版自由的区别：是否有版号，出版自由为申请许可审批制。（3）言论自由分为政治言论与非政治言论；我国历部宪法都规定了言论自由，言论自由的行使并非无限制，不能侮辱他人。（4）出版自由包括政治出版和非政治出版，我国历部宪法都规定了出版自由。（5）集会游行示威：集会游行示威自由源于公民的请愿权，属于许可制；我国历部宪法都规定了集会游行示威自由；非政治方面的集会游行示威不属于基本政治权利。（6）结社自由：结社自由采用登记制，既包括政治结社也包括非政治结社。

3.宗教信仰自由：（1）宗教信仰自由包括三方面：宗教信仰自由+参加宗教仪式+参加宗教社团，不可以公开传教；（2）宗教信仰自由的行使限制：不能破坏社会秩序+不能损害公民身体健康+不能妨碍国家教育制度+不能接受外国势力的支配。

4. 人身自由：人身自由+人格尊严+住宅权+通信自由和通信秘密。（1）人身自由：不受非法剥夺、不受非法限制、不受非法搜查，但检察院批准逮捕、公安机关执行逮捕等合法的情况例外；（2）人格尊严：不受侮辱、诽谤、诬告陷害，没有例外；20世纪之后普遍重视的权利；（3）住宅权：包括禁止非法搜查、非法侵入；公安机关、检察机关、监察机关、国安机关等侦查机关依法搜查的，必须2人以上且有见证人与搜查证；（4）通信自由、通信秘密：侦查机关有权检查。

5. 社会、经济、文化权利：（1）劳动权：有劳动能力的人才享有的权利，并非所有人都享有+既是权利也是义务；（2）休息权：劳动者才享有的权利；（3）社会保障权：有广义与狭义之分，狭义的社会保障弱势群体才享有，广义的社会保障人人都享有，2004年宪法修正案规定；（4）受教育权：所有人都享有的权利，既是权利也是义务；（5）科研文艺创作等自由。

6. 监督权：批评+建议+检举+控告+申诉+国家赔偿；一个人犯罪被剥夺政治权利，并不会被剥夺监督权。

7. 特殊群体保护：保护妇女+婚姻家庭、老人、儿童+残疾人+残废军人和军烈属+华侨（正当的权利和利益）+归侨侨眷（合法的权利和利益）。

专题十三　国家机构

知识体系图

```
国家机构
├─ 国家机构概述
│   ├─ 国家机构的概念和分类
│   └─ 我国国家机构的组织和活动原则
├─ 全国人民代表大会及其常务委员会
│   ├─ 全国人民代表大会
│   ├─ 全国人大常委会
│   ├─ 全国人大各委员会
│   └─ 全国人民代表大会代表
├─ 中华人民共和国主席
│   ├─ 国家主席的性质和地位
│   ├─ 国家主席的产生和任期
│   ├─ 国家主席的职权
│   └─ 国家主席职位的补缺
├─ 国务院
│   ├─ 国务院的性质和地位
│   ├─ 国务院的组成和任期
│   ├─ 国务院的领导体制
│   ├─ 国务院的职权
│   ├─ 国务院所属各部委、各委员会
│   └─ 审计机关
├─ 中央军事委员会
│   ├─ 中央军事委员会的性质和地位
│   └─ 中央军事委员会的组成和任期、责任形式
├─ 地方各级人民代表大会和地方各级人民政府
│   ├─ 地方各级人民代表大会
│   ├─ 县级以上地方各级人大常委会
│   ├─ 地方各级人大代表
│   └─ 地方各级人民政府
├─ 监察委员会
│   ├─ 性质
│   ├─ 设置
│   ├─ 组成和任期
│   ├─ 领导关系
│   ├─ 职权
│   ├─ 职能
│   ├─ 监察范围
│   ├─ 管辖
│   ├─ 领导体制
│   └─ 对监察委员会的监督
└─ 人民法院与人民检察院
    ├─ 人民法院
    ├─ 人民检察院
    └─ 人民法院、人民检察院与公安机关的关系
```

命题点拨

本专题主要考查各个国家机关的职权。全国人大及其常委会10年考查12次，地方各级人大及其常委会10年考查5次，其他国家机构10年考查9次。需要注意《中华人民共和国全国人民代表大会组织法》的相关修改（详见重点小结）。

第一节　国家机构概述

一、国家机构的概念和分类

国家机构是国家为实现其职能而建立起来的国家机关的总和。

从世界范围而言，现代国家的国家机构十分复杂。一般而言，西方国家一般根据立法、行政、司法三权将国家机关分为立法机关、行政机关和司法机关三种；社会主义国家则按国家权力的统一原则将国家机关分为权力、行政和司法等机关。如果以行使职权的地域范围为标准，则可分为中央国家机关和地方国家机关两种。

我国国家机构从行使权力的属性来看，可分为国家权力机关、国家元首、国家行政机关、国家军事机关、国家监察机关、国家审判机关和国家检察机关。中央国家机构包括全国人民代表大会及其常务委员会、国家主席、国务院、中央军事委员会、国家监察委员会、最高人民法院和最高人民检察院。地方国家机构则包括地方各级人民代表大会及其常务委员会、地方各级人民政府、地方监察委员会、地方各级人民法院和地方各级人民检察院，以及特别行政区的各种国家机关。

二、我国国家机构的组织和活动原则

1.民主集中制原则。
2.社会主义法治原则。
3.责任制原则。

我国国家机构实行责任制的原则，表现在：各级人民代表大会都要向人民负责，每一代表都要受原选举单位的监督，选举单位可以随时罢免自己所选出的代表；国家行政机关、监察机关、审判机关和检察机关等则向同级人民代表大会及其常务委员会负责。

责任制原则在不同的国家机关内部，由于机关性质的不同而有不同的表现，具体表现为集体负责制和个人负责制两种形式。

集体负责制是指全体组成人员和领导成员的地位和权利平等，在重大问题的决定上，由全体组成人员集体讨论，并且按照少数服从多数的原则作出决定，集体承担责任。各级人民代表大会及其常务委员会、监察委员会、人民法院和人民检察院等即是实行集体负责制的机关。集体负责制能够集思广益，充分发挥集体的智慧和作用，避免主观性和片面性。

个人负责制是指由首长个人决定问题并承担相应责任的领导体制。在我国，国务院及其各部、委，中央军委以及地方各级人民政府等都实行个人负责制。个人负责制权责明确，讲究效率，因而适合于国家行政机关和军事机关的性质和工作特点。同时，贯彻个人负责制的国家机关大多是执行机关。但在执行过程中并不排斥民主基础上的集体讨论。

4.密切联系群众，为人民服务原则。

5.精简与效率原则。

【实战贴士】

《宪法》第2条第1、2款规定："中华人民共和国的一切权力属于人民。人民行使国家权力的机关是全国人民代表大会和地方各级人民代表大会。"

《宪法》第3条第2款规定："全国人民代表大会和地方各级人民代表大会都由民主选举产生，对人民负责，受人民监督。"

《宪法》第3条第3款规定："国家行政机关、监察机关、审判机关、检察机关都由人民代表大会产生，对它负责，受它监督。"

第二节　全国人民代表大会及其常务委员会

一、全国人民代表大会

（一）全国人大的性质与地位

在我国，一切权力属于人民，人民行使国家权力的机关是全国人大和地方各级人大。全国人大是全国人民行使国家权力的最高机关，又是行使国家立法权的机关。作为最高国家权力机关的全国人大，是国家权力的最高体现者。它集中代表全国各族人民的意志和利益，行使国家的立法权和决定国家生活中的其他重大问题。因此，全国人大在我国国家机构体系中居于首要地位，其他任何国家机关都不能超越于全国人大之上，也不能和它相并列。全国人大及其常委会通过的法律和决议，其他国家机关都必须遵照执行。

（二）全国人大的组成与任期

全国人大由省、自治区、直辖市、特别行政区和军队代表组成。我国目前采取的是地域代表制与职业代表制（军队）相结合，而以地域代表制为主的代表制。全国人大代表的名额总数不超过3000名，每一少数民族都应有自己的代表，人口特别少的少数民族至少应有1名代表。

全国人大行使职权的法定期限即每届任期为5年。在任期届满前的2个月以前，全国人大常委会必须完成下届全国人大代表的选举工作。如果遇到不能进行选举的非常情况，由全国人大常委会以全体委员2/3以上的多数通过，可以推迟选举，延长本届全国人大的任期；但在非常情况结束后1年以内，全国人大常委会必须完成下届全国人大代表的选举。

（三）全国人大的职权

1.修改宪法、监督宪法实施

宪法是国家的根本大法，它的修改举足轻重，这个权力只能由全国人大行使。宪法的修改由全国人大常委会或者1/5以上的全国人大代表提议，并由全国人大以全体代表的

2/3以上的多数通过。现行《宪法》颁布实施以来，全国人大根据客观现实生活的需要，已经对宪法进行了5次修改。

2.制定和修改基本法律

基本法律是以宪法为根据的由全国人大制定的最重要的法律，包括刑法、刑事诉讼法、民法典、民事诉讼法、选举法、民族区域自治法、特别行政区基本法等。

3.选举、决定和罢免国家机关的重要领导人

（1）选举全国人大常委会委员长、副委员长、秘书长和委员；

（2）选举中华人民共和国主席、副主席，中央军事委员会主席，国家监察委员会主任，最高人民法院院长，最高人民检察院检察长；

（3）根据国家主席的提名，决定国务院总理的人选，根据总理的提名，决定国务院副总理、国务委员、各部部长、各委员会主任、审计长和秘书长的人选；

（4）根据中央军事委员会主席的提名，决定中央军事委员会副主席和委员的人选。

对于以上人员，全国人大有权依照法定程序予以罢免。罢免案由全国人大主席团或者3个以上的代表团或者1/10以上的代表提出，由主席团提请大会审议，并经全体代表的过半数同意，才能通过。

4.决定国家重大问题

（1）全国人大有权审查和批准国民经济和社会发展计划以及计划执行情况的报告；

（2）审查和批准国家预算和预算执行情况的报告；

（3）批准省、自治区和直辖市的建置；

（4）决定特别行政区的设立及其制度；

（5）决定战争和和平问题。

5.最高监督权

全国人大有权监督由其产生的其他国家机关的工作。全国人大常委会对全国人大负责并报告工作，全国人大可以改变或者撤销全国人大常委会不适当的决定；国务院要向全国人大负责并报告工作；中央军事委员会主席、国家监察委员会、最高人民法院、最高人民检察院也要对全国人大负责。

6.其他应当由全国人大行使的职权。

（四）全国人大的会议议程和工作程序

全国人大通过法律案以及其他议案，选举和罢免国家领导人都要经过以下四个阶段：

1.提出议案

全国人民代表大会主席团、全国人大常委会、全国人大各专门委员会、国务院、中央军事委员会、国家监察委员会、最高人民法院、最高人民检察院、一个代表团、30名以上的代表联名，可以向全国人大提出属于全国人大职权范围内的议案。

2.审议议案

对国家机关提出的议案，由主席团决定交各代表团审议，或者先交有关专门委员会审议，提出报告，再由主席团审议决定提交大会表决；对代表团和代表提出的议案，则由主席团审议决定是否列入大会议程，或者先交有关专门委员会审议，提出是否列入大会议程的意见，再决定是否列入大会议程。

3.表决通过议案

议案经审议后,由主席团决定提交大会表决。表决议案采用无记名按表决器方式,如表决器系统在使用中发生故障,采用举手方式。宪法的修改,采用无记名投票方式表决。宪法修正案由全国人民代表大会全体代表2/3以上的多数通过;法律和其他议案由全国人民代表大会全体代表过半数通过。

4.公布法律、决议

法律议案通过后即成为法律,由国家主席以发布命令的形式加以公布;选举结果及重要议案由全国人民代表大会主席团以公告公布或由国家主席以发布命令形式公布。

二、全国人大常委会

(一)全国人大常委会的性质和地位

全国人大常委会是全国人大的常设机关,也是行使国家立法权的机关。全国人大常委会与全国人大是隶属关系。全国人大常委会必须服从全国人大。

(二)全国人大常委会的组成和任期

全国人大常委会由委员长、副委员长若干人、秘书长和委员若干人组成。这些组成人员必须是全国人大代表,并由每届全国人大第一次会议选举产生。全国人大常委会的组成人员不得担任国家行政机关、监察机关、审判机关和检察机关的职务。而且自第十届全国人大起,全国人大常委会还增设了若干专职委员。同时,在全国人大常委会的组成人员中,应当有适当名额的少数民族代表。全国人大常委会的任期与全国人大相同,即5年。但全国人大常委会与全国人大在任期结束的时间上又略有不同。下届全国人大第一次会议开始时,上届全国人大的任期即告结束。但上届全国人大产生的常委会,则须在下届全国人大常委会产生后,才能结束。它要负责召集下一届全国人大第一次会议。常委会的委员长、副委员长、秘书长和委员连选连任。但委员长、副委员长连续任职不得超过两届。

(三)全国人大常委会的职权

1.解释宪法,监督宪法的实施

宪法是根本法,对它的解释权只能由极有权威的国家机关来行使。解释宪法与监督宪法的实施又有着密切的联系。全国人大及其常委会都有权监督宪法的实施。这是对1954年《宪法》的发展。1954年《宪法》规定监督宪法的实施只是全国人大的一项重要职权,但全国人大每年只举行十多天会议,不便于经常工作。因此,《宪法》同时把这项职权赋予全国人大常委会。

2.根据宪法规定的范围行使立法权

全国人大常委会有权制定除由全国人大制定的基本法律以外的其他法律;在全国人大闭会期间对全国人大制定的基本法律有权进行部分修改和补充,但是不得同该法律的基本原则相抵触。

3.解释法律

全国人大常委会所解释的法律包括自己和全国人大所制定的法律。全国人大常委会解释法律,指的是对于那些法律条文本身需要进一步明确界限或作补充规定的解释。

4.审查和监督行政法规、地方性法规的合宪性和合法性全国人大常委会有权撤销国务院制定的同宪法、法律相抵触的行政法规、决定和命令；有权撤销省、自治区、直辖市的国家权力机关制定的同宪法、法律和行政法规相抵触的地方性法规和决议。

5.对国民经济和社会发展计划以及国家预算部分调整方案的审批权

6.监督国家机关的工作

在全国人大闭会期间，全国人大常委会监督国务院、中央军事委员会、国家监察委员会、最高人民法院和最高人民检察院的工作，具体形式有四种：

（1）在全国人大常委会会议期间，常委会组成人员10人以上联名向国务院及其各部委、国家监察委员会、最高人民法院、最高人民检察院提出书面的质询案；

（2）听取和审议国务院、国家监察委员会、最高人民法院、最高人民检察院的专项工作汇报；

（3）全国人大常委会有权撤销国务院制定的同宪法、法律相抵触的行政法规、决定和命令；

（4）开展对法律实施的检查。

7.决定、任免国家机关领导人员

（1）在全国人大闭会期间，全国人大常委会有权根据国务院总理的提名，决定国务院其他组成人员的税；

（2）在全国人大闭会期间，根据中央军事委员会主席的提名，决定中央军事委员会其他组成人员的税；

（3）根据国家监察委员会主任的提请，任免国家监察委员会的副主任和委员；

（4）根据最高人民法院院长的提请，任免最高人民法院副院长、审判员、审判委员会委员和军事法院院长；

（5）根据最高人民检察院检察长的提请，任免最高人民检察院副检察长、检察员、检察委员会委员、军事检察院检察长，并且批准省、自治区、直辖市的人民检察院检察长的任免。

8.国家生活中其他重要事项的决定权

（1）有权决定批准或废除同外国缔结的条约和重要协定；

（2）决定驻外全权代表的任免；

（3）规定军人和外交人员的衔级制度和其他专门衔级制度；

（4）规定和决定授予国家的勋章和荣誉称号；

（5）决定特赦；

（6）在全国人大闭会期间，如果遇到国家遭受武装侵犯或者必须履行国际间共同防止侵略的条约的情况，有权决定宣布战争状态；

（7）决定全国总动员和局部动员；

（8）决定全国或者个别省、自治区和直辖市进入紧急状态。

9.全国人大授予的其他职权

2006年我国通过了《中华人民共和国各级人民代表大会常委会监督法》。根据该法，监督主体是指各级人大常委会，不包括委员长会议、主任会议或专门委员会。监督对象是指本级人民政府、监察委员会、人民法院、人民检察院，以及由人大和常委会选举或任命的国家机关工作人员。监督内容是指工作监督和法律监督。监督形式包括听取和审议"一府两院一委"的专项工作报告；审查和批准决算，听取和审议国民经济和社会发展计划、预算的执行情况报告，听取和审议审计工作报告；执法检查；规范性文件的备案审查；询问和质询；特定问题调查；审议和决定撤职案。

（四）全国人大常委会的会议制度

全国人大常委会主要通过举行会议、作出会议决定的形式行使职权。全国人大常委会全体会议一般每两个月举行一次，由委员长召集并主持。在全国人大常委会举行会议的时候，可以由各省、自治区、直辖市的人大常委会派主任或者副主任一人列席会议，发表意见。

委员长、副委员长、秘书长组成委员长会议，处理全国人大常委会重要的日常工作，但委员长会议不能代替常务委员会行使职权。

三、全国人大各委员会

委员会可以分为常设性委员会和临时性委员会两大类。

（一）常设性委员会

全国人大的常设性委员会主要是指各专门委员会。专门委员会是全国人大的辅助性的工作机构，是从代表中选举产生的、按照专业分工的工作机关。它的任务是在全国人大及其常委会的领导下，研究、审议、拟订有关议案。各专门委员会在讨论其所属的问题之后，虽然也作出决议，但必须经过全国人大或者全国人大常委会审议通过之后，才具有国家权力机关所作决定的效力。

目前全国人大设有民族委员会、宪法和法律委员会、监察和司法委员会、财政经济委员会、教育科学文化卫生委员会、外事委员会、华侨委员会、环境与资源保护委员会、农业与农村委员会、社会建设委员会共10个专门委员会。各委员会由主任1人、副主任和委员各若干人组成，人选由全国人民代表大会主席团在代表中提名，由大会表决决定。在全国人大闭会期间，全国人大常委会可以补充任命专门委员会的个别副主任委员和部分委员。此外，全国人大常委会可根据需要为各委员会任命一定数量的非全国人大代表的专家作委员会的顾问。

全国人大专门委员会每届任期与全国人大的任期相同，即为5年。

（二）临时性委员会

临时性委员会主要是指全国人大及其常委会认为必要时，按照某项特定的工作需要组成的，对于特定问题的调查委员会。调查委员会的组成人员必须是全国人大代表。调查委员会无一定任期，对特定问题的调查任务一经完成，该委员会即予撤销。

四、全国人民代表大会代表

（一）代表的人民性

全国人大代表是最高国家权力机关组成人员。他们代表着全国人民的利益和意志，依照宪法和法律赋予全国人大的各项职权，参加行使国家权力。他们来自人民，受人民监督，为人民服务。

（二）代表的权利

根据宪法和有关法律的规定，全国人大代表享有以下权利：

1.全国人大代表有出席全国人大会议，依法行使代表职权的权利。

2.有根据法律规定的程序提出议案、建议和意见的权利。一个代表团或者30名以上代表联名，可以向全国人大提出属于全国人大职权范围内的议案。

3.有依照法律规定的程序提出质询案或者提出询问的权利。在全国人大会议期间，一个代表团或者30名以上代表联名，可以书面提出对国务院和国务院领导的各部委、国家监察委员会、最高人民法院、最高人民检察院的质询案，由主席团决定交受质询机关书面答复，或者由受质询机关的领导人在主席团会议上、有关的专门委员会会议上或者有关的代表团会议上口头答复。代表在审议议案和报告时，可以向有关国家机关提出询问。有关部门应当派负责人到会，听取意见，回答代表提出的询问。

4.有依法提出罢免案的权利。

5.有非经法律规定的程序，不受逮捕或者刑事审判的权利。在全国人大开会期间，没有经过全国人大会议主席团的许可，在全国人大闭会期间，没有经过全国人大常委会的许可，全国人大代表不受逮捕或者刑事审判。如果因为全国人大代表是现行犯而被拘留的，执行拘留的公安机关必须立即向全国人大会议主席团或者向全国人大常委会报告。

6.有"言论免责"权。法律规定，全国人大代表在全国人大各种会议上的发言和表决不受法律追究。

7.有在履行职务时，根据实际需要享受适当补贴和物质上的便利的权利。

8.其他权利。专项执法检查等。

（三）代表的义务

1.模范地遵守宪法和法律。代表有下列情形之一的，其代表资格终止：（1）地方各级人民代表大会代表迁出或者调离本行政区域的；（2）辞职被接受的；（3）未经批准两次不出席本级人民代表大会会议的；（4）被罢免的；（5）丧失中华人民共和国国籍的；（6）依照法律被剥夺政治权利的；（7）丧失行为能力的。

2.同原选举单位和群众保持密切联系。

3.保守国家秘密。

4.在自己参加的生产、工作和社会活动中，协助宪法和法律的实施。

5.接受原选举单位和群众监督。

【实战贴士】

要仔细区分全国人大、全国人大常委会的职权，其中有的是两者共享的，有的是全国人大独揽的，有的是全国人大常委会独揽的（尤其是关于法律法规、决议的撤销权，以及决定、任命人员的范围）。

全国人大及其常委会都有权监督宪法的实施，但只有全国人大常委会才有解释宪法的权利。全国人大作为每年举行一次会议的机关，是没有解释宪法的现实可能的。

最高人民法院、最高人民检察院作出的属于审判、检察工作中具体应用法律的解释，应当自公布之日起30日内报全国人大常委会备案。国务院、中央军事委员会和省、自治区、直辖区人大常委会认为最高人民法院、最高人民检察院作出的具体应用法律的解释同法律规定相抵触的，最高人民法院、最高人民检察院之间认为对方作出的具体应用法律的解释同法律规定相抵触的，可以向全国人大常委会书面提出进行审查的要求，由常委会工作机构送有关专门委员会进行审查、提出意见。其他国家机关和社会团体、企业事业组织以及公民认为最高人民法院、最高人民检察院作出的具体应用法律的解释同法律规定相抵触的，可以向全国人大常委会书面提出进行审查的建议，由常委会工作机构进行研究，必要时，送有关专门委员会进行审查、提出意见。

国家勋章包括"共和国勋章"和"友谊勋章"，国家荣誉称号的具体名称由全国人大常委会在决定授予时确定。授予国家勋章、国家荣誉称号的议案由全国人大常委会委员长会议及国务院、中央军事委员会向全国人大常委会提出，由全国人大常委会作出决定，由国家主席授予和签发证书。国家主席进行国事活动，可以直接授予外国政要、国际友人等人士"友谊勋章"。

特赦是赦免的一种，赦免包括大赦与特赦。大赦既赦其刑也赦其罪，特赦只赦其刑不赦其罪。我国1954年《宪法》曾规定大赦与特赦两种赦免形式，但从未有过大赦的实践。现行《宪法》只规定了特赦制度。

经典考题： 根据《宪法》和法律的规定，关于全国人大代表的权利，下列哪些选项是正确的？（2016年卷一第64题，多选）[①]

A. 享有绝对的言论自由
B. 有权参加决定国务院各部部长、各委员会主任的人选
C. 非经全国人大主席团或者全国人大常委会许可，一律不受逮捕或者行政拘留
D. 有五分之一以上的全国人大代表提议，可以临时召集全国人民代表大会会议

第三节　中华人民共和国主席

一、国家主席的性质和地位

国家主席是我国国家机构的重要组成部分，属于我国最高国家权力机关的范畴。国家主席不是握有一定国家权力的个人，而是一个国家机关。中华人民共和国主席对内对

[①]【答案】BD。全国人大代表在全国人大各种会议上的发言和表决不受法律追究。这里仅限于"会议上的发言"，因而绝对的言论自由的表述过于绝对。A项错误。全国人大代表参加决定国务院组成人员和中央军事委员会副主席、委员的人选，参加表决通过全国人大各专门委员会组成人员的人选。B项正确。在全国人大开会期间，没有经过全国人大会议主席团的许可，在全国人大闭会期间，没有经过全国人大常委会的许可，全国人大代表不受逮捕或者刑事审判。如果因为全国人大代表是现行犯而被拘留的，执行拘留的公安机关必须立即向全国人大会议主席团或者全国人大常委会报告。这里存在着"现行犯"的口子。C项错误。1/5以上的全国人大代表提议，可以临时召集全国人大会议。D项正确。

外代表国家。

二、国家主席的产生与任期

（一）国家主席的产生

国家主席、副主席由全国人大选举产生，其程序是：首先由全国人大会议主席团提出候选人名单，然后经各代表团酝酿协商，再由会议主席团根据多数代表的意见确定正式候选人名单，最后由会议主席团把确定的候选人交付大会表决，由大会选举产生国家主席和副主席。

（二）国家主席的任期

国家主席、副主席的任期同全国人大每届任期相同，即都是5年。国家主席、副主席的任期同全国人大的任期相一致，便于国家主席、副主席的选举，也便于每届全国人大与每届所选的国家主席、副主席配合工作。

三、国家主席的职权

（一）国家主席的职权

1.代表国家，进行国事活动。

2.公布法律，发布命令

法律在全国人大或全国人大常委会正式通过后，由国家主席予以颁布施行。国家主席根据全国人大常委会的决定，发布特赦令、动员令、宣布进入紧急状态、宣布战争状态等。

3.任免国务院的组成人员和驻外全权代表

国务院总理、副总理、国务委员、各部部长、各委员会主任、审计长、秘书长，经全国人大或全国人大常委会正式确定人选后，由国家主席宣布其任职或免职。国家主席根据全国人大常委会的决定，派出或召回驻外大使。

4.外交权

国家主席代表国家接受外国使节，这种仪式也叫递交国书仪式。国家主席根据全国人大常委会的决定，宣布批准或废除条约和重要协定。

5.荣典权

国家主席根据全国人大常委会的决定，代表国家向那些对国家有重大功勋的人授予荣誉奖章和光荣称号。国家主席进行国事活动时可以直接授予外国政委、国际友人等什"友谊勋章"。

（二）国家副主席的职权

国家副主席没有独立的职权，他的职责主要是协助国家主席工作。副主席受委托行使国家主席职权时，具有与国家主席同等的法律地位，他所处理的国务具有与国家主席同等的法律效力。

四、国家主席职位的补缺

国家主席缺位时，由副主席继任主席的职位；副主席缺位时，由全国人大补选；国家主席、副主席都缺位时，由全国人大进行补选；补选之前，由全国人大常委会委员长暂时代理国家主席的职位。

【实战贴士】1954年宪法规定，国家主席与全国人大常委会共同行使国家元首的职权。1975年宪法、1978年宪法均未设置国家主席。1982年宪法恢复了国家主席的设置。

经典考题：根据《国家勋章和国家荣誉称号法》规定，下列哪一选项是正确的？（2017年卷一第26题，单选）[①]

A.共和国勋章由全国人大常委会提出授予议案，由全国人大决定授予

B.国家荣誉称号为其获得者终身享有

C.国家主席进行国事活动，可直接授予外国政要、国际友人等人士"友谊勋章"

D.国家功勋簿是记载国家勋章和国家荣誉称号获得者的名录

第四节　国务院

一、国务院的性质与地位

中华人民共和国国务院，即中央人民政府，是最高国家权力机关的执行机关，是最高国家行政机关。国务院在全国行政机关系统中居最高地位，它统一领导地方各级人民政府的工作，统一领导和管理国务院各部、各委员会的工作。由于国务院是由最高国家权力机关组织产生的，必须对全国人大及其常委会负责并报告工作。

二、国务院的组成与任期

（一）国务院的组成

国务院由总理，副总理若干人，国务委员若干人，各部部长、各委员会主任、审计长、秘书长组成。国务院总理根据国家主席的提名，由全国人大决定。副总理、国务委员、各部部长、各委员会主任、审计长和秘书长根据国务院总理的提名，由全国人大决定；在全国人大闭会期间，根据国务院总理的提名，由全国人大常委会决定副总理、国务委员、各部部长、各委员会主任和秘书长的任免。国务院总理、副总理、国务委员、各部部长、各委员会主任、审计长和秘书长的任免决定以后，都由国家主席宣布任免。

（二）国务院的任期

国务院的任期为5年。总理、副总理、国务委员连续任职不得超过两届。

[①]【答案】C。《国家勋章和国家荣誉称号法》第5条规定："全国人民代表大会常务委员会委员长会议根据各方面的建议，向全国人民代表大会常务委员会提出授予国家勋章、国家荣誉称号的议案。国务院、中央军事委员会可以向全国人民代表大会常务委员会提出授予国家勋章、国家荣誉称号的议案。"第6条规定："全国人民代表大会常务委员会决定授予国家勋章和国家荣誉称号。"因此A项错误。第13条规定："国家勋章和国家荣誉称号为其获得者终身享有，但依照本法规定被撤销的除外。"因此B项错误。第8条规定，中华人民共和国主席进行国事活动，可以直接授予外国政要、国际友人等人士"友谊勋章"，因此C项正确。第10条规定："国家设立国家功勋簿，记载国家勋章和国家荣誉称号获得者及其功绩。"因此D项错误。

三、国务院的领导体制

（一）总理负责制

国务院实行总理负责制，即指国务院总理对自己主管的工作有完全决定权，并负全部责任。

（二）会议制度

国务院的会议分为国务院全体会议和国务院常务会议。国务院全体会议由国务院全体成员组成。国务院常务会议由总理、副总理、国务委员、秘书长组成。总理召集和主持国务院的全体会议和常务会议。

四、国务院的职权

1. 行政法规的制定和发布权。
2. 行政措施的规定权。
3. 提出议案权。国务院有权在自己职权范围之内向全国人大及其常委会提出议案。
4. 对所属部、委和地方各级行政机关的领导权及监督权。
5. 对国防、民政、文教、经济等各项工作的领导权和管理权，对外事务的管理权。
6. 行政人员的任免、奖惩权。
7. 最高国家权力机关授予的其他职权。这主要是指全国人大及其常委会以明确的决议，将某些属于全国性的行政工作任务，或者某些特别重要的其他临时性工作，交由国务院办理。

【实战贴士】要注意区分国务院的职权与全国人大及其常委会的职权。

举例说明：（1）1985年4月六届全国人大三次会议通过决定，授权国务院对于有关经济体制改革和对外开放方面的问题，必要时可以根据宪法，在同有关法律和全国人大及其常委会有关决定的基本原则不相抵触的前提下，制定暂行的规定或条例，并报全国人大常委会备案。（2）《立法法》第9条对于授权国务院立法作了规定："本法第八条规定的事项尚未制定法律的，全国人民代表大会及其常务委员会有权作出决定，授权国务院可以根据实际需要，对其中的部分事项先制定行政法规，但是有关犯罪和刑罚、对公民政治权利的剥夺和限制人身自由的强制措施和处罚、司法制度等事项除外。"

国务院获得全国人大常委会授权的事例。

2015年2月27日第十二届全国人大常委会第十八次会议通过决定，授权国务院在北京市大兴区等33个试点县（市、区）行政区域暂时调整实施土地管理法、城市房地产管理法关于农村土地征收、集体经营性建设用地、宅基地管理制度的有关规定。

五、国务院所属各部、各委员会

国务院各部、各委员会是主管特定方面工作的国家行政机关。国务院所属各部、各委员会受国务院的统一领导。各部、各委员会在工作中的方针、政策、计划和重大行政措施，应向国务院请示报告，由国务院决定。

国务院各部、各委员会的设立、撤销或者合并，经总理提出，由全国人大决定；在全国人大闭会期间，由全国人大常委会决定。

各部、各委员会实行部长、主任负责制。部长、委员会主任领导本部门的工作，召集和主持部务会议或者委员会会议、委务会议，讨论决定本部门工作中的重大问题，签署上报国务院的重要请示、报告和下达的命令、指示。

各部、各委员会根据法律和国务院的行政法规、决定、命令，在本部门的权限内，发布命令、指示和规章。

六、审计署

国务院设立审计机关。审计机关对国务院各部门和地方各级人民政府的财政收支，对国家的财政金融机构和企事业组织的财务收支，实行审计监督。

审计机关在国务院总理领导下，依照法律规定，独立行使审计监督权，不受其他行政机关、社会团体和个人的干涉。

经典考题： 国家实行审计监督制度。为加强国家的审计监督，全国人大常委会于1994年通过了《审计法》，并于2006年进行了修正。关于审计监督制度，下列哪些理解是正确的？（2016年卷一第65题，多选）[①]

A.《审计法》的制定与执行是在实施宪法的相关规定
B.地方各级审计机关对本级人大常委会和上一级审计机关负责
C.国务院各部门和地方各级政府的财政收支应当依法接受审计监督
D.国有的金融机构和企业事业组织的财务收支应当依法接受审计监督

第五节 中央军事委员会

一、中央军事委员会的性质与地位

中华人民共和国中央军事委员会领导全国武装力量。现行《宪法》设置中央军事委员会作为我国国家机构的一部分，不仅明确了人民武装力量在国家机构中的地位，而且对中央国家领导机关分工行使国家权力，加强武装力量建设，都具有重要意义。

二、中央军事委员会的组成与任期、责任形式

中央军事委员会由主席、副主席若干人、委员若干人组成。中央军事委员会主席由全国人大选举产生。全国人大根据中央军委主席的提名，决定其他组成人员的人选。全

[①]【答案】ACD。《宪法》第91条规定，国务院设立审计机关，对国务院各部门和地方各级政府的财政收支，对国家的财政金融机构和企事业组织的财务收支，进行审计监督。《审计法》就是对这一条款的具体化，是通过立法来实施宪法的活动，A项正确。地方各级审计机关对本级人民政府和上一级审计机关负责，B项错误。《审计法》第2条第3款规定，国务院各部门和地方各级人民政府及其各部门的财政收支，国有的金融机构和企业事业组织的财务收支，以及其他依照本法规定应当接受审计的财政收支、财务收支，依照本法规定接受审计监督。因此C、D项正确。

国人大有权罢免中央军委的组成人员。在全国人大闭会期间，全国人大常委会根据中央军委主席的提名，决定其他组成人员的人选。

中央军事委员会每届任期是5年。

中央军事委员会实行主席负责制。

第六节　地方各级人民代表大会和地方各级人民政府

一、地方各级人民代表大会

（一）地方各级人大的性质和地位

省、自治区、直辖市，自治州、县、自治县、市、市辖区，乡、民族乡、镇设立人民代表大会。地方各级人大是地方国家权力机关，本级的地方国家行政机关、监察机关、检察机关、审判机关都由人民代表大会选举产生，对它负责，受它监督。因此，地方各级人大在本行政区域内居于最高地位。全国人大与地方各级人大之间，以及地方各级人大之间没有隶属关系。但上级人大有权依照宪法和法律监督、指导下级人大的工作。

（二）地方各级人大的组成和任期

地方各级人大由人大代表组成。不设区的市、市辖区、县、自治县、乡、镇的人大代表，由选民直接选举产生；省、自治区、直辖市、设区的市、自治州的人大代表，由下一级人大选举产生。

地方各级人大的任期为5年。

（三）地方各级人大的职权

1.保证宪法、法律、行政法规的遵守和执行，保护机关、组织和个人的合法权利。

2.选举和罢免地方国家机关负责人。县级以上的地方各级人大选举本级人大常委会的组成人员；选举本级人民政府的负责人；选举本级监察委员会的主任；选举本级人民法院院长和人民检察院检察长。选出的检察长须报上级人民检察院检察长提请该级人大常委会批准。乡、民族乡、镇的人大有权选举乡长、副乡长，镇长、副镇长。地方各级人大有权罢免由它选举产生的地方国家行政机关、监察机关、审判机关和检察机关的负责人。

3.决定重大的地方性事务。

4.监督权。地方各级人大监督本级人民政府的工作、撤销本级人民政府不适当的决定和命令；县以上人大还有权监督本级监察委员会、人民法院和人民检察院的工作，有权改变本级人大常委会不适当的决定和命令。

5.制定地方性法规。省、自治区、直辖市的人大有权制定地方性法规，但不得与宪法、法律和行政法规相违背，并须报全国人大常委会和国务院备案；设区的市、自治州的人大有权制定地方性法规，但不得与宪法、法律、行政法规及本省、自治区制定的地方性法规相违背，且须报省、自治区人大常委会批准，并由省、自治区人大常委会报全国人大常委会和国务院备案。

（四）地方各级人大的会议制度和工作程序

1. 会议制度

地方各级人大主要以召开会议的方式进行工作。会议每年至少举行一次，经1/5以上代表的提议，可以临时召集本级人大会议。县级以上各级人大会议由本级人大常委会召集，由预备会议选出的主席团主持会议。县级以上的地方各级人民政府组成人员和人民法院院长、人民检察院检察长、乡级人民政府领导人员列席本级人大会议，县级以上的其他有关机关、团体负责人，经本级人大常委会决定，可以列席本级人大会议。

2. 工作程序

县以上地方各级人大举行会议时，主席团、人大常委会、各专门委员会、本级人民政府都可以向大会提出属于本级人大职权范围内的议案。议案由主席团决定提交大会审议或先交有关的专门委员会审议，再由主席团审议决定提交大会表决。县以上人大代表10名以上，乡、镇人大代表5名以上联名，也可以向人大提出属于本级人大职权范围内的议案。该类议案由主席团决定是否列入大会议程，或先交有关的专门委员会审议，提出是否列入议程的意见，再由主席团决定是否列入大会议程。

议案在交付大会表决前，提案人有权撤回自己的议案。各项议案在表决时，须以全体代表的过半数赞成才能通过。除议案外，对于代表提出的建议、批评和意见，由本级人大常委会的办事机构交有关机关和组织研究处理并负责答复。

（五）专门委员会和调查委员会

省、自治区、直辖市、自治州、设区的市的人大根据需要可以设立法制（政法）、财政经济、教育科学、文化卫生等专门委员会，在本级人大及其常委会领导下研究、审议和拟定议案；对属于本级人大及其常委会职权范围内同本委员会有关的问题，进行调查研究，提出建议。各专门委员会设主任委员、副主任委员和委员若干人，其人选由人大主席团在人大代表中提名，大会通过。闭会期间，人大常委会可以补充任命专门委员会个别的副主任委员和委员。各专门委员会受本级人大和人大常委会领导。县以上地方各级人大及其常委会在必要时，可以组织对于特定问题的调查委员会，这种调查委员会是非常设性组织。乡、民族乡、镇设立代表资格审查委员会。

二、县以上地方各级人大常委会

（一）地方各级人大常委会的性质、地位、组成和任期

县以上地方各级人大常委会是本级人大的常设机关，是同级国家权力机关的组成部分，地方各级人大常委会对本级人大负责并报告工作。

省、自治区、直辖市、自治州、设区的市的人大常委会由本级人大在代表中选举主任、副主任若干人、秘书长、委员若干人组成；县、自治县、不设区的市、市辖区的人大常委会由本级人大在代表中选举主任、副主任若干人和委员若干人组成。各级人大常委会的名额按照法律规定确定。常委会组成人员不得担任国家行政机关、监察机关、审判机关和检察机关的职务。

县以上地方各级人大常委会的任期为5年。

（二）地方各级人大常委会的职权

1.在本行政区域内，保证宪法、法律、行政法规和上级人大及其常委会决议的遵守和执行。

2.领导或主持本级人民代表大会代表的选举；召集本级人民代表大会会议。

3.决定本行政区域内重大事项；根据本级人民政府的建议，对本行政区域内的国民经济和社会发展计划、预算作部分变更；决定授予地方荣誉称号。

4.对本级人民政府、人民法院、人民检察院和下一级人大及其常委会的工作进行监督，撤销其不适当的决议、决定、命令等，受理人民群众对国家机关及其工作人员的申诉和意见。

5.依法任免本级人民政府、监察委员会、人民法院和人民检察院的有关工作人员；在本级人大闭会期间，补选上一级人大出缺的代表和撤换个别代表。

6.省、自治区、直辖市的人大常委会，在不违背宪法、法律和行政法规的前提下，可以依法制定和颁布地方性法规；设区的市、自治州的人大常委会可以依法制定地方性法规。

（三）地方各级人大常委会的会议制度

县以上人大常委会会议分常委会会议和主任会议。常委会会议由主任召集，至少每两个月举行一次。县以上地方各级人民政府、人大各专门委员会，省、自治区、设区的市的人大常委会组成人员5人以上联名，县级人大常委会组成人员3人以上联名，可以向本级人大常委会提出议案，由主任会议决定提请常委会会议审议或先交有关的专门委员会审议，提出报告，再决定是否提请常委会会议审议。常委会组成人员按照法定人数联名，可以提出对本级人民政府、监察委员会、人民法院、人民检察院的质询案，由主任会议决定交受质询机关答复。

主任会议由常委会主任、副主任、秘书长（县级由主任、副主任）组成，处理常委会日常工作。

县以上各级人大常委会设立代表资格审查委员会，并设立办事机构。

三、地方各级人大代表

地方各级人大代表均依法由间接或直接选举产生。省、自治区、直辖市、设区的市、自治州的人大代表由下一级人大选举产生，县、自治县、不设区的市、市辖区、乡、民族乡、镇的人大代表由选民直接选举产生。地方人大代表的权利有：

（一）出席本级人民代表大会会议，参加审议各项议案、报告和其他议题，发表意见

代表在审议议案和报告时，可以向本级有关国家机关提出询问。

（二）参加本级人大的选举和表决

1.县级以上的地方各级人民代表大会代表有权依照法律规定的程序提出本级人民代表大会常务委员会的组成人员、人民政府领导人员、监察委员会主任、人民法院院长、人民检察院检察长以及上一级人民代表大会代表的人选，并有权对本级人民代表大会主席团和代表依法提出的上述人员的人选提出意见。

2.乡、民族乡、镇的人民代表大会代表有权依照法律规定的程序提出本级人民代表

大会主席、副主席和人民政府领导人员的人选，并有权对本级人民代表大会主席团和代表依法提出的上述人员的人选提出意见。

3.各级人民代表大会代表有权对本级人民代表大会主席团的人选，提出意见。

4.省、自治区、直辖市、自治州、设区的市的人民代表大会代表参加表决通过本级人民代表大会各专门委员会组成人员的人选。

（三）提出议案、质询案、罢免案等

县级以上的地方各级人大代表10人以上，乡、民族乡、镇人大代表5人以上联名，可以向本级人大提出属于本级人大职权范围内的议案。10人以上联名，有权提出对本级人民政府及其所属各工作部门、监察委员会、人民法院、人民检察院的质询案。乡、民族乡、镇的人民代表大会代表有权依照法律规定的程序提出对本级人民政府的质询案。县级以上的地方各级人民代表大会代表有权依照法律规定的程序提出对本级人民代表大会常务委员会组成人员、人民政府组成人员、监察委员会主任、人民法院院长、人民检察院检察长的罢免案。乡、民族乡、镇的人民代表大会代表有权依照法律规定的程序提出对本级人民代表大会主席、副主席和人民政府领导人员的罢免案。

（四）提出对各方面工作的建议、批评和意见

地方各级人大代表有权对本级人大或人大常委会的工作提出建议、批评和意见。除乡镇级人大代表提出的批评建议和意见由该级人大主席团交有关机关和组织处理并负责答复外，其他地方各级人大代表提出的批评建议和意见均由本级人大常委会的办事机构交有关机关和组织研究处理并负责答复。

（五）人身受特别保护权

县级以上的各级人民代表大会代表非经本级人民代表大会主席团许可，闭会期间未经本级人大常委会许可，不受逮捕或者刑事审判以及其他法律规定的限制人身自由的措施。如果因为是现行犯被拘留，执行拘留的公安机关应当立即向该级人大主席团或者人大常委会报告。乡镇级人大代表如果被逮捕、受刑事审判或被采取法律规定的其他限制人身自由的措施，执行机关应当立即报告该级人民代表大会。

（六）言论免责权

地方各级人大代表、常委会组成人员在人大或常委会会议上的发言与表决，不受法律追究。

（七）信息、物质等各项保障权

县级以上的各级人民代表大会常务委员会，各级人民政府和人民法院、人民检察院，应当及时向本级人民代表大会代表通报工作情况，提供信息资料，保障代表的知情权。地方各级人大代表在出席人大会议和执行代表职务时，代表所在单位应给予支持，国家根据需要给予往返的旅费和必要的物质上的便利或者补贴。

（八）进行视察

县级以上的各级人大代表根据本级人大常委会的安排，对本级或者下级国家机关和有关单位的工作进行视察。乡、民族乡、镇的人大代表根据本级人大主席团的安排，对本级人民政府和有关单位的工作进行视察。代表进行视察时，可以提出约见本级或者下级有关国家机关负责人。

四、地方各级人民政府

（一）地方各级人民政府的性质和地位

地方各级人民政府是地方各级国家权力机关的执行机关，是地方各级国家行政机关。地方各级人民政府从属于本级国家权力机关，由国家权力机关产生，向它负责，受它监督。此外，地方各级人民政府还要服从上级人民政府的领导。全国的地方各级人民政府都要接受国务院领导。

（二）地方各级人民政府的组成、任期和领导体制

省、自治区、直辖市、自治州和设区的市的人民政府分别由省长、副省长、自治区主席、副主席、市长、副市长、州长、副州长和秘书长、厅长、局长、委员会主任等组成。县、自治县、不设区的市、市辖区人民政府分别由县长、副县长、市长、副市长、区长、副区长和局长、科长等组成。

乡、民族乡、镇人民政府，分别由乡长、副乡长、镇长、副镇长组成。

地方各级人民政府每届任期为5年。

地方各级人民政府实行首长负责制。地方各级人民政府的会议分为全体会议和常务会议。全体会议由本级人民政府全体成员组成，常务会议则由人民政府的正副职组成。省、自治区、直辖市、自治州和设区的市的人民政府秘书长也参加常务会议。

（三）地方各级人民政府的职权

1. 执行决议、发布决定和命令

地方各级人民政府要执行本级人大及其常委会的决议，执行上级人民政府的决定和命令。省、自治区、直辖市以及设区的市的人民政府还可以根据法律和行政法规制定地方性规章。

2. 领导和监督权

领导和监督县级以上地方各级人民政府所属各工作部门和下级人民政府的工作，有权撤销所属工作部门和下级人民政府不适当的命令、指示、决定，任免、考核行政工作人员。

3. 管理各项行政工作

地方各级人民政府管理本行政区域内的经济、教育、文化、科学、体育、卫生、民政、公安等行政工作，完成上级人民政府交办的事项；县级以上地方各级人民政府还负责城乡建设、民族事务工作，执行国民经济和社会发展计划以及预算方案。

4. 依法保障各方面的权利

地方各级人民政府应保护全民所有制财产、劳动群众集体所有制财产及公民个人的合法财产；要维护社会秩序，保护公民的人身权利和民主权利；保护妇女、儿童和老人的正当权益；保护少数民族的权利，帮助少数民族发展经济、文化和科学技术。要使本行政区域内全体公民的正当权利都得到保障，经济不断发展，人民生活不断提高。

（四）地方各级人民政府所属工作部门

县级以上地方各级人民政府，根据工作需要设立厅、局、委员会、办公室、科等工

作部门。乡级政府一般不设工作部门。县级以上人民政府设审计机关，对本级人民政府和政府各部门、财政金融机构和企业的财务情况进行审计监督。地方各级审计机关依法独立行使审计监督权。

（五）地方各级人民政府的派出机关

省、自治区人民政府在必要的时候，经国务院批准，可以设立若干行政公署，作为它的派出机关。县、自治县的人民政府在必要的时候，经省、自治区、直辖市的人民政府批准，可以设立若干区公所，作为它的派出机关。市辖区、不设区的市的人民政府，经上一级人民政府批准，可以设立若干街道办事处，作为它的派出机关。

第七节　监察委员会

一、性质

各级监察委员会是国家的监察机关。独立行使监察权，不受行政机关、社会团体和个人的干涉。

二、设置

国家设置国家监察委员会和地方各级监察委员会。

三、组成和任期

监察委员会由主任、副主任若干、委员若干组成。监察委员会主任每届任期同本级人民代表大会每届任期相同。国家监察委员会主任连续任职不得超过两届。

四、领导体制

国家监察委员会是最高监察机关。国家监察委员会领导地方各级监察委员会的工作，上级监察委员会领导下级监察委员会的工作。国家监察委员会对全国人民代表大会和全国人民代表大会常务委员会负责。地方各级监察委员会对产生它的国家权力机关和上一级监察委员会负责。

五、职权

监察委员会依照法律规定独立行使监察权，不受行政机关、社会团体和个人的干涉。监察机关办理职务违法和职务犯罪案件，应当与审判机关、检察机关、执法部门互相配合，互相制约。

六、职能

监察委员会依照《监察法》和有关法律规定履行监督、调查、处置职责：
（1）对公职人员开展廉政教育，对其依法履职、秉公用权、廉洁从政从业以及道德操守情况进行监督检查；

（2）对涉嫌贪污贿赂、滥用职权、玩忽职守、权力寻租、利益输送、徇私舞弊以及浪费国家资财等职务违法和职务犯罪进行调查；

（3）对违法的公职人员依法作出政务处分决定；对履行职责不力、失职失责的领导人员进行问责；对涉嫌职务犯罪的，将调查结果移送人民检察院依法审查、提起公诉；向监察对象所在单位提出监察建议。

七、监察范围

监察机关对下列公职人员和有关人员进行监察：

（1）中国共产党机关、人民代表大会及其常务委员会机关、人民政府、监察委员会、人民法院、人民检察院、中国人民政治协商会议各级委员会机关、民主党派机关和工商业联合会机关的公务员，以及参照《中华人民共和国公务员法》管理的人员。

（2）法律、法规授权或者受国家机关依法委托管理公共事务的组织中从事公务的人员。

（3）国有企业管理人员。

（4）公办的教育、科研、文化、医疗卫生、体育等单位中从事管理的人员。

（5）基层群众性自治组织中从事管理的人员。

（6）其他依法履行公职的人员。

八、管辖

各级监察机关按照管理权限管辖本辖区内公职人员所涉监察事项。

上级监察机关可以办理下一级监察机关管辖范围内的监察事项，必要时也可以办理所辖各级监察机关管辖范围内的监察事项。

监察机关之间对监察事项的管辖有争议的，由其共同的上级监察机关确定。

上级监察机关可以将其所管辖的监察事项指定下级监察机关管辖，也可以将下级监察机关有管辖权的监察事项指定给其他监察机关管辖。监察机关认为所管辖的监察事项重大、复杂，需要由上级监察机关管辖的，可以报请上级监察机关管辖。

九、对监察委员会的监督

各级人民代表大会常务委员会听取和审议本级监察委员会的专项工作报告，组织执法检查。

县级以上各级人民代表大会及其常务委员会举行会议时，人民代表大会代表或者常务委员会组成人员可以依照法律规定的程序，就监察工作中的有关问题提出询问或者质询。

监察机关应当依法公开监察工作信息，接受民主监督、社会监督、舆论监督。

对于监察人员打听案情、过问案件、说情干预的，办理监察事项的监察人员应当及时报告。有关情况应当登记备案。发现办理监察事项的监察人员未经批准接触被调查人、涉案人员及其特定关系人，或者存在交往情形的，知情人应当及时报告。有关情况应当登记备案。

办理监察事项的监察人员有回避、保密的义务。

监察人员辞职、退休3年内，不得从事与监察和司法工作相关联且可能发生利益冲突的职业。

监察机关及其工作人员有违反法律规定，侵害被调查人合法权益，被调查人及其近亲属有权向该机关申诉，受理申诉的监察机关应当在受理申诉之日起1个月内作出处理决定。申诉人对处理决定不服的，可以在收到处理决定之日起1个月内向上一级监察机关申请复查，上一级监察机关应当在收到复查申请之日起2个月内作出处理决定，情况属实的，及时予以纠正。

第八节　人民法院与人民检察院

一、人民法院

（一）人民法院的性质与地位

1. 人民法院是国家的审判机关。

2. 最高人民法院对全国人大及其常委会负责并报告工作。地方各级人民法院对本级人大及其常委会负责并报告工作。各级人大及其常委会对本级人民法院的工作实施监督。

（二）人民法院的组织体系

1. 人民法院分为：（1）最高人民法院；（2）地方各级人民法院，分为高级人民法院、中级人民法院和基层人民法院；（3）专门人民法院，包括军事法院和海事法院、知识产权法院、金融法院等。

2. 最高人民法院监督地方各级人民法院和专门人民法院的审判工作，上级人民法院监督下级人民法院的审判工作。

（三）人民法院的组成、任期与机构设置

1. 组成

人民法院的审判人员由院长、副院长、审判委员会委员和审判员等人员组成。

2. 任期

人民法院院长任期与产生它的人民代表大会每届任期相同。最高人民法院院长连续任职不得超过两届。

3. 机构

（1）人民法院根据审判工作需要，可以设必要的专业审判庭。法官员额较少的中级人民法院和基层人民法院，可以设综合审判庭或者不设审判庭。

（2）人民法院根据审判工作需要，可以设综合业务机构。法官员额较少的中级人民法院和基层人民法院，可以不设综合业务机构。

（3）人民法院根据工作需要，可以设必要的审判辅助机构和行政管理机构。

二、人民检察院

（一）人民检察院的性质与地位

1.人民检察院是国家的法律监督机关。

2.最高人民检察院对全国人大及其常委会负责并报告工作。地方各级人民检察院对本级人大及其常委会负责并报告工作。各级人大及其常委会对本级人民检察院的工作实施监督。

（二）人民检察院的组织体系

1.人民检察院分为最高人民检察院，地方各级人民检察院，军事检察院等专门人民检察院。地方各级人民检察院分为：（1）省级人民检察院，包括省、自治区、直辖市人民检察院；（2）设区的市级人民检察院，包括省、自治区辖市人民检察院，自治州人民检察院，省、自治区、直辖市人民检察院分院；（3）基层人民检察院，包括县、自治县、不设区的市、市辖区人民检察院。

2.最高人民检察院领导地方各级人民检察院和专门人民检察院的工作，上级人民检察院领导下级人民检察院的工作。

（三）人民检察院的组成、任期与机构设置

1.组成

人民检察院的检察人员由检察长、副检察长、检察委员会委员和检察员等人员组成。

2.任期

人民检察院检察长任期与产生它的人民代表大会每届任期相同。最高人民检察院检察长连续任职不得超过两届。

3.机构

（1）省级人民检察院和设区的市级人民检察院根据检察工作需要，经最高人民检察院和省级有关部门同意，并提请本级人民代表大会常务委员会批准，可以在辖区内特定区域设立人民检察院，作为派出机构。

（2）人民检察院根据检察工作需要，可以在监狱、看守所等场所设立检察室，行使派出它的人民检察院的部分职权，也可以对上述场所进行巡回检察。省级人民检察院设立检察室，应当经最高人民检察院和省级有关部门同意。设区的市级人民检察院、基层人民检察院设立检察室，应当经省级人民检察院和省级有关部门同意。

（3）人民检察院根据检察工作需要，设必要的业务机构。检察官员额较少的设区的市级人民检察院和基层人民检察院，可以设综合业务机构。

（4）人民检察院根据工作需要，可以设必要的检察辅助机构和行政管理机构。

三、人民法院、人民检察院与公安机关的关系

《宪法》第140条规定："人民法院、人民检察院和公安机关办理刑事案件，应当分工负责，互相配合，互相制约，以保证准确有效地执行法律。"分工负责、互相配合、互相制约是公、检、法三机关在办理刑事案件时所应遵循的基本行为准则，它对调整司法机关之间的基本关系具有宪法指导意义。

· 小结 ·

一、国家机关的职权和国家机关对同一事项的权力分工。

二、《中华人民共和国全国人民代表大会组织法》新增：

1. 增设"总则"一章。
2. 完善全国人民代表大会主席团和全国人大常委会委员长会议职权相关规定。（1）对大会主席团的职权集中作出规定。（2）明确主席团常务主席的职权。
3. 完善全国人大专门委员会相关规定。宪法和法律委员会承担推动宪法实施、开展宪法解释、推进合宪性审查、加强宪法监督、配合宪法宣传等工作职责。
4. 国家监察委员会可以向全国人大及其常委会提出议案、常委会组成人员不得担任国家监察机关的职务，增加规定对国家监察委员会及其主任的质询、罢免制度。
5. 健全全国人大常委会人事任免权。
6. 加强代表工作、密切与代表的联系。

专题十四 宪法的实施与监督

知识体系图

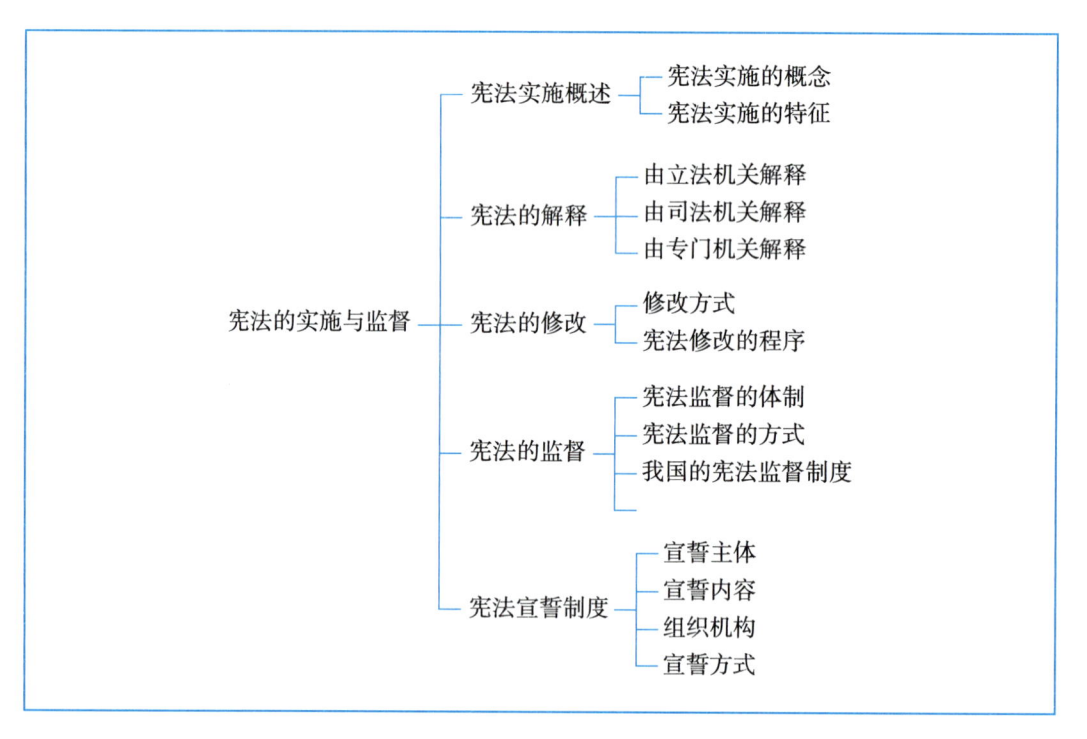

```
                            ┌─ 宪法实施概述 ─┬─ 宪法实施的概念
                            │                └─ 宪法实施的特征
                            │
                            │                ┌─ 由立法机关解释
                            ├─ 宪法的解释 ─┼─ 由司法机关解释
                            │                └─ 由专门机关解释
                            │
   宪法的实施与监督 ──────┼─ 宪法的修改 ─┬─ 修改方式
                            │                └─ 宪法修改的程序
                            │
                            │                ┌─ 宪法监督的体制
                            ├─ 宪法的监督 ─┼─ 宪法监督的方式
                            │                └─ 我国的宪法监督制度
                            │
                            │                ┌─ 宣誓主体
                            └─ 宪法宣誓制度 ┼─ 宣誓内容
                                             ├─ 组织机构
                                             └─ 宣誓方式
```

命题点拨

本专题主要考查宪法的解释机关和实施保障的体制。

第一节 宪法实施概述

一、宪法实施的概念

宪法实施包括宪法的遵守、宪法的适用、宪法实施的保障。

二、宪法实施的特征

宪法作为法律的一种,具有与普通法律相同的一些特点,因而宪法的实施与普通法律的实施也存在共同点。同时,宪法在国家法律体系中的地位和作用以及宪法在内容和

规范等方面的特殊性,又决定了宪法的实施具有不同于普通法律实施的具体特点:

1. 宪法实施的广泛性和综合性。
2. 宪法实施的最高性和原则性。
3. 宪法实施的直接性和间接性。

宪法实施的直接性和间接性包括宪法实施方式的直接性和间接性与宪法制裁的直接性和间接性两大方面。就实施方式而言,其他法律的实施都具有直接性。虽然宪法在实施过程中也具有直接性,但宪法的实施方式的间接性更为突出。这实际上是由宪法作为"母法"的特点决定的,也就是说,宪法在实施过程中主要是通过具体法律规范来作用于具体的人和事,国家的其他法律和法律性文件是以宪法为基础并且不能与宪法相抵触的。同时,既然一切机关、组织和公民个人都必须以宪法为根本的活动准则,那么一切违反宪法的行为,就都必须予以追究。对违宪行为进行追究的方式包括直接制裁和间接制裁两个方面。

直接制裁是指直接根据宪法来追究违宪行为的法律责任,主要适用于国家机关以及国家机关负责人的违宪行为。在我国,直接制裁主要表现为对国家机关违反宪法的法律以及规范性文件、决议、决定和命令等宣布无效,并加以撤销;对违法失职的国家机关负责人根据宪法规定予以罢免。

间接制裁则指宪法对违宪行为不直接规定制裁措施,而是通过具体法律来追究法律责任。也就是说,它是直接根据具体法律,对违反宪法原则同时又违反具体法律的行为作出的制裁。这类制裁相对于具体法律是直接的,而相对于宪法来说则是间接的。

经典考题: 最高法院印发的《人民法院民事裁判文书制作规范》规定:"裁判文书不得引用宪法……作为裁判依据,但其体现的原则和精神可以在说理部分予以阐述。"关于该规定,下列哪一说法是正确的?(2017年卷一第22题,单选)[①]

A. 裁判文书中不得出现宪法条文
B. 当事人不得援引宪法作为主张的依据
C. 宪法对裁判文书不具有约束力
D. 法院不得直接适用宪法对案件作出判决

第二节 宪法修改

一、修改方式

(一)全面修改

全面修改亦即对宪法全文进行修改,以新宪法取代旧宪法。新中国前三部宪法的修

---

① 【答案】D。裁判文书是记载人民法院审理过程和结果,它是诉讼活动结果的载体,也是人民法院确定和分配当事人实体权利义务的唯一凭证。裁判文书承载裁判的事实和理由,可以出现宪法条文,因此A项错误。当事人可以援引宪法作为主张的依据,因此B项错误。宪法是国家的根本大法,具有最高的法律效力,宪法对裁判文书具有约束力,因此C项错误。按照最高法院印发的《人民法院民事裁判文书制作规范》,法院不得直接适用宪法对案件作出判决,因此D项正确。

改都属于全面修改。

（二）部分修改

部分修改亦即对宪法原有的部分条款加以改变，或者新增若干条款，而不牵动其他条款和整个宪法的修改方式。我国现行宪法颁布以来，1988年、1993年、1999年、2004年和2018年对宪法的修改即属于部分修改。

二、宪法修改的程序

从各国宪法规定和实践看，宪法修改程序一般包括提案、审定、起草、议决和公布五个阶段。

（一）提案

提案是修改宪法的开始程序，是指宪法修正案的提出，或者说是提议应该修改宪法。任何国家修改宪法，首先必须经过这一程序，而且必须由有权机关提出。我国宪法的修改，由全国人大常委会或者1/5以上的全国人大代表提议。

（二）审定

审定是指在宪法修正案提出以后，由法定有权机关对宪法"应否修改"作原则上审查与决定的程序。这一程序在有些国家并不存在。设立这一程序的目的不在于决定宪法如何修改，而在于决定宪法应否修改。

（三）起草

起草是指在决定宪法应该修改以后，由法定有权机关对决定修改的部分进行具体的草案拟定。设立这一程序的目的不是决定宪法应否修改，而是决定宪法条文应该如何修改。

（四）议决

议决是修改宪法的必经程序。现代世界各国的宪法修正案，通常由国会、议会、人民代表大会等民意机关议决通过，而且必须遵循较为严格的程序。我国宪法修正案的议决由全国人大以全体代表的2/3以上的多数通过。

（五）公布

公布是修改宪法的最后程序，也是必经程序。宪法修正案只有公布之后，才有法律效力。一般说来，公布宪法修正案的机关主要有国家元首、议决机关和行政机关等。我国宪法修正案由全国人大主席团公布。

经典考题：宪法修改是指有权机关依照一定的程序变更宪法内容的行为。关于宪法的修改，下列选项正确的是：（2016年卷一第93题，不定项）[1]

---

[1]【答案】BD。宪法修改的其中一个原因就是为了使宪法的规定适应社会实际的发展和变化，但社会生活的变化只是宪法修改的必要条件而非充分条件。宪法规范是否修改，最终取决于立法机关的抉择，A项错误。现行宪法规定，《宪法》修改的提案主体为全国人大常委会或者1/5以上的全国人大代表，B项正确。公布是修改宪法的最后程序，也是必经程序。宪法修正案只有经过法定的公布程序，才能正式生效实施。我国宪法的修改由全国人大主席团公布，C项错误。我国1988年《宪法修正案》规定，土地的使用权可依照法律法规的规定转让，D项正确。最后一项考查结合了"我国宪法的历史"这一知识点。

A.凡宪法规范与社会生活发生冲突时，必须进行宪法修改
B.我国宪法的修改可由五分之一以上的全国人大代表提议
C.宪法修正案由全国人民代表大会公告公布施行
D.我国1988年《宪法修正案》规定，土地的使用权可依照法律法规的规定转让

第三节　宪法解释

一、由立法机关解释

这一制度源自英国。英国自从建立议会制度以后，就将议会作为主权机关，因而不允许司法机关推翻议会所制定的法律；同时在英国，宪法和法律没有明显区分，所以宪法和法律的涵义如何，也只能由议会作出解释。我国的宪法解释权由最高权力机关行使，全国人大对宪法的实施有监督的权力，全国人大常委会行使宪法解释权。

二、由司法机关解释

这一制度源自美国。现今世界各国中，采用这一制度的国家很多，加拿大、澳大利亚、日本、菲律宾、印度、巴基斯坦、阿根廷、巴西、智利、墨西哥等国家，都是由司法机关解释宪法。

三、由专门机关解释

这一制度起源于奥地利，推行于第一次世界大战以后，也是当代最为流行的制度之一。如奥地利、西班牙、德国、意大利、俄罗斯等国就建立了宪法法院，法国等建立了宪法委员会。

经典考题：宪法解释是保障宪法实施的一种手段和措施。关于宪法解释，下列选项正确的是：（2015年卷一第94题，不定项）[①]

A.由司法机关解释宪法的做法源于美国，也以美国为典型代表
B.德国的宪法解释机关必须结合具体案件对宪法含义进行说明
C.我国的宪法解释机关对宪法的解释具有最高的、普遍的约束力
D.我国国务院在制定行政法规时，必然涉及对宪法含义的理解，但无权解释宪法

---

① 【答案】ACD。本题旨在考查对宪法解释的准确理解，内容包括宪法解释的机关、宪法解释的方法、宪法解释的权限，以及宪法解释的效力。按照我国宪法学的通说，近现代各国的宪法解释机关大致分为三类，其中一类是由司法机关解释，这种解释宪法的体制起源于美国，也以美国为典型代表，故A项正确；另一类是以德国为代表，由专门机关解释，但德国的宪法解释机关既可以结合具体案件对宪法含义进行说明，即具体性解释，也可以在不存在特定诉讼案件的情况下对法律作出解释，即抽象性解释，故B项错误；从全国人大常委会的性质和地位看，它作出的宪法解释具有最高的和普遍的约束力，故C项正确；我国《宪法》明确规定，宪法解释权由全国人大常委会行使，但是，国务院根据宪法和法律制定行政法规时，必然涉及对宪法具体条文的理解，但是无权作出解释，故D项正确。

第四节 宪法监督

一、宪法监督的体制

（一）由司法机关保障宪法实施的体制

由司法机关负责保障宪法实施的体制起源于美国。1803年，美国联邦最高法院在审理"马伯里诉麦迪逊"一案的判决中明确宣布：违宪的法律不是法律；阐明法律的意义是法院的职权。从而开创了由联邦最高法院审查国会制定的法律是否符合宪法的先例。从此以后，许多资本主义国家受美国的影响，并将这种体制扩展到地方法院，采取由司法机关负责保障宪法实施的方式，通过具体案件的审理以审查确定其所适用的法律是否符合宪法。

（二）由立法机关保障宪法实施的体制

由立法机关负责保障宪法实施的体制起源于英国。英国长期奉行"议会至上"原则，认为议会是代表人民的民意机关，是主权机关。因此应该由作为立法机关的议会负责保障宪法实施。社会主义国家采取的也大多是由立法机关负责保障宪法实施的体制。我国现行《宪法》规定，全国人大及其常委会负有监督宪法实施的职责。

（三）由专门机关保障宪法实施的体制

由专门机关负责保障宪法实施的体制起源于1799年法国《宪法》设立的护法元老院。根据规定，护法元老院有权撤销违反宪法的法律。从发展趋势来看，由专门机关负责保障宪法实施的体制已日益受到许多国家的重视，并且有可能成为占据主导地位的体制之一。专门机关有的称宪法法院、有的称宪法委员会等，但是负责保障宪法实施的主管机构必须专门设立、并负有专门的职责权限等则是一致的。

二、宪法监督的方式

从世界各国的宪法实施实践来看，尽管各国宪法实施保障的工作方式、方法互有差异，但其基本方式不外乎以下几种：

（一）事先审查和事后审查

1.事先审查又称预防性审查。这种方式通常适用于法律、法规和法律性文件的制定过程中。当法律、法规和法律性文件尚未正式颁布实施之前，由有关机关对其是否合宪进行审查。如果在审查过程中发现其违宪，即可立即修改、纠正。

2.事后审查是指在法律、法规和法律性文件颁布实施以后，由有关机关对其是否合宪所进行的审查。事后审查往往发生于人们对有关法律、法规的合宪性产生怀疑，或者因特定机关、组织、个人提出合宪性审查的请求情况下。

（二）附带性审查和宪法控诉

1.附带性审查是指司法机关在审理案件过程中，因提出对所适用的法律、法规和法律性文件是否违宪的问题，而对该法律、法规和法律性文件所进行的合宪性审查。附带性审查往往以争诉事件的存在为前提，所审查的也是与诉讼有关的法律、法规和法律性文件。

2.宪法控诉则指当公民个人的宪法权利受到侵害后向宪法法院或者其他相关机构提出控诉的制度。一般说来，宪法控诉必须以存在接受宪法控诉的机关和宪法诉讼制度为前提。

三、我国的宪法监督制度

1.从宪法实施保障的机关来看，我国属于立法机关实施宪法保障的模式。这种模式是由1954年《宪法》确立的。在保留全国人大行使宪法监督职权的基础上，现行《宪法》又授予了全国人大常委会具有宪法监督的职权，规定了全国人大各专门委员会协助最高国家权力机关做好监督宪法实施的工作，审查各种法律文件的合宪性；同时还强调地方各级人民代表大会及其常委会有保证宪法在本行政区域实施之职责。

2.从宪法实施保障的方式来看，我国采取事先审与事后审相结合的方式。事先审查主要是指法律文件须经批准后才生效，如自治区的人民代表大会制定的自治条例和单行条例须报全国人大常委会批准后生效，自治州、自治县的人民代表大会制定的自治条例和单行条例报省、自治区、直辖市的人大常委会批准后生效，设区的市、自治州的人大及其常委会依法制定的地方性法规须报省、自治区的人大常委会批准后施行。

事后审查主要包括：全国人大有权改变或者撤销全国人大常委会不适当的决定；全国人大常委会有权撤销国务院制定的同宪法、法律相抵触的行政法规、行政规章、决定和命令，有权撤销省、自治区、直辖市国家权力机关制定的同宪法、法律和行政法规相抵触的地方性法规和决议；地方各级人大有权撤销常委会的不适当决定、撤销本级人民政府不适当的决定和命令，以及地方各级人大常委会有权撤销下一级人大及其常委会的不适当的决议和撤销本级人民政府的不适当的决定和命令。

【实战贴士】此部分需要与宪法解释体制结合在一起加以记忆，记住一个原理：谁有权解释宪法，谁就有权监督宪法的实施。

第五节 宪法宣誓制度

宪法宣誓制度是指经过合法、正当的选举程序后，被选举为国家元首或其他国家公职人员在正式就职时，以公开向宪法宣誓的方式，誓言遵守并效忠宪法，恪尽职守，为人民服务的一项制度。

宪法宣誓制度的功能在于：第一，有利于树立宪法权威，全面推进依法治国。第二，有利于增强公职人员的宪法观念，激励其忠于和维护宪法。第三，有利于提高公民的宪法意识，培养宪法意识。第四，有利于在全社会传播宪法理念，树立法治信仰。

2018年2月24日修订通过的《全国人民代表大会常务委员会关于实行宪法宣誓制度的决定》对我国宪法宣誓制度进行了规定。

一、宣誓主体

1.各级人大会、县级以上各级人大常委会选举或者决定任命的国家工作人员。

2.各级政府、监察委员会、法院、检察院任命的国家工作人员。

二、宣誓内容

我宣誓：忠于中华人民共和国宪法，维护宪法权威，履行法定职责，忠于祖国、忠于人民，恪尽职守、廉洁奉公，接受人民监督，为建设富强民主文明和谐美丽的社会主义现代化强国努力奋斗！

三、组织机构

（一）全国人大主席团（全国人大开会期间）

全国人民代表大会选举或者决定任命的中华人民共和国主席、副主席，全国人民代表大会常务委员会委员长、副委员长、秘书长、委员，国务院总理、副总理、国务委员、各部部长、各委员会主任、中国人民银行行长、审计长、秘书长，中华人民共和国中央军事委员会主席、副主席、委员，国家监察委员会主任，最高人民法院院长，最高人民检察院检察长，以及全国人民代表大会专门委员会主任委员、副主任委员、委员等，在依照法定程序产生后，进行宪法宣誓。宣誓仪式由全国人民代表大会会议主席团组织。

（二）全国人大常委会委员长会议（闭会期间、全国人大常委任命的人员）

在全国人民代表大会闭会期间，全国人民代表大会常务委员会任命或者决定任命的全国人民代表大会专门委员会个别副主任委员、委员，国务院部长、委员会主任、中国人民银行行长、审计长、秘书长，中华人民共和国中央军事委员会副主席、委员，在依照法定程序产生后，进行宪法宣誓。宣誓仪式由全国人民代表大会常务委员会委员长会议组织。

全国人民代表大会常务委员会任命的全国人民代表大会常务委员会副秘书长，全国人民代表大会常务委员会工作委员会主任、副主任、委员，全国人民代表大会常务委员会代表资格审查委员会主任委员、副主任委员、委员等，在依照法定程序产生后，进行宪法宣誓。宣誓仪式由全国人民代表大会常务委员会委员长会议组织。

（三）国家监察委员会、最高人民法院、最高人民检察院、外交部及其他任命部门

全国人民代表大会常务委员会任命或者决定任命的国家监察委员会副主任、委员，最高人民法院副院长、审判委员会委员、庭长、副庭长、审判员和军事法院院长，最高人民检察院副检察长、检察委员会委员、检察员和军事检察院检察长，中华人民共和国驻外全权代表，在依照法定程序产生后，进行宪法宣誓。宣誓仪式由国家监察委员会、最高人民法院、最高人民检察院、外交部分别组织。

国务院及其各部门、国家监察委员会、最高人民法院、最高人民检察院任命的国家工作人员，在就职时进行宪法宣誓。宣誓仪式由任命机关组织。

四、宣誓方式

1.单独宣誓：宣誓人应当左手抚按《中华人民共和国宪法》，右手举拳，诵读誓词。

2.集体宣誓：由一人领誓，领誓人左手抚按《中华人民共和国宪法》，右手举拳，领诵誓词；其他宣誓人整齐排列，右手举拳，跟诵誓词。

3.宣誓场所应当悬挂中华人民共和国国旗或者国徽。宣誓仪式应奏唱中华人民共和国国歌

> · 小结 ·
>
> 1.宪法解释和宪法监督的体制。
> 2.我国的宪法监督制度。

中国法律史

专题十五 先秦时期的法律思想与制度

知识体系图

先秦时期的法律思想与制度 ── 西周时期的法律思想与制度
　　　　　　　　　　　 └─ 春秋战国时期的法律思想与制度

命题点拨

本专题重点考查西周时期的法律思想、周礼，以及春秋战国时期的法律思想和春秋变法。

第一节 西周时期的法律思想与制度

一、立法指导思想

（一）"以德配天，明德慎罚"思想的内容

1. "明德慎罚"的具体要求："实施德教，用刑宽缓"，"实施德教"是前提。
2. "德教"的具体内容是"礼治"。"礼治"即以"礼"治天下，按"礼"的秩序去生活。

（二）"以德配天，明德慎罚"思想的影响

为以"礼法结合"为特征的中国传统法制奠定了理论基础。汉代"德主刑辅、礼刑并用"的主张由此发展而来。

二、出礼入刑的礼刑关系

（一）礼的内容与性质

礼是中国古代社会长期存在的、维护血缘宗法关系和宗法等级制度的一系列精神原则以及言行规范的总称。礼起源于原始社会祭祀鬼神时所举行的仪式。西周时期的礼已具备法的性质。中国古代的礼有两层含义：

1. 抽象的精神原则："亲亲"与"尊尊"。
2. 具体的礼仪形式。

西周"五礼": 吉礼（祭祀之礼）、凶礼（丧葬之礼）、军礼（师旅操演、征伐之礼）、宾礼（迎宾待客之礼）、嘉礼（冠、婚之礼）。

（二）"礼"与"刑"的关系

1. "出礼入刑"。
2. "礼不下庶人，刑不上大夫"。

这是中国古代法律中的一项重要法律原则。"礼不下庶人"强调礼有等级差别，禁止任何越礼的行为；"刑不上大夫"强调贵族官僚在适用刑罚上的特权。

三、契约与婚姻继承法律

（一）西周的契约法规

1.买卖契约

西周的买卖契约称为"质剂"。这种契约写在简牍上，一分为二，双方各执一份。"质"是买卖奴隶、牛马所使用的较长的契券；"剂"是买卖兵器、珍异之物所使用的较短的契券。"质""剂"由官府制作，并由"质人"专门管理。

2.借贷契约

西周的借贷契约称为"傅别"。"傅"是把债的标的和双方的权利义务等写在契券上；"别"是在简札中间写字，然后一分为二，双方各执一半，札上的字为半文。

（二）婚姻制度

1.婚姻缔结的三大原则

即一夫一妻、同姓不婚、父母之命。凡不合此三者的婚姻即属非礼非法。

2.婚姻"六礼"

西周时期"六礼"是婚姻成立的必要条件，即：（1）纳采：男家请媒人向女方提亲；（2）问名：女方答应议婚后男方请媒人问女子名字、生辰等，并卜于祖庙以定凶吉；（3）纳吉：卜得吉兆后即与女家定婚；（4）纳征：男方送聘礼至女家，故又称"纳币"；（5）请期：男方携礼至女家商定婚期；（6）亲迎：婚期之日男方迎娶女子至家。至此，婚礼始告完成。

3.婚姻关系的解除

西周时期解除婚姻的制度，称为"七出""三不去"：

（1）"七出"，又称"七去"，是指女子若有下列七项情形之一的，丈夫或公婆即可休弃之，即不顺父母去、无子去、淫去、妒去、有恶疾去、口多言去、盗窃去。

（2）"三不去"，指女子若有"三不去"的理由，夫家即不能离异休弃，即有所娶而无所归（休妻时女子无亲人可靠），不去；与更三年丧（女子入夫家后与丈夫一起为公婆守过三年孝），不去；前贫贱后富贵（娶妻时贫贱，以后变得富裕），不去。

（三）继承制度

西周时期，在宗法制下已经形成了嫡长子继承制。这种继承主要是王公、贵族政治身份的继承，土地、财产的继承是其次。

四、司法制度

（一）司寇

周天子是最高裁判者。中央设大司寇，负责实施法令，辅佐周天子行使司法权。大司寇下设小司寇，辅佐大司寇审理具体案件。大小司寇下设专门的司法属吏。

（二）具体的诉讼制度

1. 西周时期的"狱"与"讼"：民事案件称为"讼"，审理民事案件称为"听讼"；刑事案件称为"狱"，审理刑事案件称为"断狱"。

2. "五听"审案：是指通过观察当事人的生理变化确定其陈述的真假，包括：辞听（言语表达）；色听（面部表情）；气听（呼吸）；耳听（听觉）；目听（眼睛）。说明西周已注意到司法心理问题并将其运用到审判实践中。

3. "三刺"制度：西周时凡遇重大疑难案件，应先交群臣讨论，群臣不能决时，再交官吏们讨论，还不能决的，交给所有国人商讨决定。"三刺"制度是"明德慎罚"思想在司法实践中的体现。

经典考题：《左传》云："礼，所以经国家，定社稷，序民人，利后嗣也"，系对周礼的一种评价。关于周礼，下列哪一表述是正确的？（2015年卷一第16题，单选）[①]

A. 周礼是早期先民祭祀风俗自然流传到本周的产物
B. 周礼仅属于宗教、伦理道德性质的规范
C. "礼不下庶人"强调"礼"有等级差别
D. 西周时期"礼"与"刑"是相互对立的两个范畴

第二节　春秋战国时期的法律思想与制度

一、铸刑书与铸刑鼎

（一）铸刑书

公元前536年，郑国执政子产将郑国的法律条文铸在象征诸侯权位的金属鼎上，向全社会公布，史称"铸刑书"，这是中国历史上第一次公布成文法的活动。

（二）铸刑鼎

公元前513年，晋国赵鞅把前任执政范宣子所编刑书正式铸于鼎上，公之于众，这

[①]【答案】C。周礼的确起源于早期先民的祭祀风俗，但是到了商、周两朝时，已经有了补充和发展，因此周礼并非早期祭祀风俗自然流传到西周的产物。如果不注意表述中的细微之处，就可能选择A项。西周时期的礼已经具备法的性质，首先，周礼完全具有法的三个基本特性，即规范性、国家意志性和强制性。其次，周礼在当时对社会生活各个方面都有着实际的调整作用，B项错误。西周时期，"礼"与"刑"的关系的经典表达是"出礼入刑"。这一时期的"刑"多指刑法和刑罚。"礼"正面、积极规范人们的言行，而"刑"则对一切违背礼的行为进行处罚。其关系正如《汉书·陈宠传》所说的"礼之所去，刑之所取，失礼则入刑，相为表里"，两者共同构成西周法律的完整体系，D项错误。

是中国历史上第二次公布成文法的活动。

二、《法经》的主要内容及其历史地位

（一）《法经》的内容

《法经》是中国历史上第一部比较系统的封建成文法典。它是战国时期魏国李悝在总结春秋以来各国公布成文法的经验的基础上制定的。《法经》共六篇：《盗法》《贼法》《网法》《捕法》《杂法》《具法》。

（二）《法经》的特点和历史地位

《法经》的体例和内容，为后世封建成文法典的进一步完善奠定了重要的基础：从体例上看，《法经》六篇为秦汉直接继承，成为秦汉律的主要篇目，魏晋以后在此基础上进一步发展，最终形成了以《名例》为统率，以各篇为分则的完善的法典体例；在内容上，《法经》中六篇的主要内容大都为后世封建法典继承与发展。

三、商鞅变法

（一）变法的主要内容

1. 改"法"为"律"，扩充法律内容。改"法"为"律"，是强调法律规范的普遍性，是法律观念的重大进步。
2. 用法律手段推行富国强兵的措施。富国强兵是变法的终极目的。
3. 用法律手段剥夺旧贵族的特权，具体措施包括：废除世卿世禄制，按军功授爵；取消分封制，实行郡县制，强化中央集权。
4. 全面贯彻法家"以法治国"和"明法重刑"的主张。

（二）商鞅变法的历史意义

秦国在商鞅变法之后迅速强盛起来，最终一统六国，建立了历史上第一个中央集权的封建王朝。

经典考题：春秋时期，针对以往传统法律体制的不合理性，出现了诸如晋国赵鞅"铸刑鼎"，郑国执政子产"铸刑书"等变革活动。对此，下列哪一说法是正确的？（2016年卷一第16题，单选）①

A. 晋国赵鞅"铸刑鼎"为中国历史上首次公布成文法
B. 奴隶主贵族对公布法律并不反对，认为利于其统治
C. 打破了"刑不可知，则威不可测"的壁垒
D. 孔子作为春秋时期思想家，肯定赵鞅"铸刑鼎"的举措

---

① 【答案】C。公元前536年，郑国执政子产"铸刑书"，是中国历史上第一次公布成文法的活动。A项错误。奴隶制时代强调的是"刑不可知，则威不可测"，强调秘密司法，将法律束之高阁，防民所知，这对于用法律来高压恐吓老百姓有好处。而公布法律对于他们的统治不利，因此奴隶主贵族激烈反对公布法律。从这个角度说，铸刑书与铸刑鼎意义重大。B项错误，C项正确。孔子的出发点是维护奴隶主贵族的统治，对于铸刑鼎持反对态度。D项错误。

专题十六　秦汉至魏晋南北朝时期的法律思想与制度

知识体系图

```
                                    ┌─ 秦汉时期的法律思想与制度
秦汉至魏晋南北朝时期的法律思想与制度 ─┤
                                    └─ 魏晋南北朝时期的法律思想与制度
```

命题点拨

本专题重点考查封建法律的儒家化、封建刑制改革。

第一节　秦汉时期的法律思想与制度

一、秦代的罪名与刑罚

（一）罪名

1.危害皇权罪：主要有谋反，这在当时被视为最严重的犯罪；操国事不道；泄露皇帝行踪、住所、言语机密；偶语诗书、以古非今；诽谤、妖言；诅咒、妄言；非所宜言；投书，即投寄匿名信；不行君令等。

2.侵犯财产和人身罪：（1）秦代侵犯财产方面的罪名主要是"盗"，盗窃在当时被列为重罪，按盗窃数额量刑。除了一般意义上的盗，秦代还有共盗、群盗之分，共盗指两人以上共同盗窃，群盗则是指聚众反抗政治统治，属于危害皇权的重大政治犯罪。（2）侵犯人身方面的罪名主要是贼杀、伤人，这里的"贼"与今义不同，即杀死、伤害好人，以及在未发生变故的正常情况下杀人、伤人。此外，斗伤、斗杀在秦代亦属于侵犯人身罪。

3.渎职罪：（1）官吏失职造成经济损失的犯罪；（2）军职罪；（3）有关司法官吏渎职的犯罪，主要有："见知不举"罪（看见违法犯罪行为而故意不论罪）、"不直"罪（应重而故意轻判，应轻而故意重判）、"纵囚"罪（应论罪而故意不论罪，或设法减轻案情，判犯人无罪）和"失刑"罪（因过失而量刑不当）。

4.妨害社会管理秩序罪：（1）《田律》中规定的违令卖酒罪；（2）逃避徭役罪，包括"逋事"（指已下达征发徭役命令而逃走不报到）与"乏徭"（指到达服徭役地点又逃走）；（3）逃避赋税罪。

5. 破坏婚姻、家庭秩序罪。

(二) 刑罚

秦代的刑罚主要包括以下八大类：笞刑、徒刑、流放刑、肉刑、死刑、耻辱刑、赀赎刑、株连刑；其中前五类相当于现代的主刑，后三类相当于现代的附加刑。但秦尚未形成完整的刑罚体系，一切都呈现出过渡时期的特征。

1. 笞刑

笞刑是以竹、木板责打犯人背部的轻刑，是秦代经常使用的一种刑罚方法。

2. 徒刑

徒刑即剥夺罪犯人身自由，强制其服劳役的刑罚，在秦代主要包括以下几种：（1）城旦舂，男犯筑城，女犯舂米，但实际从事的劳役并不限于筑城舂米；（2）鬼薪、白粲，男犯为宗庙祭祀鬼神伐薪，女犯为宗庙祭祀鬼神择米，但实际劳役也绝不止此；（3）隶臣妾，即将罪犯及其家属罚为官奴婢，男为隶臣，女为隶妾，其刑轻于鬼薪、白粲；（4）司寇，即伺寇，意为伺察寇盗，其刑轻于隶臣妾；（5）候，即发往边地充当斥候，是秦代徒刑的最轻等级。

3. 流放刑

流放刑包括迁刑和谪刑，都是将犯人迁往边远地区的刑罚，其中谪刑适用于犯罪的官吏，但两者都比后世的流刑要轻。

4. 肉刑

肉刑即黥（或墨）、劓、刖（或斩趾）、宫等四种残害肢体的刑罚，它们源于奴隶制时代，在秦时使用广泛。秦的肉刑大多与城旦舂等较重的徒刑结合使用。

5. 死刑

秦代死刑执行方法很多，如弃市、戮、磔、腰斩、车裂、枭首、族刑、具五刑等。

6. 耻辱刑

秦时经常使用"髡""耐"等耻辱刑作为徒刑的附加刑。（1）"髡"是指剃光犯人的头发和胡须、鬓毛；（2）"耐"是指仅剃去胡须和鬓毛，而保留犯人的头发。此外，死刑中的"戮"刑也含有羞辱之意。

7. (赀赎刑) 经济刑

秦律中对轻微罪适用的强制缴纳一定财物的刑罚主要是"赀"；同时，赎刑也可归入这一范畴。"赀"是用经济制裁来惩治官吏的一般失职和普通百姓的一般违法行为的独立刑种，它包括三种：（1）纯属罚金性质的"赀甲""赀盾"；（2）"赀戍"，即发往边地作戍卒；（3）"赀徭"，即罚服劳役。

赎刑不是独立刑种，而是一种允许已被判刑的犯人用缴纳一定金钱或服一定劳役来赎免刑罚的办法。秦代的赎刑范围非常广泛。

8. 株连刑

主要是族刑和"收"。"收"，亦称"收孥""籍家"，就是在对犯人判处某种刑罚时，还同时将其妻子、儿女等家属没收为官奴婢。

(三) 秦代的刑罚适用原则

1. 刑事责任能力的规定。秦律规定，凡属未成年犯罪，不负刑事责任或减轻刑事处罚。秦律以身高判定是否成年。

2.区分故意与过失的原则。秦律重视故意与过失犯罪的区别。故意诬告者，实行反坐；主观上没有故意的，按"告不审"从轻处理。

3.盗窃按赃值定罪的原则。秦律把赃值划分为三等。对于侵犯财产的盗窃罪，依据不同等级的赃值，分别定罪。

4.共犯罪与集团犯罪加重处罚的原则。

5.累犯加重原则。

6.教唆犯罪加重处罚的原则。

7.自首减轻处罚的原则。

8.诬告反坐原则。

【实战贴士】

1.秦律以身高判定是否成年，大约六尺五寸为成年身高标准，低于六尺五寸的为未成年人。

2."失刑"罪是指因过失而量刑不当，若系故意而量刑不当则为"不直"罪。

经典考题： 秦律明确规定了司法官渎职犯罪的内容。关于秦朝司法官渎职的说法，下列哪一选项是不正确的？（2014年卷一第16题，单选）[①]

A.故意使罪犯未受到惩罚，属于"纵囚"

B.对已经发生的犯罪，由于过失未能揭发、检举，属于"见知不举"

C.对犯罪行为由于过失而轻判者，属于"失刑"

D.对犯罪行为故意重判者，属于"不直"

二、汉代法制

（一）汉文帝、景帝废除肉刑

文帝刑罚改革的直接起因是"缇萦上书"。

1.刑制改革的内容

（1）文帝

把黥刑（墨刑）改为髡钳城旦舂（去发颈部系铁圈服苦役五年）；劓刑改为笞三百；斩左趾（砍左脚）改为笞五百，斩右趾改为弃市死刑。文帝的改革，从法律上宣告废除肉刑，具有重要意义，但其中也有由轻改重的现象。

（2）景帝

将劓刑由笞三百改为笞两百；将斩左趾由笞五百改为笞三百；颁布《箠令》，规定笞杖尺寸，笞杖以竹板制成，削平竹节，用刑的部位为臀、背，且行刑不得换人。

[①]【答案】B。秦代关于司法官渎职犯罪有这么几种：看见违法犯罪行为而不纠举的属于"见知不举"罪；罪应重而轻判，罪应轻而重判的故意犯罪属于"不直"罪；因过失而量刑不当属于"失刑"罪；应当论罪而故意不论罪属于"纵囚"罪。"不直"罪和"纵囚"罪属于故意犯罪，而"失刑"罪属于过失犯罪。据此，ACD项都正确，B项错误。

2.刑制改革的意义

为结束奴隶制肉刑制度，建立封建刑罚制度奠定了重要基础。

（二）汉律的儒家化

1.上请与恤刑

上请，即通过请示皇帝给有罪贵族官僚某些优待，始自汉高祖刘邦。其后，宣帝、平帝相继规定上请制度。东汉时"上请"成为官贵的一项普遍特权，从徒刑二年到死刑都可以适用。

统治者以"为政以仁"相标榜，强调贯彻儒家矜老恤幼的恤刑思想。年八十岁以上的老人，八岁以下的幼童，以及怀孕未产的妇女、老师、侏儒等，在有罪监禁期间，给予不戴刑具的优待。老人、幼童及连坐妇女，除犯大逆不道、诏书指明追捕的犯罪外，一律不再拘捕监禁。当然，给老幼以优待，也以不危害统治阶级的利益为限。

2.亲亲得相首匿

亲亲得相首匿原则，是汉宣帝时期确立的。主张亲属间首谋藏匿犯罪可以不负刑事责任（对卑幼亲属首匿尊长亲属的犯罪行为，不追究刑事责任，尊长亲属首匿卑幼亲属，罪应处死的，可以上请皇帝宽贷）。来源于儒家"父为子隐，子为父隐，直在其中"的理论。

【实战贴士】卑幼首匿尊长，不负刑事责任；尊长首匿卑幼，有条件地负刑事责任。

（三）司法制度

1.司法机关

（1）汉承秦制，廷尉仍是中央司法长官。郡守为地方行政长官也是地方司法长官，负责全郡案件的审理；县令兼理本县司法，负责全县审判工作；基层设乡里组织，负责本地治安与调解工作。

（2）汉代时期御史大夫（西汉）、御史中丞（东汉），负责法律监督。汉武帝以后设司吏校尉，监督中央百官与京师地方司法官吏；刺史，专司各地行政与法律监督之职。

2.《春秋》决狱

"春秋决狱"是法律儒家化在司法领域的反映。其特点是依据《春秋》等儒家经典著作审理案件，而不仅仅是依据法律。春秋决狱实行"论心定罪"原则，如犯罪人主观动机符合儒家"忠""孝"精神，即使其行为造成社会危害，也可以减免刑事处罚。相反，犯罪人主观动机严重违背儒家倡导的精神，即使没有造成严重的社会危害后果，也要认定为犯罪给予严惩。

3.秋冬行刑

汉代对死刑的执行，实行"秋冬行刑"制度。汉统治者根据"天人感应"理论，规定春夏不执行死刑。除谋反大逆等"决不待时"者外，一般死刑犯须在秋天霜降之后，冬至以前执行。秋冬行刑制度，对后世有着深远的影响，唐律规定"立春后不决死刑"，明清律中的"秋审"制度亦溯源于此。

第二节　魏晋南北朝时期的法律思想与制度

一、魏晋南北朝时期法典的发展变化

（一）法典结构与法律形式的发展变化

1.法典结构的变化

（1）《魏律》

《魏律》又称《曹魏律》，共18篇，对秦汉旧律有较大改革。首先，将《法经》中的"具律"改为"刑名"置于律首；其次，将"八议"制度正式列入法典；第三，进一步调整法典的结构与内容，使中国封建法典在系统和科学的道路上前进了一大步。

（2）《晋律》颁行与张杜注律

《晋律》，又称《泰始律》，共20篇620条。与魏律相比，在刑名律后增加法例律，丰富了刑法总则的内容。同时对刑律分则部分重新编排，向着"刑宽""禁简"的方向迈进了一大步。在《晋律》颁布的同时，律学家张斐、杜预为之作注，总结了历代刑法理论与刑事立法经验，经晋武帝批准颁行，与《晋律》具有同等法律效力。故《晋律》亦称《张杜律》。

（3）《北魏律》的制定

《北魏律》共20篇。

（4）《北齐律》的制定

《北齐律》共12篇，其将"刑名"律与"法例"律合为"名例"律一篇，充实了刑法总则；精炼了刑法分则，使其成为11篇。在中国封建刑律史上起着承先启后的作用，在当时是最为先进的法典。

2.法律形式的变化

形成了律、令、科、比、格、式相互为用的立法格局。科起着补充与变通律、令的作用。格与令相同，起着补充律的作用，均带有刑事法律性质，不同于隋唐时期具有行政法律性质的格。比是比附或类推，即比照典型判例或相近律文处理法律无明文规定的同类案件。式是公文程式。

（二）法典内容的发展变化

1."八议"入律与"官当"制度确立

魏明帝在制定《魏律》时，以《周礼》"八辟"为依据，正式规定了"八议"制度。"八议"制度是对封建特权人物犯罪实行减免处罚的法律规定，包括：议亲（皇帝亲戚）；议故（皇帝故旧）；议贤（有传统德行与影响的人）；议能（有大才能）；议功（有大功勋）；议贵（贵族官僚）；议勤（为朝廷勤劳服务）；议宾（前代皇室宗亲）。此后，"八议"成为各代刑律的重要内容。

"官当"是封建社会允许官吏以官职爵位折抵徒罪的特权制度。它正式出现在《北魏律》与南朝《陈律》中，《陈律》规定更细。

2. "重罪十条"的产生

《北齐律》中首次规定"重罪十条",是对危害统治阶级根本利益的十种重罪的总称,并置于律首。

"重罪十条"分别为:反逆(造反);大逆(毁坏皇帝宗庙、山陵与宫殿);叛(叛变);降(投降);恶逆(殴打谋杀尊亲属);不道(凶残杀人);不敬(盗用皇室器物及对皇帝不尊重);不孝(不侍奉父母,不按礼制服丧);不义(杀本府长官与授业老师);内乱(亲属间的乱伦行为)。

《北齐律》规定:"其犯此十者,不在八议论赎之限。"

3. "准五服制罪"的确立

按服制依亲属远近关系合为五等:斩衰、齐衰、大功、小功、缌麻。

4. 死刑复奏制度

死刑复奏制度是指奏请皇帝批准执行死刑判决的制度,北魏太武帝时正式确立这一制度,为唐代的死刑三复奏打下了基础。

二、魏晋南北朝时期的司法制度

(一) 北齐的大理寺

北齐时期正式设置大理寺,以大理寺卿和少卿为正副长官。尚书台的地位提高,其中的"三公曹"与"二千石曹"执掌司法审判,同时掌囚帐,这为隋唐时期刑部尚书执掌审判复核提供了前提。

(二) 魏晋以来,御史监督职能加强

晋以御史台主监察,受命于皇帝,有权纠举一切不法案件,又设治书侍御史,纠举审判官吏的不法行为。

经典考题: 秦统治者总结前代法律实施方面的经验,结合本朝特点,形成了一些刑罚适用原则。对于秦律原则的相关表述,下列哪一选项是正确的?(2017年卷一第16题,单选)①

A.关于刑事责任能力的确定,以身高作为标准,男、女身高六尺二寸以上为成年人,其犯罪应负刑事责任

B.重视人的主观意识状态,对故意行为要追究刑事责任,对过失行为则认为无犯罪意识,不予追究

C.对共犯、累犯等加重处罚,对自首、犯后主动消除犯罪后果等减轻处罚

D.无论教唆成年人、未成年人犯罪,对教唆人均实行同罪,加重处罚

---

① 【答案】C。秦律关于刑事责任能力的确定,以身高作为标准,男子身高达到六尺五寸、女子身高达到六尺二寸以上为成年人,其犯罪应负刑事责任,因此A项错误。重视人的主观意识状态,对故意行为要追究刑事责任,没有故意,按告不审从轻处理,因此B项错误。对共犯、累犯等加重处罚,对自首、犯后主动消除犯罪后果等减轻处罚,因此C项正确。教唆未成年人犯罪者实行同罪,加重处罚,因此D项错误。

专题十七　隋唐宋元时期的法律思想与制度

知识体系图

隋唐宋元时期的法律思想与制度
├── 隋唐时期法律的法律思想与制度
└── 宋元时期的法律思想与制度

命题点拨

本专题重点考查《唐律疏议》《宋刑统》和唐宋时期的法律思想。

第一节　隋唐时期的法律思想与制度

一、《唐律疏议》

（一）《唐律》的修订过程——从《武德律》到《永徽律疏》

唐高祖于武德四年（公元621年）以《开皇律》为准，制定《武德律》，这是唐代首部法典。

唐太宗于贞观元年（公元627年）在《武德律》基础上，参酌隋《开皇律》，制定《贞观律》。《贞观律》增设加役流刑，缩小连坐处死的范围，确定了五刑、十恶、八议以及类推等原则与制度。《贞观律》的修订，基本上确定了唐律的主要内容和风格。

（二）《永徽律疏》的颁行

《永徽律疏》又称《唐律疏议》，是唐高宗永徽年间完成的一部极为重要的法典。高宗永徽二年（公元651年）完成《永徽律》。高宗永徽三年对《永徽律》进行逐条逐句的解释，历时一年，撰《律疏》30卷与《永徽律》合编在一起。永徽四年十月经高宗批准，将疏议分附于律文之后颁行。计分12篇，共30卷，称为《永徽律疏》。至元代后，被称为《唐律疏议》。

《永徽律疏》不仅对主要的法律原则和制度作了精确的解释与说明，而且尽可能引用儒家经典作为律文的理论根据。《永徽律疏》的完成，标志着中国古代立法达到了最高水平。

二、十恶

所谓"十恶"是隋唐以后历代法律中规定的严重危害统治阶级根本利益的常赦不原的十种最严重犯罪,渊源于北齐律的"重罪十条"。隋《开皇律》确定了十恶制度。《唐律》将"十恶"列入"名例"律之中。"十恶"制度所规定的犯罪大致可分为两类:侵犯皇权罪和违反伦理纲常罪。唐律规定凡犯十恶者,不适用八议等规定,虽遇赦并不原宥,此即所谓"十恶不赦"。十恶有:一为谋反;二为谋大逆;三为谋叛;四为恶逆;五为不道;六为大不敬;七为不孝;八为不睦;九为不义;十为内乱。

三、六杀、六赃与保辜

(一) 六杀

《唐律》贼盗、斗讼篇中,依犯罪人的主观意图区分了"六杀":"谋杀"(预谋杀人);"故杀"(事先虽无预谋,但情急杀人时已有杀人的意念);"斗杀"(在斗殴中出于激愤失手将人杀死);"误杀"(由于种种原因错置了杀人对象);"过失杀"(出于过失杀人);"戏杀"("以力共戏"而导致杀人)等。"六杀"理论的出现,反映了唐律对传统杀人罪理论的发展与完善。

(二) 六赃

《唐律》规定的六种非法获取公私财物的犯罪。包括:"受财枉法""受财不枉法""受所监临""强盗""窃盗""坐赃"(指官吏或常人非因职权之便非法收受财物的行为)。六赃的分类与按赃值定罪的原则为后世所继承,在明清律典中均有《六赃图》的配附。

(三) 保辜

对伤人罪的后果不是立即显露的,规定加害方在一定期限内对被害方伤情变化负责的一项特别制度。唐律规定在限定的时间内受伤者死去,伤人者承担杀人的负责;限外死去或者限内以他故死亡者,伤人者只承担伤人的刑事责任。

四、五刑与刑罚原则

(一) 唐律中的五刑

唐律承用隋《开皇律》中所确立的五刑即笞、杖、徒、流、死五种刑罚,作为基本的法定刑,其具体规格与《开皇律》稍有不同。

(二) 唐律中的刑罚原则

1. 自首免罪原则

严格区分自首与自新的界限。唐代以犯罪未被举发而能到官府交待罪行的,叫做"自首"。但犯罪被揭发或被官府查知逃亡后,再投案者,唐代称做"自新"。唐代对自新采取减轻刑事处罚的原则。

2. 类推原则

《唐律·名例律》规定:"诸断罪而无正条,其应出罪者,则举重以明轻;其应入罪者,则举轻以明重。"即对律文无明文规定的同类案件,凡应减轻处罚的,则列举重罪处罚规定，比照以解决轻案。凡应加重处罚的罪案，则列举轻罪处罚规定，比照以解决重案。

3.化外人原则

《唐律·名例律》规定："诸化外人，同类自相犯者，各依本俗法；异类相犯者，以法律论。"即同国籍外国侨民在中国犯罪的，由唐王朝按其所属本国法律处理，实行属人主义原则，不同国籍侨民在中国犯罪者，按唐律处罚，实行属地主义原则。

五、唐律的特点与中华法系

1. "礼法合一"。
2. 科条简要与宽简适中。
3. 立法技术完善。
4. 唐律是中国传统法典的楷模与中华法系形成的标志。

六、司法制度

（一）中央司法机关

唐代沿袭隋制，皇帝以下设置大理寺、刑部、御史台三大司法机构。

1.大理寺

大理寺行使中央司法审判权，审理中央百官与京师徒刑以上案件。凡属流徒案件的判决，须送刑部复核；死刑案件必须奏请皇帝批准。同时大理寺对刑部移送的死刑与疑难案件具有重审权。

2.刑部

唐代刑部有权参与重大案件的审理，对中央、地方上报的案件具有复核权，并有权受理在押犯申诉案件。

3.御史台

御史台为中央监察机构，有权监督大理寺、刑部的审判工作。同时参与疑难案件的审判，并受理行政诉讼案件。御史台中分设台院、殿院、察院，统辖下属的诸御史。

【实战贴士】唐宋大理寺、刑部的职能和明清时期刑部、大理寺的职能不同：唐宋大理寺主审判，刑部主复核；明清时期刑部主审判，大理寺主复核。

经典考题：元代人在《唐律疏议序》中说："乘之（指唐律）则过，除之则不及，过与不及，其失均矣。"表达了对唐律的敬畏之心。下列关于唐律的哪一表述是错误的？（2016年卷一第17题，单选）①

A.促使法律统治"一准乎礼"，实现了礼律统一

---

① 【答案】D。《唐律疏议》总结了汉魏晋以来立法和注律的经验，不仅对主要的法律原则和制度作了精确的解释与说明，而且尽可能引用儒家经典作为律文的理论根据，实现了礼律统一。A项正确。科条简要、宽简适中、立法技术高超，结构严谨，标志着中国古代立法达到了最高水平。它全面体现了中国古代法律制度的水平、风格和基本特征，成为中华法系的代表性法典。B项和C项正确。它对后世及周边国家产生了极为深远的影响，主要包括日本、琉球、安南等亚洲国家，而不包括欧洲国家，后者未曾成为中华法系的一份子。D项错误。

B.科条简要、宽简适中、立法技术高超，结构严谨
C.是我国传统法典的楷模与中华法系形成的标志
D.对古代亚洲及欧洲诸国产生了重大影响，成为其立法渊源

（二）唐代的会审制度

1.三司推事

刑部侍郎、御史中丞、大理寺卿共同审理地方或中央发生的重大案件。

2.三司使

大理寺评事、刑部员外郎、监察御史审理地方不便于解往中央的案件。

3.都堂集议制

每逢重大死刑案件，皇帝下令"中书、门下四品以上及尚书九卿议之"，以示慎刑。

（三）唐代的地方司法机关

唐代地方司法仍由行政长官兼理。

（四）刑讯制度与仇嫌回避原则

1.刑讯的条件与证据

唐律规定，在拷讯之前，必须先审核口供的真实性；证据确凿，仍狡辩否认的，经过主审官与参审官共同决定，可以使用刑讯；未依法定程序拷讯的，承审官要负刑事责任。同时规定，对那些人赃俱获，经拷讯仍拒不认罪的，可根据证据定罪。

2.刑讯方法

（1）刑讯必须使用符合标准规格的常行杖。

（2）规定对具有特权身份的人和老幼废疾之人禁止使用刑讯，只能根据证据来定罪。

3.《唐六典》第一次以法典的形式，肯定了法官的回避制度。

经典考题：唐代诉讼制度不断完善，并具有承前启后的特点。下列哪一选项体现了唐律据证定罪的原则？（2017年卷一第17题，单选）[①]

A.唐律规定，审判时"必先以情，审察辞理，反复参验，犹未能决，事须拷问者，立案同判，然后拷讯，违者杖六十"
B.《断狱律》说："若赃状露验，理不可疑，虽不成引，即据状断之"
C.唐律规定，对应议、请、减和老幼残疾之人"不合拷讯"
D.《断狱律》说："（断狱）皆须具引律、令、格、式正文，违者笞三十"

第二节　宋元时期的法律思想与制度

一、《宋刑统》与编敕

（一）《宋刑统》

《宋建隆重详定刑统》，简称《宋刑统》，是宋太祖建隆四年（公元963年）修订，

[①]【答案】B。本题B项中的"据状断之"即指据证定罪的原则，因此B项当选。A、C、D项都与据证定罪的原则无关，因此不当选。

是历史上第一部刊印颁行的法典。

（二）编敕

宋代的敕是指皇帝对特定的人或事所作的命令。敕的效力往往高于律，成为断案的依据。依宋代成法，皇帝的这种临时命令须经过中书省"制论"和门下省"封驳"，才被赋予通行全国的"敕"的法律效力。

编敕，是将一个个单行的敕令整理成册，上升为一般法律形式的一种立法过程。编敕是宋代一项重要和频繁的立法活动，神宗时还设有专门编敕的机构"编敕所"。

二、刑罚的变化

（一）折杖法

宋建隆四年颁行"折杖法"，意在笼络人心。"折杖法"规定：除死刑外，其他笞、杖、徒、流四刑均折换成臀杖和脊杖，但对反逆、强盗等重罪不予适用。

（二）配役

在两宋多为刺配。

（三）凌迟

作为死刑的一种，凌迟始于五代时的西辽。仁宗时使用凌迟刑，神宗熙宁以后成为常刑。至南宋，在《庆元条法事类》中，正式作为法定死刑的一种。

三、契约与婚姻法规

（一）契约立法

买卖契约分为绝卖、活卖与赊卖三种。

（二）婚姻法规

宋承唐律，规定违反成婚年龄的，不准婚嫁。宋律禁止五服以内亲属结婚，但对姑舅两姨兄弟姐妹结婚（即表亲）并不禁止。对于地方官员，《宋刑统》规定，各州县官员在任内，不得与部下百姓交婚，若订婚在前，任官在后则不在此限。

在离婚方面，仍实行唐制"七出"与"三不去"制度，但也有少许变通。

（三）绝户与继承

沿袭以往遗产兄弟均分制外，允许在室女，享受部分财产继承权。同时承认遗腹子与亲生子享有同样的继承权。至南宋又规定了绝户财产继承的办法。绝户指家无男子承继。绝户立继承人有两种方式：（1）"立继"：凡"夫亡而妻在"，立继从妻，称"立继"。（2）"命继"：凡"夫妻俱亡"，立继从其尊长亲属，称为"命继"。

继子与绝户之女均享有继承权，但只有在室女的（未嫁女），在室女享有3/4的财产继承权，继子享有1/4的财产继承权；只有出嫁女的（已婚女），出嫁女享有1/3的财产继承权，继子享有1/3，另外的1/3收为官府所有。

四、司法制度

（一）司法机关

宋沿唐制，司法机关的设置方面基本和唐代相同，但也有特殊之处。

1. 刑部

宋代刑部负责大理寺详断的全国死刑已决案件的复核及官员叙复、昭雪等事。神宗后，刑部分设左右曹，左曹负责死刑案件复合，右曹负责官吏犯罪案件的审核。其职能有所扩大。

2. 审刑院

宋审刑院是宋太祖设立的，目的是加强对中央司法机关的控制设立的，使"狱讼之事，随（刑审院）官吏决勘"，大理寺同时降为慎刑机关。这一制度，有利于司法集权，但同时造成司法审判复杂化。神宗时裁撤审刑院，恢复刑部与大理寺的原有职能。

（二）宋代的翻异别勘制度与证据勘验制度

在诉讼中，人犯否认口供（称"翻异"），事关重大案情的，由另一法官或别一司法机关重审，称"别勘"。

两宋注重证据，原被后均有举证责任。重视现场勘验，南宋地方司法机构制有专门的"检验格目"，并产生了《洗冤集录》等世界最早的法医学著作。

经典考题： 南宋时，霍某病故，留下遗产值银9000两。霍某妻子早亡，夫妻二人无子，只有一女霍甲，已嫁他乡。为了延续霍某姓氏，霍某之叔霍乙立本族霍丙为霍某继子。下列关于霍某遗产分配的哪一说法是正确的？（2016年卷一第18题，单选）①

A. 霍甲9000两

B. 霍甲6000两，霍丙3000两

C. 霍甲、霍乙、霍丙各3000两

D. 霍甲、霍丙各3000两，余3000两收归官府

---

① 【答案】D。本题考查宋代继承制度。宋代继子与绝户之女均享有继承权。如果只有在室女（未嫁女）的，在室女享有3/4财产继承权，继子享有1/4财产继承权。如果只有出嫁女（已婚女）的，出嫁女享有1/3财产继承权，继子享有1/3，另外1/3收为官府所有。本例属于第二种情形，所以出嫁女霍甲和继子霍丙各得1/3，即3000两，另1/3，即3000两收归官府。

专题十八 明清时期的法律思想与制度

知识体系图

明清时期的法律思想与制度 ── 明至清中期时期的法律思想与制度
　　　　　　　　　　　　└─ 清末的法律思想与制度

命题点拨

本专题重点考查明清的法律制度和清末修律及其成果。

第一节 明至清中期时期的法律思想与制度

一、明代的法律思想与制度

（一）明律、明大诰与会典

1.《大明律》

《大明律》一改传统刑律体例，更为名例、吏、户、礼、兵、刑、工七篇格局，用以适应强化中央集权的需要。

2.《明大诰》

朱元璋在修定《大明律》的同时，为防止"法外遗奸"，又在洪武十八年至洪武二十年间，手订四编《大诰》，具有与《大明律》相同的法律效力。《明大诰》集中体现了朱元璋"重典治世"的思想。《明大诰》空前普及，每户必备，内容亦被列入科举考试。

3.《大明会典》

《大明会典》仿照《唐六典》，以六部官制为纲，分述各行政机关执掌和事例。就其内容、性质与作用来看，仍属于行政法典、起着调整国家行政法律关系的作用。

经典考题：明太祖朱元璋在洪武十八年（公元1385年）至洪武二十年（公元1387年）间，手订四编《大诰》，共236条。关于明《大诰》，下列哪些说法是正确的？（2014年卷一第57题，多选）[①]

[①]【答案】ABC。大诰对于律中原有的罪名，一般都加重处罚。A项正确。大诰是中国法制史上空前普及的法规，每户人家必须有一本大诰，科举考试中也列入大诰的内容。B项正确。"重典治吏"是大诰的又一特点，其中大多数条文专为惩治贪官污吏而定，以此强化统治效能。C项正确。明太祖死后，大诰被束之高阁，不具法律效力，但没有被明文废除。D项错误。

A.《大明律》中原有的罪名，《大诰》一般都加重了刑罚
B.《大诰》的内容也列入科举考试中
C."重典治吏"是《大诰》的特点之一
D.朱元璋死后《大诰》被明文废除

（二）明代的立法思想——明刑弼教

宋以前论及"明刑弼教"多将其附于"德主刑辅"之后，着眼点仍是"大德小刑"和"先教后刑"。朱熹从"礼法合一"的角度对"明刑弼教"作了新的阐释，使刑与德不再是"德主刑辅"的主次关系，德对刑不再有制约作用，只是刑罚的目的。这意味着中国封建法律指导原则沿着"德主刑辅"——"礼法合一"——"明刑弼教"的发展轨道，进入一个新的阶段，对明清两代影响深远。

（三）明代的刑法原则、罪名、刑罚

1.奸党罪与充军刑

洪武年间创设"奸党"罪。

2.故杀与谋杀

（1）故杀，是没有预谋，突然起意的杀人。

（2）谋杀，是有预谋的故意杀人。

3.从重从新与重其所重、轻其所轻的原则

（1）实行刑罚从重从新原则

汉唐以来在刑罚适用上强调从轻原则。《大明律·名例律》规定了从新原则，即自律颁布日为始，犯在已前者依新律拟断。

（2）重其所重、轻其所轻的原则

对于贼盗及有关钱粮等事，明律较唐律处刑为重，此即"重其所重"原则。对于"典礼及风俗教化"等一般性犯罪，明律处罚轻于唐律，此即"轻其所轻"的原则。对"轻罪"从轻处罚是为了突出"重其所重"的原则，清代继承了这一原则。

（四）司法制度

1.中央司法机关

中央司法机构为刑部、大理寺、都察院，一改隋唐以来的大理寺、刑部、御史台体系。

（1）明代刑部增设十三清吏司，分掌各省刑民案件，加强对地方司法控制；清代刑部是中央的主审机关，下设十七清吏司。刑部是中央最重要的司法机构，在处理全国法律事务方面一直起主导作用。

（2）明清大理寺为复核机关。

（3）明代将御史台改为都察院，明代都察院掌纠察。设有十三道监察御史。清承明制，都察院是全国最高监察机关。

刑部、大理寺、都察院中央三大司法机关统称"三法司"。对重大疑难案件三法司共同会审，称"三司会审"。

2.地方司法机关

明代地方司法机关分为省、府（直隶州）、县三级。沿宋制，省设提刑按察司。府、

县两级实行行政司法合一体制。明代越诉受重惩。明代还在各州县及乡设立"申明亭"，张贴榜文，申明教化。

3.管辖制度

明代在交叉案件的管辖上，继承了唐律"以轻就重，以少就多，以后就先"的原则，实行被告原则。军、民分诉分辖。

4.廷杖与厂卫

厂卫既是明代司法的一大特点，又是明代的一大弊政。

5.明代的会审制度

（1）九卿会审（明代又称"圆审"）：是由六部尚书及通政使司的通政使，都察院左都御史，大理寺卿九人会审皇帝交付的案件或已判决但囚犯仍翻供不服之案。

（2）朝审：始于天顺三年（公元1459年），英宗命每年霜降之后，三法司会同公侯、伯爵，在吏部尚书（或户部尚书）主持下会审重案囚犯，从此形成制度。清代秋审、朝审皆渊源于此。

（3）大审：始于成化十七年（公元1481年）宪宗命司礼监（宦官二十四衙之首）一员在堂居中而坐，尚书各官列居左右，会同三法司在大理寺共审囚徒。每隔五年举行一次。

二、清代的法律思想与制度

（一）清代律例的编纂

1.《大清律例》的制订与颁行

《大清律例》于乾隆元年（公元1736年）开始重新修订。于乾隆五年完成，颁行天下。《大清律例》以《大明律》为蓝本，其结构、形式、体例、篇目与《大明律》基本相同。《大清律例》是中国历史上最后一部封建成文法典，是中国传统封建法典的集大成者。

2.清代的例

清代最重要的法律形式就是例。例是统称，可分为条例、则例、事例、成例等名目。

3.《大清会典》与清代行政法

自康熙朝开始，清廷仿效《明会典》编定《清会典》，记述各朝主要国家机关的职掌、事例、活动规则与有关制度。计有康熙、雍正、乾隆、嘉庆、光绪五部会典，合称"五朝会典"，统称《大清会典》。

（二）清代的司法制度

1.清代刑部是中央的主审机关，下设十七清吏司。刑部是中央最重要的司法机构，在处理全国法律事务方面一直起主导作用。

2.地方司法机关

在清代，地方司法分州县、府、省按察司、总督（及巡抚）四级。

3.清代会审制度的发展

（1）秋审：最重要的死刑复审制度，因在每年秋天举行而得名。秋审审理对象是全国上报的斩、绞监候案件，每年秋八月在天安门金水桥西由九卿、詹事、科道以及军机大臣、内阁大学士等重要官员会同审理。秋审被看成是"国家大典"，统治者较为重视，专门制定《秋审条款》。

（2）朝审：它是对刑部判决的重案及京师附近绞、斩监候案件进行的复审，其审判组织、方式与秋审大体相同，于每年霜降后十日举行。

（3）热审：它是对发生在京师的笞杖刑案件进行重审的制度，于每年小满后十日至立秋前一日，由大理寺官员会同各道御史及刑部承办司共同进行，快速决放在监笞杖刑案犯。

经典考题：根据清朝的会审制度，案件经过秋审或朝审程序之后，分四种情况予以处理：情实、缓决、可矜、留养承嗣。对此，下列哪一说法是正确的？（2014年卷一第18题，单选）①

A.情实指案件属实、罪名恰当者，奏请执行绞监候或斩监候
B.缓决指案情虽属实，但危害性不能确定者，可继续调查，待危害性确定后进行判决
C.可矜指案情属实，但有可矜或可疑之处，免于死刑，一般减为徒、流刑罚
D.留养承嗣指案情属实、罪名恰当，但被害人有亲老丁单情形，奏请皇帝裁决

第二节　清末的法律思想与制度

一、清末变法修律的特点和影响

（一）清末法律改革的主要特点

1.在立法指导思想上，坚持"中学为体、西学为用"，即借用西方近现代法律制度的形式，坚持中国固有的封建制度内容。

2.在内容上，清末修订的法律表现出封建专制主义传统与西方资本主义法学最新成果的奇怪混合。

3.在法典编纂形式上，清末修律改变了传统的"诸法合体"形式，明确了实体法之间、实体法与程序法之间的差别与不同，形成了近代法律体系的雏形。

（二）清末变法修律的主要影响

1.标志着延续几千年的中华法系开始解体。
2.为中国法律的近代化奠定了初步基础。

---

① 【答案】C。本题考查清代会审制度（秋审和朝审）。这两类审判的对象是斩、绞监候。案件经过秋审和朝审后，案件分四种情况：（1）情实，即罪情属实，罪名恰当，则奏请执行。（2）缓决，案情属实、危害不大，减为流放、或充军、或再押监候。（3）可矜，免于死刑，减为徒、流刑。（4）留养承嗣，即案情属实、罪名恰当、但有亲老丁单情形，合乎留养条件者按留养奏请皇帝裁决。情实，即罪情属实，罪名恰当，则奏请执行，"监候"的意思是关在监狱里等候处理，处理的方式是绞刑或斩刑，所以一旦情实，则执行绞刑或斩刑，而非监候，A项错误。缓决，确定的是案情属实、危害不大，而非"危害性不能确定"，B项错误。C项符合定义，正确。留养承嗣，即案情属实、罪名恰当、但有亲老丁单情形，这里"有亲老丁单"指的是"犯罪人"有亲老丁单，而非"被害人"有亲老丁单，是因为犯罪人有亲老丁单需要他养老，所以奏请皇帝裁决免死。D项错误。

二、清末的预备立宪

（一）《钦定宪法大纲》

清廷宪政编查馆编订，于1908年8月颁布，是中国近代史上第一个宪法性文件。其特点是皇帝专权，人民无权。

（二）"十九信条"

1911年清王朝迫于武昌革命风暴，匆匆命令资政院迅速起草宪法，资政院仅用3天时间即拟定，并于11月3日公布。形式上被迫缩小了皇帝的权力，相对扩大了国会和总理的权力，但对人民权利只字未提，更暴露其虚伪性。

经典考题：武昌起义爆发后，清王朝于1911年11月3日公布了《宪法重大信条十九条》。关于该宪法性文件，下列哪一说法是错误的？（2014年卷一第19题，单选）[①]

A. 缩小了皇帝的权力
B. 扩大了人民的权利
C. 扩大了议会的权力
D. 扩大了总理的权力

（三）谘议局与资政院

谘议局是清末"预备立宪"时期清政府在地方设立的咨询机关。资政院是清末"预备立宪"时期清政府在中央设立的咨询机构。它们与近现代社会的国家议会有根本性的不同。

三、清末主要修律内容

（一）《大清现行刑律》

1. 公布的原因与过程

《大清现行刑律》是《大清新刑律》完成前的一部过渡性法典，于1910年5月颁行。

2. 主要内容及变化

内容基本秉承旧律例，与《大清律例》相比，有如下变化：改律名为"刑律"；取消了六律总目，将法典各条按性质分隶三十门；对纯属民事性质的条款不再科刑；废除了一些残酷的刑罚手段，如凌迟；增加了一些新罪名，如妨害国交罪等。但只是在形式上对《大清律例》稍加修改，在表现形式和内容上都不能说是一部近代意义的专门刑法典。

（二）《大清新刑律》

1. 特点与地位

《大清新刑律》是清廷于1911年1月25日公布的中国历史上第一部近现代意义上的专门刑法典。

[①]【答案】B。1911年清王朝迫于武昌革命风暴，匆匆命令资政院迅速起草《宪法重大信条十九条》。这部文件形式上被迫缩小了皇帝的权力，相对扩大了议会和总理的权力，但仍强调皇权至上，且对人民权利只字未提。B项错误。

2.制定过程及篇章结构

起草工作始于1906年，至1911年1月正式公布，但并未真正施行。《大清新刑律》分总则和分则两篇，后附《暂行章程》五条。

3.主要内容及发展变化

抛弃了旧律诸法合体的编纂形式，以罪名和刑罚作为法典的唯一内容；在体例上将法典分为总则和分则；确立了新刑罚制度，规定刑罚分主刑、从刑；采用了一些近代西方资产阶级的刑法原则和刑法制度。

（三）清末的商事立法

清末的商事立法，大致可以分为前后两个阶段：自1903年至1907年为第一阶段；1907年至1911年为第二阶段。

1.第一阶段

商事立法主要由新设立的商部负责。1904年的《钦定大清商律》，为清代第一部商律。

2.第二阶段

主要商事法典改由修订法律馆主持起草，单行法规仍由各有关机关拟订，经宪政编查馆和资政院审议后请旨颁行。修订法律馆于1908年9月起草了《大清商律草案》，但未正式颁行。

（四）《大清民律草案》

由修订法律馆主持民商法的修订，1907年正式着手，1910年12月完成全部草案。

《大清民律草案》共分总则、债权、物权、亲属、继承五编。其中，总则、债权、物权三编由松冈正义等人仿照德、日民法典草拟而成。而亲属、继承两编则由修订法律馆会同保守的礼学馆起草，保留了许多封建法律的精神。

修订民律的基本思路，没有超出"中学为体、西学为用"的思想格局。这部民律草案并未正式颁布与施行。

经典考题： 1903年，清廷发布上谕："通商惠工，为古今经国之要政，急应加意讲求，著派载振、袁世凯、伍廷芳，先定商律，作为则例。"下列哪一说法是正确的？（2016年卷一第19题，单选）①

A.《钦定大清商律》为清朝第一部商律，由《商人通例》、《公司律》和《破产律》构成

B.清廷制定商律，表明随着中国近代工商业发展，其传统工商政策从"重农抑商"转为"重商抑农"

---

① 【答案】C。《钦定大清商律》为清朝第一部商律，是在修订《商人通例》9条和《公司律》131条的基础上形成的。《破产律》是同一时期另行颁布的单行法，不是《钦定大清商律》的组成部分。A项错误。出台商律的背景是当时的商部仅考虑尽快制定出一些应急的法规，并不意味着国策的根本转变。B项错误。清末的商事立法，大致可以分为前后两个阶段：1903~1907年为第一阶段；1907~1911年为第二阶段。在第一阶段，商事立法主要由新设立的商部负责。在第二阶段，主要商事法典改由修订法律馆主持起草；单行法规仍由各有关机关拟订，经宪政编查馆和资政院审议后请旨颁行。C项正确。《大清律例》是中国历史上最后一部封建成文法典，并不属于清末修律的成果。D项错误。

C. 商事立法分为两阶段，先由新设立商部负责，后主要商事法典改由修订法律馆主持起草
D. 《大清律例》《大清新刑律》《大清民律草案》与《大清商律草案》同属清末修律成果

四、清末司法体制的变化

（一）司法机构的变革与四级三审制

1. 清末司法机关的变化

改刑部为法部，掌管全国司法行政事务；改大理寺为大理院，为全国最高审判机关；实行审检合署。

2. 实行四级三审制

确立一系列近代意义上的诉讼制度，实行四级三审制，规定了刑事案件公诉制度、证据、保释制度；审判制度上实行公开、回避等制度。初步规定了法官及检察官考试任用制度；改良监狱及狱政管理制度。

（二）领事裁判权与观审和会审公廨

1. 外国在华领事裁判权

中国人与享有领事裁判权国家的侨民间的诉讼依被告主义原则。

2. 观审制度

外国人是原告的案件，其所属国领事官员也有权前往观审，如认为审判、判决有不妥之处，可以提出新证据等。这种制度是原有领事裁判权的扩充。

3. 会审公廨

1864年清廷与英、美、法三国驻上海领事协议在租界内设立的特殊审判机关。凡涉及外国人案件，必须有领事官员参加会审；凡中国人与外国人间诉讼案，由本国领事裁判或陪审。它的确立，是外国在华领事裁判权的扩充和延伸。

· 小结 ·

一、中国古代的法律思想和制度
1. 中国古代到近代法律思想的演变。
2. 中国古代法律儒家化的制度体现。
3. 中国古代封建法典体例和法律形式的演变。
4. 中国古代的刑制改革。
5. 中国古代有特色的制度。
6. 清末变法修律。

二、清末代表人物法律思想
1. 康有为、梁启超宪法思想：民选议会；制定宪法等。
2. 张之洞、刘坤一变法三折：适应形势，实行变法。

3. 沈家本：资产阶级法治等。自由平等人权等。儒家仁政等。
4. "礼法之争"：以张之洞、劳乃宣为代表的礼教派与以沈家本为代表的法理派，围绕大清新刑律等新式法典的修订产生一系列争论。
5. 伍廷芳引入西方法律思想：中外主权平等、收回治外法权；清末时认同君主立宪，辛亥革命后主张共和立宪。
6. 袁世凯：更重视道德的作用；清末时推崇君主立宪、责任内阁制；辛亥革命后支持民主共和；成为民国大总统后，废除责任内阁制，实行总统制，无限扩大总统权力。

专题十九　中华民国时期的法律思想与制度

知识体系图

```
                          ┌── 民国初期的法律思想
                          ├── 南京临时政府的法律制度
中华民国时期的法律思想与制度 ──┼── 北京政府的法律制度
                          ├── 南京国民政府的法律制度
                          └── 中国共产党民主政权宪法性文件
```

命题点拨

本专题重点考查民国初期的法律思想、民国时期的宪法性文件，和南京国民政府时期的刑法和民法。第五节"中国共产党民主政权宪法性文件"为新增考点，需要重点关注。

第一节　民国初期的法律思想

一、孙中山的法律思想

1.三民主义。
2.五权宪法。

二、章太炎的法律思想

1.认为国民才是国家的主人。
2.反对代议政治。
3.认为法律应当保护下层民众的利益。
4.强调法治，反对人治。

三、宋教仁的法律思想

1.主张建立民主的立宪政体。
2.认为在共和立宪国家，法律上的国家主权属于国民全体，但真正能够发出意思或指示的，则为事实上的政党。
3.主张建立责任内阁制。

4.将地方行政主体划分为地方自治行政主体与地方官治行政主体,试图在中央集权制与地方分权制之间寻求折中与平衡。

第二节 南京临时政府的法律制度

一、《修正中华民国临时政府组织大纲》

1912年1月2日公布,是中华民国第一部全国性的临时宪法性文件。其特点:(1)受美国宪法影响,基本上采用总统制共和政体;(2)中央国家机关权力分配实行资产阶级三权分立原则;(3)采取一院制的议会政治体制,参议院是国家立法机关。

二、《中华民国临时约法》

1912年3月11日公布,是中国历史上第一部资产阶级共和国性质的宪法文件。它以孙中山的民权主义学说为指导思想,确定了资产阶级民主共和国的国家制度,肯定了资产阶级民主共和国的政治体制和组织原则,体现了资产阶级宪法中一般民主自由原则,确认了保护私有财产原则。其主要特点:(1)以责任内阁制取代总统制,以限制袁世凯的权力;(2)扩大参议院的权力以抗衡袁世凯;(3)规定特别修改程序以制约袁世凯。

三、其他法令

1.保障人权废除帝制社会等级特权;
2.革除传统社会陋习;
3.整饬吏治任人唯贤。

四、司法制度

1.建立新型司法机关;
2.改革审判制度;
3.采用律师制度。

第三节 北京政府的法律制度

一、立法概况

(一)"天坛宪草"的制定

为限制袁世凯的权力,国会中的部分议员拟定宪法草案,1913年10月31日,国会"宪法起草委员会"三读通过《中华民国宪法草案》,1914年1月10日,袁世凯下令解散国会,"天坛宪草"未及公布便胎死腹中。

(二)《中华民国约法》

袁世凯解散国会后,成立"约法会议"作为立法机关,修改《临时约法》,1914年5

月1日公布《中华民国约法》。其是袁世凯全面专制确立的标志。
（三）《中华民国宪法》
1923年10月10日曹锟颁布。其是中国近代第一部正式宪法。

二、立法的特点

1.沿用前清旧律的刑法原则。
2.严刑镇压内乱。
3.维护地主、买办利益。

三、司法制度

（一）司法机关体系
1.普通法院系统：大理院、高等审判厅、地方审判厅、初等审判厅。
2.兼理司法法院。
3.特别法院。
4.平政院。
（二）诉讼审判的主要特点
1.运用判例和解释例。
2.四级三审制。
3.军事审判取代普通审判。
4.县知事兼理司法。
5.在华领事裁判权的沿用。

第四节　南京国民政府的法律制度

一、立法概况

（一）指导思想
以党治国。
（二）立法机构
立法院。
（三）法律体系
制定法、判例、解释例和党规党法、蒋氏手谕等。
（四）立法特点
1.从法律内容上看法律制度是继受法与固有法的混合；
2.从立法权限上看受制于国民党中央；
3.从法律文本层次上看特别法效力高于普通法；
4.从立法文本与司法实践层面看两者脱节严重。

二、六法全书的主要内容

（一）约法和宪法
1.《训政纲领》和《训政时期约法》
2.《中华民国宪法草案》（"五五宪法"）
3.《中华民国宪法（1947）》

（二）民法及其相关法
1928年南京国民政府开始起草《中华民国民法》，前后编成总则、债、物权、亲属、继承五编，从1929年10月10日起陆续施行。

民法的特点：（1）承认习惯和法理可作为判案依据；（2）维护土地权益；（3）保护债权人利益；（4）承认所有权法律关系；（5）保护传统婚姻家庭关系；（6）确认父家长权；（7）确认继承制度；（8）确认外国人在华权益。

（三）刑法及其相关法
南京国民政府成立之初，援用北京政府《暂行新刑律》，并先后颁布了1928年《刑法》和1935年新《刑法》。

刑法的主要内容和特点：（1）镇压危害政权与社会秩序的犯罪；（2）保护社会经济秩序；（3）维护社会秩序；（4）大量援用资产阶级刑法原则；（5）援用"保安处分"；（6）维护传统宗法家庭制度。

（四）商事单行法规
制定颁布了《公司法》《票据法》《银行法》《海商法》《保险法》。

（五）诉讼法与法院组织法
制定颁布了《民事诉讼法》《县知事审理诉讼暂行章程》《审理无约国人民民刑诉讼须知》《战争犯罪审判办法》《反革命案件陪审暂行法》《陆海空军审判法》《民事调解法》《法院组织法》《最高法院组织法》。

三、司法制度

（一）司法机关体系
1.司法院。
2.普通法院。
3.特别法院。
4.其他特殊审判机关。

（二）审判制度
1.一告九不理。
2.自由心证。
3.不干涉主义。

（三）律师与公证制度
1.《律师法》
律师资格的取得分为两种：一是经律师考试及格者，二是经检核及格者。

2.《公证法》

公证处的公证事项，分公证法律行为和公证私权事实。

第五节　中国共产党民主政权宪法性文件

工农民主政权	《中华苏维埃共和国宪法大纲》	1. 1931年11月7日第一次全国工农兵代表大会在江西瑞金召开，通过了该宪法大纲。1934年1月第二次中国工农兵代表大会对《中华苏维埃共和国宪法大纲》作了某些修改，最主要的是在第一条内增加了"同中农巩固的联合"条文。 2.主要内容 （1）规定了苏维埃国家性质"是工人和农民的民主专政国家"。 （2）规定了苏维埃国家政治制度是工农兵代表大会。它保证工农大众参加国家管理，便于工人阶级及其政党的领导，实行民主集中制和议行合一原则。 （3）规定了苏维埃国家公民的权利和义务。包括政治、经济、文化等各方面。工农兵及一切劳苦民众享有广泛的民主权利。各级政府采取切实有效的措施，提供力所能及的物质保障条件。 （4）规定了苏维埃国家的外交政策。宣布中华民族完全自由独立，不承认帝国主义在中国的特权及不平等条约。对受迫害的世界革命者给予保护。对居住在苏区从事劳动的外国人给予法定的政治权利。 3.意义 （1）它是第一部由劳动人民制定、确保人民民主制度的根本大法，是共产党领导人民反帝反封建的工农民主专政的纲领。 （2）它同民国政府制定的"约法""宪法"有本质的区别。 （3）它肯定了革命胜利成果，提出了斗争的方向。尽管受到"左"的影响，仍是划时代的宪法性文件。 （4）它的颁行调动了苏区人民的积极性，为以后制定民主宪法提供了宝贵经验。
抗日民主政权	《陕甘宁边区施政纲领》	1.《陕甘宁边区施政纲领》制定于1941年。其增加了"三三制"政权组织形式和保障人权等崭新内容。 2.主要内容 （1）明确阐述抗日民主政权的主要任务，是《抗日救国十大纲领》确定的"抗日""团结""民主"。 （2）加强政权民主建设，规定根据地政权的人员构成实行"三三制"原则，即共产党员占1/3，非党左派进步人士占1/3，中间派占1/3。实行普遍、直接、平等、无记名投票的选举制度，保障一切抗日人民的选举权、被选举权及其他人权、财权及各项自由。 （3）改进司法制度，厉行廉洁政治。如坚决废除肉刑，重证据不重口供；明确公务人员是人民公仆，严惩贪污和假公济私行为，实行以俸养廉等。 （4）规定边区的基本文化经济政策。从"发展经济，保障供给"的总方针出发，发展农、林、牧、手工和工业，奖励扶助私人企业，保障经营自由。贯彻统筹统支的财政制度，征收统一累进税，维护法币，巩固边币。建办各类学校，普及免费义务教育。尊重知识分子，提高边区人民的政治文化水平。

续 表

解放区人民民主政权	《陕甘宁边区宪法原则》	1.该《原则》于1946年4月边区第三届参议会通过。 2.其主要内容包括： （1）采取人民代表会议制的政权组织形式，以保证人民管理政权机关。规定边区、县、乡人民代表会议为人民管理政权机关，各级政权形式上开始由参议会过渡为人民代表会议制度，为新中国的基本政治制度奠定了基础。 （2）保障人民享有广泛的民主权利。边区人民不分民族一律平等，少数民族聚居区享有民族区域自治的权利。 （3）确立边区的人民司法原则。各级司法机关独立行使职权，不受任何干涉。除司法机关、公安机关依法执行职务外，任何机关、团体不得有逮捕审讯行为。人民有权以任何方式控告失职的公务员。 （4）确立边区的经济文化政策。经济上采取公营、合作、私营三种方式，组织一切人力、财力促进经济繁荣，为消灭贫穷而斗争。保障耕者有其田，劳动者有职业，企业者有发展机会。普及提高人民的文化水平。

· 小结 ·

要注意中国共产党民主政权不同时期宪法性文件的特色。

司法制度和法律职业道德

专题二十 中国特色社会主义司法制度

知识体系图

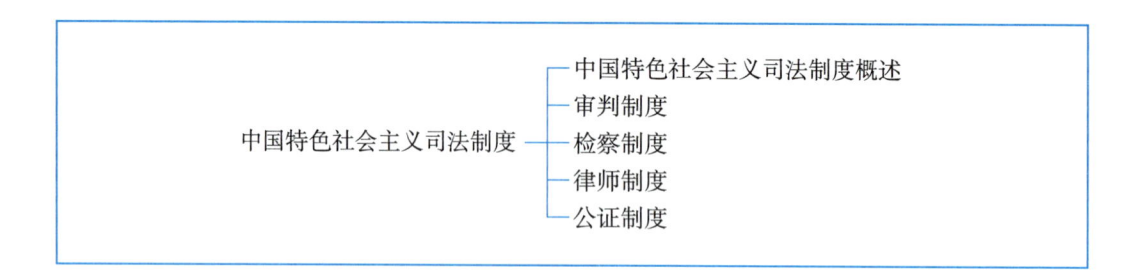

中国特色社会主义司法制度
— 中国特色社会主义司法制度概述
— 审判制度
— 检察制度
— 律师制度
— 公证制度

命题点拨

本专题的知识点是考试中的必考点，但题的难度不是太大。考生首先要在整体上把握司法制度的相关知识点，主要包括审判制度、检察制度、律师制度和公证制度等，这些点基本都以多选题的形式进行考查。考生复习时，重点理解并灵活运用该专题涉及的知识点的概念、制度之间的区别等。

第一节 中国特色社会主义司法制度概述

考情分析

本节10年考查13次。司法的特征是考试中常见命题点，其中独立性、被动性和交涉性这三个点的命题频率较高，需要特别注意。

一、司法的概念和特征

（一）司法的概念

司法通常是国家司法机关根据法定职权和法定程序，具体应用法律处理案件的专门活动。

（二）司法特征

从形式上看，司法与行政都是执行法律的个别化的或具体化的行为，统一于广义的执法活动。但是，行政是实现国家目的的直接活动，而司法是实现国家目的的间接活动。司法的下述特点使之区别于行政：

1.独立性

在组织技术上,司法机关只服从于法律,不受上级机关、行政机关的干涉。司法机关在审判活动中独立于行政机关,司法机关在审判活动中所发表的言论、所做的一切行为不被追究法律责任。独立性是法治的基本要求。

2.被动性

法律适用活动的惯常机制是"不告不理",司法程序的启动离不开权利人或特定机构的提请或诉求。司法者不得主动发动一个诉讼。

3.交涉性

法律适用过程离不开多方当事人的诉讼参与。司法者所作的裁判,必须是在受判决直接影响的有关各方参与下,通过提出证据并进行理性说服和辩论,以此为基础促进裁判的制作。

4.程序性

法律适用是司法机关依照法定程序所进行的活动。司法机关处理案件必须依据相应的程序法规定。法定程序是保证司法机关正确、合法、及时地适用法律的前提,是实现司法公正的重要保证。

5.普遍性

(1)司法形式上的普遍性:司法的过程是运用法律解决个案纠纷,将法律适用于个案的过程。案件的司法解决意味着个别性事件获得普遍性,普遍性在个别性事件中得以实现。

(2)司法实质上的普遍性:司法可以解决其他机关所不能解决的一切纠纷,司法管辖的范围是包括外国人在内的所有人,任何人都有发动资格。在现代社会,司法构成社会纠纷解决体系中最具普适性的方式。法院已成为最主要的纠纷解决主体。

【实战贴士】司法针对的是个别性案件,法官不能对法律的一般性原则进行宣判,只能在审理个案时宣布某一般原则的推论无效。

6.终极性

法律适用是解决纠纷、处理冲突的最后环节,法律适用结果是最终性的决定。相对其他的纠纷解决方式,司法成为现代社会中最重要的解决争端的手段。

经典考题:司法与行政都是国家权力的表现形式,但司法具有一系列区别于行政的特点。下列哪些选项体现了司法区别于行政的特点?(2014年卷一第83题,多选)[①]

A.甲法院审理一起民事案件,未按照上级法院的指示作出裁判

[①]【答案】ABD。司法具有独立性,行政具有从属性。在组织技术上,司法机关只服从法律,不受上级机关、行政机关的干涉。A项体现了司法的独立性,应选。司法具有被动性,行政具有主动性。法律适用活动的惯常机制是不告不理。司法程序的启动离不开权利人或特定机构的请求或诉求。B项体现了司法的被动性,应选。在我国,司法、行政活动均受人大及其常委会的监督,故C项不体现司法与行政的区别。司法具有交涉性,行政具有单方性。法律适用过程离不开多方当事人的参与。司法者所作的裁判,必须是受判决直接影响的有关各方参与下,通过提出证据并进行理性说服和辩论,以此为基础促成裁判的制作。D项体现了司法的交涉性,应选。

B. 乙法院审理一起刑事案件，发现被告人另有罪行并建议检察院补充起诉，在检察院补充起诉后对所有罪行一并作出判决
C. 丙法院邀请人大代表对其审判活动进行监督
D. 丁法院审理一起行政案件，经过多次开庭审理，在原告、被告及其他利害关系人充分举证、质证、辩论的基础上作出判决

二、司法的功能

司法的功能分为应然和实然两个层面。就司法的应然功能而言，即通常说的"定分止争""惩奸除恶""止恶扬善""实现公平正义""最后一道防线"以及亚里士多德讲的"校正正义"等。就司法的实然功能而言，从总体上看，司法具有解决纠纷的直接功能，人权保障、调整社会关系、解释和补充法律、形成公共政策、秩序维持、文化支持等间接功能。

（一）司法的直接功能——解决纠纷

1. 解决纠纷是司法制度的普遍特征，它构成司法制度产生的基础、运作的主要内容和直接任务，也是其他功能发挥的先决条件。

2. 法院要从根本上实现解决纠纷功能，不仅要从诉讼程序上公开、公平地处理案件，更要达到定纷止争、案结事了的境界。"案结事了"不仅意味着案件从审理到执行，从实体到程序已经结束，而且当事人与社会对处理的结果皆服。

【实战贴士】司法解决纠纷功能以"案结事了"为标准，是以实质意义与实体效果取代单纯与形式上的纠纷解决方式，既是司法审判面临的社会转型期的必要应对，也是司法功能内在发展规律的必然要求。

（二）司法的间接功能

1. 人权保障

（1）司法权力是维护人权的坚强后盾，司法程序是人们依法、理性维权的基本途径，司法机关是保障人权的责任主体，保障人权是司法机关的重要职责。

（2）需要强化诉讼过程中当事人和其他诉讼参与人的知情权、陈述权、辩护辩论权、申请权、申诉权的制度保障；健全落实罪刑法定、疑罪从无、非法证据排除等法律原则的法律制度；完善对限制人身自由司法措施和侦查手段的司法监督，加强对刑讯逼供和非法取证的源头预防，健全冤假错案有效防范、及时纠正机制。

（3）中国共产党第十八届中央委员会第四次全体会议通过《中共中央关于全面推进依法治国若干重大问题的决定》规定，对不服司法机关生效裁判、决定的申诉，逐步实行由律师代理制度。对聘不起律师的申诉人，纳入法律援助范围。

2. 调整社会关系

（1）司法制度的调整社会关系功能是通过司法机关和司法组织的各项司法活动发挥出来的。

（2）司法权的主管范围直接决定了其司法功能辐射广度和深度，体现出司法对社会的影响力与渗透力，并在一定程度上标志着一个国家的法治水平。在法治社会里，公民的权利只要受到侵犯，就应允许其通过司法途径寻求救济，这是司法最终解决原则的基

本要求。

3.解释、补充法律

法律相对于它所调整的社会关系具有滞后性，法官、检察官在司法过程中不应当机械地适用法律，而应根据社会生活的变化，对法律进行正确完整的阐释。

【实战贴士】（1）判断自由裁量是否合理，主要是看法官在自由裁量的过程中是否考虑了包括法定与酌定情节在内的相关因素。

（2）法官要做到合理自由裁量，必须正确选择裁判依据的法律条文并明确法律条文的意思，把握立法目的、法律原则与法理及有关司法政策。

4.形成公共政策

现代法治社会，司法机关特别是最高法院参与公共政策的制定，表征了司法权在国家权力配置与运作中的角色与定位。

我国法院公共政策形成的司法功能，主要表现在司法对法律与政策没有规范的问题的妥善处理，使其符合法律与政策精神，符合社会公众的一般愿望，促进裁判结果发动相关法律、政策的逐步形成。

【实战贴士】对于法律由于真空或滞后而带来的社会问题，人民法院如果裁判得当，符合社会发展趋势、立法精神和社会公众的价值标准，获得公认，会促进相关机关或部门以此作为制定该类政策的参考或依据，以调整或形成公共政策，而社会公众则以此形成自己的行为模式。这种公共政策形成功能的发挥，表明现代司法的作用已经不是仅仅局限于就具体纷争事件进行个别解决，而是超越于各该具体个别事件，对于一般社会主体的利害取向或价值观念，造成事实上的波及或影响。

三、司法制度

司法制度是关于司法功能、司法机构、司法组织、司法程序、司法机制等方面规范的总称。

中国特色社会主义司法制度主要由以下四个方面的体系构成：

（一）司法规范体系

司法规范体系包括建构中国特色社会主义司法制度、司法组织以及规范司法活动的各种法律规范。

（二）司法组织体系

司法组织体系主要是指审判组织体系和检察组织体系。

（三）司法制度体系

司法制度体系主要包括六大制度，即侦查制度、检察制度、审判制度、监狱制度、律师制度和公证制度。还有人民调解制度、人民陪审员制度、死刑复核制度、审判监督制度、司法解释制度以及案例指导制度等，都是独具中国特色的司法制度。

（四）司法人员管理体系

我国的司法人员是指有侦查、检察、审判、监管职责的工作人员及辅助人员。

经典考题：中国特色社会主义司法制度是一个科学系统，既包括体制机制运行体系，

也包括理念文化等丰富内容。关于我国司法制度的理解，下列哪一选项是正确的？（2017年卷一第46题，单选）①

A. 我国司法制度主要由四个方面的体系构成：司法规范体系、司法组织体系、司法制度体系、司法文化体系
B. 司法组织体系主要包括审判组织体系、律师组织体系、公证组织体系
C. 人民调解制度和死刑复核制度是独具中国特色的司法制度，司法解释制度和案例指导制度是中外通行的司法制度
D. 各项司法制度既是司法机关职责分工、履行职能的依据和标准，也是监督和规范司法行为的基本规则

四、司法公正

公正是人们所追求的崇高理想、价值和目标，也是法治的灵魂和核心，而司法公正是法律精神的内在要求，是法治的组成部分和基本内容，是民众对法治的必然要求。

（一）司法公正的内容

司法公正包括实体公正和程序公正两个方面。

1. 所谓实体公正，主要是指案件事实真相的发现和对实体法的正确适用，其中，发现案件事实真相是正确适用实体法的前提，而正确适用法律则是实体公正的根本要求。

2. 所谓程序公正，主要是指司法程序具有正当性和合理性，当事人在司法过程中受到公平的对待。现代各国法律普遍确立的举证、回避、辩护、无罪推定、自由心证、公开审判等原则和制度，是程序公正的主要体现和必然要求。

（二）司法公正的体现

根据司法的理论和实践，司法公正主要由以下要素构成：

1. 司法活动的合法性

合法性是指司法机关审理案件要严格按照法律的规定办事。不仅要按实体法办事，而且要按程序法办事。

2. 司法人员的中立性

在诉讼程序结构中，法官与双方当事人保持同等的司法距离，对案件保持超然和客观的态度。中立是对法官最基本的要求，即法官同争议的事实和利益没有关联性，法官不得对任何一方当事人存有歧视或偏爱。

3. 司法活动的公开性

法院应当努力实现立案公开、庭审公开、审判结果公开、裁判文书公开和执行过程公开，检察院应当实行检务公开，让民众更广泛地参与司法、了解司法、监督司法。

---

① 【答案】D。我国司法制度主要由四个方面的体系构成：司法规范体系、司法组织体系、司法制度体系、司法人员管理体系。故A项"司法文化体系"的说法错误。司法组织体系应当主要包括审判组织体系、检察组织体系，故B项错误。司法解释制度和案例指导制度也是独具中国特色的司法制度，故C项错误。D项表述明显正确。

经典考题：司法活动的公开性是体现司法公正的重要方面，要求司法程序的每一阶段和步骤都应以当事人和社会公众看得见的方式进行。据此，按照有关文件和规定精神，下列哪一说法是正确的？（2016年卷一第45题，单选）①

A．除依法不在互联网公布的裁判文书外，法院的生效裁判文书均应在互联网公布

B．检察院应通过互联网、电话、邮件、检察窗口等方式向社会提供案件程序性信息查询服务

C．监狱狱务因特殊需要不属于司法公开的范围

D．律师作为诉讼活动的重要参与者，其制作的代理词、辩护词等法律文书应向社会公开

4.当事人地位的平等性

一般认为这包括两层含义：一是当事人享有平等的诉讼权利，二是法院平等地保护当事人诉讼权利的行使。

5.司法程序的参与性

要求作为争议主体的当事人能够有充分的机会参与诉讼程序，提出自己的主张和有利于自己的证据，并反驳对方的证据，进行交叉询问和辩论，以此来促使法院尽可能作出有利于自身的裁判。

6.司法结果的正确性

正确性首先是指适用法律时，事实要调查清楚，证据要确凿可靠；其次是对案件的定性要准确；最后是处理要适当，要按照法律规定，宽严轻重要适度，做到合法合情合理。

7.司法人员的廉洁性

恪守司法廉洁，是司法公正与司法公信的基石和防线。只有筑牢司法人员拒腐防变思想道德防线，才能促进司法人员反腐倡廉建设，才能确保公正、廉洁和高效司法，才能维护法律的权威性和统一性，才能保障维护社会公平正义的司法权威，才能使司法人员真正成为法治国家建设的主力军。

经典考题：司法公正体现在司法活动各个方面和对司法人员的要求上。下列哪一做

---

① 【答案】A。《最高人民法院关于人民法院在互联网公布裁判文书的规定》第4条规定："人民法院作出的裁判文书有下列情形之一的，不在互联网公布：（一）涉及国家秘密的；（二）未成年人犯罪的；（三）以调解方式结案或者确认人民调解协议效力的，但为保护国家利益、社会公共利益、他人合法权益确有必要公开的除外；（四）离婚诉讼或者涉及未成年子女抚养、监护的；（五）人民法院认为不宜在互联网公布的其他情形。"故A项正确。《人民检察院案件信息公开工作规定（试行）》第3条第1款规定："人民检察院应当通过互联网、电话、邮件、检察服务窗口等方式，向相关人员提供案件程序性信息查询服务，向社会公开重要案件信息和法律文书，以及办理其他案件信息公开工作。"故B项"社会"二字错误。《中共中央关于全面推进依法治国若干重大问题的决定》指出："构建开放、动态、透明、便民的阳光司法机制，推进审判公开、检务公开、警务公开、狱务公开，依法及时公开执法司法依据、程序、流程、结果和生效法律文书，杜绝暗箱操作。"据此，狱务公开也属于司法公开的范围，故C项错误。司法公开不包括律师文书的公开，故D项错误。

法体现的不是司法公正的内涵?(2014年卷一第45题,单选)①
　　A.甲法院对社会关注的重大案件通过微博直播庭审过程
　　B.乙法院将本院公开审理后作出的判决书在网上公布
　　C.丙检察院为辩护人查阅、摘抄、复制案卷材料提供便利
　　D.丁检察院为暴力犯罪的被害人提供医疗和物质救助

五、司法效率

(一)司法效率的内涵

　　效率强调对资源利用的有效性,宏观层次是指资源配置的效率,微观层次是指经济活动的效率。司法效率强调的是司法机关在司法活动中,在正确、合法的前提下,要提高办案效率,不拖延积压案件,及时审理和结案,合理利用和节约司法资源。司法效率包括司法的时间效率、司法的资源利用效率和司法活动的成本效率。

(二)司法效率与司法公正的关系

　　司法公正是司法永恒的目标追求,提高司法效率是适应我国社会新的形势发展的要求。在司法过程中,宜坚持"公正优先,兼顾效率"的原则。当代社会的法律与司法不仅仅要追究正义,而且还要以效率作为正义的补充。

(三)建立公正高效的审判机制

　　要建立公正、高效的审判工作机制:
　　1.实行立审分离,繁简分流,改进简易程序。
　　2.强化合议庭和独任审判员的作用,完善独立审判制度,提高审判的质量和效率。
　　3.强化审限意识,严格禁止超审限审理案件。
　　4.加强对诉讼调解工作的指导,提高诉讼调解水平。
　　5.加强审判管理,提高司法效率,同时努力加强法官队伍职业化建设,不断提高法官素质。

　　经典考题:关于法官在司法活动中如何理解司法效率,下列哪一说法是不正确的?(2014年卷一第46题,单选)②
　　A.司法效率包括司法的时间效率、资源利用效率和司法活动的成本效率
　　B.在遵守审理期限义务上,对法官职业道德上的要求更加严格,应力求在审限内尽快完成职责

---

① 【答案】D。本题为选非题。司法公正是抽象的,同时又是客观具体的。根据司法的理论和实践,司法公正主要由以下要素构成:司法活动的合法性、司法人员的中立性、司法活动的公开性、当事人地位的平等性、司法程序的参与性、司法结果的正确性、司法人员的廉洁性。A、B项做法是保障司法公开,C项做法是保障辩护人参与司法过程,均体现了司法公正的内涵,故均不应选。D项做法是检察院坚持以人为本、检察为民的具体体现,是保障改善民生、彰显人文关怀、推进司法文明的具体做法,但不体现司法公正,故应选。

② 【答案】D。《法官行为规范》第5条规定:"一心为民。落实司法为民的各项规定和要求,做到听民声、察民情、知民意,坚持能动司法,树立服务意识,做好诉讼指导、风险提示、法律释明等便民服务,避免'冷硬横推'等不良作风。"据此,法官尽管应恪守中立,但为落实司法为民,也可主动督促当事人或其代理人完成诉讼活动。故D项说法错误,应选。

C.法官采取程序性措施时，应严格依法并考虑效率方面的代价
D.法官应恪守中立，不主动督促当事人或其代理人完成诉讼活动

六、依法独立行使审判权和检察权

（一）依法独立行使审判权和检察权的内涵

1.人民法院、人民检察院依法独立公正行使审判权、检察权是保障国家法律统一正确实施的关键。这种独立性不意味着法官可以根据个人主张做决定，而是表明他们可以自由地依法裁决——即使他们的裁决违背政府或涉案的权势集团的意愿。

2.依法独立行使审判权廓清了司法与其他行为的界限，维护了司法权的完整性、统一性，有助于实现实体公正。依法独立行使审判权意味着法官审理权和裁判权的统一，这也极大地促进了程序公正的实现。

3.依法独立行使审判权和检察权是维护国家法制统一的需要，有利于保障民众的合法权益；是正确发挥人民法院和人民检察院专门职能的基本条件；也有利于防止特权和抵制不正之风，防止权力的滥用。

4.依法独立行使审判权和检察权的核心是司法机关与国家立法机关、行政机关的分立。依法独立行使审判权不仅包括法官的个体独立，即法官的身份独立和实质独立，还包括司法机关整体上的独立。同时，依法独立行使审判权和检察权还包含着相对于舆论、民意的独立性。

（二）依法独立行使审判权和检察权的内容

1.国家的审判权和检察权只能分别由人民法院和人民检察院依法统一行使，其他机关、团体或个人无权行使这项权力。

【实战贴士】司法权归属于且仅归属于司法机关，司法权不得分割行使，排除其他机关行使具有司法性质的权力，也不允许在司法机关之外另设特别法庭。

2.司法机关依照法律独立行使职权，不受行政机关、社会团体和个人的干涉。行政机关等不得使用任何权力干涉司法程序。

3.司法机关在司法活动中必须依照法律规定，正确地适用法律。

（三）依法独立行使审判权和检察权的保障

1.建立各级党政机关和领导干部支持法院、检察院依法独立公正行使职权的制度机制。《中共中央关于全面推进依法治国若干重大问题的决定》提出："建立领导干部干预司法活动、插手具体案件处理的记录、通报和责任追究制度。"

经典考题：建立领导干部、司法机关内部人员过问案件记录和责任追究制度，规范司法人员与当事人、律师、特殊关系人、中介组织接触交往行为，有利于保障审判独立和检察独立。据此，下列做法正确的是：（2017年卷一第98题，不定项）[1]

---

[1]【答案】ACD。《司法机关内部人员过问案件的记录和责任追究规定》第2条规定："司法机关内部人员应当依法履行职责，严格遵守纪律，不得违反规定过问和干预其他人员正在办理的案件，不得违反规定为案件当事人转递涉案材料或者打探案情，不得以任何方式为案件当事人说情打招呼。"A项是"按规定"，故A项正确。B项尽管是"在参加法官会议时提醒"，但提醒的"某案被告家庭现状"显然不是法律规定的应予考虑的因素，故B项做法不正确。C项是依职权，属于"依法正常履行职责"，故C项正确。D项"拒绝"并"报告"的做法，符合"法官不得私自单方面会见当事人及其委托的律师"的要求，故D项正确。

A. 某案承办检察官告知其同事可按规定为案件当事人转递涉案材料
B. 某法官在参加法官会议时，提醒承办法官充分考虑某案被告家庭现状
C. 某检察院副检察长依职权对其他检察官的在办案件提出书面指导性意见
D. 某法官在参加研讨会中偶遇在办案件当事人的律师，拒绝其研讨案件的要求并向法院纪检部门报告

2. 健全维护司法权威的法律制度

《中共中央关于全面推进依法治国若干重大问题的决定》提出："健全行政机关依法出庭应诉、支持法院受理行政案件、尊重并执行法院生效裁判的制度。完善惩戒妨碍司法机关依法行使职权、拒不执行生效裁判和决定、蔑视法庭权威等违法犯罪行为的法律规定。"

3. 建立健全司法人员履行法定职责保护机制

《中共中央关于全面推进依法治国若干重大问题的决定》要求："建立健全司法人员履行法定职责保护机制。非因法定事由，非经法定程序，不得将法官、检察官调离、辞退或者作出免职、降级等处分。"

七、国家统一法律职业资格考试

我国的国家统一法律职业资格考试制度经历了由无到有、由律师资格考试到国家司法考试并到国家统一法律职业资格考试的发展过程。根据全国人大常委会《关于修改〈中华人民共和国法官法〉等八部法律的决定》，国家对初任法官、初任检察官、律师、公证员、法律类仲裁员以及行政机关中初次从事行政处罚决定审核、行政复议、行政裁决、法律顾问的公务员实行统一法律职业资格考试制度。该考试制度，由国务院司法行政部门商有关部门组织实施。

八、法律职业

（一）法律职业的概念

法律职业是以法官、检察官、律师、法学家为核心的人员所组成的特殊的社会群体，他们受过专门的法学教育、具有较高的法律知识水平、掌握法律职业技能、具有法律职业伦理。

法律职业人员是指具有共同的政治素养、业务能力、职业伦理和从业资格要求，专门从事立法、执法、司法、法律服务和法律教育研究等工作的职业群体。

（二）法律职业的特征

一般认为，法律职业具有政治性、法律性、行业性等特征。同时，需要注意到法律职业的专业属性。法律职业的专业性很强，每个法律专业人员都应该具备一定的资格条件。法律职业的专业性是法律职业的高层次的重要因素。

九、法律职业道德

（一）概念

所谓法律职业道德，是指法官、检察官、律师、公证员等法律职业人员在进行法律职

业活动过程中，所应遵循的符合法律职业要求的心理意识、行为准则和行为规范的总和。

（二）特征

1. 职业性

法律职业道德的内容与法律职业实践活动紧密相连，反映着法律职业活动对从业人员行为的道德要求。法律职业道德规范法律职业从业人员的职业行为，在特定的职业范围内发挥作用。

2. 实践性

法律职业行为过程，就是法律职业实践过程，只有在法律实践过程中，才能体现出法律职业道德的水准。

3. 正式性

法律职业道德的表现形式较为正式，除了一般职业道德的规章制度、工作守则、服务公约、劳动规程、行为须知等表现形式以外，还通过法律、法规、规范性文件等形式表现出来。

4. 更高性

法律为调整社会关系的主要规范，在社会中负有分配社会资源、维持社会秩序、解决社会冲突、实现社会正义的功能，因而要求法律职业人员具有更高的法律职业道德水准，要求较为明确，法律职业道德的约束力和强制力也更为明显。

经典考题： 法律在社会中负有分配社会资源、维持社会秩序、解决社会冲突、实现社会正义的功能，这就要求法律职业人员具有更高的法律职业道德水准。据此，关于提高法律职业道德水准，下列哪些表述是正确的？（2016年卷一第83题，多选）①

A. 法律职业道德主要是法律职业本行业在职业活动中的内部行为规范，不是本行业对社会所负的道德责任和义务

B. 通过长期有效的职业道德教育，使法律职业人员形成正确的职业道德认识、信念、意志和习惯，促进道德内化

C. 以法律、法规、规范性文件等形式赋予法律职业道德以更强的约束力和强制力，并加强道德监督，形成他律机制

D. 法律职业人员违反法律职业道德和纪律的，应当依照有关规定予以惩处，通过惩处教育本人及其他人员

（三）法律职业道德的基本原则

职业道德的基本原则，是指最根本的职业道德规范。职业道德原则不仅是从业人员进行职业活动的根本指导思想，而且也是对每个从业人员的职业行为进行职业道德评价的最高标准。

我国法律职业道德的基本原则主要包括下列六项：（1）忠于党、忠于国家、忠于人民、忠于法律；（2）以事实为根据，以法律为准绳；（3）严明纪律，保守秘密；（4）互相尊重，相互配合；（5）恪尽职守，勤勉尽责；（6）清正廉洁，遵纪守法。

经典考题： 法律职业道德具有不同于一般职业道德的职业性、实践性、正式性及更

---

① 【答案】BCD。法律职业道德也是本行业对社会所负的道德责任和义务，故A项错误。

高标准的特征。关于法律职业道德的表述，下列哪些选项是正确的？（2017年卷一第83题，多选）[①]

A.法律职业人员专业水平的发挥与职业道德水平的高低具有密切联系
B.法律职业道德基本原则和规范的形成，与法律职业实践活动紧密相连
C.纵观伦理发展史和法律思想史，法律职业道德的形成与"实证法"概念的阐释密切相关
D.法律职业道德基本原则是对每个法律从业人员职业行为进行职业道德评价的标准

· 小结 ·

1.司法的特征。
2.司法公正与司法效率的关系。

第二节 审判制度

考情分析

审判制度与法官职业道德10年考查16次。审判制度和法官职业道德在考试中难度不大，需要重点掌握基本审判原则、基本审判制度、法官的条件、法官遴选、法官职业道德的主要内容。

一、审判制度概述

（一）审判制度的概念和特征

1.审判制度的概念

审判制度，是指国家审判机关运用法律，处理诉讼案件和非诉讼事件的制度。从主体角度认识，审判制度也可称为法院制度。

2.我国审判制度的特征

（1）人民法院由国家权力机关产生并受其监督，这体现了我国审判制度的政治性、人民性特征。

（2）人民法院依照法律规定独立行使审判权，不受行政机关、社会团体和个人的干涉；最高人民法院监督地方各级人民法院和专门人民法院的审判工作，上级人民法院监督下级人民法院的审判工作。人民法院统一设立并独立行使审判权体现了我国审判制度的统一性、单一性特征。

[①]【答案】ABD。法律职业道德与法律职业实践活动紧密相连，法律职业道德规范法律职业从业人员的职业行为，故A、B项正确。法律职业道德是随着法律职业的出现而产生和逐步发展的，故C项错误。法律职业道德基本原则是从业人员进行职业活动的根本指导思想，而且也是对每个从业人员的职业行为进行职业道德评价的最高标准，故D项正确。

（3）我国人民法院组织法、刑事诉讼法、民事诉讼法等法律确立了以事实为根据、以法律为准绳的审判原则，专门机关与群众路线相结合的审判原则以及人民陪审员制度、法院调解制度、死刑复核制度和审判监督制度等具有中国特色的审判原则和制度。这体现了我国审判制度的民族性、特殊性特征。

【实战贴士】随着社会的发展，我们应当从以下方面完善审判制度：坚持司法公正，注重程序公正与实体公正相统一；坚持司法效率，注重实现诉讼效益最大化；坚持司法权威，注重维护既判效力；坚持司法为民，注重方便群众诉讼；坚持司法民主，注重维护当事人诉讼权利；坚持司法公开，注重自觉接受监督；坚持司法和谐，注重创建和谐的诉讼程序；坚持司法统一，注重正确行使自由裁量权。

（二）审判制度的基本原则和主要审判制度

1.我国审判原则包括司法公正原则、审判独立原则、不告不理原则、直接言辞原则、及时审判原则等。

经典考题：法院的下列哪些做法是符合审判制度基本原则的？（2016年卷一第84题，多选）①

A.某法官因病住院，甲法院决定更换法官重新审理此案

B.某法官无正当理由超期结案，乙法院通知其三年内不得参与优秀法官的评选

C.对某社会高度关注案件，当地媒体多次呼吁法院尽快结案，丙法院依然坚持按期审结

D.因人身损害纠纷，原告要求被告赔付医疗费，丁法院判决被告支付全部医疗费及精神损害赔偿金

2.我国的主要审判制度有两审终审制度、审判公开制度、人民陪审员制度和审判监督制度等。

在此就人民陪审员制度作一强调：

（1）人民陪审员的地位

①人民陪审员依法产生，依法参加人民法院的审判活动，除法律另有规定外，同法官有同等权利。人民陪审员依法享有参加审判活动、独立发表意见、获得履职保障等权利。

②人民陪审员应当忠实履行审判职责，保守审判秘密，注重司法礼仪，维护司法形象。

③人民陪审员依法参加审判活动，受法律保护。人民法院应当依法保障人民陪审员履行审判职责。人民陪审员所在单位、户籍所在地或者经常居住地的基层群众性自治组织应当依法保障人民陪审员参加审判活动。

（2）人民陪审员的条件

①公民担任人民陪审员，应当具备下列条件：（A）拥护中国宪法；（B）年满28周岁；（C）遵纪守法、品行良好、公道正派；（D）具有正常履行职责的身体条件。

②担任人民陪审员，一般应当具有高中以上文化程度。

---

① 【答案】ABC。A项，法院做法符合直接言词原则。B项，法院做法符合及时审判原则。C项，法院不受媒体舆论影响，符合审判独立原则。D项，法院在原告诉讼请求之外判决精神损害赔偿金，违反不告不理原则。

③下列人员不能担任人民陪审员：（A）人民代表大会常务委员会的组成人员，监察委员会、人民法院、人民检察院、公安机关、国家安全机关、司法行政机关的工作人员；（B）律师、公证员、仲裁员、基层法律服务工作者；（C）其他因职务原因不适宜担任人民陪审员的人员。

④有下列情形之一的，不得担任人民陪审员：（A）受过刑事处罚的；（B）被开除公职的；（C）被吊销律师、公证员执业证书的；（D）被纳入失信被执行人名单的；（E）因受惩戒被免除人民陪审员职务的；（F）其他有严重违法违纪行为，可能影响司法公信的。

（3）人民陪审员的任免

①司法行政机关会同基层人民法院、公安机关，从辖区内的常住居民名单中随机抽选拟任命人民陪审员数5倍以上的人员作为人民陪审员候选人，对人民陪审员候选人进行资格审查，征求候选人意见。司法行政机关会同基层人民法院，从通过资格审查的人民陪审员候选人名单中随机抽选确定人民陪审员人选，由基层人民法院院长提请同级人民代表大会常务委员会任命。

②因审判活动需要，可以通过个人申请和所在单位、户籍所在地或者经常居住地的基层群众性自治组织、人民团体推荐的方式产生人民陪审员候选人，经司法行政机关会同基层人民法院、公安机关进行资格审查，确定人民陪审员人选，由基层人民法院院长提请同级人民代表大会常务委员会任命。依照该方式产生的人民陪审员，不得超过人民陪审员名额数的1/5。

③人民陪审员经人民代表大会常务委员会任命后，应当公开进行就职宣誓。宣誓仪式由基层人民法院会同司法行政机关组织。

④人民陪审员有下列情形之一，经所在基层人民法院会同司法行政机关查证属实的，由院长提请同级人民代表大会常务委员会免除其人民陪审员职务：

（A）本人因正当理由申请辞去人民陪审员职务的；

（B）属于不能担任人民陪审员的人员或者具有不得担任人民陪审员的情形之一的；

（C）无正当理由，拒绝参加审判活动，影响审判工作正常进行的；

（D）违反与审判工作有关的法律及相关规定，徇私舞弊，造成错误裁判或者其他严重后果的。

⑤人民陪审员的任期为5年，一般不得连任。

（4）人民陪审员的陪审

①合议庭形式

人民陪审员和法官组成合议庭审判案件，由法官担任审判长，可以组成3人合议庭，也可以由法官3人与人民陪审员4人组成7人合议庭。

②陪审的案件范围

（A）人民法院审判第一审刑事、民事、行政案件，有下列情形之一的，由人民陪审员和法官组成合议庭进行：涉及群体利益、公共利益的；人民群众广泛关注或者其他社会影响较大的；案情复杂或者有其他情形，需要由人民陪审员参加审判的。人民法院审判上述案件，法律规定由法官独任审理或者由法官组成合议庭审理的，从其规定。

（B）人民法院审判下列第一审案件，由人民陪审员和法官组成7人合议庭进行：可能判处10年以上有期徒刑、无期徒刑、死刑，社会影响重大的刑事案件；根据民事诉讼法、行政诉讼法提起的公益诉讼案件；涉及征地拆迁、生态环境保护、食品药品安全，社会影响重大的案件；其他社会影响重大的案件。

（C）第一审刑事案件被告人、民事案件原告或者被告、行政案件原告申请由人民陪审员参加合议庭审判的，人民法院可以决定由人民陪审员和法官组成合议庭审判。

③参审陪审员确定

基层人民法院审判案件需要由人民陪审员参加合议庭审判的，应当在人民陪审员名单中随机抽取确定。中级人民法院、高级人民法院审判案件需要由人民陪审员参加合议庭审判的，在其辖区内的基层人民法院的人民陪审员名单中随机抽取确定。

④审理规则

（A）审判长应当履行与案件审判相关的指引、提示义务，但不得妨碍人民陪审员对案件的独立判断。合议庭评议案件，审判长应当对本案中涉及的事实认定、证据规则、法律规定等事项及应当注意的问题，向人民陪审员进行必要的解释和说明。

（B）人民陪审员参加3人合议庭审判案件，对事实认定、法律适用，独立发表意见，行使表决权。人民陪审员参加7人合议庭审判案件，对事实认定，独立发表意见，并与法官共同表决；对法律适用，可以发表意见，但不参加表决。

（C）合议庭评议案件，实行少数服从多数的原则。人民陪审员同合议庭其他组成人员意见分歧的，应当将其意见写入笔录。合议庭组成人员意见有重大分歧的，人民陪审员或者法官可以要求合议庭将案件提请院长决定是否提交审判委员会讨论决定。

二、审判机关

（一）人民法院的性质和任务

1.人民法院是国家的审判机关。

2.人民法院通过审判刑事案件、民事案件、行政案件以及法律规定的其他案件，惩罚犯罪，保障无罪的人不受刑事追究，解决民事、行政纠纷，保护个人和组织的合法权益，监督行政机关依法行使职权，维护国家安全和社会秩序，维护社会公平正义，维护国家法制统一、尊严和权威，保障中国特色社会主义建设的顺利进行。

（二）人民法院的设置和职权

1.人民法院分为：（1）最高人民法院，最高人民法院可以审理按照全国人大常委会的规定提起的上诉、抗诉案件；（2）地方各级人民法院，分为高级人民法院、中级人民法院和基层人民法院；（3）专门人民法院，包括军事法院和海事法院、知识产权法院、金融法院等。

2.法院负责审判案件。另外，基层人民法院对人民调解委员会的调解工作进行业务指导。

（三）人民法院的机构

1.最高人民法院可以设巡回法庭，审理最高人民法院依法确定的案件。巡回法庭是最高人民法院的组成部分，是最高人民法院派出的常设审判机构。巡回法庭的判决和裁定即最高人民法院的判决和裁定。巡回法庭的庭长、副庭长，由最高人民法院院长提请全国人大常委会任免。

（1）巡回法庭审理或者办理巡回区内应当由最高人民法院受理的以下案件：

①全国范围内重大、复杂的第一审行政案件，在全国有重大影响的第一审民商事案件；

②不服高级人民法院作出的第一审行政或者民商事判决、裁定提起上诉的案件；

③对高级人民法院作出的已经发生法律效力的行政或者民商事判决、裁定、调解书申请再审的案件，刑事申诉案件，依法定职权提起再审的案件；

④不服高级人民法院作出的罚款、拘留决定申请复议的案件，高级人民法院因管辖权问题报请最高人民法院裁定或者决定的案件，高级人民法院报请批准延长审限的案件；

⑤涉港澳台民商事案件和司法协助案件；

⑥最高人民法院认为应当由巡回法庭审理或者办理的其他案件。

（2）巡回法庭依法办理巡回区内向最高人民法院提出的来信来访事项。

（3）知识产权、涉外商事、海事海商、死刑复核、国家赔偿、执行案件和最高人民检察院抗诉的案件暂由最高人民法院本部审理或者办理。

（4）最高人民法院认为巡回法庭受理的案件对统一法律适用有重大指导意义的，可以决定由本部审理。巡回法庭对于已经受理的案件，认为对统一法律适用有重大指导意义的，可以报请最高人民法院本部审理。

经典考题： 最高法院设立巡回法庭有利于方便当事人诉讼、保证案件审理更加公平公正。关于巡回法庭的性质及职权，下列说法正确的是：（2017年卷一第99题，不定项）①

A.巡回法庭是最高法院的派出机构、常设审判机构

B.巡回法庭作出的一审判决当事人不服的，可向最高法院申请复议一次

C.巡回法庭受理本巡回区内不服高级法院一审民事、行政裁决提起的上诉

D.巡回区内应由最高法院受理的死刑复核、国家赔偿等案件仍由最高法院本部审理或者办理

2.基层人民法院根据地区、人口和案件情况，可以设立若干人民法庭。人民法庭是基层人民法院的组成部分。人民法庭的判决和裁定即基层人民法院的判决和裁定。

（四）人民法院的审判组织

1.合议庭

（1）人民法院审理案件，由合议庭或者法官1人独任审理。合议庭和法官独任审理的案件范围由法律规定。

（2）合议庭由法官组成，或者由法官和人民陪审员组成，成员为3人以上单数。合议庭由1名法官担任审判长。院长或者庭长参加审理案件时，由自己担任审判长。审判

---

① 【答案】ACD。巡回法庭是最高人民法院派出的常设审判机构。故A项正确。巡回法庭作出的判决、裁定和决定，是最高人民法院的判决、裁定和决定，是终审判决。故B项错误。巡回法庭审理或者办理巡回区内不服高级人民法院作出的第一审行政或者民商事判决、裁定提起上诉的案件。故C项正确。知识产权、涉外商事、海事海商、死刑复核、国家赔偿、执行案件和最高人民检察院抗诉的案件暂由最高人民法院本部审理或者办理。故D项正确。

长主持庭审、组织评议案件，评议案件时与合议庭其他成员权利平等。人民陪审员依照法律规定参加合议庭审理案件。

（3）合议庭评议案件应当按照多数人的意见作出决定，少数人的意见应当记入笔录。评议案件笔录由合议庭全体组成人员签名。

（4）合议庭或者法官独任审理案件形成的裁判文书，经合议庭组成人员或者独任法官签署，由人民法院发布。

（5）合议庭审理案件，法官对案件的事实认定和法律适用负责；法官独任审理案件，独任法官对案件的事实认定和法律适用负责。人民法院应当加强内部监督，审判活动有违法情形的，应当及时调查核实，并根据违法情形依法处理。

2.赔偿委员会

中级以上人民法院设赔偿委员会，依法审理国家赔偿案件。赔偿委员会由3名以上法官组成，成员应当为单数，按照多数人的意见作出决定。

3.审判委员会

（1）各级人民法院设审判委员会。审判委员会由院长、副院长和若干资深法官组成，成员应当为单数。审判委员会会议分为全体会议和专业委员会会议。中级以上人民法院根据审判工作需要，可以按照审判委员会委员专业和工作分工，召开刑事审判、民事行政审判等专业委员会会议。

（2）审判委员会履行下列职能：①总结审判工作经验；②讨论决定重大、疑难、复杂案件的法律适用；③讨论决定本院已经发生法律效力的判决、裁定、调解书是否应当再审；④讨论决定其他有关审判工作的重大问题。最高人民法院对属于审判工作中具体应用法律的问题进行解释，应当由审判委员会全体会议讨论通过；发布指导性案例，可以由审判委员会专业委员会会议讨论通过。

（3）审判委员会召开全体会议和专业委员会会议，应当有其组成人员的过半数出席。审判委员会会议由院长或者院长委托的副院长主持。审判委员会实行民主集中制。审判委员会举行会议时，同级人民检察院检察长或者检察长委托的副检察长可以列席。

（4）合议庭认为案件需要提交审判委员会讨论决定的，由审判长提出申请，院长批准。审判委员会讨论案件，合议庭对其汇报的事实负责，审判委员会委员对本人发表的意见和表决负责。审判委员会的决定，合议庭应当执行。审判委员会讨论案件的决定及其理由应当在裁判文书中公开，法律规定不公开的除外。

经典考题： 审判组织是我国法院行使审判权的组织形式。关于审判组织，下列说法错误的是：（2015年卷一第98题，不定项）①

---

① 【答案】ABCD。本题为选非题。刑事案件、行政案件，也可以依法适用简易程序审理。另外，独任庭还可以适用特别程序审理宣告失踪、宣告死亡等案件。故A项"只能"说法错误。独任审判的案件，审判员认为有必要的，也可以提请院长决定提交审判委员会讨论决定。故B项"不得提交"说法错误。人民法院按照再审程序重新审判的案件，依法由原人民法院依照第一审程序进行审理的，合议庭成员也可以是人民陪审员，故C项错误。审判委员会的决定，合议庭、独任审判员应当执行。故D项"参考"说法错误。

A.独任庭只能适用简易程序审理民事案件,但并不排斥普通程序某些规则的运用
B.独任法官发现案件疑难复杂,可以转为普通程序审理,但不得提交审委会讨论
C.再审程序属于纠错程序,为确保办案质量,应当由审判员组成合议庭进行审理
D.不能以审委会名义发布裁判文书,但审委会意见对合议庭具有重要的参考作用

三、法官

法官是依法行使国家审判权的审判人员,包括最高人民法院、地方各级人民法院和军事法院等专门人民法院的院长、副院长、审判委员会委员、庭长、副庭长和审判员。

法官实行单独职务序列管理;法官等级分为十二级;最高人民法院院长为首席大法官。

(一)法官的条件和任免

1.法官的条件

(1)担任法官必须具备下列条件,①具有中国国籍;②拥护宪法,拥护中国共产党领导和社会主义制度;③具有良好的政治、业务素质和道德品行;④具有正常履行职责的身体条件;⑤具备普通高等学校法学类本科学历并获得学士及以上学位;或者普通高等学校非法学类本科及以上学历并获得法律硕士、法学硕士及以上学位;或者普通高等学校非法学类本科及以上学历,获得其他相应学位,并具有法律专业知识;⑥从事法律工作满5年。其中获得法律硕士、法学硕士学位,或者获得法学博士学位的,从事法律工作的年限可以分别放宽至4年、3年;⑦初任法官应取得法律职业资格。

(2)法官的禁止条件,即下列人员不得担任法官:①曾因犯罪受过刑事处罚的;②曾被开除公职的;③曾被吊销律师、公证员执业证书或被仲裁委员会除名的;④有法律规定的其他情形的。

(3)法官的限制条件,即法官不得兼任人大常委会的组成人员,不得兼任行政机关、监察机关、检察机关以及企业、事业单位和其他营利性组织的职务,不得兼任律师、仲裁员和公证员。

(4)法官从取得法律职业资格并且具备法律规定的其他条件的人员中选任。根据审判工作需要,可以从律师或者法学教学、研究人员等从事法律职业的人员中公开选拔法官。院长应当具有法学专业知识和法律职业经历。副院长、审判委员会委员应当从法官、检察官或者其他具备法官、检察官条件的人员中产生。

2.法官的任免

(1)一般地,各级人民法院院长由本级人大选举;各级人大有权罢免由其选出的人民法院院长;在地方人大闭会期间,本级人大常委会认为人民法院院长需要撤换的,应当报请上级人大常委会批准。各级人民法院副院长、审判委员会委员、庭长、副庭长和审判员由院长提请本级人大常委会任免。在省、自治区内按地区设立的和在直辖市内设立的中级人民法院院长,由省、自治区、直辖市人大常委会根据主任会议的提名决定任免,副院长、审判委员会委员、庭长、副庭长和审判员由高级人民法院院长提请省、自治区、直辖市人大常委会任免。新疆生产建设兵团各级人民法院、专门人民法院的院长、副院长、审判委员会委员、庭长、副庭长和审判员,依照全国人大常委会的有关规定任免。

（2）法官实行员额制。法官员额根据案件数量、经济社会发展情况、人口数量和人民法院审级等因素确定。最高人民法院法官员额由最高人民法院商有关部门确定。地方各级人民法院法官员额，在省、自治区、直辖市内实行总量控制、动态管理。

（3）加强法官助理队伍建设。人民法院的法官助理在法官指导下负责审查案件材料、草拟法律文书等审判辅助事务。人民法院应当加强法官助理队伍建设，为法官遴选储备人才。

（4）省、自治区、直辖市设立法官遴选委员会，负责初任法官人选专业能力的审核。初任法官一般到基层人民法院任职。上级人民法院法官一般逐级遴选；最高人民法院和高级人民法院法官可以从下两级法院遴选。参加上级法院遴选的法官应当在下级法院担任法官一定年限，并具有遴选职位相关工作经历。

3.法官任职回避

（1）双方均为法官的任职回避

法官之间有夫妻关系、直系血亲关系、三代以内旁系血亲以及近姻亲关系的，不得同时担任下列职务：①同一人民法院的院长、副院长、审判委员会委员、庭长、副庭长；②同一人民法院的院长、副院长和审判员；③同一审判庭的庭长、副庭长、审判员；④上下相邻两级人民法院的院长、副院长。

（2）一方为法官的任职回避

法官的配偶、父母、子女在其任职法院辖区内从事律师职业，有下列行为之一的，应当实行任职回避：①担任该法官所任职人民法院辖区内律师事务所的合伙人或者设立人的；②在该法官所任职人民法院辖区内以律师身份担任诉讼代理人、辩护人，或者为诉讼案件当事人提供其他有偿法律服务的。

4.法官离任回避

（1）法官从人民法院离任后2年内，不得以律师身份担任诉讼代理人或者辩护人。

（2）法官从人民法院离任后，不得担任原任职法院办理案件的诉讼代理人或者辩护人，但作为当事人的监护人、近亲属进行代理、辩护的除外。

（3）法官的配偶、子女不得担任该法官所任职法院办理案件的诉讼代理人或者辩护人，但作为当事人的监护人、近亲属进行代理、辩护的除外。

（4）法官被开除后，不得担任诉讼代理人或者辩护人，但是作为当事人的监护人或者近亲属代理诉讼或者进行辩护的除外。

（二）法官的权利和义务

1.法官的权利

法官享有下列权利：（1）履行法官职责应当具有的职权和工作条件；（2）非因法定事由、非经法定程序，不被调离、免职、降职、辞退或者处分；（3）履行法官职责应当享有的职业保障和福利待遇；（4）人身、财产和住所安全受法律保护；（5）提出申诉或者控告；（6）法律规定的其他权利。

2.法官的义务

法官应当履行下列义务：（1）严格遵守宪法和法律；（2）秉公办案，不得徇私枉法；（3）依法保障当事人和其他诉讼参与人的诉讼权利；（4）维护国家利益、社会公共利益，维护个人和组织的合法权益；（5）保守国家秘密和审判工作秘密，对履行职责中知悉的商业秘密和个人隐私予以保密；（6）依法接受法律监督和人民群众监督；（7）通过依法办理案件以案释法，增强全民法治观念，推进法治社会建设；（8）法律规定的其他义务。

（三）法官的考核和培训

1.法官的考核

人民法院设立法官考评委员会，负责对本院法官的考核工作。法官考评委员会的组成人员为5至9人。考评委员会主任由本院院长担任。考核内容包括：审判工作实绩、职业道德、专业水平、工作能力、审判作风。重点考核审判工作实绩。

（1）年度考核结果分为优秀、称职、基本称职和不称职四个等次。

（2）考核结果作为对法官奖惩、培训、免职、辞退以及调整等级和工资的依据。经考核不能胜任法官职务的，应当依法提请免除其法官职务。

（3）考核结果以书面形式通知本人。本人对考核结果如有异议，可以申请复议。

2.法官的培训

对法官应当有计划地进行理论培训和业务培训。法官在培训期间的学习成绩和鉴定，作为其任职、晋升的依据之一。

（四）法官的奖励和惩戒

1.法官在审判工作中有显著成绩和贡献的，或者有其他突出事迹的，应当给予奖励。对法官的奖励，实行精神鼓励和物质鼓励相结合的原则。

2.法官有违法乱纪行为的，应当给予处分；构成犯罪的，依法追究刑事责任。

最高人民法院和省、自治区、直辖市设立法官惩戒委员会。法官惩戒委员会负责从专业角度提出审查认定法官是否存在违反审判职责行为，提出审查意见后，人民法院依照有关规定作出是否予以惩戒的决定，并给予相应处理。法官惩戒委员会由法官代表、其他从事法律职业的人员和有关方面代表组成，其中法官代表不少于半数。

（五）法官的辞职和免职

1.法官要求辞职，应当由本人提出书面申请，依照法律规定的程序免除其职务。

2.法官有下列情形之一的，应当依法提请免除其法官职务：（1）丧失中华人民共和国国籍的；（2）调出所任职人民法院的；（3）职务变动不需要保留法官职务的，或者本人申请免除法官职务经批准的；（4）经考核不能胜任法官职务的；（5）因健康原因长期不能履行职务的；（6）退休的；（7）辞职或者依法应当予以辞退的；（8）因违纪违法不宜继续任职的。

（六）法官的保障和退休

1.我国法官保障理论

（1）为保障法官严格执法、独立公正地审判案件，需要建立法官的身份保障和经济保障制度。

（2）法官的身份保障，是指为解除法官后顾之忧，是其免受外部干扰而依法行使职权，法律规定法官一经任命，不得随意更换，不得被免职、转职或调换工作；只有依据法定条件，才能予以弹劾、撤职、调离或令其提前退休。

（3）法官的经济保障，是以高薪制和优厚的退休金等形式保障法官的较高的经济收入，解除法官生活上的后顾之忧，使其不受经济利益的诱惑。

2.健全法官的职业保障制度体系

保障法官的职业权力	法官应当依法独立公正行使审判权，坚决排除行政机关、社会团体和个人的干预；落实合议庭、独任法官对案件作出裁决的权力，杜绝法院内部的行政干预；法院的领导要切实承担起责任，支持法官排除各种干扰，保障法官依法独立公正地司法。
保障法官的职业地位	法官一经任用，除正常工作调动外，非因法定事由，非经法定程序，不得被免职、降职、辞职或者处分。
保障法官的职业收入	逐步提高法官待遇，增强法官职业的吸引力，维护法官职业应有的尊荣。

3.《法官法》对法官的保障

职业保障（履行职务保障）	（1）法官依法履行职责，受法律保护。《法官法》规定，人民法院设立法官权益保障委员会，维护法官合法权益，保障法官依法履行职责。
	（2）法官履行职责应当具有的职权和条件。
	（3）法院依法审判案件不受行政机关、社会团体和个人的干涉。
	（4）非因法定程序、法定事由，不被免职、降职、辞退或者处分等。
人身和财产保障	法官的人身、财产和住所安全受法律保护。任何单位和个人不得对法官及其近亲属打击报复。对法官及其近亲属实施报复陷害、侮辱诽谤、暴力侵害、威胁恐吓、滋事骚扰等违法犯罪行为的，应当依法从严惩治。因依法履行职责，本人及其近亲属人身安全面临危险的，人民法院、公安机关应当采取人身保护、禁止特定人员接触等必要保护措施。
工资保险福利保障	（1）根据审判工作特点，国家规定了法官的工资制度和工资标准。
	（2）法官实行定期增资制度。经考核确定为优秀、称职的，可以按照规定晋升工资；有特殊贡献的，可以按照规定提前晋升工资。
	（3）法官享受国家规定的审判津贴、地区津贴、其他津贴以及保险和福利待遇。

4.法官的退休

国家根据审判工作特点规定法官的退休制度。法官退休后，享受国家规定的养老保险金和其他待遇。

经典考题：职业保障是确保法官、检察官队伍稳定、发展的重要条件，是实现司法公正的需要。根据中央有关改革精神和《法官法》《检察官法》规定，下列哪一说法是错误的？（2015年卷一第46题，单选）[①]

[①]【答案】A。本题为选非题。对法官、检察官的保障主要为职业保障、工资保险福利保障、人身和财产保障等，故A项"两方面"说法错误，应选。

A.对法官、检察官的保障由工资保险福利和职业（履行职务）两方面保障构成
B.完善职业保障体系，要建立符合职业特点的法官、检察官管理制度
C.完善职业保障体系，要建立法官、检察官专业职务序列和工资制度
D.合理的退休制度也是保障制度的重要组成部分，应予高度重视

· 小结 ·

一、法官检察官任职
积极条件+消极条件+兼职禁止+任职回避。
二、法官检察官处分
不同处分对应的情节+从轻处分的情节+减轻处分的情节+解除处分的情节+免予处分的情节。
三、法院（检察院）制度
1.员额制度
（1）法院人员：法官+审判辅助人员+司法行政人员。
（2）最高院员额由最高院确定。
（3）地方法院员额，由省级高院管理。
2.遴选制度
（1）上级人民法院的法官一般从下一级人民法院的优秀法官中遴选。（2）基层法院→中级法院遴选，由省高法组织；中级法院→高法遴选，由省高法组织；高法→最高法遴选，由最高法组织。
3.法官考评委员会
（1）组成：5~9人，委员会主任由院长担任。
（2）结果：优秀+称职+基本称职+不称职。
（3）复核：法官对考核结果如果有异议，可以申请复核。
4.法官惩戒委员会
（1）最高法和省级高法设立法官惩戒委员会。（2）法官惩戒委员会提出审查意见，法院决定惩戒。（3）组成：法官（不少于半数）+其他法律人等。（4）法官惩戒委员会审议惩戒事项时，当事法官有权申请有关人员回避，有权进行陈述、举证、申辩。
四、巡回法庭制度
（1）巡回法庭判决=最高法判决。（2）巡回法庭设在深圳、沈阳、南京、郑州、重庆、西安。（3）知识产权、涉外商事、海事海商、死刑复核、国家赔偿、执行案件和最高人民检察院抗诉的案件暂由最高人民法院本部审理或者办理。
五、人民陪审员
（1）人民陪审员是基层人民法院从人民陪审员名单抽选出来的。（2）人民陪审员选任程序。（3）人民陪审员名单要经过人大常委会任命。（4）人民陪审员就职需要宣誓，宣誓由基层人民法院会同司法行政机关组织。

六、人民监督员

（1）人民监督员：省级人民监督员（省司法厅选任）+市级人民监督员（市司法局选任）。（2）省级人民监督员监督省级和市级检察院，市级人民监督员监督县级检察院。（3）人民监督员要求年满23周岁，高中以上学历，没有受过刑事处罚或被开除公职；任期5年，连任不超过两届，不得同时担任两个检察院的人民监督员。（4）司法行政机关应当发布人民监督员选任公告，可以自荐或推荐；人大常委会组成人员、法院、检察院、公安机关、国家安全机关、司法行政机关在职人员和人民陪审员不能参加选任。（5）人民监督员对检察院的反馈有异议，可以3日内向检察院提请复议。

第三节 检察制度

考情分析

检察制度与检察官职业道德近10年考查10次，考查形式与法官制度和法官职业道德类似。

一、检察制度概述

（一）检察制度的概念

1.检察制度是宪法和法律关于检察机关的性质、任务、职权、组织机构设置与活动原则、检察权行使的程序和方式等规范的总称。

2.检察制度并没有随着国家的产生而产生。

3.当今世界有三种类型的检察制度：（1）以英国、美国为代表的英美法系的检察制度；（2）以德国、法国为代表的大陆法系的检察制度；（3）以中国为代表的社会主义国家的检察制度。

前两种的共同点有二：（1）检察机关大多隶属于行政机关的司法行政部门；（2）检察机关的任务主要是刑事诉讼，一般不承担其他法律监督职责。

（二）我国检察制度的特征

我国检察制度的特征：（1）检察机关是人民代表大会制度下与行政机关、审判机关平行的国家机关，具有独立的宪法地位；（2）检察机关是国家的法律监督机关，通过履行公诉、犯罪侦查和诉讼监督等职能，维护国家法制的统一；（3）检察机关实行检察一体化原则。

（三）检察制度的基本原则与主要检察制度

1.我国检察原则包括检察一体化、检察独立、监督诉讼原则等。

【实战贴士】检察一体化原则，是指各级检察机关、检察官依法构成统一的整体，在行使职权、执行职务的过程中实行"上命下从"，即根据上级检察机关、检察官的指示和命令进行工作。具体而言，检察院上下级是领导关系；检察院对产生它的国家权力机关和上级检察院负责；在内部，实行检察长负责制与检察委员会集体领导相结合的领导体制。

经典考题： 检察一体原则是指各级检察机关、检察官依法构成统一的整体，下级检察机关、下级检察官应当根据上级检察机关、上级检察官的批示和命令开展工作。据此，下列哪一表述是正确的？（2016年卷一第47题，单选）①

A. 各级检察院实行检察委员会领导下的检察长负责制
B. 上级检察院可建议而不可直接变更、撤销下级检察院的决定
C. 在执行检察职能时，相关检察院有协助办案检察院的义务
D. 检察官之间在职务关系上可相互承继而不可相互移转和代理

2. 我国的主要检察制度有检务公开制度、人民监督员制度、立案监督制度、刑事侦查监督制度、刑事审判监督制度、审查逮捕制度、公诉制度、民事行政检察制度等。

【实战贴士】 人民监督员制度是为确保犯罪侦查、起诉权的正确行使，根据有关法律结合实际确定的一种社会民主监督制度。

选任机关	人民监督员由司法行政机关负责选任，省级和设区的市级司法行政机关分别选任同级人民检察院人民监督员。
设置	省级人民检察院和设区的市级人民检察院设置人民监督员。
	省、自治区人民检察院人民监督员监督该人民检察院办理的案件。
	设区的市级检察院人民监督员监督设区的市级检察院和县级检察院办理的案件。
	直辖市人民检察院人民监督员监督直辖市各级人民检察院办理的案件。
选任条件	人民监督员应当是年满23周岁，拥护宪法，遵守法律，品行良好，身体健康，具有高中以上文化程度的中国公民，具备较高的政治素质、广泛的代表性和扎实的群众基础。
	人民监督员每届任期5年，连续任职不得超过两届。
	省级检察院人民监督员和设区的市级检察院人民监督员不得互相兼任。
参与案件监督的人民监督员	参与具体案件监督的人民监督员，由组织案件监督的人民检察院会同司法行政机关从人民监督员信息库中随机抽选产生。
	被抽选出的人员是本案当事人近亲属、与本案有利害关系或者担任过本案诉讼参与人的，不得担任该案件的人民监督员。

经典考题： 根据中央司法体制改革要求及有关检察制度规定，人民监督员制度得到进一步完善和加强。关于深化人民监督员制度，下列哪一表述是错误的？（2015年卷一

---

① 【答案】C。我国人民检察院内部实行的是检察长负责制与检察委员会集体领导相结合的领导体制。故A项错误。我国上下级检察院之间是领导关系，故上级检察院有权直接变更、撤销下级检察院的决定。故B项错误。检察机关构成一个整体，故检察院有相互协助的义务。故C项正确。检察官之间在职务关系上可相互承继，也可相互移转和代理。故D项错误。

第47题，单选）①

A.是为确保职务犯罪侦查、起诉权的正确行使，根据有关法律结合实际确定的一种社会民主监督制度

B.重点监督检察机关查办职务犯罪的立案、羁押、扣押冻结财物、起诉等环节的执法活动

C.人民监督员由司法行政机关负责选任管理

D.参与具体案件监督的人民监督员，由选任机关从已建立的人民监督员信息库中随机挑选

二、检察机关

（一）人民检察院的性质和任务

1.人民检察院是国家的法律监督机关。

2.人民检察院通过行使检察权，追诉犯罪，维护国家安全和社会秩序，维护个人和组织的合法权益，维护国家利益和社会公共利益，保障法律正确实施，维护社会公平正义，维护国家法制统一、尊严和权威，保障中国特色社会主义建设的顺利进行。

（二）人民检察院的设置和职权

1.人民检察院分为最高人民检察院，地方各级人民检察院，军事检察院等专门人民检察院。地方各级人民检察院分为：（1）省级人民检察院，包括省、自治区、直辖市人民检察院；（2）设区的市级人民检察院，包括省、自治区辖市人民检察院，自治州人民检察院，省、自治区、直辖市人民检察院分院；（3）基层人民检察院，包括县、自治县、不设区的市、市辖区人民检察院。

经典考题：《中共中央关于全面深化改革若干重大问题的决定》提出，应当改革司法管理体制，推动省以下地方检察院人财物统一管理，探索建立与行政区划适当分离的司法管辖制度。关于上述改革措施，下列哪些理解是正确的？（2014年卷一第84题，多选）②

A.有助于检察权独立行使

B.有助于检察权统一行使

C.有助于检务公开

D.有助于强化检察机关的法律监督作用

2.人民检察院的内设机构。人民检察院根据检察工作需要，设必要的业务机构。检察官员额较少的设区的市级检察院和基层人民检察院，可以设综合业务机构。检察院可以设必要的检察辅助机构和行政管理机构。人民检察院根据检察工作需要，可以在监狱、看守所等场所设立检察室，行使派出它的人民检察院的部分职权，也可以对上述场所进

---

① 【答案】D。本题为选非题。根据最高检、司法部《深化人民监督员制度改革方案》的规定，参与具体案件监督的人民监督员，由组织案件监督的人民检察院会同司法行政机关从人民监督员信息库中随机抽选产生。故D项错误。

② 【答案】ABD。上述改革措施不涉及检务公开，故排除C项。

行巡回检察。

3.人民检察院行使下列职权：（1）依照法律规定对有关刑事案件行使侦查权；（2）对刑事案件进行审查，批准或者决定是否逮捕犯罪嫌疑人；（3）对刑事案件进行审查，决定是否提起公诉，对决定提起公诉的案件支持公诉；（4）依照法律规定提起公益诉讼；（5）对诉讼活动实行法律监督；（6）对判决、裁定等生效法律文书的执行工作实行法律监督；（7）对监狱、看守所的执法活动实行法律监督；（8）法律规定的其他职权。人民检察院行使法律监督职权，可以进行调查核实，并依法提出抗诉、纠正意见、检察建议。有关单位应当予以配合，并及时将采纳纠正意见、检察建议的情况书面回复人民检察院。

检察长或者检察长委托的副检察长可以列席同级人民法院审判委员会会议。

4.上级人民检察院对下级人民检察院行使下列职权：（1）认为下级人民检察院的决定错误的，指令下级人民检察院纠正，或者依法撤销、变更；（2）可以对下级人民检察院管辖的案件指定管辖；（3）可以办理下级人民检察院管辖的案件；（4）可以统一调用辖区的检察人员办理案件。上级人民检察院的决定，应当以书面形式作出。下级人民检察院应当执行上级人民检察院的决定；有不同意见的，可以在执行的同时向上级人民检察院报告。

（三）人民检察院的领导体制

1.最高人民检察院领导地方各级人民检察院和专门人民检察院的工作，上级人民检察院领导下级人民检察院的工作。

2.人民检察院检察长领导本院检察工作，管理本院行政事务。人民检察院副检察长协助检察长工作。

3.人民检察院的领导体制还表现在检察人员的任免机制上，即：

（1）地方各级人民检察院检察长的任免，须报上一级人民检察院检察长提请本级人大常委会批准。

（2）省、自治区、直辖市人民检察院分院检察长、副检察长、检察委员会委员和检察员，由省、自治区、直辖市人民检察院检察长提请本级人大常委会任免。

（3）全国人大常委会和省、自治区、直辖市人大常委会根据本级人民检察院检察长的建议，可以撤换下级人民检察院检察长、副检察长和检察委员会委员。

（四）人民检察院的办案组织

1.办案组办案

人民检察院办理案件，根据案件情况可以由一名检察官独任办理，也可以由两名以上检察官组成办案组办理。由检察官办案组办理的，检察长应当指定一名检察官担任主办检察官，组织、指挥办案组办理案件。

2.检察长办案

检察官在检察长领导下开展工作，重大办案事项由检察长决定。检察长可以将部分职权委托检察官行使，可以授权检察官签发法律文书。

3.检察委员会

（1）各级人民检察院设检察委员会。检察委员会由检察长、副检察长和若干资深检察官组成,成员应当为单数。

(2)检察委员会履行下列职能:总结检察工作经验;讨论决定重大、疑难、复杂案件;讨论决定其他有关检察工作的重大问题。最高人民检察院对属于检察工作中具体应用法律的问题进行解释、发布指导性案例,应当由检察委员会讨论通过。

(3)检察委员会召开会议,应当有其组成人员的过半数出席。检察委员会会议由检察长或者检察长委托的副检察长主持。检察委员会实行民主集中制。地方各级人民检察院的检察长不同意本院检察委员会多数人的意见,属于办理案件的,可以报请上一级人民检察院决定;属于重大事项的,可以报请上一级人民检察院或者本级人民代表大会常务委员会决定。

(4)检察官可以就重大案件和其他重大问题,提请检察长决定。检察长可以根据案件情况,提交检察委员会讨论决定。检察委员会讨论案件,检察官对其汇报的事实负责,检察委员会委员对本人发表的意见和表决负责。检察委员会的决定,检察官应当执行。

(5)人民检察院实行检察官办案责任制。检察官对其职权范围内就案件作出的决定负责。检察长、检察委员会对案件作出决定的,承担相应责任。

第四节 律师制度

考情分析

律师制度与律师职业道德近10年考查10次,律师制度的概述考试中难度不大,主要考查记忆。重点掌握律师执业的资格、申请领取执业证书、律师管理体制、申请程序。

一、律师制度概述

(一)律师制度的概念

1.律师制度,是有关律师的许可条件、权利义务、业务、管理体制、组织和活动原则等规范的总称。

2.一般认为,律师起源于古罗马时期。近代意义的律师制度发展完善是十七八世纪资产阶级民主革命的积极产物。

(二)我国律师制度的特征

我国的律师制度是社会主义的律师制度。

(三)我国的律师管理体制

我国是司法行政机关行政管理和律师协会行业管理相结合的律师管理体制。

二、律师

(一)律师的概念

律师,是指依法取得律师执业证书,接受委托或者指定,为当事人提供法律服务的执业人员。我国律师具有服务性、专业性、受托性的特征。

（二）律师执业许可条件

肯定条件	一般条件	（1）拥护宪法；（2）通过国家统一法律职业资格考试取得法律职业资格；（3）在律师事务所实习满1年；（4）品行良好。
	兼职律师条件	（1）所有一般条件；（2）在高等院校、科研机构中从事法学教育、研究工作；（3）经所在单位同意。
	特许律师条件	（1）具有高等院校本科以上学历；（2）在法律服务人员紧缺领域从事专业工作满15年；（3）具有高级职称或者同等专业水平并具有相应的专业法律知识的人员；（4）申请专职律师执业；（5）经司法部考核合格。
排除情形		（1）无民事行为能力或限制民事行为能力；（2）受过刑事处罚，但过失犯罪的除外；（3）被开除公职或被吊销律师、公证员执业证书。

（三）申请律师执业许可的程序

申请	向设区的市级司法局或直辖市的区、县司法局提出申请。
初审	受理的司法局自受理之日起20日内审查，并将审查意见和全部申请材料报送省级司法行政部门。
决定	省级司法行政部门自收到报送材料之日起10日内予以审核，作出是否准予执业的决定。准予执业的，向申请人颁发律师执业证书；不准予执业的，向申请人书面说明理由。

（四）律师宣誓制度

经司法行政机关许可，首次取得或者重新申请取得律师执业证书的人员，应当参加律师宣誓。律师宣誓，应当在律师获得执业许可之日起3个月内，采取分批集中的方式进行。律师宣誓仪式，由设区的市级或者直辖市司法行政机关会同律师协会组织进行。

（五）律师的业务范围

律师业务包括诉讼业务和非诉讼业务两大类。

（六）律师的权利和义务

1.律师执业权利

（1）知情权

①辩护律师接受犯罪嫌疑人、被告人委托或者法律援助机构的指派后，应当告知办案机关，并可以依法向办案机关了解犯罪嫌疑人、被告人涉嫌或者被指控的罪名及当时已查明的该罪的主要事实，犯罪嫌疑人、被告人被采取、变更、解除强制措施的情况，侦查机关延长侦查羁押期限等情况，办案机关应当依法及时告知辩护律师。

②办案机关作出移送审查起诉、退回补充侦查、提起公诉、延期审理、二审不开庭审理、宣告判决等重大程序性决定的以及人民检察院将直接受理立案侦查案件报请上一级人民检察院审查决定逮捕的，应当依法及时告知辩护律师。

（2）会见权

辩护律师可以同在押、被监视居住的犯罪嫌疑人、被告人会见。对此，特别注意以下几点：

①辩护律师到看守所会见，能当时安排的，应当当时安排；不能当时安排的，看守所应当向辩护律师说明情况，并保证辩护律师在48小时以内会见到在押的犯罪嫌疑人、被告人。

②看守所安排会见不得附加其他条件或者变相要求辩护律师提交法律规定以外的其他文件、材料，不得以未收到办案机关通知为由拒绝安排辩护律师会见。

③看守所应当设立会见预约平台，采取网上预约、电话预约等方式为辩护律师会见提供便利，但不得以未预约会见为由拒绝安排辩护律师会见。

④辩护律师会见犯罪嫌疑人、被告人时不被监听，办案机关不得派员在场。在律师会见室不足的情况下，看守所经辩护律师书面同意，可以安排在讯问室会见，但应当关闭录音、监听设备。

⑤辩护律师在侦查期间要求会见危害国家安全犯罪、恐怖活动犯罪案件在押的犯罪嫌疑人的，应当向侦查机关提出申请。侦查机关因有碍侦查或者可能泄露国家秘密而不许可会见的，应当向辩护律师说明理由。

⑥在押的犯罪嫌疑人、被告人提出解除委托关系的，办案机关应当要求其出具或签署书面文件，并在3日以内转交受委托的律师或者律师事务所。辩护律师可以要求会见在押的犯罪嫌疑人、被告人，当面向其确认解除委托关系，看守所应当安排会见；但犯罪嫌疑人、被告人书面拒绝会见的，看守所应当将有关书面材料转交辩护律师，不予安排会见。

⑦在押的犯罪嫌疑人、被告人的监护人、近亲属解除代为委托辩护律师关系的，经犯罪嫌疑人、被告人同意的，看守所应当允许新代为委托的辩护律师会见，由犯罪嫌疑人、被告人确认新的委托关系；犯罪嫌疑人、被告人不同意解除原辩护律师的委托关系的，看守所应当终止新代为委托的辩护律师会见。

（3）通信权

辩护律师可以同在押、被监视居住的犯罪嫌疑人、被告人通信。看守所应当及时传递辩护律师同犯罪嫌疑人、被告人的往来信件。看守所可以对信件进行必要的检查，但不得截留、复制、删改信件，不得向办案机关提供信件内容，但信件内容涉及危害国家安全、公共安全、严重危害他人人身安全以及涉嫌串供、毁灭证据等情形的除外。

（4）查阅案卷权

受委托的律师自案件审查起诉之日起，有权查阅、摘抄和复制与案件有关的诉讼文书及案卷材料。受委托的律师自案件被人民法院受理之日起，有权查阅、摘抄和复制与案件有关的所有材料。其中，律师在人民检察院查阅、摘抄、复制案卷材料应当在人民检察院设置的专门场所进行。必要时，人民检察院可以派员在场协助。

（5）调查取证权

①受委托的律师根据案情的需要，可以申请人民检察院、人民法院收集、调取证据或者申请人民法院通知证人出庭作证。

②律师自行调查取证的，凭律师执业证书和律师事务所证明，可以向有关单位或者个人调查与承办法律事务有关的情况。其中，律师收集到有关犯罪嫌疑人不在犯罪现场、未达到刑事责任年龄、属于依法不负刑事责任的精神病人的证据，告知人民检察院的，

人民检察院相关办案部门应当及时进行审查。

（6）辩论辩护权

律师担任诉讼代理人或者辩护人的，其辩论或者辩护的权利依法受到保障。对此，特别注意以下几点：

①侦查机关在案件侦查终结前、人民检察院、人民法院在审查批准、决定逮捕期间，最高人民法院在复核死刑案件期间，辩护律师提出要求的，办案机关应当听取辩护律师的意见。人民检察院审查起诉、第二审人民法院决定不开庭审理的，应当充分听取辩护律师的意见。辩护律师要求当面反映意见或者提交证据材料的，办案机关应当依法办理，并制作笔录附卷。辩护律师提出的书面意见和证据材料，应当附卷。

②人民检察院应当主动听取并高度重视律师意见。法律未作规定但律师要求听取意见的，也应当及时安排听取。

③辩护律师作无罪辩护的，可以当庭就量刑问题发表辩护意见，也可以庭后提交量刑辩护意见。

（7）依法执业受保障权

①律师在执业活动中的人身权利不受侵犯。

②律师在法庭上发表的代理、辩护意见不受法律追究。但是，发表危害国家安全、恶意诽谤他人、严重扰乱法庭秩序的言论除外。

③律师在参与诉讼活动中因涉嫌犯罪被依法拘留、逮捕的，拘留、逮捕机关应当在拘留、逮捕实施后的24小时内通知该律师的家属、所在的律师事务所以及所属的律师协会。

2.律师执业义务

（1）一所执业和专职执业

①律师只能在一个律师事务所执业，不得有下列情形之一：在律师事务所执业的同时又在其他律师事务所或者社会法律服务机构执业的；在获准变更执业机构前以拟变更律师事务所律师的名义承办业务，或者在获准变更后仍以原所在律师事务所律师的名义承办业务的。

②律师在从业期间应当专职执业，但兼职律师或者法律、行政法规另有规定的除外。

（2）保密

①律师应当保守在执业活动中知悉的国家秘密、商业秘密，不得泄露当事人的隐私。

②律师对在执业活动中知悉的委托人和其他人不愿泄露的情况和信息，应当予以保密。但是，委托人或者其他人准备或者正在实施的危害国家安全、公共安全以及其他严重危害他人人身安全的犯罪事实和信息除外。

（3）加入律师协会

律师、律师事务所应当加入所在地的地方律师协会。加入地方律师协会的律师、律师事务所，同时是全国律师协会的会员。律师协会会员享有律师协会章程规定的权利，履行律师协会章程规定的义务。

（4）不私自接受委托

律师承办业务，应当由律师事务所统一接受委托，律师不得私自接受委托、收取费用，接受委托人的财物或者其他利益。

（5）禁办利益冲突业务

①律师承办业务，应当服从律师事务所对受理业务进行的利益冲突审查及其决定。

②律师不得在同一案件中为双方当事人担任代理人，或者代理与本人及其近亲属有利益冲突的法律事务。律师接受犯罪嫌疑人、被告人委托后，不得接受同一案件或未同案处理但实施的犯罪存在关联的其他犯罪嫌疑人、被告人的委托担任辩护人。

③律师不得担任所在律师事务所其他律师担任仲裁员的案件的代理人。曾经或者仍在担任仲裁员的律师，不得承办与本人担任仲裁员办理过的案件有利益冲突的法律事务。

（6）限办诉讼业务

①律师担任各级人大常委会成员的，任职期间不得从事诉讼代理或者辩护业务。

②律师明知当事人已经委托2名诉讼代理人、辩护人的，不得再接受委托担任诉讼代理人、辩护人。

③曾经担任法官、检察官的律师从人民法院、人民检察院离任后，2年内不得以律师身份担任诉讼代理人或者辩护人；不得担任原任职人民法院、人民检察院办理案件的诉讼代理人或者辩护人，但法律另有规定的除外。

（7）诚信执业

①律师承办业务，应当告知委托人该委托事项办理可能出现的法律风险，不得用明示或者暗示方式对办理结果向委托人作出不当承诺。

②律师承办业务，应当及时向委托人通报委托事项办理进展情况；需要变更委托事项、权限的，应当征得委托人的同意和授权。

③律师接受委托后，无正当理由的，不得拒绝辩护或者代理。但是，委托事项违法、委托人利用律师提供的服务从事违法活动或者委托人故意隐瞒与案件有关的重要事实的，律师有权拒绝辩护或者代理。

④律师承办业务，应当维护当事人合法权益，不得利用提供法律服务的便利牟取当事人争议的权益或者不当利益。

⑤律师承办业务，应当诚实守信，不得接受对方当事人的财物及其他利益，与对方当事人、第三人恶意串通，向对方当事人、第三人提供不利于委托人的信息、证据材料，侵害委托人的权益。

（8）与办案人员合法交往

律师与法官、检察官、仲裁员以及其他有关工作人员接触交往，应当遵守法律及相关规定，不得违反规定会见法官、检察官、仲裁员以及其他有关工作人员，向其行贿、许诺提供利益、介绍贿赂，指使、诱导当事人行贿，或者向法官、检察官、仲裁员以及其他工作人员打探办案机关内部对案件的办理意见、承办其介绍的案件，利用与法官、检察官、仲裁员以及其他有关工作人员的特殊关系，影响依法办理案件。

（9）引导当事人合法解决争议

律师承办业务，应当引导当事人通过合法的途径、方式解决争议，不得采取煽动、教唆和组织当事人或者其他人员到司法机关或者其他国家机关静坐、举牌、打横幅、喊口号、声援、围观等扰乱公共秩序、危害公共安全的非法手段，聚众滋事，制造影响，向有关部门施加压力。

（10）正当影响办案人员办案

律师应当依照法定程序履行职责，不得以下列不正当方式影响依法办理案件：

①未经当事人委托或者法律援助机构指派，以律师名义为当事人提供法律服务、介入案件，干扰依法办理案件；

②对本人或者其他律师正在办理的案件进行歪曲、有误导性的宣传和评论，恶意炒作案件；

③以串联组团、联署签名、发表公开信、组织网上聚集、声援等方式或者借个案研讨之名，制造舆论压力，攻击、诋毁司法机关和司法制度；

④违反规定披露、散布不公开审理案件的信息、材料，或者本人、其他律师在办案过程中获悉的有关案件重要信息、证据材料。

（11）遵纪守规，不妨碍干扰

律师代理参与诉讼、仲裁或者行政处理活动，应当遵守法庭、仲裁庭纪律和监管场所规定、行政处理规则，不得有下列妨碍、干扰诉讼、仲裁或者行政处理活动正常进行的行为：

①会见在押犯罪嫌疑人、被告人时，违反有关规定，携带犯罪嫌疑人、被告人的近亲属或者其他利害关系人会见，将通讯工具提供给在押犯罪嫌疑人、被告人使用，或者传递物品、文件；

②无正当理由，拒不按照人民法院通知出庭参与诉讼，或者违反法庭规则，擅自退庭；

③聚众哄闹、冲击法庭，侮辱、诽谤、威胁、殴打司法工作人员或者诉讼参与人，否定国家认定的邪教组织的性质，或者有其他严重扰乱法庭秩序的行为；

④故意向司法机关、仲裁机构或者行政机关提供虚假证据或者威胁、利诱他人提供虚假证据，妨碍对方当事人合法取得证据；

⑤法律规定的妨碍、干扰诉讼、仲裁或者行政处理活动正常进行的其他行为。

（12）审慎公开发言

律师对案件公开发表言论，应当依法、客观、公正、审慎，不得发表、散布否定宪法确立的根本政治制度、基本原则和危害国家安全的言论，不得利用网络、媒体挑动对党和政府的不满，发起、参与危害国家安全的组织或者支持、参与、实施危害国家安全的活动，不得以歪曲事实真相、明显违背社会公序良俗等方式，发表恶意诽谤他人的言论，或者发表严重扰乱法庭秩序的言论。

（13）法律援助

律师应当按照国家规定履行法律援助义务，为受援人提供符合标准的法律服务，维护受援人的合法权益，不得拖延、懈怠履行或者擅自停止履行法律援助职责，或者未经律师事务所、法律援助机构同意，擅自将法律援助案件转交其他人员办理。

（14）合规接受和承揽业务

①律师应当按照有关规定接受业务，不得为争揽业务哄骗、唆使当事人提起诉讼，制造、扩大矛盾，影响社会稳定。

②律师应当尊重同行，公平竞争，不得以诋毁其他律师事务所、律师，支付介绍费，向当事人明示或者暗示与办案机关、政府部门及其工作人员有特殊关系，或者在司法机关、监狱场所周边违规设立办公场所、散发广告、举牌等不正当手段承揽业务。

经典考题： 律师在推进全面依法治国进程中具有重要作用，律师应依法执业、诚信执业、规范执业。根据《律师执业管理办法》，下列哪些做法是正确的？（2017年卷一第85题，多选）①

A. 甲律师依法向被害人收集被告人不在聚众斗殴现场的证据，提交检察院要求其及时进行审查

B. 乙律师对当事人及家属准备到法院门口静坐、举牌、声援的做法，予以及时有效的劝阻

C. 丙律师在向一方当事人提供法律咨询中致电对方当事人，告知对方诉讼请求缺乏法律和事实依据

D. 丁律师在社区普法宣传中，告知群众诉讼是解决继承问题的唯一途径，并称其可提供最专业的诉讼代理服务

（七）律师执业的基本原则

1. 律师执业必须遵守宪法和法律，恪守律师职业道德和执业纪律。
2. 律师执业必须以事实为根据，以法律为准绳。
3. 律师执业应当接受国家、社会和当事人的监督。
4. 律师依法执业受法律保护，任何组织和个人不得侵害律师的合法权益。

三、律师事务所

（一）律师事务所的性质

律师事务所是律师的执业机构，是市场中介组织。

（二）律师事务所的分类

我国的律师事务所有合伙、个人和国资律师事务所三种类型。

---

① 【答案】AB。《律师执业管理办法》第31条第1款规定："律师担任辩护人的，应当根据事实和法律，提出犯罪嫌疑人、被告人无罪、罪轻或者减轻、免除其刑事责任的材料和意见，维护犯罪嫌疑人、被告人的诉讼权利和其他合法权益。"甲律师是提出被告人无罪的材料，故A项正确。该《办法》第37条规定："律师承办业务，应当引导当事人通过合法的途径、方式解决争议，不得采取煽动、教唆和组织当事人或者其他人员到司法机关或者其他国家机关静坐、举牌、打横幅、喊口号、声援、围观等扰乱公共秩序、危害公共安全的非法手段，聚众滋事，制造影响，向有关部门施加压力。"乙律师及时有效的劝阻，故B项正确。该《办法》第35条规定："律师承办业务，应当诚实守信，不得接受对方当事人的财物及其他利益，与对方当事人、第三人恶意串通，向对方当事人、第三人提供不利于委托人的信息、证据材料，侵害委托人的权益。"丙律师告知对方的做法是向对方当事人提供不利于委托人的信息，侵害委托人的权益，故C项错误。该《办法》第41条规定："律师应当按照有关规定接受业务，不得为争揽业务哄骗、唆使当事人提起诉讼，制造、扩大矛盾，影响社会稳定。"丁律师的做法是哄骗当事人提起诉讼，故D项错误。

类型	合伙所 普通合伙	合伙所 特殊的普通合伙	个人所	国资所
设立人	3名以上具有3年以上执业经历的律师	20名以上具有3年以上执业经历的律师	具有5年以上执业经历	当地县级司法局筹建，并至少2名律师
	上述律师须能够专职执业，且在申请设立前3年内未受过停止执业处罚			
资产	人民币30万元以上	1000万元以上	10万元以上	无规定
债务承担	合伙人承担无限连带责任	注①	设立人承担无限责任	以该律所全部资产为限承担有限责任

注①：合伙人在执业活动中因故意或重大过失造成律所债务的，其承担无限责任或无限连带责任，其他合伙人以其在律所中的财产份额为限承担有限责任；合伙人在执业活动中非因故意或者重大过失造成的律所债务，由全体合伙人承担无限连带责任。

（三）律师事务所的设立

1. 律所设立

（1）申请：向设区的市级司法局或直辖市的区、县司法局提出。

（2）初审：受理申请的部门自受理之日起20日内予以审查，并将审查意见和全部申请材料报送省级司法行政部门。

（3）决定：省级司法行政部门自收到报送材料之日起10日内予以审核，作出是否准予设立的决定。准予设立的，向申请人颁发律师事务所执业证书；不准予设立的，向申请人书面说明理由。

2. 分所设立

（1）成立3年以上并具有20名以上执业律师的合伙律师事务所，可以设立分所。

（2）设立分所须经拟设立分所所在地的省级司法行政部门司法局审核。

（3）申请设立分所的，依照设立律所的程序办理。

3. 律所负责人

（1）律师事务所负责人人选，应当在申请设立许可时一并报审核机关核准；变更负责人的，应当报原审核部门批准。

（2）国家出资设立的律师事务所的负责人，由本所律师推选，经所在地县级司法行政机关同意；合伙律师事务所的负责人，应当从本所合伙人中经全体合伙人选举产生；个人律师事务所设立人是该所的负责人。

（四）律师事务所的管理制度

律师事务所应当建立健全执业管理、利益冲突审查、收费与财务管理、投诉查处、年度考核、档案管理等制度，对律师在执业活动中遵守职业道德、执业纪律的情况进行监督。

特别注意以下八点：

1. 律师事务所应当建立违规律师辞退和除名制度，对违法违规执业、违反本所章程及管理制度或者年度考核不称职的律师，可以将其辞退或者经合伙人会议通过将其除名，有关处理结果报所在地县级司法行政机关和律师协会备案。

2.律师事务所应当在法定业务范围内开展业务活动，不得以独资、与他人合资或者委托持股方式兴办企业，并委派律师担任企业法定代表人、总经理职务，不得从事与法律服务无关的其他经营性活动。

3.律师事务所应当与其他律师事务所公平竞争，不得以诋毁其他律师事务所、律师或者支付介绍费等不正当手段承揽业务。

4.律师承办业务，由律师事务所统一接受委托，与委托人签订书面委托合同。律师事务所受理业务，应当进行利益冲突审查，不得违反规定受理与本所承办业务及其委托人有利益冲突的业务。

5.律师事务所应当依法履行法律援助义务，及时安排本所律师承办法律援助案件，为办理法律援助案件提供条件和便利，无正当理由不得拒绝接受法律援助机构指派的法律援助案件。

6.律师事务所应当依法履行管理职责，教育管理本所律师依法、规范承办业务，加强对本所律师执业活动的监督管理，不得放任、纵容本所律师有下列行为：

（1）采取煽动、教唆和组织当事人或者其他人员到司法机关或者其他国家机关静坐、举牌、打横幅、喊口号、声援、围观等扰乱公共秩序、危害公共安全的非法手段，聚众滋事，制造影响，向有关部门施加压力。

（2）对本人或者其他律师正在办理的案件进行歪曲、有误导性的宣传和评论，恶意炒作案件。

（3）以串联组团、联署签名、发表公开信、组织网上聚集、声援等方式或者借个案研讨之名，制造舆论压力，攻击、诋毁司法机关和司法制度。

（4）无正当理由，拒不按照人民法院通知出庭参与诉讼，或者违反法庭规则，擅自退庭。

（5）聚众哄闹、冲击法庭，侮辱、诽谤、威胁、殴打司法工作人员或者诉讼参与人，否定国家认定的邪教组织的性质，或者有其他严重扰乱法庭秩序的行为。

（6）发表、散布否定宪法确立的根本政治制度、基本原则和危害国家安全的言论，利用网络、媒体挑动对党和政府的不满，发起、参与危害国家安全的组织或者支持、参与、实施危害国家安全的活动；以歪曲事实真相、明显违背社会公序良俗等方式，发表恶意诽谤他人的言论，或者发表严重扰乱法庭秩序的言论。

7.律所内部管理机制

（1）律师事务所的负责人负责对律师事务所的业务活动和内部事务进行管理，对外代表律师事务所，依法承担对律师事务所违法行为的管理责任。

（2）合伙人会议或者律师会议为合伙律师事务所或者国家出资设立的律师事务所的决策机构；个人律师事务所的重大决策应当充分听取聘用律师的意见。

（3）律师事务所根据本所章程可以设立相关管理机构或者配备专职管理人员，协助本所负责人开展日常管理工作。

8.律师事务所应当建立律师表彰奖励制度，对依法、诚信、规范执业表现突出的律师予以表彰奖励。

经典考题：律师事务所应当建立健全执业管理和各项内部管理制度，履行监管职责，规范本所律师执业行为。根据《律师事务所管理办法》，某律师事务所下列哪一做法是正确的？（2017年卷一第49题，单选）①

A. 委派钟律师担任该所出资成立的某信息咨询公司的总经理
B. 合伙人会议决定将年度考核不称职的刘律师除名，报县司法局和律协备案
C. 对本所律师执业表现和遵守职业道德情况进行考核，报律协批准后给予奖励
D. 对受到6个月停止执业处罚的祝律师，在其处罚期满1年后，决定恢复其合伙人身份

（五）律师收费制度

1. 统一收费原则

律师承办业务，由律师事务所统一接受委托，并统一收取费用。律师不得私自向委托人收取任何费用。

2. 风险代理收费

（1）案件条件：风险代理收费适用于涉及财产关系的民事案件，但下列情形除外：①婚姻、继承案件；②请求给予社会保险待遇或者最低生活保障待遇的；③请求给付赡养费、抚养费、扶养费、抚恤金、救济金、工伤赔偿的；④请求支付劳动报酬的等。刑事诉讼案件、行政诉讼案件、国家赔偿案件以及群体性诉讼案件也不得实行风险代理收费。

（2）程序条件：委托人被告知政府指导价后仍要求实行风险代理。

（3）风险代理收费合同：由律师事务所与委托人签订，约定双方应承担的风险责任、收费方式、收费数额或比例。

（4）收费金额限制：最高收费金额不得高于收费合同约定标的额的30%。

3. 收费项目

律师事务所向委托人收取的费用仅限于下列三项：（1）律师服务费；（2）代委托人支付的费用（即律所在提供法律服务过程中代委托人支付的诉讼费、仲裁费、鉴定费、公证费和查档费）；（3）异地办案差旅费。

4. 收费票据：出具合法票据。

---

① 【答案】B。《律师事务所管理办法》第44条规定："律师事务所应当在法定业务范围内开展业务活动，不得以独资、与他人合资或者委托持股方式兴办企业，并委派律师担任企业法定代表人、总经理职务，不得从事与法律服务无关的其他经营性活动。"据此，律所不得出资设立企业，也不得委派律师担任企业总经理，故A项错误。该《办法》第43条规定："律师事务所应当建立违规律师辞退和除名制度，对违法违规执业、违反本所章程及管理制度或者年度考核不称职的律师，可以将其辞退或者经合伙人会议通过将其除名，有关处理结果报所在地县级司法行政机关和律师协会备案。"故B项正确。该《办法》第56条规定："律师事务所应当建立律师表彰奖励制度，对依法、诚信、规范执业表现突出的律师予以表彰奖励。"律所奖励律师不需要律协批准，故C项错误。该《办法》第57条第2款规定："已担任合伙人的律师受到六个月以上停止执业处罚的，自处罚决定生效之日起至处罚期满后三年内，不得担任合伙人。"故D项"1年后，决定恢复其合伙人身份"错误。

经典考题： 王某和李某斗殴，李某与其子李二将王某打伤。李某在王某提起刑事自诉后聘请省会城市某律师事务所赵律师担任辩护人。关于本案，下列哪一做法符合相关规定？（2015年卷一第48题，单选）①

A.赵律师同时担任李某和李二的辩护人，该所钱律师担任本案王某代理人

B.该所与李某商定辩护事务按诉讼结果收取律师费

C.该所要求李某另外预交办案费

D.该所指派实习律师代赵律师出庭辩护

第四节 律师制度

四、法律援助制度

（一）法律援助制度的概念

法律援助制度，是国家建立的为经济困难公民和符合法定条件的其他当事人无偿提供法律咨询、代理、刑事辩护等法律服务的制度，是公共法律服务体系的组成部分。我国的法律援助制度具有以下重要特征：

1.责任主体明确性

法律援助是政府职责，体现了国家和政府对公民应尽的义务和责任。与之相对应，获得法律援助是公民的权利。法律援助制度在性质上是一种社会保障制度：它通过为贫困或处于不利地位的人提供免费的法律服务，使他们为法律所认可和保护的权利得以实现。

2.援助工作统一性

法律援助是一项规范化、制度化的法律制度，应当坚持"四统一"原则，即对公民的法律援助申请和公检法指派的法律援助案件，由法律援助机构统一受理（接受）、统一审查、统一指派、统一监督。

3.援助服务无偿性

法律援助机构所提供的法律援助完全是无偿的。

4.援助范围广泛性

从受援对象来看，既包括经济困难符合法律援助条件者，也包括法律特别规定的特

---

① 【答案】C。《律师执业行为规范（试行）》第51条规定："有下列情形之一的，律师及律师事务所不得与当事人建立或维持委托关系：……（四）同一律师事务所的不同律师同时担任同一刑事案件的被害人的代理人和犯罪嫌疑人、被告人的辩护人，但在该县区域内只有一家律师事务所且事先征得当事人同意的除外；……"A项不符合该条规定。《律师服务收费管理办法》第12条规定："禁止刑事诉讼案件、行政诉讼案件、国家赔偿案件以及群体性诉讼案件实行风险代理收费。"B项不符合该条规定。诉讼费、仲裁费、鉴定费、公证费和查档费等费用属于办案费。《律师服务收费管理办法》第19条规定："律师事务所在提供法律服务过程中代委托人支付的诉讼费、仲裁费、鉴定费、公证费和查档费，不属于律师服务费，由委托人另行支付。"据此，C项符合该条规定。《律师执业行为规范（试行）》第95条规定："律师事务所不得指派没有取得律师执业证书的人员或者处于停止执业处罚期间的律师以律师名义提供法律服务。"实习律师是未取得律师执业证书的人员，故D项违反该条规定。

殊对象。从司法程序来看，既有刑事诉讼中的辩护和代理，又有行政诉讼中的代理，还有民事诉讼中的代理。

5.援助形式丰富性

援助形式既包括诉讼法律援助服务（如刑事辩护），也包括非诉讼法律援助服务，还包括公证、法律咨询（电话咨询和当面咨询）、法律信息资料的免费提供。

6.援助人员多样性

法律援助实施人员有律师、法律援助机构的工作人员，还有社会团体（如工会、妇联、共青团组织等）、事业单位（如法律院校、法学研究机构）等社会组织利用自身资源提供法律援助的人员。另外，国家鼓励和规范法律援助志愿服务；支持符合条件的个人作为法律援助志愿者，依法提供法律援助。

（二）法律援助对象

我国的法律援助受援对象，既包括经济困难符合法律援助条件者，也包括法律有特别规定的未成年人、视力、听力、言语残疾人、尚未完全丧失辨认或控制自己行为能力的精神病人和可能被判处无期徒刑、死刑的人；申请法律援助的死刑复核案件被告人；缺席审判案件的被告人；法律法规规定的其他人员。既包括符合条件的中国公民，也包括符合条件的外国人、无国籍人。

（三）法律援助范围

1.国家赔偿、行政、民事案件

公民对下列需要代理的事项，因经济困难没有委托代理人的，可以向法律援助机构申请法律援助：（1）依法请求国家赔偿；（2）请求给予社会保险待遇或者社会救助；（3）请求发给抚恤金；（4）请求给付赡养费、抚养费、扶养费；（5）请求确认劳动关系或者支付劳动报酬；（6）请求认定公民无民事行为能力或者限制民事行为能力；（7）请求工伤事故、交通事故、食品药品安全事故、医疗事故人身损害赔偿；（8）请求环境污染、生态破坏损害赔偿；（9）法律、法规、规章规定的其他情形。

有下列情形之一，当事人申请法律援助的，不受经济困难条件的限制：（1）英雄烈士近亲属为维护英雄烈士的人格权益；（2）因见义勇为行为主张相关民事权益；（3）再审改判无罪请求国家赔偿；（4）遭受虐待、遗弃或者家庭暴力的受害人主张相关权益；（5）法律、法规、规章规定的其他情形。

2.刑事案件中申请援助

刑事案件的犯罪嫌疑人、被告人因经济困难或者其他原因没有委托辩护人的，本人及其近亲属可以向法律援助机构申请法律援助。

对于符合法律援助条件而没有委托辩护人或者诉讼代理人的，办案机关应当及时告知当事人有权申请法律援助，并按照相关规定向法律援助机构转交申请材料。

刑事公诉案件的被害人及其法定代理人或者近亲属，刑事自诉案件的自诉人及其法定代理人，刑事附带民事诉讼案件的原告人及其法定代理人，因经济困难没有委托诉讼代理人的，可以向法律援助机构申请法律援助。

经典考题： 加强人权司法保障是司法机关的重要职责，也是保证公正司法的必然要

求。下列哪一做法符合上述要求？（2017年卷一第45题，单选）①

A. 某公安机关第一次讯问犯罪嫌疑人时告知其有权委托辩护人，但未同时告知其如有经济困难可申请法律援助

B. 某省法院修订进入法庭的安检流程，明确"禁止对律师进行歧视性安检"

C. 某法官在一伤害案判决书中，对被告人及律师"构成正当防卫"的证据和意见不采信而未做回应和说明

D. 某法庭对辩护律师在辩论阶段即将结束时提出的"被告人庭前供述系非法取得"的意见及线索，未予调查

3. 刑事案件中通知援助

强制医疗案件的被申请人或者被告人没有委托诉讼代理人的，人民法院应当通知法律援助机构指派律师为其提供法律援助。

刑事案件的犯罪嫌疑人、被告人属于下列人员之一，没有委托辩护人的，人民法院、人民检察院、公安机关应当通知法律援助机构指派律师担任辩护人：（1）未成年人；（2）视力、听力、言语残疾人；（3）不能完全辨认自己行为的成年人；（4）可能被判处无期徒刑、死刑的人；（5）申请法律援助的死刑复核案件被告人；（6）缺席审判案件的被告人；（7）法律法规规定的其他人员。其他适用普通程序审理的刑事案件，被告人没有委托辩护人的，人民法院可以通知法律援助机构指派律师担任辩护人。

（四）法律援助机构

1. 法律援助机构

县级以上人民政府司法行政部门应当设立法律援助机构。法律援助机构负责组织实施法律援助工作，受理、审查法律援助申请，指派律师、基层法律服务工作者、法律援助志愿者等法律援助人员提供法律援助，支付法律援助补贴。

2. 法律援助人员

（1）法律援助人员的范围

①法律援助机构指派律师、基层法律服务工作者、法律援助志愿者等法律援助人员

---

① 【答案】B。根据最高人民法院、最高人民检察院、公安部、司法部《关于刑事诉讼法律援助工作的规定》第5条第1款的规定，公安机关、人民检察院在第一次讯问犯罪嫌疑人或者采取强制措施的时候，应当告知犯罪嫌疑人有权委托辩护人，并告知其如果符合法律援助情形，本人及其近亲属可以向法律援助机构申请法律援助。故A项"未同时告知"不符合加强人权司法保障的要求。最高人民法院《关于全面深化人民法院改革的意见——人民法院第四个五年改革纲要（2014—2018）》指出："完善律师执业权利保障机制，强化控辩对等诉讼理念，禁止对律师进行歧视性安检，为律师依法履职提供便利。"故B项应选。最高人民法院、最高人民检察院、公安部、国家安全部、司法部《关于依法保障律师执业权利的规定》第36条规定："人民法院适用普通程序审理案件，应当在裁判文书中写明律师依法提出的辩护、代理意见，以及是否采纳的情况，并说明理由。"故C项"未做回应和说明"不符合加强人权司法保障的要求。最高人民法院《关于依法切实保障律师诉讼权利的规定》中规定："五、依法保障律师申请排除非法证据的权利。律师申请排除非法证据并提供相关线索或者材料，法官经审查对证据收集合法性有疑问的，应当召开庭前会议或者进行法庭调查。经审查确认存在法律规定的以非法方法收集证据情形的，对有关证据应当予以排除。"故D项"未予调查"不符合加强人权司法保障的要求。

提供法律援助。

②法律援助机构可以在人民法院、人民检察院和看守所等场所派驻值班律师，依法为没有辩护人的犯罪嫌疑人、被告人提供法律援助。

③律师事务所、基层法律服务所、律师、基层法律服务工作者负有依法提供法律援助的义务。

④国家鼓励和规范法律援助志愿服务；支持符合条件的个人作为法律援助志愿者，依法提供法律援助。高等院校、科研机构可以组织从事法学教育、研究工作的人员和法学专业学生作为法律援助志愿者，在司法行政部门指导下，为当事人提供法律咨询、代拟法律文书等法律援助。

⑤刑事案件法律援助，人民法院、人民检察院、公安机关应当通知法律援助机构指派律师担任辩护人。对可能被判处无期徒刑、死刑的人，以及死刑复核案件的被告人，法律援助机构收到人民法院、人民检察院、公安机关通知后，应当指派具有3年以上相关执业经历的律师担任辩护人。

（2）法律援助人员的义务和权利

①办理法律援助案件的人员，应当遵守职业道德和执业纪律，不得无正当理由拒绝履行法律援助义务或者怠于履行法律援助义务；不得擅自终止提供法律援助；不得收取受援人财物；不得泄露法律援助过程中知悉的国家秘密、商业秘密和个人隐私；法律法规规定的其他情形。

②受指派办理法律援助案件的律师或者接受安排办理法律援助案件的社会组织人员可以获取法律援助办案补贴。法律援助补贴免征增值税和个人所得税。

3.法律责任

（1）受援人以欺骗或者其他不正当手段获得法律援助的，由司法行政部门责令其支付已实施法律援助的费用，并处3000元以下罚款。

（2）违反法律规定，冒用法律援助名义提供法律服务并谋取利益的，由司法行政部门责令改正，没收违法所得，并处违法所得1倍以上3倍以下罚款。

（3）国家机关及其工作人员在法律援助工作中滥用职权、玩忽职守、徇私舞弊的，对直接负责的主管人员和其他直接责任人员，依法给予处分。

（4）违反法律援助法规定，构成犯罪的，依法追究刑事责任。

（五）法律援助申请和审查

1.法律援助的管辖

对诉讼事项的法律援助，由申请人向办案机关所在地的法律援助机构提出申请；对非诉讼事项的法律援助，由申请人向争议处理机关所在地或者事由发生地的法律援助机构提出申请。

2.法律援助申请的提出

（1）申请人及代为申请人

①申请国家赔偿、行政、民事案件法律援助的，由相关请求权人本人提出；申请刑事案件法律援助，犯罪嫌疑人、被告人本人及其近亲属，公诉案件中的被害人及其法定代理人或者近亲属，自诉案件中的自诉人及其法定代理人提出。

②申请人为无民事行为能力人或者限制民事行为能力人的,由其法定代理人代为提出申请。无民事行为能力人或者限制民事行为能力人与其法定代理人之间发生诉讼或者因其他利益纠纷需要法律援助的,由与该争议事项无利害关系的其他法定代理人代为提出申请。

(2)申请形式

申请应当采用书面形式,填写申请表;以书面形式提出申请确有困难的,可以口头申请,由法律援助机构工作人员或者代为转交申请的有关机构工作人员作书面记录。

(3)申请的转交

被羁押的犯罪嫌疑人的申请由看守所在24小时内转交法律援助机构,申请法律援助所需提交的有关证件、证明材料由看守所通知申请人的法定代理人或者近亲属协助提供。

3.法律援助申请的审查

(1)审查

法律援助机构收到法律援助申请后,应当进行审查;认为申请人提交的证件、证明材料不齐全的,可以要求申请人作出必要的补充或者说明,申请人未按要求作出补充或者说明的,视为撤销申请;认为申请人提交的证件、证明材料需要查证的,由法律援助机构向有关机关、单位查证。

(2)决定

对符合法律援助条件的,法律援助机构应当及时决定提供法律援助;对不符合法律援助条件的,应当书面告知申请人理由。

经典考题: 某检察院对王某盗窃案提出二审抗诉,王某未委托辩护人,欲申请法律援助。对此,下列哪一说法是正确的?(2015年卷一第49题,单选)[①]

A.王某申请法律援助只能采用书面形式

B.法律援助机构应当严格审查王某的经济状况

C.法律援助机构只能委派律师担任王某的辩护人

D.法律援助机构决定不提供法律援助时,王某可以向该机构提出异议

(六)法律援助的实施

1.法律援助实施的形式

我国法律援助的实施形式包括:

(1)法律咨询。法律援助机构对公民申请的法律咨询服务,应当即时办理;复杂疑难的,可以预约择时办理。法律援助机构办理法律咨询服务,无须进行经济状况的审查。

(2)代理,包括国家赔偿案件、民事诉讼案件、行政诉讼案件、刑事案件的代理,

---

① 【答案】C。申请法律援助也可以口头,故A项错误。人民检察院抗诉的,犯罪嫌疑人、被告人没有委托辩护人的,不管其是否经济困难,都可以申请法律援助,故B项错误。刑事案件法律援助人员只能是律师,故C项正确。受理异议的机关应当是司法行政部门,而非法律援助机构,故D项错误。

也包括非诉讼代理,如仲裁、调解的代理。
（3）刑事辩护。
2.法律援助实施的程序
对法律援助实施的程序,特别注意以下三点:
（1）法律援助人员的更换
对此,特别注意以下两点:
①对于依申请提供法律援助的案件,犯罪嫌疑人、被告人坚持自己辩护,拒绝法律援助机构指派的律师为其辩护的,法律援助机构应当准许,并作出终止法律援助的决定；对于有正当理由要求更换律师的,法律援助机构应当另行指派律师为其提供辩护。
②对于应当通知辩护的案件,犯罪嫌疑人、被告人拒绝法律援助机构指派的律师为其辩护的,公安机关、人民检察院、人民法院应当查明拒绝的原因,有正当理由的,应当准许,同时告知犯罪嫌疑人、被告人需另行委托辩护人。犯罪嫌疑人、被告人未另行委托辩护人的,公安机关、人民检察院、人民法院应当及时通知法律援助机构另行指派律师为其提供辩护。

（2）法律援助的终止
有下列情形之一的,法律援助机构应当作出终止法律援助的决定:①受援人以欺骗或者其他不正当手段获得法律援助；②受援人故意隐瞒与案件有关的重要事实或者提供虚假证据；③受援人利用法律援助从事违法活动；④受援人的经济状况发生变化,不再符合法律援助条件；⑤案件终止审理或者已经被撤销；⑥受援人自行委托律师或者其他代理人；⑦受援人有正当理由要求终止法律援助；⑧法律法规规定的其他情形。法律援助人员发现有前款规定情形的,应当及时向法律援助机构报告。

（3）法律援助的结案
①受指派办理法律援助案件的律师或者接受安排办理法律援助案件的社会组织人员在案件结案时,应当向法律援助机构提交有关的法律文书副本或者复印件以及办理情况报告等材料。
②法律援助机构收到结案材料后,应当向受指派办理法律援助案件的律师或者接受安排办理法律援助案件的社会组织人员支付法律援助办案补贴。

3.法律援助的救济
（1）人民检察院主动通知纠正
人民检察院审查批准逮捕时,认为犯罪嫌疑人具有应当通知辩护的情形,公安机关未通知法律援助机构指派律师的,应当通知公安机关予以纠正,公安机关应当将纠正情况通知人民检察院。
（2）人民检察院依申诉控告而通知纠正
犯罪嫌疑人、被告人及其近亲属、法定代理人,强制医疗案件中的被申请人、被告人的法定代理人认为公安机关、人民检察院、人民法院应当告知其可以向法律援助机构申请法律援助而没有告知,或者应当通知法律援助机构指派律师为其提供辩护或者诉讼代理而没有通知的,有权向同级或者上一级人民检察院申诉或者控告。人民检察院应当对申诉或者控告及时进行审查,情况属实的,通知有关机关予以纠正。

经典考题： 根据《法律援助条例》和《关于刑事诉讼法律援助工作的规定》，下列哪些表述是正确的？（2016年卷一第85题，多选）①

A. 区检察院提起抗诉的案件，区法院应当通知区法律援助中心为被告人甲提供法律援助

B. 家住A县的乙在邻县涉嫌犯罪被邻县检察院批准逮捕，其因经济困难可向A县法律援助中心申请法律援助

C. 县公安局没有通知县法律援助中心为可能被判处无期徒刑的丙提供法律援助，丙可向市检察院提出申诉

D. 县法院应当准许强制医疗案件中的被告丁以正当理由拒绝法律援助，并告知其可另行委托律师

（3）对法律援助机构相关决定的异议

申请人、受援人对法律援助机构不予法律援助、终止法律援助的决定有异议的，可以向设立该法律援助机构的司法行政部门提出。

司法行政部门应当自收到异议之日起五日内进行审查，作出维持法律援助机构决定或者责令法律援助机构改正的决定。

申请人、受援人对司法行政部门维持法律援助机构决定不服的，可以依法申请行政复议或者提起行政诉讼。

经典考题： 某法律援助机构实施法律援助的下列做法，哪一项是正确的？（2014年卷一第50题，单选）②

A. 经审查后指派律师担任甲的代理人，并根据甲的经济情况免除其80%的律师服务费

B. 指派律师担任乙的辩护人以后，乙自行另外委托辩护人，故决定终止对乙的法律援助

---

① 【答案】CD。区人民检察院提起抗诉的案件，被告人甲可以申请法律援助，区人民法院没有"应当通知"提供法律援助的义务，故A项错误。B项的乙应当向办案机关所在地的邻县法律援助中心申请法律援助，故B项错误。犯罪嫌疑人可能被判处无期徒刑却没有委托辩护人的，公安机关应当通知所在地同级司法行政机关所属法律援助机构指派律师为其提供辩护；犯罪嫌疑人认为公安机关应当通知法律援助机构指派律师为其提供辩护而没有通知的，有权向同级或者上一级人民检察院申诉或者控告，故C项正确。因为被告丁以正当理由拒绝法律援助，故应当准许，但由于被告丁处于强制医疗案件中，属于应当通知辩护的案件，故办案机关还得同时告知其另行委托辩护人，故D项正确。

② 【答案】B。《法律援助法》第2条规定："本法所称法律援助，是国家建立的为经济困难公民和符合法定条件的其他当事人无偿提供法律咨询、代理、刑事辩护等法律服务的制度，是公共法律服务体系的组成部分。"故A项仅免除80%的律师服务费的做法是违法的，应当是完全免费才合法。《法律援助法》第48条第6项规定，受援人自行委托律师或者其他代理人，法律援助机构应当作出终止法律援助的决定。故B项是正确的，应选。根据《刑事诉讼法》规定，未成年犯罪嫌疑人、被告人没有委托辩护人的，人民法院、人民检察院、公安机关应当通知法律援助机构指派律师为其提供辩护。故C项为未成年人指派非律师担任辩护人是不合法的。根据《法律援助条例》第10条第3款规定，对可以申请法律援助的事项，若仅向法律援助机构申请法律咨询，不需要符合法律援助的经济条件，故D项做法不正确。

C. 为未成年人丙指派熟悉未成年人身心特点但无律师执业证的本机构工作人员担任辩护人
D. 经审查后认为丁的经济状况较好，不符合法律援助的经济条件，故拒绝向其提供法律咨询

第五节 公证制度

考情分析

公证制度与公证人员职业道德近10年考查6次，在客观题的考试中公证会与证据结合考查，主要记忆公证的证据力及公证被推翻的特殊情况，对不予办理和终止公证的情形熟练掌握。

一、公证制度概述

（一）公证制度的概念

公证制度是国家司法制度的重要组成部分，属于民事程序法的范畴，是一种预防性司法证明制度。我国的公证制度，是由我国有关公证的法律法规所规定的，当事人和公证人进行公证活动所必须遵循的法律规范的总称。

【实战贴士】公证是一种非诉讼司法活动，其活动宗旨是通过公证活动预防纠纷，避免不法行为的发生，减少诉讼。与民事诉讼相比，公证是一种事前的预防，在法律依据、程序、效力等方面存在不同。与行政行为相比，公证活动不具有管理职能的性质，在法律关系、程序、组织等方面存在不同。

（二）我国公证制度的特征

公证，是指公证机构根据自然人、法人或者其他组织的申请，依照法定程序对民事法律行为、有法律意义的事实和文书的真实性、合法性予以证明的活动。

公证的主体	包括公证机构、公证员和当事人。
公证的客体	民事法律行为、有法律意义的事实和文书等。
公证的内容	证明公证客体的真实性与合法性。

【实战贴士】公证具有私证不可比拟的权威性：
1. 公证机构仅对无争议的事项进行公证。
2. 公证职能只能由公证机构统一行使。
3. 经过公证的法律事项受国家法律的保护，公证文书具有特定的法律效力。
4. 公证文书具有广泛的适用性，发往域外使用的公证文书会受到使用国家或地区的承认。

（三）我国公证管理体制

我国实行司法行政机关行政管理与公证协会行业管理相结合的公证管理体制。司法行政部门依法对公证机构、公证员和公证协会进行监督、指导；作为社会团体法人的公

证协会是公证业的自律性组织，依据章程开展活动，对公证机构、公证员的执业活动进行监督。

二、公证员

（一）公证员的概念

公证员，是指经法定任职程序，取得公证员执业证书，在公证机构从事公证业务的执业人员。

（二）公证员的条件与任免

1. 公证员的条件

国籍条件	具有中国国籍。
年龄条件	年龄25周岁以上65周岁以下。
品德条件	公道正派，遵纪守法，品行良好。
专业条件 [（1）（2）中任一即可]	（1）通过国家统一法律职业资格考试取得法律职业资格，且在公证机构实习2年以上或者具有3年以上其他法律职业经历并在公证机构实习1年以上，经考核合格。
	（2）从事法学教学、研究工作，具有高级职称的人员，或者具有本科以上学历，从事审判、检察、法制工作、法律服务满10年的公务员、律师，已经离开原工作岗位，经考核合格。
消极条件	有下列情形之一的，不得担任公证员：（1）无民事行为能力或者限制民事行为能力的；（2）因故意犯罪或者职务过失犯罪受过刑事处罚的；（3）被开除公职的；（4）被吊销公证员、律师执业证书的。

2. 公证员的任命

符合公证员条件的人员申请＋公证机构推荐＋所在地的司法行政部门出具考核意见，逐级报送省级司法行政部门。省级司法行政部门审核同意后报请司法部任命。司法部任命后，省级司法行政部门颁发公证员执业证书。公证员执业证书是公证员履行法定任职程序后在公证机构从事公证执业活动的有效证件。

【实战贴士】公证员可以变更执业机构。关于变更执业机构的核准程序，注意以下两点：

（1）公证员变更执业机构，应当经所在公证机构同意和拟任用该公证员的公证机构推荐，报所在地司法行政机关同意后，报省级司法行政机关办理变更核准手续。

（2）公证员跨省、自治区、直辖市变更执业机构的，经所在的省级司法行政机关核准后，由拟任用该公证员的公证机构所在的省级司法行政机关办理变更核准手续。

3. 公证员的免职

（1）公证员须免职情形：①丧失中国国籍的；②年满65周岁的；③因健康原因不能继续履行职务的；④自愿辞去公证员职务的；⑤被吊销公证员执业证书的。

（2）公证员免职程序：所在地的司法行政部门报省级司法行政部门提请司法部予以免职。

经典考题：公证制度是司法制度重要组成部分，设立公证机构、担任公证员具有严格的条件及程序。关于公证机构和公证员，下列哪一选项是正确的？（2017年卷一第50题，单选）①

A.公证机构可接受易某申请为其保管遗嘱及遗产并出具相应公证书
B.设立公证机构应由省级司法行政机关报司法部依规批准后，颁发公证机构执业证书
C.贾教授在高校讲授法学11年，离职并经考核合格，可以担任公证员
D.甄某交通肇事受过刑事处罚，因此不具备申请担任公证员的条件

（三）公证员的权利与义务

1.公证员的权利

公证员依法执业，受法律保护，任何单位和个人不得非法干预。公证员有权获得劳动报酬，享受保险和福利待遇；有权提出辞职、申诉或者控告；非因法定事由和非经法定程序，不被免职或者处罚。

2.公证员的义务

公证员应当遵纪守法，恪守职业道德，依法履行公证职责，保守执业秘密。公证员应当加入地方和全国的公证协会。公证员不得有下列行为：（1）同时在2个以上公证机构执业；（2）从事有报酬的其他职业；（3）为本人及近亲属办理公证或者办理与本人及近亲属有利害关系的公证；（4）私自出具公证书；（5）为不真实、不合法的事项出具公证书；（6）侵占、挪用公证费或者侵占、盗窃公证专用物品；（7）毁损、篡改公证文书或者公证档案；（8）泄露在执业活动中知悉的国家秘密、商业秘密或者个人隐私；（9）法律、法规、国务院司法行政部门规定禁止的其他行为。

三、公证机构

（一）公证机构的概念

公证机构是依法设立，不以营利为目的，依法独立行使公证职能、承担民事责任的证明机构。

（二）公证机构的设立

1.公证机构不按行政区划层层设立。公证机构按照统筹规划、合理布局的原则，可

---

① 【答案】C。《办理遗嘱保管事务的指导意见》第7条："公证机构应当向申请人出具保管证书。保管证书应当载明申请人的身份信息、遗嘱的形式、遗嘱领取人的身份信息及联系方式、遗嘱开启与领取的条件等内容。保管证书一式两份，一份交与申请人，一份由公证机构留档。"公证机构保管不需要出具公证书，而是出具保管证书，故A项错误。《公证法》第9条规定："设立公证机构，由所在地的司法行政部门报省、自治区、直辖市人民政府司法行政部门按照规定程序批准后，颁发公证机构执业证书。"颁发公证机构执业证书，不需要司法部批准，故B项错误。该法第19条规定："从事法学教学、研究工作，具有高级职称的人员，或者具有本科以上学历，从事审判、检察、法制工作、法律服务满十年的公务员、律师，已经离开原工作岗位，经考核合格的，可以担任公证员。"贾教授从事法学教学工作，且具有教授的高级职称，故C项正确。该法第20条规定："有下列情形之一的，不得担任公证员：……（二）因故意犯罪或者职务过失犯罪受过刑事处罚的；……"交通肇事罪不是故意犯罪或职务过失犯罪，故D项错误。

以在县、不设区的市、设区的市、直辖市或者市辖区设立；在设区的市、直辖市可以设立一个或者若干个公证机构。

2.设立公证机构，应当具备下列条件：（1）有自己的名称；（2）有固定的场所；（3）有2名以上公证员；（4）有开展公证业务所必需的资金。

【实战贴士】关于公证机构的名称，注意以下四点：

1.公证机构统称公证处。

2.设立公证机构，应当具备下列条件：（1）有自己的名称；（2）有固定的场所；（3）有2名以上公证员；（4）有开展公证业务所必需的资金。

3.设立公证机构，由所在地的司法行政部门组建，逐级报省级司法行政部门批准后，颁发公证机构执业证书。公证机构执业证书是公证机构获准设立和执业的凭证。

4.公证机构的负责人应当在有3年以上执业经历的公证员中推选产生，由所在地的司法行政部门核准，并逐级报省级司法行政部门备案。

（三）公证业务范围

公证业务范围是指公证机构按照国家法律规定有权办理的公证事务和相关法律事务。公证业务可以概括为以下四个方面：

1.证明民事法律行为（包括合同、继承、委托、声明、赠与、遗嘱、财产分割、招标投标、拍卖）；

2.证明有法律意义的事实（包括婚姻状况、亲属关系、收养关系、出生、生存、死亡、身份、经历、学历、学位、职务、职称、有无违法犯罪记录、保全证据）。

3.证明有法律意义的文书（包括公司章程，文书上的签名、印鉴、日期，文书的副本、影印本与原本相符）。

4.其他业务，包括：（1）登记，即法律、行政法规规定由公证机构登记的事务，比如非由行政机关负责的抵押登记（如以个人所有的家具、家用电器、金银珠宝及其制品等生活资料作抵押物的抵押登记）；（2）提存；（3）保管，即保管遗嘱、遗产或者其他与公证事项有关的财产、物品、文书；（4）代书，即代写与公证事项有关的法律事务文书；（5）咨询，即提供公证法律咨询。

（四）法定公证制度

法定公证与自愿公证相对，是以申请公证是否为当事人自愿为标准对公证所作的分类。法定公证，是指法律、行政法规规定应当公证的事项，自然人、法人或者其他组织应当申请办理公证，公证机构应当依法给予公证；经过公证，该事项才能发生法律效力的公证制度。目前，法定公证制度在我国还不完善，公证业务基本由当事人自愿申请办理。

（五）公证机构管理制度

公证机构应当建立业务、财务、资产等管理制度，对公证员的执业行为进行监督，建立执业过错责任追究制度。公证机构不得有下列行为：1.为不真实、不合法的事项出具公证书；2.毁损、篡改公证文书或者公证档案；3.以诋毁其他公证机构、公证员或者支付回扣、佣金等不正当手段争揽公证业务；4.泄露在执业活动中知悉的国家秘密、商业秘密或者个人隐私；5.违反规定的收费标准收取公证费；6.法律、法规、国务院司法行政部门规定禁止的其他行为。

（六）公证执业责任保险
公证机构应当参加公证执业责任保险。

四、公证程序

（一）公证的申请
1.公证申请的提出
（1）公证事项由当事人住所地、经常居住地、行为地或者事实发生地的公证机构受理。
（2）涉及不动产的公证事项，由不动产所在地的公证机构受理；涉及不动产的委托、声明、赠与、遗嘱的公证事项，可以适用第（1）点规定。
（3）2个以上当事人共同申办同一公证事项的，可以共同到行为地、事实发生地或者其中一名当事人住所地、经常居住地的公证机构申办。
（4）当事人向2个以上可以受理该公证事项的公证机构提出申请的，由最先受理申请的公证机构办理。

2.公证代理
（1）当事人可以委托他人代理申办公证，但申办遗嘱、遗赠扶养协议、赠与、认领亲子、收养关系、解除收养关系、生存状况、委托、声明、保证及其他与自然人人身有密切关系的公证事项，应当由其本人亲自申办。
（2）公证员、公证机构的其他工作人员不得代理当事人在本公证机构申办公证。

（二）公证的受理
受理是公证机关接受当事人的申请，经审核后同意受理公证事务的行为。

（三）公证的审查
公证机构主要通过以下方式进行核实：
1.询问当事人、公证事项的利害关系人和证人。
2.调查。公证机构派员外出核实的，应当由2人进行，但核实、收集书证的除外；特殊情况下只有1人外出核实的，应当有1名见证人在场，见证人应在笔录上签名。
3.现场勘验。
4.鉴定、检验检测、翻译。

（四）出具公证书
1.公证机构经审查，认为申请人提供的证明材料真实、合法、充分，申请公证的事项真实、合法的，应当自受理公证申请之日起15个工作日内向当事人出具公证书。但是，因不可抗力、补充证明材料或者需要核实有关情况的，所需时间不计算在期限内，并应当及时告知当事人。
2.公证书自出具之日起生效。需要审批的公证事项，审批人的批准日期为公证书的出具日期；不需要审批的公证事项，承办公证员的签发日期为公证书的出具日期；现场监督类公证需要现场宣读公证证词的，宣读日期为公证书的出具日期。
3.公证书出具后，可以由当事人或其代理人到公证机构领取，也可以应当事人的要求由公证机构发送；当事人或其代理人收到公证书应当在回执上签收。

（五）不予办理公证和终止公证

1.不予办理公证的情形

有下列情形之一的，公证机构不予办理公证：（1）无民事行为能力人或者限制民事行为能力人没有监护人代理申请办理公证的；（2）当事人与申请公证的事项没有利害关系的；（3）申请公证的事项属专业技术鉴定、评估事项的；（4）当事人之间对申请公证的事项有争议的；（5）当事人虚构、隐瞒事实，或者提供虚假证明材料的；（6）当事人提供的证明材料不充分或者拒绝补充证明材料的；（7）申请公证的事项不真实、不合法的；（8）申请公证的事项违背社会公德的；（9）当事人拒绝按照规定支付公证费的。

2.终止公证的情形

有下列情形之一的，公证机构应当终止公证：（1）因当事人的原因致使该公证事项在6个月内不能办结的；（2）公证书出具前当事人撤回公证申请的；（3）因申请公证的自然人死亡、法人或者其他组织终止，不能继续办理公证或者继续办理公证已无意义的；（4）当事人阻挠、妨碍公证机构及承办公证员按规定的程序、期限办理公证的；（5）其他应当终止的情形。

（六）公证书的认证

公证书需要在国外使用，使用国要求先认证的，应当经中华人民共和国外交部或者外交部授权的机构和有关国家驻中华人民共和国使（领）馆认证。

经典考题：关于我国公证的业务范围、办理程序和效力，下列哪一选项符合《公证法》的规定？（2015年卷一第50题，单选）[①]

A.申请人向公证机关提出保全网上交易记录，公证机关以不属于公证事项为由拒绝

B.自然人委托他人办理财产分割、赠与、收养关系公证的，公证机关不得拒绝

C.因公证具有较强的法律效力，要求公证机关在办理公证业务时不能仅作形式审查

D.法院发现当事人申请执行的公证债权文书确有错误的，应裁定不予执行并撤销该公证书

五、公证效力

公证效力即公证书的效力，是指公证书在法律上的约束力。根据我国公证法和其他法律的有关规定，公证书具有以下三种效力：

（一）证据效力

公证书的证据效力，是指公证书在法律上的证明力。公证书具有普遍的法律证明效力。经过公证的民事法律行为、有法律意义的事实和文书已具备真实性、合法性的特征。

[①]【答案】C。保全网上交易记录属于保全证据，属于公证事项，故A项错误。赠与、收养关系公证，必须由当事人本人亲自申办，故B项错误。公证机构不仅进行形式审查，还进行真实、合法性的实质审查，故C项正确。对当事人申请执行的公证债权文书，法院有权裁定不予执行，但不撤销，故D项错误。

司法机关、仲裁机构、行政机关及其登记部门应当将其作为认定事实的根据，但有相反证据足以推翻该项公证的除外。

【实战贴士】公证书的证据效力，还表现在公证书的效力明显优于私证书。

（二）强制执行效力

公证书的强制执行效力，是指对经公证的以给付为内容并载明债务人愿意接受强制执行承诺的债权文书，债务人不履行或履行不适当的，债权人可向法院申请执行。

具有强制执行效力的债权文书的公证，应当符合下列条件：（1）债权文书以给付为内容；（2）债权债务关系明确，债权人和债务人对债权文书有关给付内容无疑义；（3）债务履行方式、内容、时限明确；（4）债权文书中载明当债务人不履行或者不适当履行义务时，债务人愿意接受强制执行的承诺；（5）债权人和债务人愿意接受公证机构对债务履行情况进行核实；（6）《公证法》规定的其他条件。

债权人申请法院执行公证机构依法赋予强制执行效力的债权文书的，法院经审查发现债权文书确有错误的，应裁定不予执行，并将裁定书送达双方当事人和公证机构。这说明，人民法院对是否执行公证机构赋予强制执行效力的债权文书具有审查和最终决定权，从而体现了司法对公证的监督。

（三）法律行为成立要件效力

公证书的法律行为成立要件效力，是指在特定情形下必须办理公证的法律行为，在办理公证后方具有法律效力；未办理公证的，该法律行为不能成立，不受法律保护。法律行为经公证才能成立并发生法律效力，主要包括以下三种情形：

1.法律、行政法规规定当事人必须公证的事项，未经公证，其行为、事实或者文书不能作为法律关系产生、变更或解除的要件。

2.双方当事人约定必须公证的事项未经公证的，其法律关系不能产生、变更或解除。

3.按照国际惯例，我国公民和单位需在境外使用的某些文书（如结婚、学历、职称等证书），必须经过公证机构的公证证明（一般还需经使领馆的认证），才能在境外发生法律效力。

六、公证的救济

（一）公证书的复查

1.复查申请人

当事人或公证事项的利害关系人。公证当事人，是指与公证事项有利害关系并以自己的名义向公证机构提出公证申请，在公证活动中享有权利和承担义务的自然人、法人或者其他组织。

2.申请期限

（1）当事人申请的，为收到公证书之日起1年内；（2）利害关系人申请的，为自知道或者应当知道该项公证之日起1年内，但自公证书出具之日起最长不超过20年。

3.申请形式

以书面形式提出，载明申请人认为公证书存在的错误及其理由，提出撤销或者更正公证书的具体要求，并提供相关证明材料。

4.复查机构

出具该公证书的公证机构。

5.复查结果

公证机构应当自收到复查申请之日起30日内完成复查，作出复查处理决定，发给申请人。需要对公证书作撤销或者更正、补正处理的，应当在作出复查处理决定后10日内完成。

经典考题：关于公证制度和业务，下列哪一选项是正确的？（2016年卷一第50题，单选）[①]

A.依据统筹规划、合理布局设立的公证处，其名称中的字号不得与国内其他公证处的字号相同或者相近

B.省级司法行政机关有权任命公证员并颁发公证员执业证书，变更执业公证处

C.黄某委托其子代为办理房屋买卖手续，其住所地公证处可受理其委托公证的申请

D.王某认为公证处为其父亲办理的放弃继承公证书错误，向该公证处提出复议的申请

（二）公证书内容有争议的解决（提起民事诉讼）

当事人、公证事项的利害关系人对公证书的内容有争议的，可以就该争议向人民法院提起民事诉讼。"对公证书的内容有争议"，是指对公证书涉及的实体权利义务的内容有争议。

· 小结 ·

1.公证机构

（1）公证机构不按行政区划层层设立；（2）公证机构省内不重名；（3）公证员不得同时在两个以上公证机构执业，不得从事有报酬的其他职业。

2.公正管辖

（1）原则：住所地/经常居住地/行为地/事实发生地公证机构；（2）例外：涉及不动产的公证，应当向不动产所在地公证机构提出；（3）例外之例外：申请办理涉及不动产的委托、声明、赠与、遗嘱的公证，可以向住所地/经常居住地/行为地/事实发生地公证机构提出。

[①]【答案】C。公证处名称中的字号不得与所在省、自治区、直辖市内设立的其他公证机构的名称中的字号相同或者近似，故A项"国内"二字错误。公证员由司法部任命，故B项"省级司法行政机关有权任命公证员"说法错误。房屋买卖手续的委托，可以由当事人住所地的公证处管辖，故C项正确。D项"复议"字眼错误，应当是"复查"。

专题二十一 法官和检察官职业道德

知识体系图

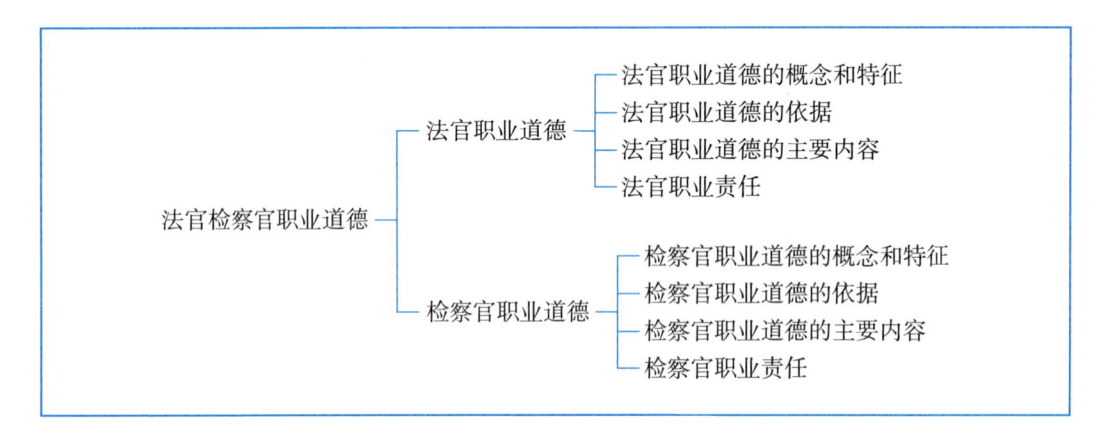

```
                            ┌─ 法官职业道德的概念和特征
                            ├─ 法官职业道德的依据
              ┌─ 法官职业道德 ─┤
              │             ├─ 法官职业道德的主要内容
              │             └─ 法官职业责任
法官检察官职业道德 ─┤
              │              ┌─ 检察官职业道德的概念和特征
              │              ├─ 检察官职业道德的依据
              └─ 检察官职业道德 ─┤
                             ├─ 检察官职业道德的主要内容
                             └─ 检察官职业责任
```

命题点拨

本专题最重要的知识和考点是法官和检察官职业道德的主要内容。注意结合刑事诉讼法等有关知识理解，并能结合案例具体分析。

第一节 法官职业道德

一、法官职业道德的概念和特征

（一）概念

法官职业道德，是指法官在履行其职责活动中应当具备的与法官职业的职能、性质相适应的基本素质和应当遵循的行为准则、行为规范，是法官履行职责所必须具备的业务素质、思想情操、品行修养、价值观念、行为准则的总和。

（二）特征

1.主体的特定性。法官职业道德的主体是法官和法院内的相关工作人员，法官职业道德调整法官职业内部法官之间的关系以及法官与社会各方面关系。

2.内容的全面性。法官职业道德的内涵十分丰富，包括忠诚司法事业、保证司法公正、确保司法廉洁、坚持司法为民、维护司法形象。

3.约束的广泛性。由于法官职业的特殊性，决定了对法官职业道德的要求较其他职业道德更高、更严格。

二、法官职业道德的依据

法官职业道德的依据是《法官法》《法官职业道德基本准则》《法官行为规范》、"五个严禁"、《关于人民法院落实廉政准则防止利益冲突的若干规定》等。

三、法官职业道德的主要内容

法官职业道德的核心是公正、廉洁、为民。基本要求是忠诚司法事业、保证司法公正、确保司法廉洁、坚持司法为民、维护司法形象。具体阐释如下：

（一）忠诚司法事业

1.牢固树立社会主义法治理念，忠于党、忠于国家、忠于人民、忠于法律，做中国特色社会主义事业建设者和捍卫者。

2.坚持和维护中国特色社会主义司法制度，认真贯彻落实依法治国基本方略，尊崇和信仰法律，模范遵守法律，严格执行法律，自觉维护法律的权威和尊严。

3.热爱司法事业，珍惜法官荣誉，坚持职业操守，恪守法官良知，牢固树立司法核心价值观，以维护社会公平正义为己任，认真履行法官职责。

4.维护国家利益，遵守政治纪律，保守国家秘密和审判工作秘密，不从事或参与有损国家利益和司法权威的活动，不发表有损国家利益和司法权威的言论。

（二）保证司法公正

1.坚持维护依法独立行使审判权原则：客观公正审理案件，在审判活动中独立思考、自主判断，敢于坚持原则，不受任何行政机关、社会团体和个人的干涉，不受权势、人情等因素的影响。

【实战贴士】法官独立包括三层含义：a外部独立，即法官在行使审判权时与司法体系外的其他国家权力、其他影响相独立；b内部独立，即法官应当尊重其他法官对审判职权的独立行使，排除法院系统内部对法官独立审判的干涉和影响；c内心独立，即法官不论在何种情况下，都应当有独立意识，自觉地对案件作出判断，排除各种不当影响，并有勇气坚持自己认为正确的观点。

2.确保结果公平公正：坚持以事实为根据，以法律为准绳，努力查明案件事实，准确把握法律精神，正确适用法律，合理行使裁量权，避免主观臆断、超越职权、滥用职权。

3.牢固树立程序意识：坚持实体公正与程序公正并重，严格按照法定程序执法办案，充分保障当事人和其他诉讼参与人的诉讼权利，避免执法办案中的随意行为。

4.努力提高司法效率：严格遵守法定办案时限，提高审判执行效率，及时化解纠纷，注重节约司法资源，杜绝玩忽职守、拖延办案等行为。

5.认真贯彻司法公开：尊重人民群众的知情权，自觉接受法律监督和社会监督，同时避免司法审判受到外界的不当影响。

6.严格保持中立地位：自觉遵守司法回避制度，审理案件保持中立公正的立场，平等对待当事人和其他诉讼参与人，不偏袒或歧视任何一方当事人，不私自单独会见当事人及其代理人、辩护人。

（7）抵制关系案、人情案：尊重其他法官对审判职权的依法行使，除履行工作职责或者通过正当程序外，不过问、不干预、不评论其他法官正在审理的案件。

经典考题：张法官与所承办案件当事人的代理律师系某业务培训班同学，偶有来往，为此张法官向院长申请回避，经综合考虑院长未予批准。张法官办案中与该律师依法沟通，该回避事项虽被对方代理人质疑，但审判过程和结果受到一致肯定。对照《法官职业道德基本准则》，张法官的行为直接体现了下列哪一要求？（2017年卷一第48题，单选）①

A. 严格遵守审限
B. 约束业外活动
C. 坚持司法便民
D. 保持中立地位

（三）确保司法廉洁

1. 树立正确的权力观、地位观、利益观，坚持自重、自省、自警、自励，坚守廉洁底线，依法正确行使审判权、执行权，杜绝以权谋私、贪赃枉法行为。

2. 严格遵守廉洁司法规定，不接受案件当事人及相关人员的请客送礼，不利用职务便利或者法官身份谋取不正当利益，不违反规定与当事人或者其他诉讼参与人进行不正当交往，不在执法办案中徇私舞弊。人民法院工作人员不得接受可能影响公正执行公务的礼金、礼品、宴请以及旅游、健身、娱乐等活动安排。

3. 不从事或者参与营利性的经营活动，不在企业及其他营利性组织中兼任法律顾问等职务，不就未决案件或者再审案件给当事人及其他诉讼参与人提供咨询意见。

【实战贴士】

（1）人民法院工作人员不得从事下列营利性活动：

①本人独资或者与他人合资、合股经办商业或者其他企业；
②以他人名义入股经办企业；
③以承包、租赁、受聘等方式从事经营活动；
④违反规定拥有非上市公司（企业）的股份或者证券；
⑤本人或者与他人合伙在国（境）外注册公司或者投资入股；
⑥以本人或者他人名义从事以营利为目的的民间借贷活动；
⑦以本人或者他人名义从事可能与公共利益发生冲突的其他营利性活动。

（2）人民法院工作人员不得为他人的经济活动提供担保。

（3）人民法院工作人员不得利用职权和职务上的影响，买卖股票或者认股权证；不得利用在办案工作中获取的内幕信息，直接或者间接买卖股票和证券投资基金，或者向他人提出买卖股票和证券投资基金的建议。

---

① 【答案】D。《法官职业道德基本准则》第13条规定："自觉遵守司法回避制度，审理案件保持中立公正的立场，平等对待当事人和其他诉讼参与人，不偏袒或歧视任何一方当事人，不私自单独会见当事人及其代理人、辩护人。"张法官的行为符合上述规定。而该规定是"保证司法公正"之"保持中立公正"的具体要求，故D项应选。

（4）人民法院工作人员在审理相关案件时，以本人或者他人名义持有与所审理案件相关的上市公司股票的，应主动申请回避。

（5）人民法院工作人员不得违反规定在律师事务所、中介机构及其他经济实体、社会团体中兼职，不得违反规定从事为案件当事人或者其他市场主体提供信息、介绍业务、开展咨询等有偿中介活动。

4.妥善处理个人和家庭事务，不利用法官身份寻求特殊利益。按规定如实报告个人有关事项，教育督促家庭成员不利用法官的职权、地位谋取不正当利益。

【实战贴士】

（1）人民法院工作人员不得利用职权和职务上的影响，指使他人提拔本人的配偶、子女及其配偶以及其他特定关系人。

（2）人民法院工作人员不得利用职权和职务上的影响，为本人的配偶、子女及其配偶以及其他特定关系人支付、报销学习、培训、旅游等费用。

（3）人民法院工作人员不得利用职权和职务上的影响，为本人的配偶、子女及其配偶以及其他特定关系人出国（境）定居、留学、探亲等向他人索取资助，或者让他人支付、报销上述费用。

（4）人民法院工作人员不得利用职权和职务上的影响妨碍有关机关对涉及本人的配偶、子女及其配偶以及其他特定关系人案件的调查处理。

（5）人民法院工作人员不得利用职权和职务上的影响进行下列活动：

①放任本人的配偶、子女及其配偶以及其他特定关系人收受案件当事人及其亲属、代理人、辩护人、执行中介机构人员以及其他关系人的财物；

②为本人的配偶、子女及其配偶以及其他特定关系人经商、办企业提供便利条件；

③放任本人的配偶、子女及其配偶以及其他特定关系人以本人名义谋取私利。

（6）人民法院领导干部和审判执行岗位法官不得违反规定放任配偶、子女在其任职辖区内开办律师事务所、为案件当事人提供诉讼代理或者其他有偿法律服务。

（7）人民法院领导干部和综合行政岗位人员不得放任配偶、子女在其职权和业务范围内从事可能与公共利益发生冲突的经商、办企业、有偿中介服务等活动。

（8）人民法院工作人员不得违反规定干预和插手市场经济活动，从中收受财物或者为本人的配偶、子女及其配偶以及其他特定关系人谋取利益。

（9）人民法院工作人员不得违反规定干扰妨碍有关机关对建设工程招投标、经营性土地使用权出让、房地产开发与经营等市场经济活动进行正常监管和案件查处。

（四）坚持司法为民

（1）牢固树立以人为本、司法为民的理念，强化群众观念，重视群众诉求，关注群众感受，自觉维护人民群众的合法权益。

（2）注重发挥司法能动作用，积极寻求有利于"案结事了"的纠纷解决办法，努力实现法律效果与社会效果的统一。

（3）认真执行司法便民规定，努力为当事人和其他诉讼参与人提供必要的诉讼便利，尽可能降低其诉讼成本。

（4）尊重当事人和其他诉讼参与人的人格尊严，避免盛气凌人、"冷硬横推"等不良作风；尊重律师，依法保障律师参与诉讼活动的权利。

（五）维护司法形象

1.坚持学习，精研业务，忠于职守，秉公办案，惩恶扬善，弘扬正义，保持昂扬的精神状态和良好的职业操守。

2.坚持文明司法，遵守司法礼仪，在履行职责过程中行为规范、着装得体、语言文明、态度平和，保持良好的职业修养和司法作风。

3.加强自身修养，培育高尚道德操守和健康生活情趣，杜绝与法官职业形象不相称、与法官职业道德相违背的不良嗜好和行为，遵守社会公德和家庭美德，维护良好的个人声誉。

4.法官退休后应当遵守国家相关规定，不利用自己的原有身份和便利条件过问、干预执法办案，避免因个人不当言行对法官职业形象造成不良影响。

人民法院工作人员在离职或者退休后的规定年限内，不得具有下列行为：（1）接受与本人原所办案件和其他业务相关的企业、律师事务所、中介机构的聘任；（2）担任原任职法院所办案件的诉讼代理人或者辩护人；（3）以律师身份担任诉讼代理人、辩护人。

【实战贴士】《法官职业道德基本准则》除适用于法官外，还适用于履行审判职责期间的人民陪审员，并参照适用于人民法院其他工作人员。

经典考题：法律职业人员在业内、业外均应注重清正廉洁，严守职业道德和纪律规定。下列哪些行为违反了相关职业道德和纪律规定？（2015年卷一第84题，多选）[①]

A.赵法官参加学术研讨时无意透露了未审结案件的内部讨论意见

B.钱检察官相貌堂堂，免费出任当地旅游局对外宣传的"形象大使"

C.孙律师在执业中了解到委托人公司存在严重的涉嫌偷税犯罪行为，未向税务机关举报

D.李公证员代其同学在自己工作的公证处申办学历公证

四、法官职业责任

法官职业责任，是指法官违反法律、职业道德和审判、执行纪律所应当承担的责任，包括法官执行职务中违纪行为的责任和法官执行职务中犯罪行为的刑事责任两类。

[①]【答案】AD。根据《法官法》第10条第5项的规定，法官应当保守国家秘密和审判工作秘密。未审结案件的内部讨论意见属于审判工作秘密，故A项赵法官的透露行为违反职业道德和纪律规定，应选。依据《检察官职业道德基本准则》的规定，钱检察官免费出任"形象大使"不会对其履行检察院职责产生负面影响，也不影响检察机关的公信力，也不会对其公正执法和清正廉洁产生合理怀疑，故B项做法不违反职业道德和纪律规定，不应选。依据《律师法》第38条第2款的规定，律师有保密义务，除了委托人或者其他人准备或者正在实施危害国家安全、公共安全以及严重危害他人人身安全的犯罪事实和信息除外。涉嫌偷税信息，不属于该款但书规定的情形，故孙律师未向税务机关举报是合法的，C项不应选。《公证程序规则》第11条第2款规定："公证员、公证机构的其他工作人员不得代理当事人在本公证机构申办公证。"故D项应选。

第二节 检察官职业道德

一、检察官职业道德的概念和特征

检察官职业道德，是指检察官在履行检察职能活动中，应当遵守的行为准则和规范。

检察官职业道德，既调整检察机关内部关系，也用来调整检察机关及检察官与其服务对象即与民众之间的关系。

二、检察官职业道德的依据

检察官职业道德的依据是《检察官法》《检察官职业道德基本准则》《关于加强和改进新形势下检察队伍建设的意见》《关于加强执法办案活动内部监督防止说情等干扰的若干规定》等。

三、检察官职业道德的主要内容

检察官职业道德的基本要求是忠诚、为民、担当、公正、廉洁。具体阐释如下：
1. 坚持忠诚品格，永葆政治本色；
2. 坚持为民宗旨，保障人民权益；
3. 坚持担当精神，强化法律监督；
4. 坚持公正理念，维护法制统一；
5. 坚持廉洁操守，自觉接受监督。

【实战贴士】《廉洁从检十项纪律》：（1）不准泄露案情或为当事人打探案情；（2）不准私自办理或干预案件；（3）不准私自会见案件当事人及其委托人或者接受上述人员的宴请、礼物和提供的娱乐活动；（4）不准利用工作之便占用外单位及其人员的交通、通信工具；（5）不准参加用公款支付或可能影响公务的营业性歌厅、舞厅、夜总会等高消费场所的娱乐健身活动；（6）不准接受下级人民检察院来京人员的宴请或提供的娱乐活动以及收受礼品；（7）不准在工作日饮酒或者着检察制服（警服）在公共场所饮酒；（8）不准对告诉求助群众采取冷漠、生硬、蛮横、推诿等官老爷态度；（9）不准经商办企业或利用职务之便为亲属经商办企业谋取利益；（10）不准擅自开设银行账户，私设"小金库"。

经典考题：关于检察官职业道德和纪律，下列哪一做法是正确的？（2014年卷一第47题，单选）①

A. 甲检察官出于个人对某类案件研究的需要，私下要求邻县检察官为其提供正在办理的某案情况

B. 乙检察官与其承办案件的被害人系来往密切的邻居，因此提出回避申请

---

① 【答案】B。检察官应当自觉遵守法定回避制度，对法定回避事由以外可能引起公众对办案公正产生合理怀疑的，应当主动请求回避。B项做法是正确的。

C.丙检察官发现所办案件存在应当排除的证据而未排除,仍将其作为起诉意见的依据
D.丁检察官为提高效率,在家里会见本人所承办案件的被告方律师

四、检察官职业责任

检察官职业责任,是指检察官违反法律法规、职业道德规范和检察工作纪律所应当承担的不利后果,包括检察官执行职务中违纪行为的司法责任和检察官执行职务中犯罪行为的刑事责任两类。

> **·小结·**
>
> 检察官职业责任要注意检察官执行职务中违纪行为所产生的责任不是纪律责任,而是司法责任。

专题二十二　律师职业道德

知识体系图

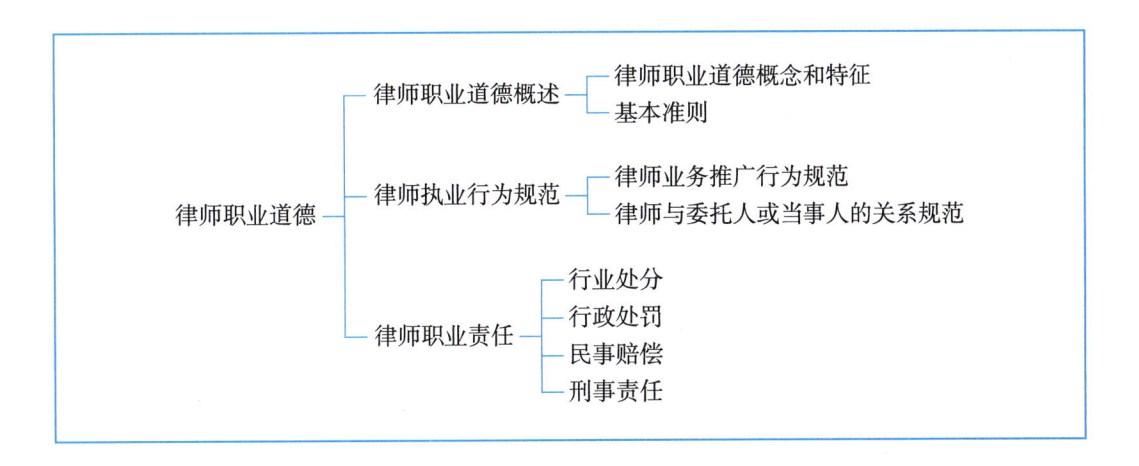

```
律师职业道德 ─┬─ 律师职业道德概述 ─┬─ 律师职业道德概念和特征
              │                    └─ 基本准则
              ├─ 律师执业行为规范 ─┬─ 律师业务推广行为规范
              │                    └─ 律师与委托人或当事人的关系规范
              └─ 律师职业责任 ─┬─ 行业处分
                              ├─ 行政处罚
                              ├─ 民事赔偿
                              └─ 刑事责任
```

命题点拨

本专题知识点的考查与法官的职业道德有一定的关联性，主要考查律师和法官关系的处理是否符合律师和法官的职业道德规范。律师职业道德、律师的执业行为规范等都是常考点，难度不大，分值也不太高。考生在复习过程中，一定要学会判断实务中律师的执业行为合法与否。

第一节　律师职业道德概述

一、律师职业道德概念和特征

（一）概念

律师职业道德是律师在执业活动、提供法律服务时所应当遵守的道德观念、行为准则、行为规范的总称。律师职业道德主要包括非强制性的道德要求和具有强制性的纪律要求，以及相应的惩戒规定。

（二）特征

1.律师职业道德是指导律师执业活动的行为准则，是律师自我约束的行为标准，体现了律师的职业风貌，反映了律师的职业水准，也是对违规律师追究职业责任的重要依据。

2.律师职业道德的主体较为明确，主要对律师的执业行为进行规范，同时律师职业道德也规范律师事务所。

3.律师职业道德不仅仅对律师在执业中的行为予以约束，对律师的非职务行为也予以一定约束。

二、基本准则

律师执业必须遵守宪法和法律，恪守律师职业道德和执业规范；律师执业必须以事实为根据，以法律为准绳；律师执业应当接受国家、社会和当事人的监督。

律师职业道德的基本行为规范包括忠诚、为民、法治、正义、诚信、敬业。

（一）忠诚

加强律师队伍思想政治建设，把拥护中国共产党领导、拥护社会主义法治作为律师从业的基本要求，增强广大律师走中国特色社会主义法治道路的自觉性和坚定性。

（二）为民

律师应当始终把执业为民作为根本宗旨，全心全意为人民群众服务，通过执业活动努力维护人民群众的根本利益。

（三）法治

律师应当坚定法治信仰，牢固树立法治意识，模范遵守宪法和法律，切实维护宪法和法律尊严。在执业中坚持以事实为根据，以法律为准绳，严格依法履责，尊重司法权威，遵守诉讼规则和法庭纪律，与司法人员建立良性互动关系，维护法律正确实施，促进司法公正。

（四）正义

律师应当把维护公平正义作为核心价值追求，为当事人提供勤勉尽责、优质高效的法律服务，努力维护当事人合法利益。

（五）诚信

律师应当牢固树立诚信意识，自觉遵守执业行为规范，在执业中恪尽职守、诚实守信、勤勉尽责、严格自律。

（六）敬业

律师应当热爱律师职业，珍惜律师荣誉，树立正确的执业理念，不断提高专业素质和执业水平，忠于职守，爱岗敬业，尊重同行，维护律师的个人声誉和律师行业形象。

第二节 律师执业行为规范

一、律师业务推广行为规范

（一）律师执业推广原则

1.律师和律师事务所推广律师业务，应当遵守平等、诚信原则，遵守律师职业道德和执业纪律，遵守律师行业公认的行业准则，公平竞争。

2.律师和律师事务所应当通过提高自身综合素质、提高法律服务质量、加强自身业务竞争能力的途径，开展、推广律师业务。

3.律师和律师事务所在业务推广中不得为不正当竞争行为。

(二)律师业务推广广告

1.律师发布广告应当具有可识别性,应当能够使社会公众辨明是律师广告。

2.律师广告可以以律师个人名义发布,也可以以律师事务所名义发布。以律师个人名义发布的律师广告应当注明律师个人所任职的执业机构名称,应当载明律师执业证号。

3.具有下列情况之一的,律师和律师事务所不得发布律师广告:(1)未参加年度考核或没有通过年度考核的;(2)处于停止执业或停业整顿处罚期间,以及前述期间届满后未满1年的;(3)受到通报批评、公开谴责未满1年的。

(三)律师宣传

1.律师和律师事务所可以宣传所从事的某一专业法律服务领域,但不得自我声明或者暗示其被公认或者证明为某一专业领域的权威或专家。

2.律师和律师事务所不得进行律师之间或者律师事务所之间的比较宣传。

二、律师与委托人或当事人的关系规范

(一)委托代理关系

委托人与律师就法律服务委托事项达成一致意见,并由律师事务所与委托人签署委托代理协议或者取得委托人的确认。同时,律师还应当谨慎、诚实、客观地告知委托人拟委托事项可能出现的法律风险。

(二)禁止虚假承诺

所谓虚假承诺,是指违背事实和法律规定作出的承诺。下列情形不属于虚假承诺:律师根据委托人提供的事实和证据,依据法律规定进行分析,向委托人提出分析性意见。律师的辩护、代理意见未被采纳。

经典考题: 某律师事务所律师代理原告诉被告买卖合同纠纷案件,下列哪一做法是正确的?(2016年卷一第49题,单选)[①]

A.该律师接案时,得知委托人同时接触他所律师,私下了解他所报价后以较低收费接受委托

B.在代书起诉状中,律师提出要求被告承担精神损害赔偿20万元的诉讼请求

[①]【答案】D。根据《律师执业行为规范(试行)》第79条第2项规定,无正当理由,以低于同地区同行业收费标准为条件争揽业务的,属于律师执业不正当竞争行为。故A项做法构成不正当竞争。《民法典》第1183条第1款规定:"侵害自然人人身权益造成严重精神损害的,被侵权人有权请求精神损害赔偿。"据此,精神损害赔偿适用于侵犯人身权纠纷。合同纠纷不适用精神损害赔偿,律师在代书起诉状中怂恿原告提出不恰当的请求,不符合法律规定,故B项做法不正确。《律师服务收费管理办法》第22条规定:"律师服务费、代委托人支付的费用和异地办案差旅费由律师事务所统一收取。律师不得私自向委托人收取任何费用。""除前款所列三项费用外,律师事务所及承办律师不得以任何名义向委托人收取其他费用。"据此,C项做法属于违规收取其他费用。《律师执业行为规范(试行)》第44条规定:"律师根据委托人提供的事实和证据,依据法律规定进行分析,向委托人提出分析性意见。"第45条规定:"律师的辩护、代理意见未被采纳,不属于虚假承诺。"据此,D项做法正确。

C. 在代理合同中约定，如胜诉，在5万元律师代理费外，律师事务所可按照胜诉金额的一定比例另收办案费用
D. 因律师代理意见未被法庭采纳，原告要求律师承担部分诉讼请求损失，律师事务所予以拒绝

（三）禁止非法牟取委托人权益

非法牟取委托人权益，是指利用提供法律服务的便利牟取当事人争议的权益，包括：不得违法与委托人就争议的权益产生经济上的联系。不得与委托人约定将争议标的物出售给自己。不得委托他人为自己或为自己的近亲属收购、租赁委托人与他人发生争议的标的物。

（四）利益冲突审查

1.绝对禁止情形

（1）律师在同一案件中为双方当事人担任代理人，或代理与本人或者其近亲属有利益冲突的法律事务的；

（2）律师办理诉讼或者非诉讼业务，其近亲属是对方当事人的法定代表人或者代理人的；

（3）曾经亲自处理或者审理过某一事项或者案件的行政机关工作人员、审判人员、检察人员、仲裁员，成为律师后又办理该事项或者案件的；

（4）同一律师事务所的不同律师同时担任同一刑事案件的被害人的代理人和犯罪嫌疑人、被告人的辩护人，但在该县区域内只有一家律师事务所且事先征得当事人同意的除外；

（5）在民事诉讼、行政诉讼、仲裁案件中，同一律师事务所的不同律师同时担任争议双方当事人的代理人，或者本所或其工作人员为一方当事人，本所其他律师担任对方当事人的代理人的；

（6）在非诉讼业务中，除各方当事人共同委托外，同一律师事务所的律师同时担任彼此有利害关系的各方当事人的代理人的；

（7）在委托关系终止后，同一律师事务所或同一律师在同一案件后续审理或者处理中又接受对方当事人委托的。

2.相对禁止情形

（1）接受民事诉讼、仲裁案件一方当事人的委托，而同所的其他律师是该案件中对方当事人的近亲属的；

（2）担任刑事案件犯罪嫌疑人、被告人的辩护人，而同所的其他律师是该案件被害人的近亲属的；

（3）同一律师事务所接受正在代理的诉讼案件或者非诉讼业务当事人的对方当事人所委托的其他法律业务的；

（4）律师事务所与委托人存在法律服务关系，在某一诉讼或仲裁案件中该委托人未要求该律师事务所律师担任其代理人，而该律师事务所律师担任该委托人对方当事人的代理人的；

（5）在委托关系终止后1年内，律师又就同一法律事务接受与原委托人有利害关系

的对方当事人的委托的。

【实战贴士】

（1）律师和律师事务所发现存在相对禁止情形的，应当告知委托人利益冲突的事实和可能产生的后果，由委托人决定是否建立或维持委托关系。

（2）委托人决定建立或维持委托关系的，应当签署知情同意书，表明当事人已经知悉存在利益冲突的基本事实和可能产生的法律后果，以及当事人明确同意与律师事务所及律师建立或维持委托关系。

（3）委托人知情并签署知情同意书以示豁免的，承办律师在办理案件的过程中应对各自委托人的案件信息予以保密，不得将与案件有关的信息披露给相对人的承办律师。

经典考题： 某律师事务所一审代理了原告张某的案件。一年后，该案再审。该所的下列哪一做法与律师执业规范相冲突？（2014年卷一第48题，单选）①

A.在代理原告案件时，拒绝与该案被告李某建立委托代理关系

B.在拒绝与被告李某建立委托代理关系时，承诺可在其他案件中为其代理

C.得知该案再审后，主动与原告张某联系

D.张某表示再审不委托该所，该所遂与被告李某建立委托代理关系

（五）转委托

1.未经委托人同意，律师事务所不得将委托人委托的法律事务转委托其他律师事务所办理。但在紧急情况下，为维护委托人的利益可以转委托，但应当及时告知委托人。

2.受委托律师遇有突患疾病、工作调动等紧急情况不能履行委托协议时，应当及时报告律师事务所，由律师事务所另行指定其他律师继续承办，并及时告知委托人。非经委托人的同意，不能因转委托而增加委托人的费用支出。

（六）委托关系的解除与终止

有下列情形之一的，律师事务所应当终止委托关系：（1）委托人提出终止委托协议的；（2）律师受到吊销执业证书或者停止执业处罚的，经过协商，委托人不同意更换律师的；（3）当发现有《律师执业行为规范（试行）》第51条规定的利益冲突情形的；（4）受委托律师因健康状况不适合继续履行委托协议的，经过协商，委托人不同意更换律师的；（5）继续履行委托协议违反法律、法规、规章或者《律师执业行为规范（试行）》的。

有下列情形之一，经提示委托人不纠正的，律师事务所可以解除委托协议：（1）委托人利用律师提供的法律服务从事违法犯罪活动的；（2）委托人要求律师完成无法实现或者不合理的目标的；（3）委托人没有履行委托合同义务的；（4）在事先无法预见的前提下，律师向委托人提供法律服务将会给律师带来不合理的费用负担，或给律师造成难以承受的、不合理的困难的；（5）其他合法的理由的。

经典考题： 下列哪一情形下律师不得与当事人建立或维持委托关系？（2013年卷一

---

① 【答案】D。根据《律师执业行为规范（试行）》第51条第7项规定，在委托关系终止后，同一律师事务所或同一律师在同一案件后续审理或者处理中又接受对方当事人委托的，律师及律师事务所不得与当事人建立或维持委托关系。故D项做法与律师执业规范相冲突。

第48题，单选）①

A. 律师与委托当事人系多年好友
B. 接受民事诉讼一方当事人委托，同一律师事务所其他律师系该案件对方当事人的近亲属，但委托人知悉且同意
C. 同一律师事务所不同律师同时担任同一民事案件争议双方当事人代理人
D. 委托关系停止后二年，律师就同一法律业务接受与原委托人有利害关系的对方当事人委托

第三节 律师职业责任

一、行业处分

律师执业中违规行为的处分，是律师协会对律师和律师事务所违反执业规范的行为所作的处分。根据《律师法》第46条的规定，律师协会有权制定惩戒规则，并对律师、律师事务所实施惩戒。此惩戒，即处分。律师协会对律师和律所违规行为作出的处分种类有：训诫、通报批评、公开谴责和取消会员资格。律师协会认为会员违规行为需由司法行政机关给予行政处罚的，应及时提请司法行政机关调查处理。律师执业中违纪行为的处分包括训诫、警告、通报批评、公开谴责、中止会员1个月以上1年以下、取消会员资格。

二、行政处罚

（一）种类

对律师执业中违法行为的行政处罚分为警告、罚款、停止执业、没收违法所得和吊销律师执业证书五种。对律所执业中违法行为的行政处罚分为警告、罚款（10万元以下）、停业整顿（1月以上6月以下）、没收违法所得和吊销律所执业证书五种。

律师被给予停止执业处罚的，具有下列效果：（1）在申请设立律所前3年内受过停止执业处罚的，该律师不得为设立人；（2）已担任合伙人的律师受到6个月以上停止执业处罚的，自处罚决定生效之日起至处罚期满后3年内，不得担任合伙人。

律师被吊销执业证书的，不得担任辩护人、诉讼代理人，但系刑事诉讼、民事诉讼、行政诉讼当事人的监护人、近亲属的除外。

---

① 【答案】C。律师同时为委托人的亲友，信任关系更好建立，自然可以建立和维持委托关系，故排除A项。依据《律师执业行为规范（试行）》第52条第1款规定，既然委托人知悉且同意，故仍可与当事人建立或者维持委托关系，故排除B选项。《律师执业行为规范（试行）》第51条规定："有下列情形之一的，律师及律师事务所不得与当事人建立或维持委托关系：……（五）在民事诉讼、行政诉讼、仲裁案件中，同一律师事务所的不同律师同时担任争议双方当事人的代理人，或者本所或其工作人员为一方当事人，本所其他律师担任对方当事人的代理人的；……"据此，C项应选。

(二)处罚决定机关

由设区的市级或直辖市的区(县)司法局决定处罚,但决定吊销律师执业证书、吊销律所执业证书的,由省级司法行政部门决定。

(三)累犯加重

1年内警告+警告=停业 (3个月至1年)	律师在受到警告处罚后1年内又发生应当给予警告处罚情形的,给予停止执业3个月以上1年以下的处罚。
2年内停业+停业=吊销	律师在受到停止执业处罚期满后2年内又发生应当给予停止执业处罚情形的,吊销其律师执业证书。
	律所在受到停业整顿处罚期满后2年内又发生应当给予停业整顿处罚情形的,吊销律师事务所执业证书。

三、民事赔偿

承担民事赔偿责任的条件是:律师违法执业或者因过错给当事人造成损失;律师不直接对当事人承担赔偿责任,而由律所直接对当事人承担赔偿责任;律所赔偿后,可以向有故意或者重大过失行为的律师追偿。

四、刑事责任

律师和律所的违法执业行为构成犯罪的,依照刑法追究其刑事责任。其中,律师因故意犯罪受到刑事处罚的,由省级司法行政部门吊销其律师执业证书。

专题二十三　公证员职业道德

知识体系图

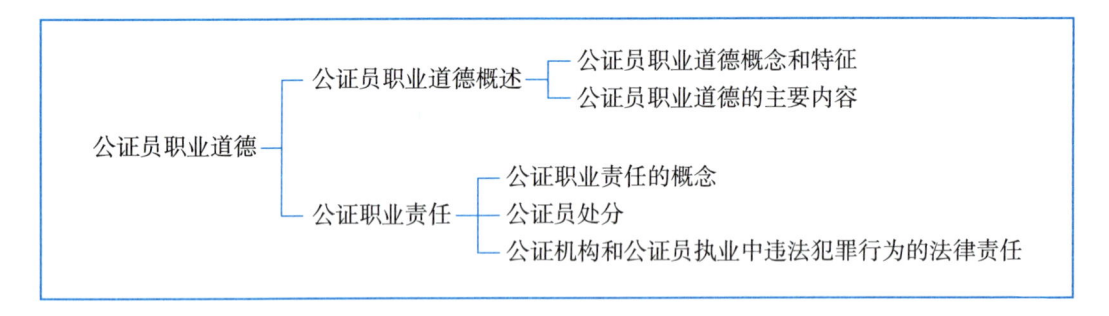

```
                    ┌─ 公证员职业道德概述 ─┬─ 公证员职业道德概念和特征
                    │                      └─ 公证员职业道德的主要内容
公证员职业道德 ─────┤
                    │                      ┌─ 公证职业责任的概念
                    └─ 公证职业责任 ───────┼─ 公证员处分
                                           └─ 公证机构和公证员执业中违法犯罪行为的法律责任
```

命题点拨

本专题考查的重点主要是公证员职业道德的主要内容。大部分都是考查法条，都不难，记住即可得分。

第一节　公证员职业道德概述

一、公证员职业道德的概念和特征

（一）概念

公证职业道德，是指公证员在履行职务活动中所应遵循的行为规范的总和。职业道德包括职业道德意识、职业道德行为和职业道德规范三个层次。公证最大的特点是公信力。

（二）特征

1.适用对象：公证员职业道德不仅指依法取得资格的执业公证员，也包括办理公证的辅助人员和其他工作人员，主要规范公证员的履行职务行为；

2.调整的内容：公证员职业道德既包括办理公证业务的行为准则，也包括公证人员的观念、意识。公证员树立高尚的职业道德，带头遵守公民基本道德规范和职业道德，是履行公证职责、公正执法的必然要求。高尚的道德情操是公证机构为社会提供优质法律服务和赢得公众信赖的根本保障。

3.公证公信力是公证行业的立业之本，始终维护和不断增强公证公信力是公证制度的本质属性和公证工作者的职责使命。

公证员职业道德的依据主要是《公证员职业道德基本准则》。

这一《基本准则》除序言和附则外，分为忠于法律、尽职履责，爱岗敬业、规范服务，加强修养、提高素质，廉洁自律、尊重同行，附则五个部分，共29条，对我国公证员的职业道德作了具体明确的规定。

二、公证员职业道德的主要内容

公证员职业道德的主要内容包括忠于法律、尽职履责，爱岗敬业、规范服务，加强修养、提高素质，廉洁自律、尊重同行等方面。

（一）忠于法律、尽职履责

《公证法》第3条规定，公证机构办理公证，应当遵守法律，坚持客观、公正的原则。为此，《基本准则》具体要求：

1.忠于宪法和法律，恪守客观、公正原则。公证员应当忠于宪法和法律，自觉践行社会主义法治理念；公证员应当政治坚定、业务精通、维护公正、恪守诚信，坚定不移地做中国特色社会主义事业的建设者、捍卫者；公证员应当依法办理公证事项，恪守客观、公正的原则，做到以事实为依据、法律为准绳。

2.遵守法定回避制度。公证员应当自觉遵守法定回避制度，不得为本人及近亲属办理公证或者办理与本人及近亲属有利害关系的公证。

3.履行执业保密义务。公证员应当自觉履行执业保密义务，不得泄露在执业中知悉的国家秘密、商业秘密或个人隐私，更不得利用知悉的秘密为自己或他人谋取利益。

4.积极采取措施纠正、制止违法违规行为。公证员在履行职责时，对发现的违法、违规或违反社会公德的行为，应当按照法律规定的权限，积极采取措施予以纠正、制止。

5.公证员、公证机构的其他工作人员不得代理当事人在本公证机构申办公证。

（二）爱岗敬业、规范服务

公证员应当热爱公证工作，爱岗敬业。在岗位上尽职尽责，确立强烈的职业责任感、荣誉感，这是公证员职业道德的核心。对此，《基本准则》的具体要求包括以下几方面：

1.珍惜职业荣誉。公证员应当珍惜职业荣誉，强化服务意识，勤勉敬业、恪尽职守，为当事人提供优质高效的公证法律服务。

2.履行告知义务。公证员在履行职责时，应当告知当事人、代理人和参与人的权利和义务，并就权利和义务的真实意思和可能产生的法律后果作出明确解释，避免形式上的简单告知。

3.平等、热情地对待公证当事人、代理人和参与人。公证员在执行职务时，应当平等、热情地对待当事人、代理人和参与人，要注重其民族、种族、国籍、宗教信仰、性别、年龄、健康状况、职业的差别，避免言行不慎使对方产生歧义。

4.依法提高办证质量和效率。公证员应当严格按照规定的程序和期限办理公证事项，杜绝疏忽大意、敷衍塞责和延误办证的行为。

5.注重文明礼仪，维护职业形象。公证员应当注重礼仪，做到着装规范、举止文明，维护职业形象。现场宣读公证词时，应当语言规范、吐字清晰，避免使用可能引起他人反感的语言表达方式。

6.积极履行监督义务。公证员如果发现已生效的公证文书存在问题或其他公证员有违法、违规行为，应当及时向有关部门反映。

7.不发表不当评论。公证员不得利用媒体或采用其他方式，对正在办理或已办结的公证事项发表不当评论，更不得发表有损公证严肃性和权威性的言论。

（三）加强修养、提高素质

公证员素质水平的高低会直接影响到公证职责的顺利履行，《基本准则》对此进行了全面的要求。

1.遵守社会公德。公证员应当牢固树立社会主义荣辱观，遵守社会公德，倡导良好社会风尚。

2.具有良好的个人修养和品行。公证员应当道德高尚、诚实信用、谦虚谨慎，具有良好的个人修养和品行。公证员应当树立正确的人生观和价值观，保持心理平衡。

3.忠于职守。公证员应当忠于职守、不徇私情、弘扬正义，自觉维护社会公平和公众利益。

4.热爱集体，团结协作。公证员应当热爱集体，团结协作，相互支持、相互配合、相互监督，共同营造健康、有序、和谐的工作环境。

5.不断提高自身的业务能力和职业素养。公证员应当不断提高自身的业务能力和职业素养，保证自己的执业品质和专业技能满足正确履行职责的需要。

6.终身学习，勤勉进取。公证员应当树立终身学习理念，勤勉进取，努力钻研，不断提高职业素质和执业水平。

（四）廉洁自律、尊重同行

《基本准则》从六个方面要求公证员清正廉洁，慎独自律，拒绝诱惑，尊重同行。

1.廉洁自律。公证员应当树立廉洁自律意识，遵守职业道德和执业纪律，不得从事有报酬的其他职业和与公证员职务、身份不相符的活动。

2.妥善处理个人事务。公证员应当妥善处理个人事务，不得利用公证员的身份和职务为自己、亲属或他人谋取利益。

3.不得接受不当利益。公证员不得索取或接受当事人及其代理人、利害关系人的答谢款待、馈赠财物或其他利益。

4.相互尊重。公证员应当相互尊重，与同行保持良好的合作关系，公平竞争，同业互助，共谋发展。

5.避免不当干预。公证员不得以不正当方式或途径对其他公证员正在办理的公证事项进行干预或施加影响。

6.不从事不正当竞争行为。公证员不得从事以下不正当竞争行为：（1）利用媒体或其他手段炫耀自己，贬损他人，排斥同行，为自己招揽业务；（2）以支付介绍费、给予回扣、许诺提供利益等方式承揽业务；（3）利用与行政机关、社会团体的特殊关系进行业务垄断；（4）其他不正当竞争行为。

经典考题：根据有关规定，我国法律职业人员因其职业的特殊性，业外活动也要受

到约束。下列哪些说法是正确的？（2014年卷一第85题，多选）①

A. 法律职业人员在本职工作和业外活动中均应严格要求自己，维护法律职业形象和司法公信力
B. 业外活动是法官、检察官行为的重要组成部分，在一定程度上也是司法职责的延伸
C.《律师执业行为规范》规定了律师在业外活动中不得为的行为
D.《公证员职业道德基本准则》要求公证员应当具有良好的个人修养和品行，妥善处理个人事务

第二节　公证职业责任

一、公证职业责任的概念

公证职业责任是指由公证人员违法和违反职业道德规范所造成的，公证机构和公证员对当事人等所承担的责任，包括惩戒处分、行政法律责任、民事法律责任和刑事法律责任。公证职业责任的重点是财产责任，公证职业责任的范围应与给当事人造成的损害相适应。

二、公证员处分

公证协会依据章程和有关行业规范，对公证员违反职业道德和执业纪律的行为，视其情节轻重，给予相应的行业处分。对公证员的处分有六种，即：警告、严重警告、罚款、记过、暂停会员资格、取消会员资格。公证协会在查处公证员违反职业道德和执业纪律行为的过程中，发现有依据公证法的规定应当给予行政处罚情形的，应当提交有管辖权的司法行政机关处理。

（一）公证员执业中违纪行为的处分形式

根据《公证执业违规行为惩戒规则（试行）》的规定，对公证执业违规行为的惩戒措施种类包括训诫、警告、通报批评、公开谴责、中止会员权利、取消会员资格等。中止会员权利的期限为1个月以上1年以下。给予中止会员权利惩戒时，可同时给予警告、通报批评、公开谴责等惩戒。

（二）公证执业违规行为惩戒的适用条件

1.《公证执业违规行为惩戒规则（试行）》第27条规定，会员有下列情形之一的，予

---

① 【答案】ABCD。A、B项显然正确，不赘。《律师执业行为规范（试行）》第15条规定："律师不得为以下行为：（一）产生不良社会影响，有损律师行业声誉的行为；（二）妨碍国家司法、行政机关依法行使职权的行为；（三）参加法律所禁止的机构、组织或者社会团体……"据此，《律师执业行为规范》不仅调整律师执业行为，还规定了律师在业外活动中不得为的行为，故C项说法正确。《公证员职业道德基本准则》第15条规定："公证员应当道德高尚、诚实信用、谦虚谨慎，具有良好的个人修养和品行。"第21条规定："公证员应当妥善处理个人事务，不得利用公证员的身份和职务为自己、亲属或他人谋取利益。"故D项说法正确。

以训诫；情节严重的予以警告或通报批评：(1)无正当理由拒绝受理公证申请的；(2)服务态度恶劣，造成不良影响的；(3)无正当理由，不按期出具公证书的；(4)不予受理、不予办理或终止办理公证的决定未按规定通知当事人，造成不良影响的；(5)违反执业区域管理规定受理公证业务的；(6)不执行公证行业信息平台录入和查询规定的。

2.《公证执业违规行为惩戒规则（试行）》第28条规定，会员有下列情形之一的，予以警告；情节严重的，予以通报批评或公开谴责：(1)在媒体上或者利用其他手段对本机构或本人进行虚假宣传，误导当事人、社会公众或社会舆论，造成不良影响的；(2)故意诋毁、贬损其他公证机构或者公证人员声誉的；(3)故意干扰其他公证机构或者其他公证人员正常办理公证业务的；(4)不按规定缴纳会费、公证赔偿基金，不参加公证执业责任保险的；(5)上报的统计数据存在瞒报、夸大等造假行为的；(6)不按规定履行复查义务的。

3.《公证执业违规行为惩戒则（试行）》第29条规定，会员有下列情形之一的，予以通报批评；情节严重的，予以公开谴责或中止会员权利：(1)不按法定程序出具公证书的；(2)同时在两个以上公证机构执业的；(3)同时从事有报酬的其他职业的；(4)严重违反复查处理程序或复查处理结果违法，造成不良影响的；(5)遗失丢失公证文书或者公证档案，情节严重的。

4.《公证执业违规行为惩戒规则（试行）》第30条规定，会员有下列情形之一的，予以谴责；情节严重的，予以中止会员权利：(1)通过压价、支付佣金、支付回扣等不正当方式争揽公证业务的；(2)在公证收费之外，直接或变相收取当事人财物的；(3)利用执业便利为自己或者他人牟取、收受不正当利益的；(4)拒不执行地方公证协会复查争议投诉处理意见的；(5)擅自减免、提高公证收费或不向当事人开具收费凭证的；(6)尚未取得公证员执业证的人员直接或变相独立办理《公证法》第11条规定的公证事项的；(7)泄露在执业活动中知悉的国家秘密、商业秘密或者个人隐私的；(8)对投诉人或相关人员进行打击报复的；(9)拒不履行惩戒决定的。

5.《公证执业违规行为惩戒规则（试行）》第31条规定，会员有下列情形之一的，予以中止会员权利，情节严重的，取消会员资格：(1)私自出具公证书的；(2)故意为不真实、不合法的事项出具公证书的；(3)因重大过失为不真实、不合法的事项出具公证书，造成重大损失的或者造成恶劣社会影响的；(4)泄露在执业活动中知悉的国家秘密、商业秘密或者个人隐私，造成重大损失或恶劣社会影响的；(5)毁损、篡改、遗弃公证文书或者公证档案，情节严重的；(6)侵占、挪用公证费或者侵占、盗窃公证专用物品的；(7)发生重大公证质量事故，限期整改仍未改正的；(8)受到司法行政机关停止执业或停业整顿行政处罚期间，继续执业或变相执业的；(9)其他严重违反公证法律法规或者职业道德和执业纪律的行为，造成严重不良影响的。

《公证执业违规行为惩戒规则（试行）》还规定，会员受到司法行政机关停止执业或停业整顿行政处罚的，会员的权利自动中止，中止期限与行政处罚确定的期限相同。机构会员组织、放任指使个人会员从事违法违规行为的，在对违法违规的个人会员惩戒的同时，对机构会员及负责人从重或加重惩戒。

三、公证机构和公证员执业中违法犯罪行为的法律责任

公证机构和公证员执业中违法犯罪行为的法律责任包括行政法律责任、民事法律责任、刑事法律责任等。

（一）公证机构和公证员执业中违法行为的行政法律责任

对公证员的行政处罚分为警告、罚款、停止执业、没收违法所得、吊销执业证书五种；对公证机构的行政处罚分为警告、罚款、没收违法所得、停业整顿四种。

1.《公证法》第41条规定，公证机构及其公证员有下列行为之一的，由省、自治区、直辖市或者设区的市人民政府司法行政部门给予警告；情节严重的，对公证机构处1万元以上5万元以下罚款，对公证员处1000元以上5000元以下罚款，并可以给予3个月以上6个月以下停止执业的处罚；有违法所得的，没收违法所得：（1）以诋毁其他公证机构、公证员或者支付回扣、佣金等不正当手段争揽公证业务；（2）违反规定的收费标准收取公证费的；（3）同时在两个以上公证机构执业的；（4）从事有报酬的其他职业的；（5）为本人及近亲属办理公证或者办理与本人及近亲属有利害关系的公证的；（6）依照法律、行政法规的规定，应当给予处罚的其他行为。

2.《公证法》第42条规定，公证机构及其公证员有下列行为之一的，由省、自治区、直辖市或者设区的市人民政府司法行政部门对公证机构给予警告，并处2万元以上10万元以下罚款，并可以给予1个月以上3个月以下停业整顿的处罚；对公证员给予警告，并处2000元以上1万元以下罚款，并可以给予3个月以上12个月以下停止执业的处罚；有违法所得的，没收违法所得；情节严重的，由省、自治区、直辖市人民政府司法行政部门吊销公证员执业证书；构成犯罪的，依法追究刑事责任：（1）私自出具公证书的；（2）为不真实、不合法的事项出具公证书的；（3）侵占、挪用公证费或者侵占、盗窃公证专用物品的；（4）毁损、篡改公证文书或者公证档案的；（5）泄露在执业活动中知悉的国家秘密、商业秘密或者个人隐私的；（6）依照法律、行政法规的规定，应当给予处罚的其他行为。因故意犯罪或者职务过失犯罪受刑事处罚的，应当吊销公证员执业证书。被吊销公证员执业证书的，不得担任辩护人、诉讼代理人，但系刑事诉讼、民事诉讼、行政诉讼当事人的监护人、近亲属的除外。

（二）公证机构和公证员执业中违法行为的民事法律责任

《公证法》第43条第1款规定，公证机构及其公证员因过错给当事人、公证事项的利害关系人造成损失的，由公证机构承担相应的赔偿责任；公证机构赔偿后，可以向有故意或者重大过失的公证员追偿。

最高人民法院《关于审理涉及公证活动相关民事案件的若干规定》规定，当事人、公证事项的利害关系人提供证据证明公证机构及其公证员在公证活动中具有下列情形之一的，人民法院应当认定公证机构有过错：（1）为不真实、不合法的事项出具公证书的；（2）毁损、篡改公证书或者公证档案的；（3）泄露在执业活动中知悉的商业秘密或者个人隐私的；（4）违反公证程序、办证规则以及国务院司法行政部门制定的行业规范出具公证书的；（5）公证机构在公证过程中未尽到充分的审查、核实义务，致使公证书错误或者不真实的；（6）对存在错误的公证书，经当事人、公证事项的利害关系人申请仍不

予纠正或者补正的;(7)其他违反法律、法规、国务院司法行政部门强制性规定的情形。

当事人提供虚假证明材料申请公证致使公证书错误造成他人损失的,当事人应当承担赔偿责任。公证机构依法尽到审查、核实义务的,不承担赔偿责任;未依法尽到审查、核实义务的,应当承担与其过错相应的补充赔偿责任;明知公证证明的材料虚假或者与当事人恶意串通的,承担连带赔偿责任。

(三)公证机构和公证员执业中犯罪行为的刑事法律责任

根据《公证法》第42条的规定和刑法的有关规定,公证机构或其公证员因执业行为构成犯罪的,应当追究其刑事责任。

因故意犯罪或者职务过失犯罪受刑事处罚的,应当吊销公证员执业证书。

专题二十四　其他法律职业人员职业道德

知识体系图

其他法律职业人员职业道德
- 法律顾问执业道德
- 仲裁员职业道德
- 行政机关中从事行政处罚决定审核、行政复议、行政裁决的公务员职业道德

命题点拨

其他法律职业人员包括法律顾问、法律类仲裁员和行政机关中从事行政处罚决定审核、行政复议、行政裁决的公务员。把握其他法律职业人员的职业道德时，注意结合仲裁法、公务员法、行政处罚法、行政复议法等法律。

第一节　法律顾问职业道德

一、法律顾问的概念

（一）法律顾问

法律顾问是指依法接受公民、法人或者其他组织的聘请，运用法律专业知识和法律专业技能为聘请方提供全方位法律服务的专业人员。狭义上的法律顾问仅指律师；广义上的法律顾问则不限于律师，还包括其他具有法律专业知识、技能，能够提供法律服务的专业人员。从聘请单位的角度看，目前我国的法律顾问主要包括党政机关法律顾问、人民团体法律顾问以及国有企事业单位法律顾问，其中党政机关法律顾问也称为"政府法律顾问"。

（二）工作职责

从目前各级党政机关、国有企业制定的法律顾问工作办法的内容来看，法律顾问的重要工作职责包括以下内容：

1.党政机关法律顾问的主要工作职责：（1）为重大决策、重大行政行为提供法律意见；（2）参与法律法规规章草案、党内法规草案和规范性文件送审稿的起草、论证；（3）参与合作项目的洽谈，协助起草、修改重要的法律文书或者以党政机关为一方当事人的重大合同；（4）为处置涉法涉诉案件、信访案件和重大突发事件等提供法律服务；

（5）参与处理行政复议、诉讼、仲裁等法律事务；（6）所在党政机关规定的其他职责。

2.人民团体法律顾问的主要工作职责：（1）参与人民团体重大决策的法律论证，提供法律服务；（2）为人民团体参与研究制定法律法规草案等提供法律咨询意见；（3）对人民团体重要规范性文件的制定提供法律服务；（4）就人民团体工作中所涉及的重大法律问题提供法律服务；（5）参与人民团体组织的理论学习中有关法律知识的授课；（6）办理人民团体交办的其他法律事务。

3.国有企业法律顾问的主要工作职责：（1）参与企业章程、董事会运行规则的制定；（2）对企业重要经营决策、规章制度、合同进行法律审核；（3）为企业改制重组、并购上市、产权转让、破产重整、和解及清算等重大事项提出法律意见；（4）组织开展合规管理、风险管理、知识产权管理、外聘律师管理、法治宣传教育培训、法律咨询；（5）组织处理诉讼、仲裁案件；（6）所在企业规定的其他职责。

二、我国法律顾问制度的发展

我国法律顾问制度已经实现了从无到有、从虚到实、从不完善到逐步完善，这一局部的、地方性制度实践已经上升为普遍性制度安排。具体情况如下：

1. 1988年9月，深圳市正式成立政府法律顾问室，堪称是我国政府法律顾问制度的开端。

2. 2014年10月，党的十八届四中全会通过的《中共中央关于全面推进依法治国若干重大问题的决定》明确提出："积极推行政府法律顾问制度，建立政府法制机构人员为主体、吸收专家和律师参加的法律顾问队伍，保证法律顾问在制定重大行政决策、推进依法行政中发挥积极作用。"

3. 2016年6月，中共中央办公厅、国务院办公厅印发的《关于推行法律顾问制度和公职律师公司律师制度的意见》明确提出："2017年底前，中央和国家机关各部委，县级以上地方各级党政机关普遍设立法律顾问、公职律师，乡镇党委和政府根据需要设立法律顾问、公职律师，国有企业深入推进法律顾问、公司律师制度，事业单位探索建立法律顾问制度，到2020年全面形成与经济社会发展和法律服务需求相适应的中国特色法律顾问、公职律师、公司律师制度体系。"

三、法律顾问职业道德的概念

1.加强法律顾问职业道德建设，是建设高素质法律顾问队伍的重要措施，是进一步完善我国法律顾问制度建设的重要环节。

2.法律顾问职业道德，是指法律顾问在履行职务活动中所应遵循的行为规范和准则，是社会道德对法律顾问这一职业群体提出的特殊要求。

3.法律顾问职业道德主要调整的是法律顾问，不仅包括专职法律顾问，也包括兼职法律顾问。

四、法律顾问职业道德的主要内容

法律顾问职业道德既包括法律职业道德的普遍性要求，也包括法律顾问这一职业群体自身的特殊要求。法律顾问职业道德大致包括下列内容：

（一）忠诚法律

1.法律顾问应当忠于宪法和法律，以事实为依据，以法律为准绳。

2.凡是党政机关、国有企业的合法权益，法律顾问应尽心尽责地提供法律服务。

3.对于涉嫌违法的行为，法律顾问必须及时提出法律意见，不能不顾原则地为之服务。

4.法律顾问在履行职责时，必须严格依法办事，不能为了维护党政机关、人民团体、国有企事业单位的利益而采取非法手段损害国家、集体或他人的利益。

5.法律顾问在履行工作职责的过程中，不能做出任何有损党政机关、人民团体、国有企事业单位合法权益的行为。

6.不得利用在工作期间获得的非公开信息或者便利条件，为本人及所在单位或者他人牟取利益。

7.不得以法律顾问的身份从事商业活动以及与法律顾问职责无关的活动。由此给党政机关、人民团体、国有企事业单位造成损失的，法律顾问应承担行政责任、民事责任甚至刑事责任。

（二）保持独立

1.法律顾问在提供法律服务过程中不受他人意志的干扰，仅仅依照法律的规定或依照法律的精神对事实作出合乎价值的判断。

2.国有资产监督管理机构的工作人员违法干预企业法律顾问工作，侵犯所出资企业和企业法律顾问合法权益的，对直接负责的主管人员和其他直接责任人员依法给予行政处分；有犯罪嫌疑的，依法移送司法机关处理。

3.法律顾问不得接受其他当事人委托，办理与聘任单位有利益冲突的法律事务，法律顾问与所承办的业务有利害关系、可能影响公正履行职责的，应当回避。

（三）保守秘密

1.法律顾问应遵守保密原则，不得泄露党和国家的秘密、工作秘密、商业秘密以及其他不应公开的信息，不得擅自对外透露所承担的工作内容。

2.法律顾问在职业活动中有权获得与履行职责相关的信息、文件等资料，法律顾问对这些信息的使用仅限于职责所需，除此之外必须严格保密，不得利用这些信息从事商业或其他活动。

3.律师应当保守在执业活动中知悉的国家秘密、商业秘密，不得泄露当事人的隐私。

4.律师事务所及其所指派的顾问律师应对其提供法律服务过程中接触、了解到的国家秘密、商业秘密、不宜公开的情况及个人隐私负有保密的义务。

五、法律顾问职业责任

（一）概念

法律顾问的职业责任，是指由于法律顾问违反法律和违反职业道德规范所导致的，由法律顾问所承担的责任，包括惩戒处分、行政法律责任、民事法律责任和刑事法律责任。

（二）追究

1.党政机关法律顾问玩忽职守、徇私舞弊的，依法依纪处理。

2.属于外聘法律顾问的,予以解聘,并记入法律顾问工作档案和个人诚信档案,通报律师协会或者所在单位,依法追究责任。

3.企业法律顾问和总法律顾问玩忽职守、滥用职权、谋取私利,给企业造成较大损失的,应当依法追究其法律责任,并可同时依照有关规定,由其所在企业报请管理机关暂停执业或者吊销其企业法律顾问执业资格证书;有犯罪嫌疑的,依法移送司法机关处理。

(三) 外聘法律顾问的解聘

外聘法律顾问的解聘事由主要包括以下情形:(1)泄露所知悉的国家秘密、商业秘密、个人隐私和不应公开的信息的;(2)利用工作便利,为本人或者他人谋取不正当利益的;(3)以党政机关、国有企业法律顾问的名义招揽或者办理与法律顾问职责无关的业务的;(4)同时接受他人委托,办理与党政机关、国有企业有利害关系的法律事务的;(5)从事有损党政机关、国有企业利益或形象的其他活动的;(6)因身体原因无法胜任法律顾问工作的;(7)无正当理由,多次不参加法律顾问工作会议或者不按时提供法律意见的;(8)受所在单位处分、司法行政部门行政处罚或律师协会行业处分的;(9)依法被追究刑事责任的;(10)党政机关、国有企业认为的其他情形。

第二节 仲裁员职业道德

一、仲裁员职业道德的概念

(一) 仲裁员的概念

仲裁员包括劳动争议仲裁员、人事争议仲裁员、农村土地承包仲裁员、体育仲裁员和商事仲裁员。本节讨论商事仲裁员中的法律类仲裁员。所谓法律类仲裁员是指以"通过国家统一法律职业资格考试取得法律职业资格,从事仲裁工作满8年"为条件聘任的商事仲裁员。

(二) 仲裁员职业道德的概念

仲裁员职业道德是指仲裁员在履行仲裁职能时所应当遵循的职业行为规范的总和。加强仲裁员职业道德建设,有利于提供公众和当事人对仲裁员的信任度,有利于提供案件的仲裁质量,有利于提高仲裁员的素质,保证仲裁员队伍的纯洁性。

二、仲裁员职业道德的主要内容

(一) 独立公正

独立公正是仲裁的灵魂和生命。为了保证独立公正地审理案件,仲裁员应做到:

1.保持廉洁

仲裁员不得以任何直接或间接方式接受当事人或其他代理人的请客、馈赠或提供的其他利益,亦不得代人向仲裁员实施请客送礼或提供其他好处和利益。

2.保持独立

仲裁员在法律和仲裁规则的范围内,依其特有的专业知识、经验依法独立地审理案件，一方面不受仲裁委员会的干预；另一方面不受行政机关、社会团体和个人的干涉，尤其行政机关不得对案件的审理与裁决施加消极的影响。

3.主动披露

仲裁员应当主动披露其与当事人或代理人之间的某种关系，以便于当事人和仲裁机构考虑此种关系是否影响该仲裁员的独立性和公正性。仲裁员披露不仅被规定在仲裁员行为规范中，在仲裁法及仲裁规则中也有明确规定。

（二）诚实信用

仲裁员作为纠纷的裁决者，判定当事人之间的权利与义务关系，应当秉承善意、恪守诚信。

（三）勤勉高效

仲裁员裁决案件，应当认真核实证据，查明事实，正确适用法律，公平、公正地解决争议；仲裁员应当严格遵守时限，积极地推进仲裁，尽快结案。

（四）保守秘密

1.仲裁员不得向当事人或外界透露本人的看法和合议庭合议的情况，对涉及仲裁程序、仲裁裁决的事项应保守秘密；仲裁员还要为当事人保密，尤其是要保护当事人的商业秘密不泄露。

2.仲裁员如果泄露仲裁秘密，不论有意还是无意，都是违反仲裁员职业道德的行为，不仅不利于裁决的作出，而且会给当事人造成重大损失，影响其商业前景。

（五）尊重同行

1.仲裁员应该尊重其他仲裁员对案件发表意见的权利，以宽容的态度理解和接受分歧，在互敬的基础上，自由地探讨，真诚地交流；在审理和制作裁决过程中仲裁庭成员应共同努力、共尽义务，不仅要提出问题，更要提出解决问题的方案和办法。

2.仲裁员之间应相互配合与支持。但这不是说违背公正原则的妥协与迁就，而是指仲裁庭成员在时间安排上的体谅与配合。

三、仲裁员职业责任

仲裁员是仲裁案件的裁决者，对仲裁员的根本要求就是仲裁员必须公道正派，在审理案件过程中要保持公正与独立。

根据我国《仲裁法》的规定，仲裁员具有下列情形时，应当依法承担法律责任，仲裁委员会应当将其除名：（1）仲裁员私自会见当事人、代理人或者接受当事人、代理人的请客送礼，情节严重的；（2）仲裁员在仲裁案件时有索贿受贿、徇私舞弊、枉法裁决行为的。

从上述规定可以看出，根据《仲裁法》中仲裁员要承担法律责任的两种情形的性质来看，仲裁员要承担的职业责任主要是违纪责任、刑事责任。

关于仲裁员是否应当承担民事责任，理论界尚存分歧，各国立法规定也各不相同，如奥地利和荷兰规定在特定条件下，仲裁员可能因其行为不当而对当事人遭受的损失承担责任。但在另外一些国家，尤其是在英美等国家，则认为应当免除仲裁员的民事责任。目前我国尚未在仲裁立法中规定仲裁员的民事责任。

经典考题： 小张为某仲裁委员会的仲裁员，根据《仲裁法》的规定，其行为所可能承担的责任，以下说法正确的是：(全题)[①]

A. 在调解过程中，受仲裁庭安排单独会见一方当事人，不属于违纪行为
B. 接受当事人的请客送礼，情节严重，被仲裁委员会除名
C. 保守仲裁秘密，不向外界透露任何与案件有关的实体与程序问题
D. 在仲裁案件时向当事人索取贿赂，枉法裁决，被人民检察院提起公诉

第三节 行政机关中从事行政处罚决定审核、行政复议、行政裁决的公务员职业道德

一、行政机关中从事行政处罚决定审核、行政复议、行政裁决的公务员职业道德的概念

（一）行政机关中从事行政处罚决定审核、行政复议、行政裁决的公务员资格认定制度

国家对行政机关中初次从事行政处罚决定审核、行政复议、行政裁决、法律顾问的公务员实行统一法律职业资格考试制度。

（二）行政机关中从事行政处罚决定审核、行政复议、行政裁决的公务员素质要求

行政机关中从事行政处罚决定审核、行政复议、行政裁决的公务员是依法行使公权力的特别人员，应当具备相应的法律素养、专业知识素养和较高的职业道德素养。

（三）行政机关中从事行政处罚决定审核、行政复议、行政裁决的公务员职业道德

1. 行政机关中从事行政处罚决定审核、行政复议、行政裁决的公务员职业道德既属于公务员职业道德范畴，也是法律执业人员职业道德的组成部分。

2. 加强行政机关中从事行政处罚决定审核、行政复议、行政裁决的公务员职业道德建设是依法行政的必然要求。

二、行政机关中从事行政处罚决定审核、行政复议、行政裁决的公务员职业道德的主要内容

行政机关中从事行政处罚决定审核、行政复议、行政裁决的公务员职业道德部分要求以法律法规的形式被确定下来并产生强制性作用，部分要求则以职业纪律形式存在并产生约束作用。

[①]【答案】ABCD。按照《仲裁法》第34条之规定，仲裁员不得私自会见当事人，因仲裁庭安排而会见，不属于禁止范围，故A项正确。按照《仲裁法》第38条的规定，仲裁员接受当事人的请客送礼，情节严重，应当除名，故B项正确。仲裁员要公正仲裁，遵守职业道德，保守仲裁秘密，不向外界透露任何与案件有关的实体与程序问题，故C项正确。仲裁员在履职过程中有违法犯罪行为的，要移交检察部门提起公诉，追究刑事责任，故D项正确。

（一）公务员职业道德的基本要求

这包括：坚定信念、忠于国家、服务人民、恪尽职守、依法办事、公正廉洁。

（二）行政机关中从事行政处罚决定审核、行政复议、行政裁决的公务员职业道德的特定要求

1. 坚持合法性，兼顾合理性

即坚持合法行政、合理行政原则。

2. 秉公执法，兼顾效率

（1）秉公执法要求在执法过程中追求公平正义，维护法律尊严。这需要做到：执法程序公开公正，执法行为公开公平，思想观念公正。

（2）兼顾效率，需要做到：坚持依法独立行使行政执法权，执法意图符合民意，克服行政执法畏难心理，坚持行政时效原则和行政执法及时性原则。

3. 文明执法，以礼待人

这要求：执行公务时要着装整齐，佩戴标志，出示证件；重视证据采集，杜绝粗暴执法；依法、规范、合理使用执法工具。

4. 公开透明，权责一致

（1）公开透明，要求执法依据、信息、过程和决定公开。

（2）权责一致，包括职权的行使与责任的承担要一体化，职权与职责要成比例性，职权与职责要有互见性。

三、行政机关中从事行政处罚决定审核、行政复议、行政裁决的公务员职业责任

（一）行政责任

相关公务员违反其行政法上所应负的义务时，就产生行政责任。无论是否在执行职务时，只要违反纪律，就可以给予行政制裁。行政责任首先表现为纪律责任；此外，根据《国家赔偿法》的规定，还可能承担追偿责任；根据其他单行法律、法规的规定，承担通报批评等人身责任。

1. 通报批评等人身责任

在行政机关中从事行政处罚决定审核、行政复议、行政裁决的公务员的人身责任中，通报批评、警告、公开道歉是最常见的责任承担方式。

（1）通报批评一般是违反了相关的规章制度、纪律等但是又没有严重到违法的程度，对行政机关中从事行政处罚决定审核、行政复议、行政裁决的公务员作出的责任追究。

（2）赔礼道歉在行政机关中从事行政处罚决定审核、行政复议、行政裁决的公务员的行政责任中也很常见。

2. 政务处分等纪律责任

《公务员法》第59条规定：公务员应当遵纪守法，不得有下列行为：（1）散布有损宪法权威、中国共产党和国家声誉的言论，组织或者参加旨在反对宪法、中国共产党领导和国家的集会、游行、示威等活动；（2）组织或者参加非法组织，组织或者参加罢工；（3）挑拨、破坏民族关系，参加民族分裂活动或者组织、利用宗教活动破坏民族团

结和社会稳定；(4) 不担当，不作为，玩忽职守，贻误工作；(5) 拒绝执行上级依法作出的决定和命令；(6) 对批评、申诉、控告、检举进行压制或者打击报复；(7) 弄虚作假，误导、欺骗领导和公众；(8) 贪污贿赂，利用职务之便为自己或者他人谋取私利；(9) 违反财经纪律，浪费国家资财；(10) 滥用职权，侵害公民、法人或者其他组织的合法权益；(11) 泄露国家秘密或者工作秘密；(12) 在对外交往中损害国家荣誉和利益；(13) 参与或者支持色情、吸毒、赌博、迷信等活动；(14) 违反职业道德、社会公德和家庭美德；(15) 违反有关规定参与禁止的网络传播行为或者网络活动；(16) 违反有关规定从事或者参与营利性活动，在企业或者其他营利性组织中兼任职务；(17) 旷工或者因公外出、请假期满无正当理由逾期不归；(18) 违纪违法的其他行为。

根据《公务员法》的规定，行政机关中从事行政处罚决定审核、行政复议、行政裁决的公务员因违法违纪应当承担纪律责任的，依法主要承担警告、记过、记大过、降级、撤职、开除等行政处分。其中，受处分的期间为：警告，6个月；记过，12个月；记大过，18个月；降级、撤职，24个月。处分期限最长不得超过48个月。

3.追偿等财产责任

《国家赔偿法》第16条第1款规定："赔偿义务机关赔偿损失后，应当责令有故意或者重大过失的工作人员或者受委托的组织或者个人承担部分或者全部赔偿费用。"

（二）刑事责任

1.公务员行使职权可能涉及的犯罪大约有54个罪名，根据公务员行使职权犯罪的客观行为的表现方式不同，可以分为贪污贿赂型犯罪、渎职型犯罪、侵权型犯罪。

2.《行政复议法》第35条规定，行政复议机关工作人员在行政复议活动中，徇私舞弊或者有其他渎职、失职行为的，依法给予警告、记过、记大过的行政处分；情节严重的，依法给予降级、撤职、开除的行政处分；构成犯罪的，依法追究刑事责任。

3.《行政处罚法》第83条规定，行政机关对应当予以制止和处罚的违法行为不予制止、处罚，致使公民、法人或者其他组织的合法权益、公共利益和社会秩序遭受损害的，对直接负责的主管人员和其他直接责任人员依法给予处分；情节严重构成犯罪的，依法追究刑事责任。

· 小结 ·

要注意《公务员法》第59条规定的纪律责任属于"政务处分"而非"行政处分"。